ALAIN PROST

ALAIN PROST

von Christopher Hilton
Fotos von Keith Sutton

SERAG AG, Verlagsunternehmen
CH-8808 Pfäffikon

1. Auflage 1993

Alle deutschsprachigen Rechte bei SERAG AG,
Verlagsunternehmen, Postfach 8, CH-8808 Pfäffikon

Für die Übersetzung in die deutsche Sprache sorgte Rolf Conrad

ISBN 3-908007-73-3

Herstellung:
Druckerei Karolus Wolfgang Dörr GmbH, Bruchsal

Für Alain Prost selbst
für so viele überaus wertvolle Erinnerungen

INHALT

1
BLICK IN DIE ZUKUNFT

Er ist ein Mensch, der immer unter Strom steht. Es kommt vor, dass er nachts aufsteht und im Halbschlaf umhergeht. Ich erinnere mich, wie er einmal in Österreich mitten in der Nacht draussen auf dem Balkon des Hotelzimmers herumgeisterte. Er meinte wohl, er sei auf dem Siegerpodest.
(Patrick Tambay)

Schwere Wolkenbänke lagen über der Bucht. Früh am Morgen richteten sich sorgsam kalkulierende Blicke zu ihnen hinauf, um zu bestimmen, in welcher Höhe sie sich befanden, zu beobachten, wie schnell sie vom Wind getrieben wurden, zu analysieren, ob hinter ihnen noch dunklere Wolken über die zerklüfteten Bergkämme kommen würden, die ringförmig die Bucht umschlossen. Nieselregen wäre schlimm, gar nicht zu denken an heftigen Regen oder – schlimmer noch – an die Gefahr, dass sich sogar ein Gewitter zusammenbrauen und dann mit wilder Gewalt entladen könnte. Hier, zwischen den Bergen, wo sich das Wetter staute, konnte dies leicht geschehen. Jeder wusste das. Deshalb richteten sich eben so viele Blicke andauernd nach oben.

Gegen Mittag begann sich die Wolkenschicht zu verziehen und schüchterne Sonnenstrahlen blinzelten durch die graue Wand. Bis zum frühen Nachmittag setzte sich dann das berühmte, wunderbar-klare Blau namens "Azur" durch, das der Küste ihren Namen gegeben hat. Es baute sich zu einem prächtigen, sonnigen Himmel auf, unter dem sechzehn Rennwagen zu einem Starterfeld aufgestellt wurden. Der Grosse Preis von Monaco stand bevor.

Jackie Stewart, ein nüchterner, drahtiger Schotte, stand in einem March in der Pole Position. Neben ihm in der ersten Reihe ein Neuseeländer, Chris Amon, ebenfalls in einem March. Denny Hulme, ein schweigsamer Landsmann von Amon, und Jack Brabham, Australier und ein noch schweigsamerer Mann, besetzten die zweite Startreihe, und zwar in Wagen, die Brabhams eigenen Namen trugen. Er baute sie. Der Belgier Jacky Ickx, ein nachdenklich und distinguiert wirkender Mensch, sass in einem Ferrari in der dritten Reihe neben Jean-Pierre Beltoise, einem Franzosen in einem Matra. Direkt hinter Beltoise war Jochen Rindt postiert, ein Österreicher mit lebhafter, geradezu charismatischer Ausstrahlung, in einem rotgolden schimmernden, katzenhaft geduckten Lotus.

10. Mai 1970. Nicht mehr lange bis zum Start.

Die Zuschauer, die ungeduldig die Minuten zählten, bis es endlich losgehen würde, sassen auf Tribünen eher behelfsmässiger Art, nämlich Gerüstkonstruktionen mit simplen Sitzflächen, die in regelmässigen Stufen von hinten nach vorne abfielen. Diese Tribünen gingen bis direkt unten an die Rennstreckenbegrenzung heran. Sie schienen die Piste sogar zu überragen und einzurahmen, so dass alle Zuschauer unmittelbar am Geschehen teilnehmen konnten. Sie waren nahe genug, um den beissenden Rauch aus den Auspuffrohren schnuppern zu könnern. Nahe genug, um die in Handschuhen steckenden Hände in den Cockpits verfolgen zu können, wie sie kraftvoll an den Lenkrädern zerrten und drehten.

Schon jetzt war eine beachtliche Geräuschkulisse gegeben. Die italienischen Fans waren in grosser Zahl von jenseits der Grenze gleich hinter den Bergen eingefallen und hatten ihre gesamte optische und akustische Fan-Ausrüstung parat: Fahnen, die sie wild schwenken würden; grosse Transparente auf langen Stangen; rote Mützen, die sie durch die Luft zu wirbeln pflegten. Ihre Stimmen waren gut genug geölt, um bei Bedarf ein imposantes Gejohle ertönen zu lassen. Momentan, in den spannungsgeladenen letzten Minuten vor dem Start, gaben sie sich noch mit aufgeregtem Schwatzen, mit erwartungsvollem Gestikulieren und nervösem Zappeln zufrieden. Wohlgemerkt, ihre Sehnsüchte und Hoffnungen richteten sich nicht auf Jacky Ickx, sondern auf seinen Ferrari. Der Rennwagen war es, den diese Leute liebten. Den Menschen darin respektierten sie lediglich. Wenn dieses Auto, dieser Ferrari in Führung läge, würden sie von ihren Sitzbänken aufspringen und in einer fast kultisch anmutenden, gemeinsamen Hingabe die Tribüne zum Erzittern bringen.

Genau inmitten dieser italienischen Fans – durch die Nummer auf der Eintrittskarte war der Platz vorgegeben – sass ein ruhiger Möbeltischler aus einem kleinen Ort irgendwo in Mittelfrankreich neben seinem fünfzehnjährigen Sohn. Sie machten gerade Urlaub in dieser Gegend und waren gekommen, um einmal einen Eindruck von einem Spektakel dieser Art mitzuerleben, wie dies eben ein Vater plant, wenn er seinem Sohn eine zusätzliche Urlaubsfreude bieten will. Dieser Sohn, klein, aber kräftig gebaut, mit langen, der damaligen Mode entsprechenden Haaren (sie waren etwas zu lang, und dies sollte bis ins Mannesalter sein Markenzeichen werden, abgesehen von einer kurzen Unterbrechung, als er dem Militärfriseur in die Hände geriet) würde ganz bestimmt seinen Spass an dieser Veranstaltung haben. Bereits jetzt war er vom schrillen Auftreten der Italiener fasziniert. Wie sie sich aufführten, war für ihn fremd. Er kam aus einer gutbürgerlichen, intakten Familie aus einer gutbürgerlichen, intakten Gegend des Landes, wo die Leute noch das sagten, was sie meinten, und zu ihrem Wort standen. Dabei brauchte man das nicht unbedingt lautstark zu sagen. Das ruhige Wort eines Mannes galt.

Einen erlebnisreichen Nachmittag versprachen sich die beiden, mehr nicht. Vater und Sohn interessierten sich eigentlich nicht für den Motorsport, der Junior wollte vielmehr einmal ein grosser Fussballer werden. Realistisch betrachtet lief allerdings alles darauf hinaus, dass er einmal in des Vaters Werkstatt beim Möbelbauen helfen und die Liebe zum Holz entwickeln würde, sich für die Feinheiten des Handwerkes begeistern und die Eigenschaften des Holzes anhand der Maserung zu lesen lernen würde. Und genau dies sollte er achtzehn Monate später tatsächlich tun. Er hätte an diesem Tag in Monaco sicher sein typisches, etwas gezwungen und eher abwehrend wirkendes Lächeln gezeigt, wenn er in einer Zukunftsvision den Tag vor sich gesehen hätte, an dem die gleichen italienischen Fans – nicht unbedingt dieselben Menschen, aber zumindest die gleiche impulsive Sorte von Ferrari -Fans – Steine nach ihm werfen oder Stroh vor seinen Rennwagen werfen würden, um einen Unfall zu provozieren. Den Tag, an dem diese Menschen also das Risiko in Kauf nehmen würden, ihn zu töten; an dem sie ihn derart hassen würden, dass er den Schutz der Leibwächter des französischen Staatspräsidenten brauchen würde, um sich ihrer Gewalt zu entziehen. Noch unglaublicher gar wäre für ihn sicherlich der Blick noch ein paar Jahre weiter in die Zukunft gewesen, wenn diese Fans zu ihm pilgern würden, um ihn als den "auserwählten Sohn" zu verehren, bereit, jeden in Stücke zu reissen, der es wagen sollte, auch nur ein einziges Haar aus seiner struppigen Mähne zu zupfen. Bilder eines Lebens, nicht mehr und nicht weniger, aber eines bemerkenswerten, niemals langweiligen Lebens.

Es gab an diesem Maitag des Jahres 1970 noch nicht die Ampeln, mit denen die Wagen nach der Aufwärmrunde zum Stehenbleiben aufgefordert werden, um dann regungslos auf der Stelle zu verharren bis zu dem entscheidenden Moment, in dem das Licht von Rot auf Grün umspringt und die ganze Meute gleichzeitig davonstürmt. Nein. Die Steuerung dieser so nervenaufreibenden Phase war einem ehrwürdigen älteren Herrn mit einer Fahne in der Hand überlassen, der diese Aufgabe mit ausgefeiltem Zeremoniell und reichlichem Sinn für Theatralik erfüllte. Die Augen aller Fahrer waren gebannt auf die Bewegungen dieser Fahne geheftet. Sie ging nach oben, gleich würde sie abrupt nach unten fallen.
Und dann fiel sie endlich.

Jackie Stewart zündete im gleichen Moment das Triebwerk seines March und schoss blitzartig und elegant nach vorne in die Führungsposition, wie er dies schon häufig und an so vielen Rennpisten der Welt getan hatte. Amon klebte dicht an ihm, Brabham dicht an Amon, dann folgten Ickx, Beltoise, Hulme und Rindt. Nase an Heck, Nase an Heck fuhren sie so um den Rennkurs und kamen am Ende der ersten von achtzig Runden wieder an den Tribünen vorbei. Ein langer Weg lag vor ihnen. Bilder des Lebens einer Reihe anderer Menschen, nicht mehr und nicht weniger, aber auch in diesem Fall Bilder eines niemals langweiligen Lebens.

Stewart, ein Freund der Familie des Fürsten Rainier von Monaco, die diese Momente gespannt aus ihrer Loge verfolgte, holte bis Runde 10 einen Vorsprung von 7 Sekunden heraus, Brabham machte Amon Platz 2 streitig. Einige Runden später musste Ickx den Ferrari abstellen. Für ihn war das Rennen zu Ende. Schaden an der Antriebswelle.

Unser junger Freund auf der Tribüne hätte sein Gesicht zu einem besonders breiten Lächeln verzogen, wenn er in einer weiteren Zukunftsvision hätte sehen können, was sich vierzehn Jahre später an exakt der gleichen Stelle abspielen sollte.

Ein Gewitter sollte dann über der Rennstrecke toben, und er sollte im Grossen Preis von Monaco in Führung liegen und heftig gestikulieren, man möge doch dieses verdammte Rennen endlich abbrechen.

"Die Strecke ist zu nass, sofort aufhören!"

Er hätte sehen können, wie ein schwarz-goldener Lotus, ganz ähnlich dem, in dem jetzt Rindt an siebenter Position lag, hinter ihm immer näher und näher durch die Gischt heranrücken würde. Der Fahrer dieses Lotus machte an diesem Tag, im Mai 1970, noch erste Versuche als Rennfahrer in einem Kart im Parque Anhembri am Rande von Sao Paolo, damals gerade erst 10 Jahre alt. Der Abbruch jenes Rennens am 3. Juni 1984 würde zum Skandal werden, denn jedem war klar, dass es noch eine oder zwei weitere Runden gedauert hätte, und der schwarz-goldene Lotus hätte das Rennen für sich entschieden gehabt. Der Mann, der entscheiden würde, das Rennen abzubrechen, würde zu diesem Zeitpunkt – 1984 – ein Mann mit reichlich Rennerfahrung sein.

Sein Name: Jackie Ickx.

In Runde 19 rammte Bruce McLaren, der dritte Neuseeländer in diesem Rennen, eine Sicherheitsbarriere, fuhr mit seinem beschädigten Wagen noch eine Runde weiter und gab dann auf. Wie Jack Brabham war auch er der Konstrukteur des Wagens, der seinen Namen trug. Er hatte bereits eine lange Rennfahrerkarriere hinter sich. Drei Wochen später würde er bei privaten Testfahrten tödlich verunglücken.

Hätte der jugendliche Besucher auf der Tribüne einen Blick voraus in das Jahr 1980 werfen können, hätte er erneut ein Lächeln kaum unterdrücken können. Er hätte sich dann nämlich für einen Rennstall fahren sehen, der immer noch den Namen McLaren trug. Er hätte vorausgesehen, dass er es ablehnen würde, im Cockpit eines nicht ausreichend sicheren Wagens zu fahren, und dass er deshalb die Regeln des Geschäfts ausser acht lassen und vertragswidrig frühzeitig bei McLaren aussteigen würde – um 1984 dann zu eben diesem Team zurückzukehren und mit ihm dreimal den Weltmeistertitel zu gewinnen. Um ein Haar hätten es sogar noch zwei weitere Titel werden können. Eine absurde Vorstellung. Man muss es sich noch einmal vergegenwärtigen: Er hatte damals zwar den Traum, Fussballer zu werden. Im Grunde war ihm aber klar, dass er Möbeltischler werden würde. Er hatte eine sensible Hand, mit sehr viel Gefühl für den Werkstoff Holz und er wusste, was man aus ihm machen und welchen Kräften er standhalten konnte. Wenn man dieses Gefühl in den Fingern nicht hat, dann gelingt wenig und es zerbricht vieles.

Bis Runde 27 hatte Stewart, der wohl kühlste Kopf unter allen Rennfahrern, seinen Vorsprung auf komfortable 17 Sekunden ausgebaut, als Fehlzündungen des Motors auftraten, die schnell immer gravierender wurden. Stewart steuerte den March an die Boxen, und die Mechaniker stürzten sich auf den Wagen, um zu sehen, was sie tun konnten. Der Schotte hatte bis dahin bereits zwölf Rennen in seiner Karriere gewonnen. Dies sollte heute nicht die Nummer 13 für ihn werden, aber am Ende seiner Laufbahn konnte er auf nicht weniger als 27 Grand-Prix-Siege zurückblicken – ein Rekord, den so mancher für unerreichbar hielt. Er hielt eine ganze Rennfahrergeneration lang, bis zu einem heissen Sommertag des Jahres 1984 in Estoril, als der Teenager von 1970 in Monaco mit 20,493 Sekunden Vorsprung vor dem Österreicher Gerhard Berger über die Ziellinie fuhr. Eine Grösse des Rennsports war persönlich nach Estoril gekommen, um gewissermassen Zeuge des eigenen Thronsturzes zu werden. Dieser Mann sollte nach dem Rennen neidlos sagen: "Es freut mich, dass er es ist, der das geschafft hat, denn er verdient es. Für mich gibt es keinen Zweifel, dass er der beste Fahrer seiner Generation ist."

Sein Name: Jackie Stewart.

Eine absurde Vorstellung. Verrückt, einfach verrückt. Was dem jungen Franzosen auf der Tribüne damals tatsächlich vorschwebte, war, vielleicht schon bald die Jugendspielerlizenz des französischen Fussballverbandes zu bekommen. Dann würde er für Saint-Chamonais in der Regionalliga Lyon spielen können. Irgendwann würde er dann vielleicht gegen St. Etienne spielen, damals eine sehr populäre Mannschaft, genannt "Les Verts" ("die Grünen"), mit einem besonders lautstarken und treuen Anhang. An jeder Ecke stiess man auf Aufkleber "Allez les Verts", mit denen die Stimmung fürs nächste Spiel angeheizt wurde. Und irgendwann noch weiter in der Zukunft, so malte er sich aus, würde er im Nationaltrikot seines Landes spielen. In diese Richtung gehen die Träume aller Jungen im Teenageralter – wenn auch mit zwiespältigen Gefühlen, weil sie im Grunde selbst schon wissen, dass solche Träume sich höchstwahrscheinlich nie erfüllen werden. Was das Ziel seiner Träume damals war, weiss unser Teenager von Monaco 1970 noch heute genau: Colombes, das damalige Pariser Fussballstadion, in dem die grossen Länderspiele ausgetragen wurden. Und Wembley. Und Maracana. Oder eben Möbel schreinern.

Auf der Promenade, vor den Zuschauertribünen, hatte Brabham es geschafft, Amon auszubremsen und an ihm vorbeizuziehen, obwohl an dieser Stelle kaum Platz zum Überholen war. Nachdem Stewart ausgeschieden war, lag Brabham nun in Führung. Amon blieb ihm auf den Fersen, während Rindt noch an fünfter Stelle lag. Aber der Österreicher kam der Spitze ständig näher. Jochen Rindt war ein Mann des Impulses. An manchen Tagen, wenn ein gewisser geheimnisvoller Impuls ihn packte, konnte nichts und niemand ihn mehr aufhalten. In Runde 36 überholte er Henri Pescarolo (Matra) in der engen sogenannten Gaswerkkurve. Rindt lag auf Platz vier. In Runde 41 zog er an Hulme vorbei. Dies war Platz drei. Aber der Vorsprung von Brabham und Amon war einfach zu gross – oder etwa doch nicht? In Runde 61 schied Amon mit defekter Aufhängung aus, und Rindt war jetzt Zweiter, aber an Brabham konnte er nicht mehr herankommen – oder etwa doch? Rindt trieb seinen Lotus mächtig nach vorne, und doch sah es fast spielerisch aus, wie er sich näher und näher an den führenden Wagen heranschob. Schliesslich waren es nur noch 9 Sekunden Rückstand, aber andererseits nur noch vier Runden zu fahren. Das war nicht zu schaffen.

Oder etwa doch?

Auf dem ansteigenden Stück, das zum Casinoplatz hinaufführt, fuhr Brabham mit hohem Tempo auf den dahinkriechenden March von Jo Siffert zu, der die Mitte der Piste beanspruchte und seinen Wagen hin- und herlenkte, um die letzten Tropfen Benzin aus seinem leergefahrenen Tank herauszuschütteln. Brabham hat diese Situation heute noch deutlich vor Augen. Er wäre fast voll in Siffert hineingefahren, weil ihr Geschwindigkeitsunterschied so gross war. Siffert war so mit seinem Spritproblem beschäftigt, dass er Brabham überhaupt nicht sah. Hastig gaben ihm die

Streckenposten, die erkannten, dass dies den Ausgang des ganzen Rennens entscheiden konnte, mit ihren Flaggen Zeichen, Platz zu machen: "Schneller, Hintermann! Schneller, Hintermann!" Reaktionsschnell wich Brabham auf den Gehweg aus und schaffte es auch, unbeschadet vorbeizukommen. Aber der Schlenker kostete ihn vier Sekunden.

Als Brabham an den Boxen vorbeikam, wo die Zuschauer in höchster Spannung die noch verbleibenden Runden zählten, sah er zwangsläufig dort Colin Chapman erregt auf- und abhüpfen, um Rindt anzutreiben. Chapman, Stammvater des Hauses Lotus und überaus gewiefter Psychologe des Schlachtfeldes, tat dies schon lange bevor Rindt in Sicht kam, und zwar, um bei Brabham die Angst zu schüren, dass Rindt ihn gleich einholen würde.

In der letzten Runde kam Rindt bis auf zwei Wagenlängen an Brabham heran, aber zum Überholen war einfach kein Platz da. Weder nach der Ausfahrt aus dem Tunnel, noch auf dem abschüssigen Stück zur Schikane, wo die Fahrer in die enge Linkskurve namens Bureau de Tabac eingefädelt werden, noch auf der tribünengesäumten Promenade, noch auf der Anfahrt zu der U-förmigen Gaswerk-Kurve, nach der es dann nur noch ein kurzes Stück bis zur Ziellinie ist.

Da tauchte nochmals ein überrundeter, in der Mitte der Fahrbahn dahinschleichender Fahrer vor den beiden auf. Es war Piers Courage in einem de Tomaso, offenbar mit Motorschaden. Sollte Brabham rechts oder links an ihm vorbeigehen? Er zögerte einen Sekundenbruchteil, verpasste den Bremspunkt und kam, als er dann doch bremste, mit seinem Wagen auf einem dünnen Sandfilm, der dort durch einen dummen Zufall auf der Piste lag, ins Schleudern. Das Auto stiess gegen einen Haufen Strohballen, der dort aufgebaut war, um einen Aufprall gegen die dahinter befindliche hohe Steinmauer zu verhindern. Während Brabham eilig versuchte, sich wieder aus dem Stroh herauszuarbeiten, und bemüht war, zwei Streckenposten davon abzuhalten, seinen Wagen zu schieben (dann wäre er nämlich disqualifiziert worden), fuhr Rindt mühelos vorbei und wurde Sieger des Grossen Preises von Monaco.

Dies war der erste Sieg für Rindt auf diesem Kurs und erst sein zweiter Grand-Prix-Sieg überhaupt. Der Jugendliche auf der Tribüne hätte sich in diesem Moment ganz gewiss nicht träumen lassen, dass er selbst dreimal hintereinander hier ganz oben auf dem Siegerpodest stehen, ja in fünf aufeinanderfolgenden Jahren viermal dieses Rennen gewinnen würde; dass es nur einen einzigen Menschen geben würde, der eine realistische Chance hatte, ihn zu schlagen – eben jenen damals Zehnjährigen, der 5000 km entfernt, im Parque Anhembri in Sao Paolo, seine Runden drehte.

Sein Name: Ayrton Senna.

Einer der Streckenposten war auf die Haube von Brabhams Wagen gefallen, als er aus den Strohballen zurückstiess. Brabham drückte kurz auf die Bremse, um den Mann auf der Piste abzuladen. Wenn er Zeit gehabt hätte, hätte er vielleicht gesagt: "Entschuldigung, war nicht persönlich gemeint, Freund. Leider bist du gerade zu einem Hindernis für mich geworden. Tschüss dann." Er kam 23,1 Sekunden nach Rindt ins Ziel. Brabham fuhr damals bereits im fünfzehnten Jahr Grand-Prix-Rennen, und hatte vierzehnmal gewonnen. Unserem jungen Franzosen sollte es später zweimal gelingen, in einer einzigen Saison sieben Siege für sich zu verbuchen. Am heutigen Tag in Monaco hätte er sich bestimmt nicht vorstellen können, dass er einmal sagen würde: "Das Fahren ist meine Leidenschaft. Es ist nicht nur die Faszination der Geschwindigkeit, es ist auch das ganze Leben drumherum: Reisen, die verschiedensten Leute kennenlernen, eine Menge Geld verdienen, mehr vom Leben haben als die meisten anderen Menschen." Er hätte sich bestimmt auch nicht vorstellen können, dass sein Verhältnis zu dem Kind aus dem Parque Anhembri einmal so gespannt sein würde, dass ihm bei verschiedenen Anlässen regelrecht der Kragen platzen und er auf den anderen losgehen würde – ja, einmal sogar für einen Moment nicht nur verbal, sondern mit den Fäusten. Auch nicht, dass er einmal Frankreich ganz den Rücken kehren und mit seiner Familie in die Schweiz übersiedeln würde, weil er sein Leben bedroht sah. Er ahnte nicht im entferntesten, dass es gerade hier in Monaco zu einer interessanten Begegnung mit der Polizei kommen würde, die dann beide Augen zudrücken und von einem Jungenstreich sprechen würde. Er ahnte ebenfalls nicht, dass er hier einmal in einem kleinen Flitzer ein Rennen für Nachwuchsfahrer bestreiten würde, weil er sich so sicher war, ein guter Rennfahrer werden zu können, und auch nicht, dass er sogar von Sieg zu Sieg eilen und die Welt der Formel 1 für sich entdecken würde......

Er verliess Monaco im Mai 1970 im Gefühl, einen schönen Tag erlebt zu haben. Es war ein aufregendes Erlebnis für den Fünfzehnjährigen gewesen, wie manch andere Dinge auch, die einen Jungen in diesem Alter faszinieren. Ein Tag, der für ihn selbst heute den Stellenwert einer "fantastischen Erinnerung an meinen ersten Grand Prix" hat. Er hatte sechs Fahrer gesehen, die entweder Weltmeister waren oder noch werden würden, nämlich Stewart, Hulme, Brabham, Rindt, John Surtees und Graham Hill. Lässt man Stewart einmal beiseite, so haben die anderen fünf zusammen achtundvierzig Siege errungen. Er konnte am 10. Mai 1970 nicht ahnen, dass er selbst bis zum Jahr 1992 allein vierundvierzig Siege nach Hause fahren würde, und dass dann seine Laufbahn noch keineswegs zu Ende sein würde. Und natürlich auch nicht, dass Leute, die etwas davon verstanden, nur in den höchsten Superlativen über ihn als Rennfahrer sprechen würden, so z.B. dass er der vermutlich grösste Taktiker aller Zeiten sei. Wenn man sich auch hierüber streiten mag, eines steht auf jeden Fall fest: Er ist ganz bestimmt besser als Hulme, Brabham, Rindt, Surtees und Hill. Wesentlich besser.

Kehren wir noch einmal kurz nach Monaco im Mai 1970 zu dem Bild zurück, wie Jochen Rindt auf dem Siegerpodest steht und die Silberschüssel, die er gerade überreicht bekommen hat, lässig in den Händen baumeln lässt. Ein riesiger Lorbeerkranz, der einige Nummern zu gross wirkt, hängt um seinen Hals und scheint ihn fast nach unten zu ziehen. Fürst Rainier, ein Mann von grosser Würde, steht nach vollzogener Amtshandlung neben ihm. Seine Rechte umklammert das winzige Händchen eines süssen fünfjährigen Mädchens im marineblauem Jäckchen und weissen Faltenrock. Die andere Hand des Mädchens hält die Mutter, Prinzessin Grazia, die sich ebenfalls für die Fotografen dazugestellt hat. Ihr Leben lang hat sie immer genau gewusst, wann und wo Kameras postiert sein würden, und wie sie sich plazieren muss, um gut auf dem Bild zur Geltung zu kommen. Ihr wunderbares Lächeln wird unsterblich bleiben. Und gerade in diesem Moment, als alle so schön fürs Foto aufgestellt sind, muss doch das kleine Mädchen gähnen. Sie würde einmal trotzig eigenwillige Pfade einschlagen, um aus eigenem Verdienst berühmt zu werden: Popsängerin, Fotomodell. – Poplieder singen! So etwas machte doch ein Angehöriger des ehrwürdigen Hauses Grimaldi nicht.

Oder vielleicht doch?

Sie sollte so etwas werden wie die Verkörperung eines Sprösslings aus reichem Hause, der seinen eigenen Weg gehen will. Sie sollte übrigens den jungen Franzosen, der dort auf der Tribüne unter den italienischen Fans sass, in späteren Jahren noch näher kennenlernen.

Ihr Name: Stephanie.

.... Eine Wolkendecke lag über dem Rennkurs "Enzo und Dino Ferrari" und schüttete dicke weisse Schneeflocken aus, die vom Wind quer über die Piste gepeitscht wurden. Tags darauf sollte dann über dem Fahrerlager sogar ein schweres Gewitter aufziehen. Krachende Donnerschläge entluden sich so plötzlich und so nahe, dass mancher, der sich an der Rennstrecke aufhielt, tatsächlich vor Angst aufschrie. Es war eine Stimmung, als sei der Tag des Jüngsten Gerichtes gekommen. Dann setzte der Regen ein. Er prasselte so heftig auf den Asphalt des Fahrerlagers, dass die schweren Tropfen wie kleine Gummibälle gut einen halben Meter hochsprangen.

Imola, April 1991.

Auch innerhalb des Ferrari-Teams war bittere Kälte eingezogen, Kälte im Umgang miteinander. Jenseits der Grenze, in Frankreich, warben in jenen Tagen an allen werbestrategisch wichtigen Punkten Plakate für eine neue Zeitschrift namens "Course Auto", die in einigen Tagen, nämlich genau drei Tage nach Ende der offiziellen Testläufe in Imola, mit ihrer ersten Ausgabe auf den Markt kommen würde. Allerdings dauerten diese Testläufe länger als geplant. Der Mittwoch war der Tag, an dem es in Imola schneite, so dass nicht gefahren werden konnte. Und am Donnerstag dann dieses Gewitter, das erneut zu einer Verschiebung des Programmes zwang.

Die Plakate waren eine vergrösserte Reproduktion des Titelblattes der neuen Zeitschrift. Ein bekanntes Gesicht war darauf zu sehen, beherrscht von einer grossen Boxernase und in typischer Weise zusammengepressten Lippen. Das lange Haar fiel in zotteligen Locken in die Stirn und – fast so dick wie die Quasten einer Vorhangsschnur – über die Ohren. In den Augen lag ein Ausdruck hellwacher Erwartung. Quer über den roten Marlboro-Rennfahreranzug, den der Mann trug, stand in unübersehbaren gelben Grossbuchstaben eine Schlagzeile gedruckt. Sie lautete in französischer Sprache: DAS "ICH KLAGE AN" DES ALAIN PROST. Es war eine Schlagzeile, die es wahrlich in sich hatte. Ein Paukenschlag, ein Aufschrei, gewissermassen – wie in Imola – der Donnerschlag eines bevorstehenden Gewitters.

Für jeden Franzosen war dies ein Satz, der unter die Haut ging. Eine Ankündigung von erheblicher Tragweite. Der ominöse Satz geht auf eine Begebenheit vor der Jahrhundertwende zurück, als Alfred Dreyfus, Hauptmann der französischen Armee und Jude, der Spionage angeklagt und nach erfolgter Verurteilung auf die Teufelsinsel verbannt wurde. Der Romanautor Emile Zola war so überzeugt, dass

Dreyfus Opfer von versteckten Machenschaften geworden war, dass er einen offenen Brief an den Präsidenten der Republik schrieb, in dem er die beteiligten Personen einzeln nacheinander beim Namen nannte und anprangerte, wobei er jeweils mit den Worten "J'accuse" / "Ich klage an:" begann. Diese verbalen Hammerschläge prägten sich in ihrer Schärfe und Gewichtigkeit für die Franzosen derart ein, dass noch heute, neunzig Jahre später, die Worte "J'accuse" in Frankreich für jeden einen harten, unmissverständlichen Klang haben. Man nimmt sie nicht leichtfertig in den Mund. Prost war, wie in seiner Heimatgegend so üblich, immer ein Mensch gewesen, der sagte, was er meinte, und zu dem stand, was er gesagt hatte. Was dieser Artikel somit ankündigte, war nichts anderes als Prosts unverhülltes Urteil über Ferrari, den Rennstall, der zur Zeit mit erheblichen Turbulenzen zu kämpfen hatte, aber auch – und dies machte die Angelegenheit so pikant – den Rennstall, dessen "Auserwählter Sohn" zur Zeit er, Alain Prost, war. Viele, viele Menschen warteten während der Testfahrten in Imola mit Spannung oder auch mit Befürchtungen auf die erste Ausgabe von "Course Auto", die am 23. April herauskommen sollte und möglicherweise für einigen Wirbel sorgen würde. Die grosse Frage war: Würde er wirklich Vorwürfe gegen den gesamten Rennstall erheben und dabei konkrete Namen und Fakten nennen?

Vielleicht zweitausend, vielleicht dreitausend Fans waren in Imola. Die meisten verfolgten das Geschehen von der langen Tribüne gegenüber dem Boxenbereich aus. Wie immer hatten sie ihre Fan-Ausrüstung dabei: Fahnen, Transparente, rote Mützen. Wie immer legten sie das von viel Lautstärke und wenig Zurückhaltung in der Gefühlsäusserung geprägte Verhalten an den Tag, das man ansonsten von Fussball-Fanclubs kennt. Sie waren gekommen, um Ayrton Senna auszupfeifen, auszubuhen und zu verhöhnen, wann immer er seinen Marlboro McLaren-Honda bestieg, oder an die Box zurückkehrte. Und sie waren gekommen, um aufzuspringen und zu krakeelen, wann immer der junge Jean Alesi – Prosts Partner bei Ferrari – eine Runde absolviert hatte und die dünne nasale Stimme aus dem Lautsprecher eine schnelle Zeit verkündete. Die Zuschauer hatten von ihren Plätzen aus einen guten Einblick bis tief ins Innere der Ferrari-Boxen, und die Spannungen, die dort herrschten, waren selbst über die Breite der Rennstrecke hinweg spürbar. Machtquerelen hat es bei Ferrari immer gegeben, schon während der dreissig, vierzig Jahre der Herrschaft von Enzo Ferrari selbst, und auch jetzt in der Ära nach ihm. Nie liess sich dies verheimlichen. Prost meinte in diesen Apriltagen, die Atmosphäre habe "sich beruhigt". Na ja, wie man dies üblicherweise nach aussen bekundet. Aber bei Ferrari ist das wie bei der Bucht von Monaco: Wenn sich zwischen den wichtigen Akteuren als den abschirmenden "Bergen" etwas zusammenbraut, kann sich dies sehr schnell zu extremen Wetterlagen entwickeln und in heftigen Gewittern entladen. So ging es denn dem Sportlichen Direktor von Ferrari, Cesare Fiorio, nicht anders als einem verhassten Rennfahrer: Wann immer die Fans ihn im Ferrari-Lager entdeckten, pfiffen und buhten sie, brüllten sie Schmähparolen. Er solle doch lieber an den Strand gehen und seine Sonnenbräune auffrischen.

Am Mittwoch hatte es also geschneit, am Donnerstag das Unwetter gegeben. Blieben noch ein unterbrechungsfreier Freitag und als Nachholtag der Samstag. Dies wurde unter den gegebenen Umständen ein wichtiger Tag, weil es die letzte

Gelegenheit zu Testläufen vor dem Grossen Preis von Imola am 28. April sein würde, dem Rennen, das fünf Tage nach Erscheinen des Artikels "J'ACCUSE" auf dem Programm stand ...

An eben diesem Samstag rollte Prost seinen Ferrari mit Qualifikationsreifen aus der Boxengasse heraus. Er wärmte Wagen und Reifen sorgfältig auf, während er durch die Kurven steuerte, die ihn zur langen Geraden brachten. Er überfuhr die Start-Ziel-Linie, und auf ging's zur Jagd um Hundertstelsekunden. Mit seiner Erfahrung kannte er mittlerweile jeden Meter der 3,13 Meilen langen Rennstrecke ganz genau. 1 Minute 22,412 Sekunden später fuhr er erneut über die Linie, und die Fans auf der Tribüne waren ausser sich vor Begeisterung. Niemals war jemand in Imola eine schnellere Runde gefahren.

Monaco 1970 und Imola 1991 – zwei Meilensteile im Leben eines Mannes. Es gibt eine Menge zu erzählen, was dazwischen passierte.

Um den Beruf von Alain Prost zu verstehen, ist es hilfreich – auch wenn dies einer gewissen Ironie nicht entbehrt – einige Gedanken von Ayrton Senna auf sich einwirken zu lassen. Er hat die Erfahrung gemacht hat, dass die Rahmenbedingungen des Formel 1-Sports so extrem sind wie sonst kaum irgendwo: Man tritt als Fahrer über Jahre hinweg ständig im offenen Wettkampf gegen andere Fahrer an, die genauso gewinnen wollen, und dies vor einem Millionenpublikum an Fernsehschirmen in der ganzen Welt. Man ist Mitarbeiter in einem Unternehmen, in dem hochgezüchtete Maschinen an die Grenzen ihrer Leistungsfähigkeit getrieben werden, und in das so viel Geld gesteckt wird, dass man ohne weiteres ein Land der Dritten Welt damit sanieren könnte. Und unter solch extremen Rahmenbedingungen – so Sennas These – müssen zwangsläufig extreme Dinge passieren. Damit muss man leben, darauf muss man sich geistig einstellen.

Im Laufe seiner Karriere zähmte Alain Prost das "Biest" Formel 1-Rennsport. Er unterwarf es seinem Willen, legte ihm Zügel an, kontrollierte seine Bewegungen und Richtungen. Er bekam die komplizierten Mechanismen eines schwer überschaubaren Apparates perfekt in den Griff. Daneben gelang es ihm aber auch, ein ganz normaler, lebenslustiger junger Mann zu bleiben, immer zu einem Spass aufgelegt, den weltlichen Vergnügungen nicht abgeneigt. Eitelkeit lag ihm stets fern, genauso wie andere Allüren, die häufig mit dem Erfolg einhergehen. Eben deshalb ist er immer beliebt gewesen. Ein Star, wie ihn die Leute mögen. Und doch dürfen die "extremen Dinge", von denen Senna sprach, nicht übersehen werden. Sie sind Teil des Systems. Wie überall, so gibt es auch in der Formel 1-Welt Schattenseiten.

"Extrem" ist überhaupt das Wort, das am besten die Bühne kennzeichnet, auf der sich das Leben von Alain Prost abgespielt hat und weiter abspielt. Einige Aussagen von Freunden und Wegbegleitern:

"Man ist häufig etwas hin- und hergerissen, was Alain Prost betrifft", so Tyler Alexander, der im Jahre 1980, als Prost in die Welt der Formel 1 eintrat, zu den führenden Köpfen des Rennstalls Marlboro McLaren gehörte. Alexander, durch und durch Amerikaner in seiner Art, sich zu geben, und in seiner Ausdrucksweise, weiter: "Der Bursche ist genial, ein fantastischer Fahrer, einer der Burschen, die wissen, wie man ein Rennen gewinnt. Er weiss genau, wie man versucht, das Beste für sich selbst herauszuholen. Eigentlich wollen sie das alle, alle wollen sie das Beste für sich selbst. Das ganze Geschäft ist im Grunde ein gigantischer Ego-Trip. Und die guten Fahrer und die guten Teams macht es aus, dass sie das auch wirklich bekommen. Allerdings gibt es wenige, die, wenn mal etwas danebengeht, sagen: 'Sorry, tut mir leid. Ich glaube, das war mein Fehler'. Prost hat das dann und wann gesagt." Tyler möchte – so seine Worte – Prost nicht durch ein schwaches Lob herabwürdigen. Er möchte nur einmal die Hintergründe und Eigenheiten des Geschäftes, die er beobachtet und erfahren hat, so gut es geht beleuchten.

John Watson war im Jahre 1980 Prosts Partner im McLaren-Team – der Seniorpartner sozusagen – und musste seinen Platz vier Jahre später, als Prost zu dem Team zurückkehrte, für den Franzosen räumen. Dies tut allerdings der hohen Meinung, die er von seinem Berufskollegen hat, keinen Abbruch: "Was Alain gelernt hat – und das ist etwas, das die meisten erst in späteren, reiferen Rennfahrerjahren lernen – ist, dass man nicht unbedingt aus der ersten Reihe starten muss, um zu gewinnen. Die Pole Position ist nicht alles. Natürlich ist es eine gewisse Befriedigung, wenn man ganz da vorne steht. Aber es ist keine Garantie, ein Rennen zu gewinnen."

"Alain hat eine aussergewöhnliche Fähigkeit entwickelt, Situationen richtig einzuschätzen. Wenn man im schnellsten Wagen fährt, vielleicht sogar in einem klar überlegenen Wagen, ist es keine grosse Kunst, zu gewinnen. Schwieriger ist es, wenn man nicht im schnellsten Auto sitzt. Es hat Fahrer gegeben, die das geschafft haben. Stewart im Tyrrell zum Beispiel. Er war damals einfach der intelligenteste Fahrer. Heute ist es Prost, der sich als äusserst intelligenter Fahrer erweist in dem Sinne, dass er Situationen richtig einzuschätzen vermag. Wie er fährt, das ist ausgesprochen klug. Wenn es ans Überholen geht, würde er niemals versuchen, in eine Lücke zu stossen, die gar nicht da ist."

"Ich erinnere mich, wie ich ihn 1984 beobachtete und damals dachte: 'Zum Teufel, was macht der denn da?' Er führte das Rennen damals unangefochten an, und aus meiner Sicht setzte er sich so, wie er überrundete Fahrer überholte, der Gefahr aus, Opfer von deren Fehlern und Missgeschicken zu werden. So etwas passiert immer wieder. Ich rede nicht von der Gefahr, selbst einen Fehler zu machen, sondern von der Gefahr, zu sehr auf das richtige Urteilsvermögen anderer zu bauen. Man kann nicht immer genau vorausahnen, wenn man zum Überholen ansetzt, was der betreffende Fahrer machen wird. Der Faktor der Unberechenbarkeit ist normalerweise zu gross, als dass man immer sicher sein kann, was der andere macht. Prost mit seiner Intelligenz allerdings scheint das zu können. Er schafft es immer, Gefahren aus dem Weg zu gehen."

"Die Kunst des Rennfahrens besteht darin, das eigene Potential und das des eigenen Wagens zu erkennen und effektiv nutzen zu können. Zu wissen, wann und wo es gilt, Druck zu machen, und wie man diesen Druck aufrechterhalten kann. Es kommt aber auch darauf an, die Gegner richtig zu analysieren, ihre Stärken und Schwächen als Fahrer und diejenigen ihrer Fahrzeuge zu erkennen. Es ist so ein bisschen wie ein Schachspiel, mit all den verschiedenen Figuren auf dem Brett, die man alle gleichzeitig genauestens im Auge behalten muss."

Das Rennfahren ist durchaus eine Form der Kunst, wenn man so will. Eine heikle, augenblicksorientierte, äusserst komplexe Form sich zu verwirklichen; oft fast zum Wahnsinn treibend, alles abverlangend, voller eigenwilliger, subtiler Feinheiten. Und es ist eine extreme Kunst, denn man übt sie bei hohen Geschwindigkeiten auf schmalen Asphaltstreifen aus, die dazu auch noch mit Kurven gespickt sind. Und das im Gedränge mit vielen anderen Fahrern, die in etwa genauso schnell unterwegs sind und unter denen es die verschiedensten Typen gibt – als Extremfall sei der junge, heissblütige aber kurzsichtige Italiener genannt.

Eine Voraussetzung, um die Technik dieses Metiers zu beherrschen, ist, dass man die Bildverarbeitung im Gehirn ständig anhalten, einen rasch ablaufenden Film in einzelne Bilder zerlegen kann. Die Kurve, die in Wirklichkeit rasend schnell auf einen zukommt, läuft im Kopf des Rennfahrers quasi in Superzeitlupe ab. Nur wenige Menschen können dies. Prost zur Relativität der Geschwindigkeit: "Wenn ich schnell aussehe, bin ich in Wirklichkeit gar nicht schnell, weil mein Bewegungsablauf abgehackt, unruhig ist. Wenn ich langsam aussehe, bin ich in Wirklichkeit schnell, weil mein Bewegungsablauf glatt und ruhig ist."

Was auch nicht jeder kann: "Alain war ein Genie, was Reifen anbelangt", so der Konstrukteur John Barnard. "Er war genial darin, den Reifenzustand im Auge zu behalten; genial darin, einem zu sagen, wann ein Reifen nichts mehr taugte. Er konnte seinen Technikern mit absoluter Sicherheit nach zehn Proberunden sagen, dass ein bestimmter Reifen für ein Rennen auf einem bestimmten Kurs zu hart sein würde, zu weich oder was auch immer. Ein Rennen dauert sechzig, siebzig Runden, und für ein Team ist es eine ganz entscheidende Frage, ob die Reifen, die ein Fahrer gerade fährt, noch für den Rest des Rennens halten werden. Das heisst, ob ihr Zustand einigermassen konstant bleiben wird, oder ob sie schnell verschleissen werden. Seine Fähigkeit, den Reifenzustand isoliert vom Gesamtverhalten des Wagens analysieren zu können, vom Fahrwerksverhalten her erfühlen zu können, war unglaublich. Ich habe nie jemanden kennengelernt, der das so perfekt konnte."

Von Anbeginn an war sich Prost seiner Sache absolut sicher. Wir werden vielen Zeugen begegnen, die dies bestätigen können. Viele haben das als wirklich erstaunlich empfunden, einer sogar als so unwahrscheinlich, dass er anderthalb Jahrzehnte gebraucht hat, bis er begonnen hat, es zu glauben. Heute glaubt er es. Kaum einer zweifelt daran, dass es Alain Prost einfach in die Wiege gelegt wurde, was immer es auch sein mag.

Manchmal passte das Bild, das der Aussenstehende von diesem Mann hatte, irgendwie nicht zu den Entwicklungen der Dinge. Hier betreten wir ein Feld, das reichlich Diskussionsstoff hergibt. Marlboro McLaren empfing ihn 1980 mit offenen Armen, das gleiche gilt für Renault als nächste und McLaren als übernächste Station seiner Laufbahn. Und doch trennte er sich von allen im Zwist. Jemand, der in jenen Jahren sehr engen Kontakt mit ihm hatte (und heute noch hat), sagte Anfang 1991 hinter vorgehaltener Hand zu mir: "Das gibt schon irgendwie zu denken, wie seine Trennung von einem Team immer aussieht, oder nicht?"

1984 wurde Prost Partner von Niki Lauda bei McLaren. Lauda erinnert sich: "Ich hatte nie ein Problem mit ihm, vielleicht weil er bereit war zu lernen, vielleicht weil er in einem Moment zu uns kam, als ich bereits etablierter Weltmeister, er aber noch der kommende Star war, wenn man so will. Die Ausgangspositionen für uns waren also verschieden. Trotzdem halte ich ihn für einen schwierigen Menschen, ehrlich gesagt. Er beklagt sich immer sehr schnell. Er ist kein Mensch, der Machtkämpfe austragen kann, er hat kein politisches Talent. Deshalb glaube ich, dass es für ihn bei Ferrari nicht leicht werden wird. Er hat eine Menge Probleme im Privatleben, über die ich nicht sprechen will."

Was immer ausser Frage stand, war sein fahrerisches Können. Brian Hart, Motorenkonstrukteur und scharfer Analytiker der Branche, erkannte das wie eigentlich jeder: "Er hat auf seinem vorhandenen Talent stetig aufgebaut. Was er hat, haben nur wenige Rennfahrer: dieses Allround-Können, diesen Glauben an sich selbst, dieses Naturtalent. Er weiss, wie Rennen ablaufen. Er weiss, dass ein Rennen vierundsechzig Runden dauert, oder zweiundsiebzig oder so was um den Dreh. Wieviele haben wir im Laufe der Jahre erlebt, die sich dies beim Start eines Rennens nicht klarmachen konnten. Fahrer wie Prost denken das bevorstehende Rennen am Samstagabend durch. Sie wägen alle denkbaren Varianten der Entwicklung ab, stellen für sich Vermutungen auf, wann sie in welcher Runde in welcher Position liegen werden, und das gleiche auch für die Konkurrenten. Und all das speichern sie dann in ihrem Gehirn, zum Beispiel: Etwa in Runde X wird Fahrer A ausfallen, Fahrer B wird Probleme mit seinen Reifen bekommen und so weiter. Es ist erstaunlich. Zwar erzählt das dieser Typ Rennfahrer einem nie, was er sich so alles durchkalkuliert, aber ich bin überzeugt, Leute wie Prost spielen ganze Rennen im Detail gedanklich durch."

Versucht man, Alain Prost zu charakterisieren, also zu beschreiben, was für ein Typ Mensch er ist, so stellt man fest, dass er eine eigenwillige Mischung aus Widersprüchen darstellt (aber das sind wir wohl alle). Ein Biograph kann den Privatmenschen auch nicht isoliert vom Menschen, wie er sich der Öffentlichkeit darstellt, betrachten. Beides beeinflusst sich gegenseitig und hängt auch voneinander ab, so dass man nicht die eine Komponente losgelöst von der anderen untersuchen kann.

Hören wir zum Beispiel, was Prost selbst zu einigen Aspekten seines Berufes aus rein menschlicher Sicht zu sagen hat: "Man hat als Rennfahrer vielleicht manchmal Bammel, Lampenfieber oder so etwas, aber keine Angst. Angst ist etwas anderes. Angst lähmt die Reflexe. Wie kommt es wohl, dass Rennfahrer so häufig den Eindruck erwecken, in sich gekehrt zu sein, vielleicht sogar ein bisschen traurig? Ich bin überzeugt, es liegt daran, dass man als Rennfahrer unwillkürlich – tagaus, tagein – immer wieder darüber nachdenkt, welches Risiko man eingeht. Von morgens beim Aufwachen bis abends vor dem Einschlafen."

"Ich weiss auch nicht, wie ich die Lust am Fahren an sich erklären soll. Es ist etwas, das sich dem Verstand entzieht. Irgendwann fragt man sich – vielleicht an einem von hundert Tagen –, was das eigentlich soll, immer am Lenkrad zu sitzen. Ich glaube, dass diese Müdigkeit langsam aber stetig in einem wächst. Irgendwann spürt man sie an einem von fünfzig, dann an einem von zehn Tagen, dann an jedem zweiten, und eines Tages spürt man sie dann ständig, und das ist der Tag, an dem man aufhören sollte. Heute, 1991, bin ich vielleicht auf dem Stand, dass ich einen Tag im Jahr müde bin, wenn überhaupt. Andererseits, was einem manchmal mehr zu schaffen macht als das Fahren selbst, ist der Druck, der von aussen kommt. Das macht mir mehr aus, als ich früher gedacht hätte. Solange man frei von Druck ist, solange man unbeschwert ist, meint man, nichts könne einem passieren."

Als Biograph kommt man immer wieder an einen unangenehmen Punkt, nämlich die heikle Frage, wie weit man ins Privatleben des Menschen, mit dem man sich beschäftigt, eindringt und eindringen darf. Ist Prosts Religiosität von Bedeutung für seine Karriere? Höchstwahrscheinlich ist sie es, das lässt sich nicht abstreiten, denn die Beziehung zur Religion prägt die Kindheit, und das Kind ist der Vater des Erwachsenen. Soll man, darf man ihm bis ins Schlafzimmer folgen? Ist es von Bedeutung, dass Prost Frauen und Golf (in dieser Reihenfolge) gern mag? Als ich dieses schwierige Terrain sondierte, sagte mir ein Freund Prosts – der anonym bleiben möchte – auf eben diese Frage, dies sei zeitweise sogar von enorm grosser Bedeutung gewesen, und er fügte hinzu: "Dieser Bereich spielt im Grunde in alles hinein. Er ruft manchmal Frauen mitten in der Nacht an, flüstert am Telefon mit ihnen, ist sehr romantisch, sehr erotisch, sehr sexy. Jeder kann sich denken, welche Art von Dingen er zu ihnen sagt. Und er geht dermassen ran, dass er sie irgendwann auch wirklich rumkriegt. Oft verschickt er auch Blumen, dafür nimmt er sich sehr viel Zeit." Prost selbst hat einmal zu diesem Thema gesagt, wenn es eine Wiedergeburt gäbe, würde er gern noch einmal als Eunuch auf die Welt kommen. Dann hätte man viele Sorgen vom Hals. Er hat auch einmal gesagt, weil er so "klein und hässlich" sei, betrachte er Frauen grundsätzlich als Herausforderung. Der bewusste Freund sieht das so: "Sein Erfolg rührt daher, dass er sehr erfolgreich sein m u s s t e, um zu erreichen, dass ihn die Leute mit anderen Augen sehen. Heute hält ihn jeder für gutaussehend, und die Frauen sind hinter ihm her – aber eigentlich sollten sie lieber einen Psychiater zu all dem befragen."

Es wird manchmal die These aufgestellt, das Fahren eines Rennwagens sei ein typisches Macho-Verhalten, eine unkultivierte, primitive Form der Machtausübung von unterschwellig sexuellem Charakter, in etwa vergleichbar dem Reiten bei Frauen, das ja auch angeblich Gefühle einer bestimmten Art vermitteln soll. Mag sein. Was Nelson Piquet nach dem Grossen Preis von Kanada 1991 sagte, würde dafür sprechen. Er gab damals zu, dass es ihm in dem Moment, als Nigel Mansell in der letzten Runde wegen eines technischen Defektes ausfiel und er an ihm vorbeiziehen und das Rennen gewinnen konnte, "beinahe gekommen" sei.

Piquet machte natürlich Witze. Er macht immer Witze. Oder etwa doch nicht? Ein Buch über die Geschichte von Sexualität und Grand-Prix-Rennsport zu schreiben, wäre rechtlich äusserst gefährlich, ein überaus mühsames Unterfangen, und es würde – wenn es eine einigermassen vollständige Darstellung sein sollte – ein Wälzer werden, der die umfangreichsten bekannten Werke noch überträfe. Der Rennfahrer steht in der Blütezeit seines Lebens, sieht eigentlich immer gut aus, verdient eine Menge Geld, wird überall gefeiert, bewegt sich auf allen Kontinenten der Erde unter den oft zitierten "schönen Menschen", und die Faszination, Woche für Woche sein Leben aufs Spiel zu setzen, verleiht ihm eine Aura, wie keinem anderen Mann. Und dies zu Recht.

Alain Prost ist ein zutiefst aufrichtiger Mensch, was freilich nicht heisst, dass er sich jedem ohne weiteres öffnet. Für einen Mann von 35 Jahren sind seine Aussagen manchmal schon recht ungewöhnlich, wie folgendes Beispiel belegt: "Ob ich ein gläubiger Mensch bin? Ich habe noch nie vor einem Rennen gebetet oder irgendeine Instanz um Hilfe ersucht. Trotzdem bin ich ein gläubiger Mensch. Ich bete jeden Abend vor dem Einschlafen, wie ich es schon seit meiner Kindheit getan habe. Alles, was ich erreicht habe, verdanke ich jedoch mir selbst. Gott hat andere Dinge zu tun, als dafür zu sorgen, dass Alain Prost Rennen gewinnt." Von einem Zusammentreffen mit dem Papst erzählt er: "Von allen Menschen, die ich bisher getroffen habe, hat er mich am meisten beeindruckt. Für einen Katholiken stellt der Papst etwas ganz besonderes dar, obwohl es schwierig ist zu beschreiben, was man dabei empfindet. Als ich Papst Wojtyla traf, spürte ich sofort seine Grösse. Wir haben über vieles gesprochen, auch wenn ich wohl etwas verwirrt war. Er hat mir sogar erzählt, dass er sich gelegentlich Formel 1-Rennen im Fernsehen ansieht.

Hier haben wir sie wieder, die Untrennbarkeit von Privatmensch und öffentlicher Person.

In der Regel hat man ihn immer als ausgeglichenen Menschen kennengelernt. Mitte der achtziger Jahre kam er einmal auf einer Promotiontour nach Silverstone – eine Sache, die bei den Fahrern normalerweise verhasst ist. Unter denen, die zum Lunch eingeladen waren, waren nur drei Motorsportjournalisten. Der Rest waren Vertreter von Autofirmen und einige Redakteurinnen von Frauenzeitschriften. Die meisten hatten also von Prost und seiner Welt keine blasse Ahnung, abgesehen von dem, was "Lieschen Müller" so von der Formel 1 kennt. Und so sass Prost damals an einem grossen, runden Tisch, und es wurden ihm Fragen recht banaler Art gestellt ("Sind diese Rennwagen sehr schnell?"). Mindestens eine Stunde ging das so, aber er liess in keinem Moment Langeweile oder Gereiztheit erkennen. Im Gegenteil, er merkte, dass es genau die Fragen waren, die der Laie stellen würde, und er freute sich über das Interesse der Leute, fand dies sichtlich eine sympathische Gesprächsrunde und gab sich Mühe, interessante Antworten zu geben. Kurzum, Prost zeigte sich aufgeschlossen und charmant, schüttelte am Ende viele Hände und lächelte fast die ganze Zeit über, aber keineswegs aufgesetzt. So hatte man zum Schluss fast den Eindruck, er bedauere, dass das Gespräch schon vorüber war – geradezu grotesk, wenn man weiss, wie die Rennfahrer sonst zu dieser Art von Veranstaltung eingestellt sind. Vielleicht war es sogar wirklich so.

Alain Prost ist aber auch der Mann, der in bestimmten Situationen, wenn er das Empfinden hat, dass Spielregeln verletzt wurdenn, Gift und Galle spucken kann. Über Senna sagte er nach der Kollision der beiden in Suzuka im Jahre 1990 sogar vor versammelter Reporterschar: "Es erfüllt mich mit Abscheu ... Ich dachte immer, er sei ein Angehöriger der menschlichen Rasse."

Alain Prost ist auch der Mann, der, um mit den Worten seines Fahrerkollegen Derek Warwick zu sprechen, "die grosse Führungspersönlichkeit unter uns Rennfahrern ist, eine echte Autorität, weil er hohes Ansehen bei den wichtigen Leute in unserer Branche hat. Er ist der einzige, den sie respektieren. Wenn irgendein Fahrer kommt und sagt, dass wir diese und jene Barriere entfernt und an dieser und jener Stelle eine Schikane eingebaut haben wollen, dann zucken sie nur mit den Schultern. Wenn Alain das aber sagt, dann wissen sie, dass er das gründlich durchdacht und mit seinen Kollegen besprochen hat. Und er weiss wirklich am besten, was zu tun ist, beziehungsweise was in unserem Interesse getan werden k a n n. Wenn er nicht gewesen wäre, gäbe es auch heute noch in vielen Situationen keine

Streckenposten, Rettungscrews, Rettungshubschrauber. Die Verantwortung in diesem Bereich ruht auf seinen Schultern, nicht weil er der einzige wäre, der ein Bewusstsein für Sicherheitsfragen hat, sondern weil er der einzige ist, der sich wirklich dafür engagiert. Viele Fahrer machen sich Gedanken um Sicherheitsaspekte, aber sie nehmen sich nicht die Zeit, sich aktiv dafür einzusetzen."

Prost selbst baut diesen Gedanken noch weiter aus, und wir stossen hier erneut auf das Phänomen der Untrennbarkeit von Privatmensch und öffentlicher Person: "Sicherheit auf den Strassen ist ein Punkt, dem wir uns einfach mehr stellen müssen. Tödliche Verkehrsunfälle sind etwas, das mir immer sehr nahe geht. In Frankreich ist die Zahl der Todesopfer auf den Strassen doppelt so hoch wie in England, und ich glaube anderthalb mal so hoch wie in Italien. Die Ursache liegt darin, dass man von seiten der Autobauer den Menschen einfach nicht genug achtet. Man behandelt erwachsene Menschen wie Kinder. Es ist eine Beleidigung der menschlichen Intelligenz, dass wir auf unseren Strassen Blechbüchsen herumfahren lassen, die fast vom Wind umgeweht werden, während wir gleichzeitig wissen, dass die moderne Technik über die Mittel verfügt, um etwas wesentlich Robusteres zu bauen. Einerseits lässt man zu, dass Autos gebaut werden, die als unsicher bezeichnet werden müssen, andererseits setzt man für Autos, die nach hohen Sicherheitsstandards gebaut werden, Tempobegrenzungen fest. Das ist doch echte Heuchelei. Nimmt man doch einmal die Formel 1. Man sieht immer wieder fürchterliche Unfälle, aber es kommt kaum einmal vor, dass die Wagen in Flammen aufgehen. Auf normalen Strassen dagegen kann es schon bei vergleichsweise harmlosen Unfällen leicht passieren, dass die Fahrzeuginsassen verbrennen. Wenn unsere nach anderen Sicherheitsanforderungen gebauten Benzintanks serienmässig in alle Autos eingebaut würden, könnten hunderttausende von Menschenleben gerettet werden."

Alain Prost ist ein Mensch mit vielen Facetten. Er ist unpolitisch ("Ich lese in der Zeitung nur die grossen Schlagzeilen, weiter stosse ich nicht vor."). Er hat sich damit abgefunden, dass er im Rampenlicht der Öffentlichkeit steht ("Daran lässt sich nun mal nichts ändern."). Bemerkenswert ist auch, dass ausgerechnet ein Mann, der schon sieben Jahre lang Formel–1–Rennen gefahren war, nach dem Tod seines Bruders Daniel, der einer Krebserkrankung erlag, feststellte: "Das hat mich gelehrt, dass das Leben kurz und zerbrechlich ist. Ich habe Angst vor Krankheit und Alter. Nach einem Leben, das ganz mit Sport ausgefüllt war und das man bei bester Gesundheit gelebt hat, dürfte es ausgesprochen schwierig sein, sich auf das Altsein einzustellen. Seit dem Tod meines Bruders habe ich panische Angst vor Krankheit. Ich nehme nie Medikamente. Ich drücke mich immer davor, zum Arzt zu gehen. Was ich allerdings mache, ist, dass ich mich zweimal im Jahr gründlich durchchecken lasse."

Und schliesslich: "Vorahnungen? Ich hatte einmal als Kind eine ganz unglaubliche Vorahnung. Ich träumte, meine Grossmutter sei tot. Ich wachte auf, war völlig aufgelöst und rannte sofort in ihr Schlafzimmer, das neben meinem lag. Natürlich war alles in Ordnung mit ihr, aber in der darauffolgenden Nacht starb sie. Seitdem glaube ich an die Bedeutung bestimmter Träume."

In jenem Sommer des Jahres 1970, lange nachdem der Lärm der Motoren des Grossen Preises von Monaco verklungen war, lange nachdem die Rennställe ihre

Zelte abgebrochen hatten und der junge Franzose mit seinem Vater die Holzstufen der simplen Tribünenkonstruktion hinabgestiegen war, sollte es wenig später noch zu einem weiteren für die Zukunft des Möchtegern-Fullballstars bedeutsamen Erlebnis kommen, ja, wenn man so will, sogar zu einem Schlüsselerlebnis.

Einige Tage später, noch während des gleichen Familienurlaubes, fuhr André Prost mit seinem Sohn Alain auf der Route Nationale 89, einer gewundenen, der zerklüfteten Steilküste Südfrankreichs folgenden Strasse, zu einem Vergnügungszentrum namens "Siesta", etwa auf halber Strecke zwischen Antibes und Cannes gelegen. Wie schon beim Besuch des Grand-Prix-Rennens, wollte der Vater seinem Sohn den Urlaub noch ein bisschen aufwerten und mitnehmen, was an Attraktionen in der Gegend angeboten wurde.

Die "Siesta" war im spanischen Stil gebaut. Es war eine Ansammlung schmukker weisser Gebäude, jeweils umgeben von einer Mauer und hohen Sträuchern. Eigentlich bestand sie aus einer Diskothek und einem Casino, aber dafür hatte der Fünfzehnjährige damals natürlich noch keinen grossen Sinn.

Der lange Parkplatz direkt vor der "Siesta" grenzte auf der einen Seite an die N 89 mit ihrem stetig vorbeirauschenden Verkehr, auf der anderen Seite an einen zum Meer abfallenden Kiesstrand. Blickfang für die Besucher war ein riesiger, echter Schiffsanker, der auf einem gewaltigen Felsblock ruhte – eines der typischen "Kunstwerke", wie man es an solchen Touristenplätzen häufig findet. Der Parkplatz war lang und breit, und entlang der Ränder standen versetzt Reihen von Palmen und Kakteen. Dort war auf der Asphaltfläche eine Miniatur-Rennbahn eingerichtet, auf der man mit Go-Karts fahren konnte. André Prost mietete seinem Sohn eines, obwohl Alain einen Arm in Gips hatte, wie das bei einem aktiven Jungen dieses Alters eben mal vorkommt. Alain setzte sich in das Kart und los ging's. Zunächst kamen einige Kurven, dann eine kleine Gerade, dann eine weitere enge Kurve. Alain fuhr einige Runden, bisher war er noch nirgendwo angestossen. Warum nicht ein bisschen mehr Gas geben ...

Viele Jahre später beschrieb er die Wirkung dieser bedeutsamen Momente auf sich als einem Donnerschlag vergleichbar. Durch puren Zufall, so stellte er fest, habe er damals seinen Lebensinhalt entdeckt. Die Leidenschaft, die zum bestimmenden Element seiner letzten Jahre als Teenager wie auch seiner gesamten Erwachsenenzeit werden sollte.

Eine ganze Reihe von Menschen hat im Gedächtnis gekramt, um einen Beitrag zu dieser Geschichte zu leisten. Alle haben sie sich um Ehrlichkeit bemüht, viele von ihnen haben – wie sie sagen – das, was sie mir erzählt haben, noch niemandem erzählt. Ich fürchte, nicht allen unter ihnen wird dieses Buch gefallen, aber daran ist nichts zu ändern. Was geschehen ist, ist geschehen. Auf jeden Fall danke ich allen für ihre Beiträge. Ohne dass ich eine bestimmte Reihenfolge einhalte, möchte ich nennen: Francois Goldstein, Lionel Chamoulaud, Sylvie Shannon, Tony Jardine, Brian Lord, Mark Burgess, Dick Bennetts, Donald Davidson, Terry Fullerton, Nigel Clegg, Teddy Mayer, John Watson, Fred Opert, Peter Stayner, Simon de Latour, Michel Hugon, Tyler Alexander, Kevin Cogan, Ken Tyrrell, Jeanette Chabot, Antoine Rafaelli, Bernard Droulon, Jean-Louis Bousquet, Jean Sage, Jacky Ickx, Stefan Johansson, Gerard Crombac, Elj Elgh, Kenny Acheson, Teo Fabi, Anders Olofsson, Michael Korten, Slim Borgudd, Martyn Pass, Brian Hart, Ron Dennis, René Arnoux, Keke Rosberg, Derek Warwick, Patrick Tambay, Pino Allevi, Ginetta Guarneri, Frederic Watelet, John Barnard, Alan Henry, Niki Lauda, Renaud de Laborderie. Nigel Roebuck, Leitender Redakteur für den Bereich Formel 1 beim britischen Automobilmagazin "Autosport", hat Prosts Karriere hautnah mitverfolgt. Für seinen Rat, seine aktive Unterstützung und das Lesen des Manuskriptes bin ich besonders dankbar. Natürlich muss ich den üblichen Hinweis hinzufügen, dass eventuelle Fehler allein auf mein Konto gehen, nicht auf seins.

Auf das Magazin "Autosport" selbst habe ich mich in nicht unerheblichem Masse abgestützt. Zitiert habe ich daraus mit freundlicher Erlaubnis von Simon Taylor, dem Deputy Chairman. "Autosport" entgeht nichts und ist sozusagen immer auf Ballhöhe. Eine wichtige Stütze war für mich auch "L'Equipe", insbesondere die Reportage des Korrespondenten Johnny Rives. Für das Kapitel namens "Zeitlupe" war "AUTOhebdo" von enormem Wert für mich. Antenne Deux, der französische Fernsehkanal, hat eine Sendung namens "Dossiers de l'Ecran" produziert, die aus einem einstündigen, sehr offen geführten Gespräch mit Alain Prost bestand. Für die Einblicke, die ich daraus gewonnen habe, bedanke ich mich. Wichtige Nachschlagewerke waren für mich "Autocourse" und "Marlboro's Grand Prix Guide". Beide Veröffentlichungen sind – jede auf ihre Art – von excellentem Informationswert. Pino Allevi war so freundlich, mir ein faszinierendes Interview im Wortlaut zur Verfügung zu stellen, das er einst mit Prost für die "Gazzetta dello Sport" gemacht hat. Auch "Karting Magazine" ist eine echte Fundgrube für aufschlussreiche Informationen, und ich bedanke mich herzlich für die Erlaubnis, daraus zu zitieren. Dank gilt auch "Olivetti Longines Timing Service" für die präzisen Zeitdaten, die ich verwerten konnte.

Prost hat eine Autobiographie geschrieben, die unter dem Namen "Life in the Fast Lane" auch in englischer Sprache erschienen ist. Diesem Buch stehe ich allerdings etwas kritisch gegenüber, weil darin nur eine Sicht der Dinge – seine eigene naturgemäss – wiedergegeben wird. Es gibt aber noch viele, viele andere Meinungen und Ansichten, von denen ich hoffe, dass sie alle hier zum Ausdruck kommen.

Das Einleitungskapitel meiner Biographie "Ayrton Senna – Hart am Rande des Genies" endete mit einem Zitat des deutschen Philosophen Hermann Hesse. Vielleicht war das für ein Rennsportbuch recht hochtrabend, aber was soll's. Alain Prost verdient Gleiches: "Jeder Mensch strebt nach seinem eigenen Ziel. Wir können uns einander zwar verstehen, aber sein Ich kann jeder nur sich selbst erschliessen."

Tyler Alexander wird sicherlich erstaunt (und belustigt) sein, sich an dieser Stelle zusammen mit Hermann Hesse wiedergegeben zu sehen, aber in unserem Gespräch über Prost benutzte er selbst ein Zitat, das gleichermassen tiefsinnig und desillusionierend ist: "Irgendjemand hat mal gesagt, es gibt immer zwei Gründe, warum ein Mensch etwas tut. Das eine ist der gute Grund, und das andere ist der wirkliche Grund."

Ich bin zuversichtlich, dass wir am Ende dieser Geschichte Alain Prost und beide Gründe für sein Handeln verstehen werden.

2
SCHLAG AUF SCHLAG

Ich hatte mich gerade mit meiner Kamera postiert und wollte Fotos aus der Frontalperspektive schiessen. Bevor ich ein Bild machen konnte, sah ich plötzlich durch die Linse ein Kart auf mich zu fliegen.

(Brian Lord)

Das Schild am Zauntor, an dem ein rostiges Vorhängeschloss hängt, ist verblasst. Schon etliche Jahre muss es hier hängen, so verwittert ist es. Mühsam kann man noch entziffern: "Piste Antoine Vernay, Privateigentum der Association Sportiv de Karting. Nur für Benutzer mit Erlaubnisschein." Darunter stehen noch detailliert die Öffnungszeiten aufgelistet: "Mittwoch 13 - 19 Uhr, Samstag 9 - 12 Uhr und 13 bis 19 Uhr ... "

Noch ein Schild, ein neueres, ist am Zauntor befestigt. Darauf steht in grossen handgeschriebenen Buchstaben: "Benutzung der Rennbahn nur mit Erlaubnisschein. Unbefugtes Betreten wird strafrechtlich verfolgt."

Das ist alles.

Rive de Gier liegt rund fünf Kilometer von Saint Chamond entfernt. Im Charakter sind sich beide Städtchen sehr ähnlich, allerdings ist Rive de Gier mit etwa 20 000 Einwohnern nur halb so gross. Es zieht sich eine Landstrasse entlang, die früher einmal eine Hauptverbindungslinie war, heute jedoch nur noch eine Nebenstrasse darstellt, und die Gegend erscheint wie eine in sich abgeschlossene Welt. Am Abend sieht man hin und wieder einen Fussgänger, ab und zu fährt ein Auto vorbei. An den schlicht aber solide gebauten Häusern sind meistens die Fensterläden geschlossen. Fragt man nach dem Weg zur Kartbahn, so stösst man in der Regel auf ein Achselzucken. Es ist keineswegs so – wie man vermuten würde – dass jedes Kind hier die Rennstrecke für Go-Karts kennt und weiss, welche bedeutende Geschichte hier ihren Anfang nahm. Die erwarteten stolzen Erinnerungstafeln und grossen Hinweisschilder fehlen. Eigentlich deutet nichts in Rive de Gier darauf hin, dass sich hier vor einiger Zeit etwas Bedeutendes zugetragen hat. Beim Anblick der langgezogenen, tot wirkenden Strasse durchzuckt den Besucher sogar die leicht boshafte Frage, ob hier überhaupt jemals etwas passiert sei.

Es gibt einen guten Grund, warum die einen die Schulter zucken, die anderen mühsam in ihrer Erinnerung kramen müssen, um einem sagen zu können, wo die Bahn liegt. Man muss nämlich den Ort ganz verlassen und einen schmalen gewundenen Weg fahren, der mitten durch die Felder führt, die vor dem Hintergrund der sich in sanften Wellen in Richtung Lyon erstreckenden bewaldeten Berghänge aneinandergereiht liegen. Auf manchen dieser Felder wächst Getreide, auf anderen grast Weidevieh, und auf einige Entfernung unterscheidet das eine bestimmte Feld, das wir ansteuern, nichts von den anderen ringsherum, abgesehen eben von dem Drahtzaun und dem verschlossenen Tor mit den Hinweisschildern.

Blickt man durch den Zaun, so erkennt man die Konturen einer bescheidenen kleinen Rennbahn. Im Grund besteht sie nur aus einigen dicht aneinandergereihten geteerten Schleifen. Die Begrenzung bilden Stapel alter Reifen, aus denen gestrüppartiges hohes Gras hervorwuchert. Nirgends ist ein Gebäude zu sehen, nicht einmal eine Baracke.

Der junge Mann, von dem bereits die Rede war, fragte, als er im Spätsommer 1970 hierher kam, ob man Mitglied werden könne, und er wurde auch Mitglied. Wie das bei Jugendlichen eben so ist, hatten ihn Impuls und Neugier hierher getrieben, ohne dass irgendwelche genauen Absichten oder gar Zukunftspläne dahintersteckten. Eine gewisse Unsicherheit war unverkennbar.

"Er war ungefähr fünfzehn, als er zum ersten Mal hierher kam", erinnert sich Bernard Droulon, heute Clubvorsitzender. "Er hatte sich aus Spass an der Cote d'Azur einmal in so ein Go-Kart hineingesetzt, und jetzt war er zu unserer Bahn gekommen, um sich einmal ein Rennen anzuschauen. Dies brachte ihn zu dem Entschluss, dass er das auch machen wolle, und als er das nächste Mal kam, hatte er ein Go-Kart dabei, so ein ganz normales simples Ding." Es kostete ihn damals 700 Francs, also eine Summe, die ein Jugendlicher schon einmal aufbringt, wenn ihm etwas sehr am Herzen liegt.

"Um eine Fahrerlaubnis zu bekommen, musste man eigentlich nur schreiben können, sonst nichts weiter. Ein schriftlicher Antrag, ein Foto und die Aufnahmegebühr, das war's schon (Droulon muss lächeln, als er letzteres erwähnt). Im Grunde bezahlte man mit der Gebühr nur eine Versicherung, die für den Fall abgeschlossen war, dass mal etwas passieren sollte. Ein kleiner Restbetrag ging in die Vereinskasse. Heute braucht man ein ärztliches Attest, wenn man sich registrieren lassen will. Damals genügte es noch, mit einem Go-Kart zu kommen und 150 Francs Aufnahmegebühr zu bezahlen."

"Wenn wir Renntag hatten, waren so ungefähr hundert Fahrer da. Die Rennen, die sie fuhren, hiessen "Amicales" (Freundschaftsrennen). Es gab drei Motorenklassen, deshalb teilten wir die Fahrer in drei entsprechende Kategorien ein. In jeder Kategorie fuhren also um die dreissig Fahrer. Weil nach den Bestimmungen nicht alle dreissig auf einmal fahren konnten, sondern höchstens vierzehn gleichzeitig, führten wir Serien von Läufen durch – so etwa wie bei einer Meisterschaft."

"Bei seinen ersten Rennen fuhr er nur so mit. Plazieren konnte er sich noch nicht. Er war immer mit seinen Eltern da. Sein Vater ist ein sehr zurückhaltender

Mann. Er und seine Mutter folgten ihm überall hin. Ich erinnere mich gut daran, seine Mutter war eigentlich immer dabei. Sie lachten immer viel, wenn sie hier waren, und machten ihre Witze. Die ganze Familie machte gern ein bisschen Blödsinn, das weiss ich noch. Es machte ihnen Spass hier. In jenem ersten Jahr hatte ich nicht den Eindruck, dass Alain die Sache überaus ernst nahm. Er kam eben dann und wann um des Vergnügens willen." Kern des angesprochenen "Blödsinns" war zweifellos der Humor von Prost junior. Ein Kennzeichen, das er immer behalten sollte.

"Anfangs fuhr er in seiner Heimatgegend, im Raum St. Etienne", erzählt Michel Hugon, ein weiterer KartFahrer jener Jahre. "Er fuhr in einigen Freundschaftsrennen mit, dadurch lernte ich ihn kennen. Ich gehörte damals zur Nationalmannschaft und war wohl so etwas wie ein Vorbild für ihn. Er war sehr in Ordnung als Kumpel, das weiss ich noch. Ab und zu hatte er mal eine kleine Keilerei mit anderen Fahrern. Er begeisterte sich immer mehr für das Kartfahren, und dann stieg er irgendwann auch ins französische Junioren-Nationalteam auf. Na ja, das war vielleicht noch keine umwerfende Sache, aber es war immerhin ein richtiges Team."

"Im zweiten Jahr", so Bernard Droulon weiter, "fing er dann schon an, Erfolge zu sammeln. Doch, er nahm die Sache schon durchaus ernst, aber er hatte andererseits immer noch einen Riesenspass am Steuer des Karts. Diese Leidenschaft haben sie zwar alle, aber bei ihm war es so, dass er unbedingt gewinnen musste, wenn er ein Rennen fuhr. Seine Konkurrenten bekamen das sehr bald zu spüren. Auf Bahnen, die er vorher überhaupt nicht kannte, attackierte er ausgesprochen routinierte Fahrer, die dort Heimvorteil hatten, und das an Stellen, an denen man das ganz und gar nicht erwartete. Seine Gegner waren sich sicher, dass er es dort nicht wagen würde zu überholen, aber er tat es, und auf diese Weise kam er an ihnen vorbei. Das hört sich ziemlich unwahrscheinlich an, nicht wahr? Aber es war so. Alle seine Erfolge erzielte er so."

Hier deutet sich zum allerersten Mal eine Fähigkeit an, die manche in späteren Jahren die "automatische Leistungsregelung in Prosts Gehirn" nannten. Dies soll heissen, dass er damals wie heute instinktiv fühlte, was er einerseits aus einer Maschine herausholen konnte, wo andererseits aber ihre Grenzen lagen, und dass er aus diesem sicheren Gefühl heraus bis an die Grenzen herangehen konnte, ohne sich dabei in Gefahr zu begeben. Wie viele Rennfahrer gibt es und hat es schon gegeben, die sich auch an diese Grenzen herangetastet, sie aber nicht gefunden haben? Weil sie eben über diese angeborene Fähigkeit nicht verfügten, diese abgestimmte Maximierung von eigenem Potential und Potential der Maschine. Prost sollte diese Fähigkeit genauso immer behalten wie seinen Humor.

Ein wichtiger Faktor ist auch die Faszination des Kräftemessens an sich. Speziell für Jugendliche hat dies einen unwiderstehlichen Reiz. Sie können unglaubliche Energien entwickeln, wenn es darum geht, mit anderen darum zu kämpfen, wer der bessere, der härtere, der schnellere ist. Das Go-Kart bietet sich dabei als ideales Betätigungsfeld an, denn es ist nicht nur ein vergleichsweise billiges Gerät, sondern es macht auch noch riesigen Spass. Wenn man sich das Startfeld eines Grand-Prix -Rennens ansieht, ist es daher kein Wunder, dass fast alle Fahrer einmal hier angefangen haben. Mit dem Prinzip des Kräftemessens ist ein weiteres Schlüsselwort eng verbunden: Aggressivität. Dies ist ein Merkmal, das die Welt des Rennsports von vorne bis hinten durchzieht.

Hören wir Alain Prost selbst zu: "Das Rennfahren war für mich anfangs schlicht und einfach eine Leidenschaft. Ich dachte nicht an Ruhm und nicht an Geld, ich wollte nichts anderes als Rennen fahren und gewinnen. Zu Beginn wusste ich absolut nichts von der Technik, die dahintersteckt. Aber schon ein Jahr nach meinem ersten Rennen bastelte ich selbst an meinen Motoren herum, weil ich in der Zwischenzeit ein geradezu fanatisches Interesse an der Technik entwickelt hatte." Hier haben wir ein drittes Kennzeichen Prosts nach dem Humor und der "automatischen Leistungsregelung": Begeisterung für die Technik.

Je tiefer er in das Metier eindrang, desto mehr wuchs die Leidenschaft. 1973 lieh er sich 1300 Francs (eine Menge Geld für einen Achtzehnjährigen) und kaufte sich ein Vacquand-Chassis. "Den Unterschied sah man sofort", so Droulon. "Er verfügte nun über gutes Material und erzielte sofort gute Erfolge. Das Chassis war von einem erstklassigen Hersteller namens Vacquand. Das war eine Firma in der Nähe von Paris, die heute leider nicht mehr existiert. Die waren spezialisiert auf Kart -Fahrwerke, und sie waren auf diesem Gebiet mit die Besten, wenn nicht die Besten überhaupt."

Das Kartfahren schulte die Disziplin, etwas, das Prost später sehr nötig brauchen würde. "An einer Europa- oder Weltmeisterschaft teilzunehmen, hiess, den ganzen Tag hart zu arbeiten", erzählt Michel Hugon. "Von sechs Uhr morgens bis neun Uhr abends war man mit dem Herumbasteln am Kart beschäftigt. Das verlangte einem schon einiges ab, obwohl die Technik damals noch nicht so hochentwickelt war wie heute.

In jenem Jahr (1973) wurde Prost französischer und europäischer Juniorenmeister. In der französischen Meisterschaft "über 18" wurde er nur von einem, von Jean- Louis Bousquet, geschlagen. Die Rennfahrerkarrieren der beiden liefen eine Weile lang parallel. Bousquet erinnert sich: "Ich kam aus reiner Neugier zum Kartfahren. Wir beide kamen etwa zu gleicher Zeit zu diesem Sport, allerdings kann ich mich, obwohl das vielleicht merkwürdig erscheint, nicht mehr genau erinnern, wann ich ihn zum ersten Mal traf. Er war im Rennen keiner der knallharten Typen. Er war immer korrekt, er ging kein übertriebenes Risiko ein. Er war keiner, der auf Teufel komm raus überholte. Andererseits nahm er allerdings Niederlagen ausgesprochen schwer. Er war unübersehbar begabt, denn er konnte praktisch vom ersten Rennen an vorne mitmischen. Man sah deutlich, dass er ein Fahrer mit grosser Zukunft war. Er war irgendwie von Natur aus schnell, damit will ich sagen, er hatte einfach ein Gefühl für Geschwindigkeit und war gleichzeitig in der Lage, das Äusserste aus einem Motor herauszuholen. Seine Resultate zeigten, dass er talentiert war."

"Damals bildeten zwei Fahrer den Kern der Nationalmannschaft, der Meister und der Vizemeister, und das waren er und ich. Anderthalb Jahre lang fuhren wir alle Rennen gemeinsam, zum Teil auch im Ausland. Unser Verhältnis war eigentlich nie schlecht und nie gut – nie gut deshalb, weil er einfach von seiner Veranlagung her keine Freundschaft zu jemandem aufbauen konnte, der auf der Rennpiste sein Konkurrent war. Allerdings haben wir auch keine Zeit und Energie damit vergeudet, uns gegenseitig zu bekämpfen." Diese Worte berühren ein klassisches Spannungsfeld des Motorsports, nämlich die unterschwellig konfliktgeladene friedliche Koexistenz der Rennfahrer als Privatmenschen. Nie können sie ganz beiseite schieben, dass der andere ein direkter Konkurrent ist. Und je weiter man auf der Erfolgsleiter nach oben klettert, desto ausgeprägter ist diese Spannung. Hiervon später mehr.

Im Spätjahr 1973 reiste Alain Prost nach Oldenzaal im Norden Hollands, um dort an den Juniorenweltmeisterschaften teilzunehmen. Auch wenn sein eigenes Verhalten dort eigentlich einwandfrei war, stand seine Teilnahme zum damaligen Zeitpunkt unter einem ungünstigen Stern. Um das zu verstehen, müssen wir in der Chronologie noch einmal ein Jahr zurückgehen, zu den Weltmeisterschaften des Vorjahres in Dänemark.

Brian Lord, eigentlich Schullehrer, fungierte damals in Dänemark als Berater und war gleichzeitig so etwas wie Aufpasser für einen jungen Briten namens Graham Roscoe. "Roscoe schaffte es an einer Stelle, sich zwischen drei Fahrern des französischen Teams auf einmal durchzuboxen. Er ging als vierter in die Kurve und kam als erster wieder heraus. Wie ein wütender Stier rammte er einfach durch, und ich dachte in jenem Moment 'Du lieber Himmel'. Der Trainer der Franzosen meinte, einige Takte mit Roscoe sprechen zu müssen, als er an die Boxen kam. Er stürzte sich auf ihn und versuchte, ihn aus dem Kart zu ziehen. Ich stand auf der anderen Seite und hinderte ihn daran. Wir warfen uns einige äusserst unfreundliche Worte an den Kopf, bevor irgendjemand zum Glück dazwischenging. Er war ein kleingewachsener Bursche, dieser Franzose, ich sehe ihn noch genau vor mir. Ich hätte ihn in jenem Moment erwürgen können [verbissenes Grinsen]. Danach klebten wir zum Spott den Franzosen den Schriftzug "Ne Touchez Pas" (Nicht berühren) ans Heck ihrer Karts ..."

Die Franzosen vergassen den Engländern diese Sache nicht.

"Im Jahr 1973 begleitete ich einen jungen Burschen namens Nigel Clegg. Er war ein sehr guter Fahrer, einer der besten im britischen Team. Ich fuhr damals einen alten Ford-Kastenwagen, mit dem wir über den Kanal setzten und quer durch Holland nach Oldenzaal tuckerten. Die Rennstrecke war so winzig, es war unglaublich für uns. Sie war in das Gelände eines Sportparks integriert, hätte aber auch auf einen Fussballrasen gepasst. Wir waren an ganz andere Dimensionen gewohnt, an lange Geraden und breite Pisten. Diese Bahn war ein eng ineinander verschlungener Knoten aus schmalen Asphaltstreifen, aber sie war insgesamt doch gut angelegt und in tadellosem Zustand. Der französische Teamchef kündigte an, man werde dieses Jahr keine Angst vor den Briten haben. Man habe sich ebenfalls auf einige "Schubser" eingestellt ..."

"Alain Prost sah für diese Juniorenveranstaltung schon richtig alt aus. Er trug einen Schnurrbart, und mancher sagte: 'Der ist niemals im Juniorenalter.' Tatsache war, dass auf der Insel die Juniorenklasse bis zum Alter von 16 ging, auf dem Kontinent dagegen bis 18. Mental gibt es ganz klar eine Kluft zwischen diesen beiden Altersgruppen. Damit will ich sagen, dass ein beträchtlicher Unterschied zwischen der geistigen Einstellung eines Fünfzehnjährigen und eines Achtzehnjährigen besteht. Es gingen sogar Gerüchte um, Prost sei verheiratet und habe ein Kind." "Am

Abend feierten sie ein Grillfest an der Rennbahn, auf der Wiese direkt an der Hauptgeraden. Seine ganze Familie war dort versammelt, es müssen um die sechzig Personen gewesen sein. Einen riesigen Grill hatten sie aufgebaut. Ich erinnere mich an den Braten, den sie hatten – einen gewaltigen Klumpen Fleisch. So etwas hatte ich überhaupt noch nicht gesehen. Sie tranken Wein und luden jeden ein, zu kommen und mitzufeiern. Wir waren richtig von den Socken. Eine merkwürdige Weltmeisterschaft war das: Alle waren damit beschäftigt, ihren Fahrzeugen den letzten Schliff zu geben, hier und dort noch Hand anzulegen – und diese Leute schütteten literweise den Wein in sich hinein. Sie schenkten ihn in Gefässen aus, die eher Kübel als Gläser waren. Ich drohte unseren Jungens, sie sollten sich unterstehen, dort mitzutrinken, denn sie würden tagelang keinen klaren Kopf mehr bekommen. Ich erinnere mich auch noch gut an das Fleisch, das sie auf dem Teller hatten: Aussen war es steinhart, aber in der Mitte lief noch das Blut raus. Also, nichts für mich, kann ich nur sagen."

"Die Deutschen erschienen in weissen Lederanzügen mit schwarz-rot-goldenen Streifen darauf. Gut sahen sie aus, wie die preussischen Soldaten. Die Franzosen dagegen eher wie ein wilder Haufen. Man sollte nicht meinen, dass dies eine Sportlermannschaft war. Eine ganz besondere Rolle schien die Sippe der Prosts zu spielen. Sie waren überall an vorderster Front vertreten." Hier haben wir's wieder. Die Familie, die ihren Spass bei den Rennen von Alain hatte.

Am Morgen wurden Zeitläufe gefahren, aus denen Clegg in Pole Position für den ersten Vorlauf hervorging.

"Jeder an der Piste war ein Funktionär, jeder trug ein Abzeichen", so Lord weiter, "aber es war das reine Chaos. Es war unübersehbar, dass die Veranstalter noch nie ein Meeting dieser Art durchgeführt hatten. Auf den ersten Blick schien alles perfekt organisiert: Überall sah man Leute mit Funktionärsabzeichen, ein Clubhaus, für wirklich alles hatte man gesorgt. Als die Rennen dann aber losgingen, brach ein völliges Durcheinander aus. Die Veranstalter verloren glatt den Überblick, so schien es."

"Man startet in Zweierreihen und fährt in der vorgegebenen Startaufstellung zunächst einmal rund um den Kurs, um dann einen fliegenden Start zu machen, wie es heisst. Wenn ein Kart nämlich zum Stehen kommt, geht der Motor aus, und man braucht jemanden, der wieder anschiebt. Ich meine mich zu erinnern, dass Prost sich damals um einige Plätze nach vorne gemogelt hat, aber das haben eigentlich so ziemlich alle gemacht."

Man muss es sich einmal vorstellen: In der Anlaufrunde zu einem fliegenden Start, in der doch eigentlich alles geordnet hintereinander her fahren soll, gibt es bei einer Weltmeisterschaft ein heftiges Gerangel um die Plätze, an dem sich ein Grossteil der Fahrer beteiligt! Und so kam es, dass Clegg ("vielleicht war ich ein bisschen zu zurückhaltend"), der ja die Pole Position hatte, nicht etwa als erster aus der letzten Kurve kam, sondern sage und schreibe als zwölfter.

"Alle Fahrer waren scharf auf einen Startplatz in der ersten Reihe", so Lord, "und wenn man berücksichtigte, dass die Besten sich den ganzen Vormittag über ihre vordersten Plätze erkämpft hatten, ging das natürlich nicht an."

Also wurde der Lauf abgebrochen. Es wurden heftige Worte ausgetauscht, die eigentliche Startaufstellung wiederhergestellt, und das Ganze ging noch einmal von vorne los. Sowohl Clegg als auch Prost drückten in der zweiten Startrunde ziemlich aufs Gas ("Wenn der Adrenalinstoss kommt, ist es sehr schwierig, die Leute kontrolliert rund um den Kurs zu führen", so Lord fast beschwörend). Als der Starter seine Flagge hob, sah er, was alle die vielen Funktionäre mit ihren eindrucksvollen Abzeichen auch sahen: Clegg und Prost lagen eine halbe Runde vor dem Rest des Feldes, und sie hatten immer noch Tempo drauf ...

Die Funktionäre strömten auf die Bahn, um den Start erneut abzubrechen. "Mindestens fünfzig tanzten auf der Bahn herum", während Clegg, Prost und – in gehörigem Abstand – all die anderen immer noch mit nicht geringer Geschwindigkeit weiterfuhren. "Die Fahrer umkurvten die Funktionäre wie Slalomhütchen", so Lord. "Die liefen hin und her wie in einem Ameisenhaufen."

Nach einer dritten Startrunde und einer ernsten Verwarnung an Clegg und Prost begann das Rennen dann doch noch, aber "nach allem, was passiert war, begann ich Öl zu verlieren", erzählt Clegg. Prost setzte sich an die Spitze und gab – drei Konkurrenten im Nacken – die Führungsposition bis ins Ziel nicht mehr ab. Der erste Schritt zum Titel war gemacht.

Weder Prost noch Clegg fuhren im zweiten Vorlauf. Die äusseren Bedingungen war hart. Nur fünf Minuten Unterbrechung waren zwischen den Läufen, und es war mit über dreissig Grad im Schatten brütend heiss. Einer aus dem britischen Team war so leichtsinnig, die ganze Zeit mit blossem Oberkörper herumzulaufen. Er zog sich einen solchen Sonnenbrand zu, dass seine Kollegen ihn mit einem Eimer kaltem Wasser übergiessen mussten.

Prost und Clegg stellten sich zum dritten Vorlauf auf, und zwar Clegg in der ersten Reihe, Prost etwas dahinter. "Clegg war kein besonders aggressiver Fahrer", so Lord, "aber er fuhr schnell und sauber. Wenn er unbedrängt fahren konnte, war er wirklich glänzend. Sobald ihn allerdings ein anderer in einen Zweikampf verwickelte, sah er nicht mehr so gut aus. Er startete aus der Pole Position und steuerte auf der Innenseite die erste Kurve an, wobei er beim Hineinlenken zu einer Seitwärtsbewegung ausholte, wie man das normalerweise tut. In diesem Moment erwartet man natürlich nicht, dass jemand noch vorher durchschlüpft. [Man erinnere sich hier an die Worte von Bernard Droulon über Prosts Besonderheit, die unerwarteten Momente zu nutzen.] Ich hatte nicht darauf geachtet, aus welcher Reihe Prost startete. Ich glaube aber, es war die dritte oder vierte Reihe. In diesem Moment schoss er nun nach vorne und fuhr Clegg, der gerade in einem Bogen in die Kurve fuhr, geradeaus voll in die Breitseite. Cleggs Kart setzte zum Flug an."

"Ich hatte mich gerade mit meiner Kamera postiert und wollte Fotos aus der Frontalperspektive schiessen, wie sie in die Kurve kämen. Ich hatte noch gar kein Bild gemacht, als ich durch die Linse ein Kart auf mich zufliegen sah. Mir blieb gerade noch Zeit für einen Sprung zur Seite. Um ein Haar hätte Clegg mich erwischt."

"Ich erwartete in diesem Augenblick wirklich nicht, dass jemand versuchen würde, innen vorbeizugehen", erinnert sich Clegg, "aber Prost war ein wilder und aggressiver Bursche."

"Clegg prallte gegen den Pistenrand, flog glatt über die Reifenbarriere und landete kopfüber im Gras. Ich hob das Kart für ihn wieder über die Reifenstapel und drängte ihn, sich reinzusetzen und weiterzufahren. 'Auf geht's', sagte ich zu ihm, denn es hatte ja keinen Sinn, dazusitzen und die Wunden zu lecken. Aber für ihn war nach dieser Sache das ganze Meeting gelaufen. Es war schade, denn wir hätten durchaus gewinnen können, aber die Luft war bei ihm einfach raus. Er fuhr anschliessend katastrophal, liess die Leute reihenweise überholen. Er hatte Angst, das gleiche könnte noch einmal passieren, und traute sich deshalb nicht mehr, vor den Kurven die Tür zuzumachen. Man muss auch bedenken, Clegg war noch nicht einmal sechzehn." Alles, an was Clegg sich selbst erinnert, ist, dass "Brian das Kart wieder über die Begrenzung zurück auf die Strecke hob".

Prost ging bei der Startwiederholung als Vierundzwanzigster ins Rennen. Ein anderer Brite, Shaun Walker, lag nunmehr in Führung. Schon in Runde 5 zog Prost an ihm vorbei. Walker war freilich noch erschöpft von seinem Sieg im zweiten Vorlauf, denn die Erholungspausen dauerten ja nur fünf Minuten. Diese Führung gab Prost bis ins Ziel nicht mehr ab, und damit war der Titel schon erheblich näher gerückt. Zwei Läufe hatte er bestritten und beide gewonnen.

Beim nächsten Lauf machte sowohl Prost als auch Clegg das Fehlen einer Erholungspause zu schaffen. Wieder starteten die beiden aus der vordersten Reihe. Clegg erinnert sich: "Er hängte mich gleich beim Start ab, und das war's dann schon. Ob mir der Unfall den Schneid genommen hatte? Na ja, in diesem Alter sollte man eigentlich in der Lage sein, zurückzuschlagen. Allerdings hatte ich mir in meiner Laufbahn schon einmal einen Schulterbruch zugezogen und war insofern ein gebranntes Kind. Wenn man sechzehn ist, kennt man eigentlich keine Angst, man ist voll jugendlichem Überschwang – oder sollte es zumindest sein ..."

Und das bedeutete für Prost drei Läufe, drei Siege.

Das Finale bestand aus zwei Läufen, die Prost beide überzeugend gewann. Er war somit fünfmal an den Start gegangen und hatte fünfmal gewonnen. Der Kopf schaute gerade so über den mächtigen Lorbeerkranz hinaus, als er auf dem Siegerpodest stand, seinen Pokal in der Hand hielt und ein wenig melancholisch lächelte. Das Endklassement lautete: 1. Platz Prost (Frankreich), 2. Platz Massen (Deutschland), 3. Platz Bernel (Deutschland), 4. Platz Walker (Grossbritannien), 5. Platz Koene (Niederlande).

"Denkt man zurück, was ein Jahr zuvor in Dänemark passiert war", so Lord weiter, "dann machte Prost diesmal nun umgekehrt das gleiche mit uns. Er zeigte es den englischen Fahrern gründlich. Wir waren eigentlich mit der Einstellung gekommen, wir würden sie wieder in die Tasche stecken, aber Prost war dann ein richtiger Schock für uns. Er war eine andere Sorte Franzose. Zu ihm passte kein Schild "Bitte nicht berühren" am Fahrzeug. Das hatten wir im Jahr zuvor seinen Landsleuten ans Heck der Karts geklebt, um sie aufzuziehen. Sie waren damals doch ziemlich scheu gewesen. Prost war das beileibe nicht. Er steckte im Zweikampf mit den Besten nicht zurück."

"Bei den Kartrennen in dieser Altersstufe entscheiden letztlich Ungestüm und Aggressivität", so Clegg. Was den Menschen Alain Prost betrifft: "Mit Prost habe ich nie gesprochen. Ich erinnere mich gar nicht an ihn bis zu dem Zeitpunkt, als er zur Formel 1 kam. Ich weiss noch, damals dachte ich: 'Den Namen kennst du doch', und, hm, ich dachte auch: 'Diese Nase kennst du doch'."

Bernard Droulon erzählt: "Er gewann nun immer mehr Rennen, wohin er auch kam. Auch die Junioren-Weltmeisterschaft. Für uns blieb er allerdings der alte. Da änderte sich nichts." Was Prost damals noch nicht an den Tag legte, war die absolute Selbstbeherrschung während und nach den Rennen, die ihn später auszeichnen sollte. Ansonsten aber waren die Hauptwesenszüge des Rennfahrers Alain Prost bereits erkennbar.

Die Weltmeisterschaft der Erwachsenenklasse fand in Nivelles (Belgien) statt, und zwanzig Nationen waren vertreten. Dies würde eine wesentlich schwierigere Aufgabe werden. In den Zeitqualifikationsläufen für die nicht gesetzten Fahrer erreichte er allerdings gleich einen zweiten Platz. Dann ging es an die Vorläufe.

"Karting Magazine": "Es sah aus, als wolle Mark Steeds [ein Engländer] den neuen Juniorenweltmeister Prost aus Frankreich beim Start zum vierten Vorlauf ein bisschen anstacheln, indem er sich in der Runde zum fliegenden Start zurückhängen liess. Wenn dies eine Taktik war, ging sie allerdings daneben, denn aus der ersten Runde mit heftigen Positionskämpfen kam er nur als Dritter heraus. An vierter Stelle lag der Deutsche Korten, der ein Spielchen mit den nachfolgenden Fahrern zu treiben schien, indem er so tat, als liesse er Platz zum Überholen, dann aber unmittelbar vor der Kurve doch noch zumachte. Mit prächtigem Kampfgeist schaffte es Steeds schliesslich, an Prost vorbeizukommen. Später fiel er allerdings zurück, als einige Herausforderer sich an ihm vorbeimogelten." Zu diesen Herausforderern gehörte offenbar auch Alain Prost, denn er wurde am Ende Dritter, ein gewisser Eddie Cheever Vierter. Prost belegte dann Platz 5 im fünften Vorlauf, Cheever Platz 4. Damit lag Prost im Gesamtklassement auf Platz 7 unter den nicht-gesetzten qualifizierten Fahrern, Cheever auf Platz 6.

Das "Karting Magazine" widmete damals Cheever einen einzigen kurzen und knappen Satz: "Der Junge mit dem finsteren Gesicht ist übrigens Amerikaner." Cheever, der Jahre später Prosts Stallgefährte in der Formel 1 sein würde und der, wie er sagt, immer grosse Stücke auf den Franzosen gehalten hat, fing schon im Alter von zehn Jahren mit dem Rennfahren an: "Ich stand schon in der Anfangszeit sehr unter Erfolgsdruck. Reines Vergnügen war es für mich nicht, im Grunde habe ich meine ganze Jugendzeit für das Rennfahren geopfert. Jedesmal, wenn ich verlor, tobte und schrie mein Vater, um mir frühzeitig einzupauken, dass das einfach nicht passieren dürfe, dass das Verlieren eine Schmach für mich sei." Er erinnert sich auch, dass er es damals schon als ausgesprochen schwierig empfand, Prost zu schlagen, und dass dies einige Frustrationsgefühle bei ihm hervorrief.

Die gesetzten Fahrer hatten bisher nicht eingegriffen. Unter ihnen waren zwei besonders ausgebuffte Kämpfer, nämlich der Belgier Francois Goldstein und der Brite Terry Fullerton. Über Goldstein meint Fullerton heute: "Er war ein sehr ungestümer Mensch, ein echter Siegertyp, mit enormer Entschlossenheit und Aggressivität. Er analysierte genau seine eigene Fahrweise, ging auch geistig immer sehr gut vorbereitet in seine Rennen. Er war ein hervorragender Kartfahrer, allerdings aber auch sehr emotional, ein ganz schöner Heisssporn."

Das hatte zwar in diesem Moment noch nicht unmittelbar etwas mit Prost zu tun, aber dieser Zeitpunkt sollte noch kommen. Zunächst gibt es jedoch noch einen

Punkt, der einer näheren Betrachtung lohnt. Michel Hugon sagt über die Kartrennen der Erwachsenenklasse der damaligen Zeit: "Nein, brutal ging es nicht zu. Brutal war es wirklich nicht. Damals waren es aber auch andere Fahrer als heute. Im Durchschnitt waren die Kartrennfahrer damals deutlich älter als heute. In Frankreich zum Beispiel gab es in jenen Jahren nur zehn 'Kadetten', also Fahrer im Alter von vierzehn und darunter. Der Rest unter den registrierten Fahrern, so etwa drei- bis vierhundert, waren alles Leute im Erwachsenenalter. Ein Grund war sicher, dass die Eltern in der Regel dagegen waren, dass ihre Sprösslinge mit dem Kartfahren anfingen. Man hatte nicht das nötige Geld dafür. Normalerweise war es so, wie bei mir auch, dass man erst Geld verdienen musste, um Kartrennen fahren zu können. Heute fördern die Eltern ihren Nachwuchs, der in den Kartrennsport einsteigen will. Sie unterstützen das finanziell. Das gab es früher nicht."

"Unter den Fahrern waren viele, die eine Werkstatt besassen und das Herumbasteln an Fahrzeugen mit ihrem Hobby, dem Rennfahren verbanden. Es war schwer für Jugendliche, gegen Erwachsene anzutreten, besonders auch, weil die Eltern in der Regel nicht dahinterstanden, wie ich schon erläutert habe. Dazu kam, dass das Reglement nicht so streng war wie heute. Dass es erlaubt ist, andere im Rennen zu schubsen, das gibt es heute nicht mehr. Zu meiner Zeit war es häufig der Stärkere, der sich durchsetzte, nicht unbedingt der Schnellere. Heute ist auch die ganze Art, wie die Rennen veranstaltet werden, viel professioneller. Es ist eine ganz andere Welt."

Prost wurde in Nivelles Vierzehnter, aber bevor wir diese Meisterschaft abhaken, müssen noch einige Worte zu einem Vorfall und zu einem bestimmten Mann, nämlich Francois Goldstein, gesagt werden. Von dem Vorfall berichtet ein Schwede namens Anders Olofsson, der damals auch unter den Teilnehmern war: "Prost war eigentlich noch Juniorenfahrer, aber er war so schnell, dass die Franzosen sich entschlossen, ihn in ihr Team "über 18" aufzunehmen. Ich weiss noch, dass er mich vom Aussehen her an einen Boxer erinnerte. Seine Nase sah danach aus, ziemlich krumm."

"Er ging sehr engagiert zur Sache. Er und ein Deutscher, der mit dabei war, fuhren besonders ungestüm. Irgendwann noch ziemlich am Anfang – in einem Vorlauf, glaube ich – blockierte einer von beiden den anderen. Beiden passte es auf jeden Fall nicht, wie der jeweils andere fuhr. Sie hielten sich gegenseitig vor, sich unfair zu verhalten. Sie waren junge Kerle, sechzehn oder siebzehn, und impulsiv und schnell aggressiv, wie das in diesem Alter so ist. Nach der angesprochenen Szene gerieten sie aneinander. Ich beobachtete dies. Es war nach der Einfahrt ins Ziel, als sie ihre Karts ausrollen liessen und ausstiegen. Sie standen sich dicht gegenüber und beschimpften sich ziemlich rüde. Ihre Helme nahmen sie nicht ab. Dann bearbeiteten sie sich mit den Füssen. Einer von beiden – ich weiss nicht mehr wer – versuchte, den anderen zwischen die Beine zu treten. Dann gingen irgendwelche Leute, Mechaniker oder Streckenposten, dazwischen. So etwas kommt eben vor. Natürlich ist es besser, Meinungsverschiedenheiten durch Reden und nicht mit den Fäusten auszutragen, aber bei jungen, heissblütigen Fahrern passiert so etwas schnell einmal."

Das Schlüsselwort bei dem, was Olofsson erzählte, ist "unfair". Fairness ist ein

Begriff, den Prost stets sehr hoch gehalten hat und hält. Immer wieder, wenn man die Ereignisse der Jahre verfolgt, stösst man darauf, dass er sich äusserst schwer tat, es hinzunehmen, wenn jemand die Regeln der Fairness verletzte. Es gab für ihn immer bestimmte Grundregeln, die absolut nicht angetastet werden durften. Bestimmte Dinge, bestimmte Verhaltensweisen waren auf einer Rennstrecke einfach tabu, und wehe, jemand hielt sich nicht daran.

Manch einer mag an dieser Stelle denken, der Deutsche, von dem eben die Rede war, muss Michael Korten gewesen sein. War er nicht schon einmal dadurch aufgefallen, dass er nachfolgende Fahrer blockierte? "Das war nicht ich", sagt er bestimmt. "Tatsache ist, dass wir so ziemlich in jedem Vorlauf zusammen fuhren. Aber bekämpft haben wir uns nur auf der Piste, beim gegenseitigen Überholen, denn wir waren gleich schnell. Er war absolut fair, muss ich sagen, auch wenn er hart zur Sache ging und ziemlich aggressiv fuhr. Ich glaube, er war damals nicht so stark wie später im Rennwagen. Sein Kart war allerdings auch nicht optimal eingestellt, daran erinnere ich mich. Ich habe ein paar Mal mit ihm gesprochen, auf Englisch, glaube ich. Aber ein Gerangel ausserhalb des Rennens? Nein, das muss jemand anders gewesen sein." Wir werden es nie erfahren, wer es war.

Jetzt aber zu Goldstein. Die nachfolgende Schilderung macht deutlich, was später passieren wird, wenn er eine Hauptrolle in einer Begebenheit spielt, in die auch Prost verwickelt sein wird.

"Karting Magazine": "Vor den Halbfinalrennen gab es einen Ansturm auf die besten Zuschauerplätze, denn jeder wollte den Zweikampf zwischen Goldstein und Fullerton verfolgen. Beide starteten aus der ersten Reihe. Die Spannung war auf ihrem Höhepunkt, als plötzlich eine rote Flagge geschwenkt wurde, welche die Fahrer mitten während der Anlaufrunde zum fliegenden Start stoppte, und zwar an dem Punkt, der, vom Fahrerlager aus gesehen, am entferntesten Punkt der Rennbahn lag. Man sah verwirrte Fahrer aus ihren Karts steigen und Mechaniker zur Stelle des Geschehens sprinten, um nachzusehen, was los war. Rasch hatten jedoch Funktionäre jeden einzelnen Fahrer abgeschirmt, was geradezu grotesk aussah. Unter den eifrigen Funktionären tat sich besonders Herr Goldstein senior hervor, der gewichtig und erregt auf und ab ging und verhinderte, dass Fullerton eine Zigarette von einem Zuschauer annahm. Ein kurzer scharfer Satz genügte, um aus Herrn Goldstein die Luft herauszulassen wie aus einem Ballon. Zehn Minuten später wurde unvermittelt bekanntgegeben, dass das Rennen neu gestartet würde. Später erklärten die Veranstalter, der Stopp sei eingelegt worden, um etwaigen unerlaubten Alkohol aus den offenen Benzintanks der Karts verdunsten zu lassen."

Im Rennen dann "zog Fullerton mit einem perfekten Täuschmanöver in der Haarnadelkurve an Goldstein vorbei. Ihre Räder berührten sich, so eng ging es zu. Dies alles schien zu viel für Goldstein zu sein, und als es in eine schnelle Rechtskurve vor der Tribüne ging, fuhr er geradeaus in die Flanke von Fullertons Kart hinein, und die beiden flogen von der Piste. Fullerton konnte danach trotz einer leichten Verletzung und der Schäden an seinem Kart erneut an den Start gehen." Beide wurden anschliessend aber disqualifiziert.

Das Finale bestand aus zwei Läufen. Goldstein schied mit Plattfuss im ersten aus, schlug dann aber Fullerton im zweiten. Viele unter den Zuschauern glaubten,

Goldstein habe den Titel gewonnen, während in Wirklichkeit die erreichten Plätze addiert wurden.

"Karting Magazine" weiter: "Die Veranstalter unternahmen nichts, um die Zuschauer von der Annahme abzubringen, Goldstein habe gewonnen [Goldstein war Belgier, muss man bedenken, und Nivelles liegt in Belgien]. Die Beratungen und Diskussionen nach dem Rennen waren endlos, die Atmosphäre angespannt und frostig. Goldstein flüchtete sich in sein privates Zelt. Lange Debatten kreisten um die Tatsache, dass Kraftstoffproben von Fullertons Kart in nicht-sterilen Getränkeflaschen abgefüllt worden waren. Offenbar hatte Goldstein deswegen Protest eingelegt. Endlich, endlich, als es bereits dunkel geworden war, wurde Fullerton auf einem Podest ein Siegerkranz umgehängt, und es wurde die Nachricht verbreitet – eine schriftliche Verlautbarung gab es nicht – dass die offizielle Siegerehrung im unweit entfernten Rathaus stattfinden würde. Nachdem man mit viel Mühe diesen Ort ausfindig gemacht hatte, stand man jedoch vor verschlossenen und verrammelten Türen ..."

Wie bereits angedeutet: Goldstein wird uns noch einmal begegnen.

Im Jahr 1974 wurde Prost französischer Kartmeister und nahm an den Europameisterschaften teil, die diesmal wieder als Mannschaftswettbewerb in vier Rennen ausgetragen wurde, und zwar in Wohlen nahe Zürich, in Nivelles/Belgien, Thiverval nahe Paris und Fano an der italienischen Adria. In jedem Rennen fanden zwei Finalläufe statt. In Wohlen wurde Prost im ersten Lauf Vierter (hinter Fullerton und Goldstein) und erneut Vierter (hinter Fullerton) im zweiten.

Fullerton, ein erfahrener Mann mit gutem Urteilsvermögen, also keiner, der mit verklärtem Blick in die Vergangenheit schaut, ordnet Prosts Leistungsstärke bei den Karts folgendermassen ein: "Er war ein guter, geschickter Fahrer, aber nicht der allerschnellste. So schätzte ich ihn letztlich gefühlmässig ein: Er war keiner, der mir gefährlich werden konnte; keiner, der für mich zur ersten Garde der Kartfahrer gehörte. Ich erinnere mich an einige Situationen, in denen ich ihn überholte. Es war eigentlich kein Problem. Doch, so habe ich ihn aus jener Zeit in Erinnerung. Er war keiner, der Bäume ausriss."

"Er war ein sympatischer Bursche. Die Art, in der er Kartrennsport betrieb, hatte eigentlich mehr hobbymässigen Charakter. Ich habe mich einige Male mit ihm unterhalten. Ich weiss noch, wie wir einmal am Flughafen von Venedig standen und auf unsere Mechaniker warteten. Wir quatschten ein bisschen, um uns die Zeit zu vertreiben. Er hatte draussen seinen Transit-Kastenwagen geparkt. So fuhr er zu den Kartrennen. Er hatte keinen Transporter mit spezieller Werkstattausrüstung, sondern einen ganz normalen Allerweltstransporter. Ich hatte ja auch nicht viel Geld, aber es gab damals durchaus Teams, die über eine bessere technische Ausrüstung verfügten, als Prost und ich sie hatten."

"Bei den Europameisterschaftsrennen landete er meistens so auf dem vierten, fünften, vielleicht auch mal dritten Platz – wenn er ins Ziel kam. Er zeigte eigentlich nie aussergewöhnliches fahrerisches Format. Man hatte nie den Eindruck, es mit einem kommenden Formel 1-Weltmeister, einem angehenden Superstar sozusagen, zu tun zu haben. Als Ayrton Senna später [Ende der siebziger Jahre] im Kartrennsport auftauchte, war das so. Bei Prost aber eigentlich nicht. Wenn man sich die Resultate seiner Ära als Kartfahrer ansieht, stellt man auch fest, dass er nichts wirklich Herausragendes erreicht hat – abgesehen vielleicht von den Juniorenweltmeisterschaften, aber dieser Wettbewerb steckte noch ziemlich in den Kinderschuhen, und die Konkurrenz war nicht übermässig stark."

Es lohnt sich, einen etwas tieferen Blick auf diese Zusammenhänge zu werfen, denn hier deutet sich ein interessanter, auf den ersten Blick geradezu paradoxer Punkt an. In Karts Rennen zu fahren ist eine grundlegend andere Sache als in Formel-Rennwagen. Spitzenfahrer im Kart haben in der Regel ganz spezifische Talente. Zwar wird ein junger Rennfahrer, der das Zeug für eine Formel 1-Karriere mitbringt, zwangsläufig auch in einem Kart (oder sonstigen Rennfahrzeug) schnell sein, aber eben nicht unbedingt herausragend schnell. Was Fullerton über Prost sagte, ist bezeichnend. Die nachfolgende Liste sagt, obwohl sie keinen Anspruch auf Vollständigkeit erhebt, hierzu einiges aus. Links sind die Sieger der Kart-Weltmeisterschaften zwischen 1970 und 1984 aufgeführt, rechts die Plazierungen von Fahrern, die später in die Formel 1 aufsteigen würden.

1970	Goldstein	Kein F1-Fahrer
1971	Goldstein	Kein F1-Fahrer
1972	Goldstein	Riccardo Patrese 4
1973	Fullerton	Patrese 9, Prost 14, Cheever noch weiter hinten
1974	Patrese	Cheever 2, Prost nicht unter den ersten 10
1975	Goldstein	de Angelis 2, Prost und Cheever nicht unter den ersten 10
1976	Larson	Andrea de Cesaris 6, de Angelis 10, Stefan Bellof 13
1977	Rovelli	Corrado Fabi 4, De Cesaris 5, Bellof 7
1978	Speed	Ayrton Senna 6, Fabi und Bellof nicht unter den ersten 10
1979	Koene	Senna 2
1980	De Bruyn	Senna 2, Stefano Modena 8
1981	Wilson	Senna 4, Henri Raphanel 6, Ivan Capelli 9, Modena nicht unter den ersten 10
1982	Wilson	Johnny Herbert 18
1983	Wilson	Herbert 24
1984	Haase	Kein F1-Fahrer

Unter allen, die später Formel-1-Piloten wurden, ist nur Patrese einmal Kart-Weltmeister geworden, obwohl er, Prost, Senna und der inzwischen verstorbene Elio de Angelis bisher zusammen schon mehr als achtzig Grand-Prix-Rennen gewonnen haben.

"Um im internationalen Kartrennsport ganz vorne mitmischen zu können, muss man schon sehr, sehr gut sein", so Fullerton. "Es gibt da einige Unterschiede zu Rennwagen. Ich habe hauptsächlich Erfahrung mit dem Kart, aber ich habe schon mit vielen Fahrern gesprochen, die mir von den Schwierigkeiten erzählt haben, die sie beim Umsteigen vom Kart auf den Monoposto hatten. Worauf es beim Kartfahren vor allem ankommt, ist eine gewisse Aggressivität und Entschlossenheit auf der Piste, was einem als solches in den Formelklassen wenig einbringt. Dort ist eine andere, eine geschmeidigere Fahrtechnik gefragt. Und es ist nicht nur der Fahrstil, die ganze mentale Einstellung ist beim Fahren in richtigen Rennwagen abgerundeter, geschliffener. Was das Technische angeht, so kann man, wenn man von einem Kart in einen Rennwagen der Kategorie Formel Ford oder Formel Renault umsteigt, kaum glauben, wie wenig Bodenhaftung man dort hat. Karts haben enorm viel Bodenhaftung. Ich kenne eine ganze Reihe von Fahrern, die im Kart immer gute Erfolge hatten aufgrund ihrer Aggressivität und Entschlossenheit, dann auf Rennwagen umsattelten und plötzlich mit einer Unmenge von Problemen zu kämpfen hatten. Auch bei den Monoposti braucht man zwar eine gewisse Aggressivität, aber das Entscheidende ist dort, sie in die richtigen Bahnen zu lenken, sie dosiert einzusetzen."

Bousquet hat in beiden Bereichen viel Erfahrung: "Für mich ist das Fahren im Kart mit das Schwierigste, was es im ganzen Motorsport gibt. Im Rennwagen bremst man fünfzig Meter vor einer Kurve, im Kart zehn Meter vorher, und diese Relation gilt für alle Bereiche. Wenn man vom Kart auf den Rennwagen umsteigt, erscheint es einem dort leichter, weil der Rennwagen länger und langsamer ist." Das ist gar nicht so abwegig, wie es zunächst erscheinen mag. Ein Kartrennen ist immer eine hektische, fast tumultartige Angelegenheit. Wie ein Schwarm aufgeregter Fische schiessen die kleinen Flitzer um die Kurven der Rennbahn. Ein Rennwagen ist länger und höher über dem Boden, dadurch zwangsläufig schwerfälliger. Ein Rennwagen hat ein Getriebe, die ganze Technik ist aufwendiger, und der Umgang damit verlangt – auf die Gefahr hin, dass ich mir den Zorn der Kartzunft zuziehe – in vielerlei Hinsicht mehr Feinschliff vom Fahrer. Für einen Typ wie Alain Prost konnte es, wenn man diese beiden Welten gegenüberstellt, nur eine geben, in der er zu Hause war: Den Rennwagen. Auch wenn Bousquet meint: "Es war ganz und gar nicht so, wie die Leute sich das im allgemeinen vorstellen. Damals im Kart dachten wir überhaupt nicht daran, dass der Weg uns einmal von dort zur Formel 1 führen könnte. Ich bin mir ziemlich sicher, dass auch Prost nicht daran dachte. Rennwagen sind etwas anderes, eine andere Welt. Was ich glaube, ist, dass sich der Gedanke an die Formel 1 erst später, im Laufe der Ereignisse, Schritt für Schritt entwickelt hat. Sicher, nachdem Prost einmal in einem Rennwagen gesessen hatte, keimten solche Ambitionen in ihm, daran zweifle auch ich nicht. Aber wesentlich vorher wohl kaum."

Die Kart-Weltmeisterschaften des Jahres 1974 fanden in Estoril statt. Nach den Vorläufen lag Prost auf dem neunten Platz, im Finale konnte er sich nicht unter den ersten zehn plazieren. Im Frühjahr 1975 fuhr er bei der Alazar Trophy mit, einer renommierten Veranstaltung auf einer Bahn unweit Paris. Goldstein war der Favorit. Bevor wir zu dem Skandal kommen, der sich dort zutrug, seien einleitend die Worte von Michel Hugon noch einmal zitiert: "Es war eine schwierige Ausgangsposition für die Jugendlichen, gegen Erwachsene anzutreten." Nehmen wir die Geschichte von Goldstein und Alain Prost. Alain war damals gerade zwanzig, Goldstein war sechs– oder siebenundzwanzig.

Nach althergebrachten Regeln der Prozessführung soll man die Beteiligten für sich selbst sprechen lassen, wenn möglich. Zunächst Prost. Nachfolgend ist der Wortlaut eines Fernsehinterviews wiedergegeben, das der Franzose in einer Sendung von Antenne 2 gab, die im Februar 1991 ausgestrahlt wurde. Nicht weniger als sechzehn Jahr waren seit jenem Vorfall vergangen.

"Ich habe noch nie Ungerechtigkeit akzeptiert. Wirklich, noch nie. Ich hatte damals drei Vorläufe gewonnen, dann auch den ersten Finallauf, und der zweite Finallauf würde nun entscheidend sein. Ich lag in Führung, als mich zwei Runden vor Schluss ein belgischer Teamgefährte von Goldstein von der Bahn boxte. Ich drehte mich, konnte jedoch weiterfahren und ging knapp vor Goldstein wieder ins Rennen. An der letzten Kurve gab er mir dann von hinten einen Schubs, wodurch er an mir vorbeiziehen und das Rennen gewinnen konnte. Ich wurde Zweiter. Was mich am meisten ärgerte, war, dass er mir nach dem Rennen auch noch versöhnlich die Hand hinreichte. Wie man sich vorstellen kann, war ich wütend. Ich kochte förmlich. Ich plazierte mein Kart hinter seinem und schob ihn vor mir her bis ans äusserste Ende der Bahn. Dort ist es dann zu Handgreiflichkeiten gekommen. Ich weiss, das war wohl nicht so ganz das Richtige, was ich damals getan habe, aber ..."

Als nächstes kommt Goldstein zu Wort, der dieses Fernsehinterview sechzehn Jahre nach jenen Ereignissen mit zunehmendem Ärger verfolgte. "Ich kam mich nicht mehr genau erinnern, wo ich ihm zum ersten Mal begegnete. Es war irgendein Kart-Meeting, das weiss ich noch. Er war für mich einer von vielen damals, und er verhielt sich ganz normal, wie alle anderen auch. Ich sprach bei einigen Gelegenheiten ein paar Worte mit ihm, aber näheren Kontakt hatten wir nicht. Bei den Weltmeisterschaften hat er nie grosse Erfolge landen können, und ich kümmerte mich eigentlich nicht sonderlich um die Leute, die an vierzehnter oder fünfzehnter Stelle kamen. Ich konzentrierte mich immer auf die drei Schnellsten."

"Er behauptet hier im Fernsehen, ich hätte ihn damals auf dem Kieker gehabt, ich hätte bestimmte Dinge gemacht, um ihn am Sieg zu hindern. Ich kann das gar nicht verstehen. Er täuscht sich ganz eindeutig. Anscheinend spielt ihm sein Gedächtnis hier einen Streich. Ich habe überhaupt nichts gegen ihn inszeniert, wie er das andeutet [die Sache mit dem Teamgefährten]. Es war ein Rennen wie andere auch. Er lag in Führung, und vor der letzten Kurve habe ich ihn überholt und dabei ein bisschen gerempelt. Aber andere Fahrer waren überhaupt nicht beteiligt. Nach dem Ende des Rennens kam es dann zu diesem Streit. Ich verstehe überhaupt nicht, wie er heute solche Dinge sagen kann. Wir fuhren damals ein Rennen gegeneinander, ich habe ihn beim Überholen gerempelt, aber das ist nichts Aussergewöhnliches. Beim Kartfahren ist das normal."

Was sich unumstritten nach dem Überqueren der Ziellinie zutrug, war, dass Alain Prost ausstieg, geradewegs auf Francois Goldstein zuging und ihm einen Boxhieb verpasste. Dabei muss man bedenken, dass Prost nach seiner eigenen Schätzung mindestens einen ganzen Kopf kleiner war als Goldstein ...

"Es war sonst niemand an der Sache beteiligt", betont Goldstein noch einmal. "Ich weiss auch nicht, ob es französisches Temperament war oder was auch immer, dass er so wutentbrannt war. Ich meinte immer, der Grund wäre nur mein Rempler gewesen. Dass er aber heute kommt und behauptet, jemand anders wäre noch beteiligt gewesen, ihm den Sieg wegzunehmen, das kann ich nicht verstehen. Es ging nur um uns beide. Wir waren im Zweikampf um den Sieg. Ich griff Prost an der letzten Kurve an, ich überholte ihn, ich gab ihm wohl einen kleinen Rempler mit. Das ist alles. So etwas kommt vor. Und dann passierte es – es war nur ein einziger

Schlag. Ein richtiger K.O.-Schlag! Ich lag flach am Boden."

Eine Zeugenaussage kommt von Michel Hugon: "Ich fuhr an jenem Tag nicht mit, aber ich war an der Bahn dabei. Alain führte in jenem Rennen, das über zwanzig Runden ging. Er führte achtzehn Runden lang, aber dann, in der neunzehnten, rumste Goldstein in ihn hinein, wodurch es ihm gelang, an Alain vorbeizuziehen, und so gewann er das Rennen. Alain verlor danach die Nerven, das ist normal. Er ging auf Goldstein los, verpasste ihm einen Schlag ins Gesicht. Goldstein hatte zwar noch den Helm auf, aber damals hatte man ja noch keine Integralhelme. Er traf ihn an der Schlagader, und Goldstein fiel um wie ein gefällter Baum. Ich meine, brutal war das nicht. Natürlich war es nicht richtig, aber übelnehmen konnte man es ihm auch nicht." Hugon verwendet hier das französische Wort "sympa" für Prosts Verhalten, das schwierig in einer anderen Sprache wiederzugeben ist. Der Bedeutung kommt es wohl am nächsten, wenn man umschreibend sagt, Prost habe nach Hugons Ansicht nur das getan, was jeder rechtschaffene Kerl in dieser Situation getan hätte. "Der Vorfall war für Goldsteins Anhänger natürlich eine Sache von grosser Bedeutung, denn Alain war damals noch nicht lange im Geschäft und gerade im Begriff gewesen, einen Mann vom Thron zu stossen, der schon zehn Jahre lang Kartrennen fuhr und immer gewonnen hatte."

Noch einmal Goldstein hierzu: "Eigentlich ist das doch Schnee vom letzten Jahr. Heute ist er ein guter Fahrer, und ich kann gar nicht verstehen, warum er jetzt noch, im Jahr 1991, Geschichten wie diese aufwärmen muss. [Er kennt Prosts ausgeprägte Unduldsamkeit gegenüber Ungerechtigkeiten nicht] Warum er im Kartrennsport nie Grosses erreicht hat, kann ich auch nicht sagen. Es kann sein, meine ich, dass er in seiner Anfangszeit einfach keinen so grossen Ehrgeiz hatte. Mich würde interessieren, was er unter uns zu der Sache bei der Alazar Trophy zu sagen hat. Nach der Fernsehsendung damals schnappte ich mir gleich das Telefon und rief bei ihm in der Schweiz an. Ich bekam aber nur eine Sekretärin dran, der ich die Nachricht hinterliess, er möge mich doch zurückrufen, weil ich mich gern mit ihm unterhalten würde, aber ich habe nie etwas von ihm gehört. Sagen Sie ihm, er soll mich mal anrufen."

Die Strafe für Prosts Ausrutscher liess nicht lange auf sich warten. Prost wurde bis auf weiteres für Kartrennen gesperrt. Wie er selbst jedoch – nicht ohne einen bitteren Unterton – anmerkt, wurde diese Sperre schon bald wieder aufgehoben, als man ihn für die Europa- und Weltmeisterschaften brauchte.

Die erste Runde der Europameisterschaften fand in Wohlen statt. "Karting Magazine" berichtete damals folgendes: "Als Fullerton clever auf der einen Seite antäuschte, dann aber auf der anderen Seite vorbeizog, ging das Goldstein über die Hutschnur, und er hakte sich absichtlich mit seinen Rädern in das Kart des Briten ein. Beide kamen schlitternd zum Stehen. Es sah fast wie eine Wiederholung vom Meeting neulich in Frankreich aus, als Goldstein anschliessend vom wütenden Prost, dem französischen Meister, einen Faustschlag verpasst bekam.

"Fullerton hob die Arme, und ein Raunen ging durch die Zuschauer [in Erwartung eines neuerlichen Boxkampfes?]. Der Belgier hat in der Tat wenig Freunde. Fullerton besann sich dann aber, wandte sich seinem Kart zu und schob es an, um das Rennen wiederaufzunehmen. Er fuhr vor Goldstein ins Ziel, und kaum hatten sie den abgesperrten Bereich erreicht, in dem die Fahrzeuge gewogen werden, da waren auch schon Teamgefährten zur Stelle, um die beiden auseinanderzuhalten.

Es existiert ein verblasstes kleines Foto, auf dem dieser Vorfall festgehalten ist. Man sieht Goldstein und Fullerton auf dem Gras mit ihren Karts kämpfen, um sie auf die Piste zurückzubefördern. Erkennbar vermeiden sie es dabei, sich anzuschauen.

Die Weltmeisterschaften fanden im Herbst auf dem Rennkurs Paul Ricard statt. Man hatte einen Kart-Kurs auf der Geraden bei der Grand-Prix-Boxenspur eingerichtet, indem aus Strohballen, die in Plastikfolie gehüllt waren, ein Zickzack aus künstlichen Schikanen aufgebaut worden war. Es war ein kniffliger Kurs, wie die Kartfahrer ihn lieben. Fullerton erinnert sich: "In einem der Vorläufe lief es gar nicht gut bei mir. Er [Prost] lag etwa zwanzig Meter hinter mir. An einer Kurve stiess ich gegen einen Strohballen, drehte mich einmal voll um die eigene Achse, konnte aber die Fahrt fortsetzen. Ich hatte in diesem Moment so um die 130 drauf, und es war eine ganz merkwürdige Sache, die mir da passierte. Ich berührte nur die Plastikhülle, die sich wohl irgendwie um das Vorderrad wickelte und es blockierte. Auf jeden Fall wurde ich rasend schnell herumgewirbelt. Alain hinter mir sah das, meinte wohl, das würde einen schweren Unfall geben, und entschied sich blitzschnell für die Flucht aufs Gras – wobei er selbst einen gehörigen Crash baute. Ich sah nach meinem Dreher noch, wie Alain auszuweichen versuchte, dabei aber selbst in die Strohballen fuhr. Ich weiss nicht mehr, ob ich anschliessend mit ihm darüber gesprochen habe. Klüger wäre es wohl gewesen, dies nicht zu tun ..."

Nun aber zum Verlauf dieser Weltmeisterschaften.

Eine knappe, vieldeutige Aussage aus dem "Karting Magazine": "In den Zeitvorläufen hatte der streitbare französische Fahrer Prost, der immer wieder aus den verschiedensten Gründen in Schlamassel gerät, einen kapitalen Motorschaden. Irgendwie bekam er jedoch trotzdem eine recht gute Zeit zuerkannt" [Man bedenke, dies war auf dem Paul-Ricard-Kurs, und Prost war Franzose]. Vom sechsten Vorlauf, dem letzten vor dem Finale, berichtete die Zeitschrift: "Gabbiani war so verärgert über seine Pechsträhne, dass er auf die Teilnahme am Hoffnungslauf verzichtete und schnurstracks nach Hause fuhr. Nach dem Start dieses Laufes übernahmen Prost und der Schwede Buzzi die Führung. Irgendwie schafften die beiden es aber, in einer Schikane zu kollidieren und rauszufliegen. So machten Dismore und Heuvel die ersten beiden Plätze unter sich aus." So kann es eben gehen. Prost hatte die Finalläufe wieder nicht erreicht. Eine weitere verpatzte Meisterschaft.

"Er gehörte zur französischen Kart-Mannschaft, und an den Weltmeisterschaften 1975 nahmen wir beide quasi als Team teil", erzählt Hugon. "Ich fuhr zwar nicht, aber ich konnte ihm viele wertvolle Tips geben, weil die Rennen auf dem Kurs Paul Ricard stattfanden [eine Strecke, auf der Hugon fast jeden Zentimeter Asphalt kannte]. In gewisser Weise sassen wir zusammen am Steuer. Ich beobachtete ihn damals genau, weil ich wusste, dass ihm bereits das Fahren im Rennwagen im Kopf herumspukte. Er fuhr zwar noch Kart, aber im Grunde hatte er das bereits abgehakt. Man merkte auch, dass er nicht immer hundertprozentig bei der Sache war. Am gleichen Tag, als die Finalläufe stattfanden, fuhr er einige Trainingsrunden bei Simon ..."

Ich habe bewusst die Chronologie des Jahres 1975 durchbrochen, weil sich die natürliche Entwicklung einer Karriere auf diese Weise leichter nachvollziehen lässt. Wer Simon war, wird gleich aufgeklärt werden. Auf jeden Fall war er in jenen Tagen für Prost noch jemand, der einer anderen Welt angehörte – obwohl er gerade hier, auf dem Rennkurs Paul Ricard, in greifbarer Nähe war; gar nicht weit entfernt von den plastiküberzogenen Strohballen auf der Geraden. Simon und sein Freund Antoine waren auf dieser Geraden sogar in gewisser Hinsicht zuhause. Sie konnten sehr anschaulich klarmachen, wie gefährlich sie war.

Im Moment sind wir allerdings noch bei den Karts. Goldstein gewinnt einen weiteren Weltmeistertitel. Zweiter wird ein sehr junger, sehr gut aussehender Italiener namens Elio de Angelis. Tragische Ironie des Schicksals: Eben dieser de Angelis, der hier seinen ersten grossen Erfolg feierte, der alle Frauen entzückte und alle Männer beeindruckte, der so einfühlsam Klavier spielen konnte, der aus reichem Hause stammte, ohne dies an die grosse Glocke zu hängen – eben dieser de Angelis sollte einige Jahre später auf eben dieser Geraden ums Leben kommen, als er sich in einem Formel 1-Wagen überschlug. Die Zeiten dieser kindlich-unschuldig anmutenden Strohballen waren an jenem furchtbaren Tag längst vergessen.

Ein Abschnitt im Leben von Alain Prost ging zu Ende. So ereignisreich er gewesen war, so war er doch nur ein Einstieg gewesen, die Erkundung eines Terrains, eine Orientierungsphase, um den individuell richtigen Weg für sich zu finden. Und seinen Fahrerkollegen ging es nicht anders. Sie, die Kartrennfahrer, waren eine grosse Gruppe Gleichgesinnter, die sich im Grunde alle fremd blieben. Eine Aussage spricht Bände: "Ich erinnere mich ganz vage – sicher bin ich allerdings nicht – dass ich einmal in einem Kartrennen gegen ihn gefahren bin. Das müsste im Jahr 1974 gewesen sein, aber so ist das im Kartrennsport: Es sind so viele Leute um einen herum, die man nie näher kennenlernt." Wer das sagt? Es ist niemand anders als Stefan Johansson, in späteren Jahren Teamgefährte und eine Art Jünger von Alain Prost. Ausgerechnet er kann sich kaum an die gemeinsame Zeit bei den Karts erinnern? Man muss sich einmal vorstellen, wieviele längst vergessene Kartfahrer es geben muss, die damals in ihren bescheidenen Transportern zu allen wichtigen Rennen anrückten, aber kaum jemals ihre Gegner, zum Beispiel einen Alain Prost, kannten. Wie stolz wären sie bestimmt heute, wenn sie sich brüsten könnten: "Ich bin damals mit Prost gefahren – ich fuhr Rad an Rad mit ihm – ich überholte ihn einmal ...". Aber sie wissen es gar nicht, mit wem sie damals gefahren sind.

Teddy Fullerton erinnert sich sehr wohl. "Sie sprechen von Weltklassefahrern im Kart-Sport. Goldstein war zweifellos eine ganze Zeit lang der beste Kartfahrer auf der Welt. Alain Prost mit Fahrern wie ihm zu vergleichen, ist ein wenig unfair. Er rangierte immerhin unter den besten zehn der Welt, und wenn man das schafft, dann ist man ganz bestimmt ein sehr guter Kartfahrer. Allerdings war er nie Nummer 1 oder Nummer 2, den letzten Sprung an die absolute Weltspitze hat er nicht geschafft. Er hat wohl auch keine ernsthaften Anstrengungen gemacht, sich die Voraussetzungen dafür zu schaffen."

"Damals musste man noch selbst hinterher sein, sich das richtige Material zu besorgen. Man konnte nicht einfach zu einem guten Team gehen und dort das Nötige für sich regeln lassen. Man musste selbst die Initiative ergreifen und zum Beispiel sagen: 'In Italien gibt es gute Motoren. Ich werde mal runterfahren und mir einen kaufen oder mieten.' Man musste sich um alles selbst kümmern. Ich kenne Fahrer, die bei uns eigentlich nur guter Durchschnitt waren, dann aber, als sie zur Formel Ford 1600, Formel Renault oder was auch immer gingen, gross 'rauskamen, einfach weil sie beim besten Team waren. Beim Kartfahren wäre das undenkbar, dort sind die Leistungsunterschiede nicht so gross, und man kommt auch leichter an besseres Material heran, wenn man sich ernsthaft bemüht. Man hat gewissermassen vieles selbst in der Hand. Bei den Rennwagen kann man noch so motiviert, noch so engagiert sein: Wenn man nicht zur richtigen Zeit am richtigen Ort ist, hat man keine Gewinnchance"

Die richtige Zeit kam unweigerlich auch für Alain Prost, und zwar war sie genau in diesem Moment gekommen. Der richtige Ort war ebenfalls genau hier, in Sichtweite der Geraden der Rennstrecke Paul Ricard.

Hören wir Bernard Droulon in der trockenen Sprache eines Verwaltungsmenschen: "Wenn man die französische Kartmeisterschaft gewonnen hatte, wie Alain in unserem Falle, hatte man automatisch eine finanzielle Förderung für die nächsthöhere Klasse gewonnen. So ist das auch heute noch. Wer in seiner Kategorie gewinnt, darf eine Klasse aufsteigen. Das ist sein Siegerpreis.

Dieser Preis sollte sich als von unbezahlbarem Wert erweisen.

3
JENSEITS DES ZAUNES

Heute, fünfzehn Jahre später, kann ich glauben, was er sagt. Aber ich habe lange dazu gebraucht.

(Simon de Lautour)

Man musste die zweite Abzweigung nehmen, von der Ringstrasse um den hübschen kleinen See herum, dessen Uferrand mit sonnengebleichten Felsbrocken aus den Bergen der Provence verziert war. Für einen Moment lang war man versucht, die erste Abfahrt zu nehmen, die in einer scharfen Rechtskurve unter einer Brücke hindurch zu dem breitangelegten, ausgedehnten Gelände des Fahrerlagers führte. Dorthin, wo die Transporter mit den Rennwagen im Bauch fuhren. Als Alain Prost im Frühjahr 1975 hier entlangkam, konnte er – wie viele andere junge Männer – nur davon träumen, diese erste Abzweigung nehmen zu können, um sofort von den Kontrollposten erkannt und durchgewinkt zu werden. Er konnte nur davon träumen, ins Fahrerlager hineinzufahren und sich in eines dieser kostbaren Prachtstükke hineinzusetzen, das für ihn bereitstehen würde. Bis zu diesem Ziel würde es noch ein weiter Weg sein. Die allermeisten blieben vorher auf der Strecke, das wusste er.

Jeder, der wie er um den See herumfuhr, um dann die zweite Abzweigung zu nehmen, die durch ein Waldstück weiterführte, fühlte unweigerlich ein Kribbeln in sich hochsteigen. Nicht mehr lange, dann würde man wissen, ob man wirklich gut war; oder etwa nicht so gut, wie man gedacht hatte; oder etwa überhaupt nicht gut; oder – im schlimmsten Fall – man würde völligen Schiffbruch erlitten haben.

Den Fussweg zu dem nüchternen zweigeschossigen Gebäude – dem Ziel der Fahrt – hinunterzugehen, bedeutete, am Scheideweg angekommen zu sein, ob die lange gehegten Wunschvorstellungen eine Chance auf Erfüllung hatten oder nicht. Man wusste, wenn man diesen Weg zurückkäme, würde eine Entscheidung gefallen sein. Man würde entweder geknickt sein, vielleicht ein Leben lang einer verpassten Chance nachtrauern, oder aber – vielleicht, vielleicht – unendlich glücklich sein über einen Erfolg, der dann sogar erst der Anfang zu noch Verheissungsvollerem sein könnte. Allerdings standen die Chancen, das war jedem klar, schlecht, nämlich 1 : 200.

Die Lage des Gebäudes ist ausserdem dazu angetan, den Puls der jungen Besucher noch weiter in die Höhe zu treiben: Links schliesst sich eine Werkstatt an, deren grosses Tor offensteht und den Blick auf viele geschäftige Hände freigibt, die an Rennwagen herumwerkeln. Auf der rechten Seite, hinter dem kleinen Kiesparkplatz, sieht man einen hohen Drahtzaun, dahinter ein Stück einer Rennpiste, und dann, noch weiter hinten – ist es Realität oder eine Fata Morgana? – eine Reihe von Boxenöffnungen an einer bogenförmigen Strasse, die zum zentralen Gebäudekomplex der Rennstrecke führt. Es ist eine moderne Anlage mit allem, was zur grossen Welt des Automobilrennsports gehört: VIP-Räume, Büros, Presseräume, Kabinen für die Fernsehkommentatoren hinter einer schier endlosen Reihe grosser, in der Sonne schimmernder Fensterscheiben. Hinter diesem Gebäudekomplex standen sie, die Transporter, in denen die Rennwagen für den Grossen Preis von Frankreich auf ihren Einsatz warteten. Auf der Vorderseite, auf einem Abschnitt der Rennstrecke, war die Kartbahn abgesteckt.

Die Rennstrecke Paul Ricard, versteckt in den kargen Bergen nördlich von Toulon gelegen, ist eine moderne Anlage vom Reissbrett. Sie geht nicht, wie viele andere Rennstrecken in Europa, auf bescheidene Parcours aus den Kindertagen der Automobilrennen zurück. An diesem Frühlingstag 1975 waren zwar keine Rennwagen auf der Strecke, aber dies tat der imposanten Atmosphäre keinen Abbruch. Schon zweimal war der Formel 1-Grand-Prix hier ausgetragen worden. Beim ersten Mal hatte Jackie Stewart 1971 auf seinem Weg zur Weltmeisterschaft hier gewonnen, beim zweiten Mal der Schwede Ronnie Peterson, damals als Riesentalent gefeiert. Es stand ausser Frage, dass der Rundkurs "Paul Ricard" die Heimat des Grossen Preises von Frankreich werden würde. Genau dafür war so viel Geld hier investiert worden.

Solche Überlegungen waren freilich von mehr oder weniger geringem Interesse für Alain Prost, als er damals neben dem zweigeschossigen Gebäude auf der anderen Seite des Rennkurses parkte. Vielleicht warf er damals einen Blick durch den Drahtzaun und reflektierte eine Weile darüber, wie nahe und doch gleichzeitig wie weit entfernt diese Welt war. Besser wäre es auf jeden Fall gewesen, einfach in das Gebäude hineinzugehen.

Man kommt durch die Eingangstür, sagt der hübschen, freundlichen Dame an der Pforte, wer man ist, und lässt seine Augen über eine Fotogalerie wandern, die sich entlang der Wände erstreckt, von denen aus eine schmale Treppe nach oben führt. Einziges und alles beherrschendes Thema dieser Fotowände, die mehr auf Wirkung denn auf künstlerische Gesichtspunkte gestaltet erscheinen, sind Rennfahrer – Rennfahrer im Wagen, Rennfahrer ausserhalb des Wagens, Rennfahrer mit Siegespokalen in der Hand, Rennfahrer auf Titelseiten von Zeitschriften, auf Autogrammfotos mit Widmung und so weiter und so weiter. Im Inneren eines jeden jungen Mannes, der hier an der Pforte steht, kann all dies eigentlich nur eine von zwei gegensätzlichen Reaktionen hervorrufen, nämlich entweder "Hier werde ich auch mal hängen" oder "Ach du liebe Zeit, wo bin ich hier gelandet".

Die Rennfahrerschule "Winfield" ist klein genug, dass eine persönliche, fast familiäre Atmosphäre entstehen kann, andererseits aber gross genug, um den Eindruck eines gut organisierten, ernstzunehmenden Geschäftsbetriebes zu erwecken. Gerade so im sympathischen Gleichgewicht. Die Fotogalerie ist so etwas wie das Aushängeschild. Viele sind schon durch diesen Eingangsflur gekommen, aber die wenigsten von ihnen haben es geschafft, in diese Bildersammlung aufgenommen zu werden. Es sind die Rennfahrer, die soweit gekommen sind, dass sie an dem kleinen See die erste Abzweigung nehmen konnten.

Alain Prost war an diesem Tag direkt aus Trier gekommen, wo er damals seinen Militärdienst ableistete. Diese Tatsache war kaum zu übersehen. Er trug eine sehr ausgeprägte Version eines soldatischen Haarschnitts. Nicht gerade den berühmten "Kochtopfschnitt", aber die Art Stoppelfrisur, welche die Konturen des Kopfes unverfälscht zur Geltung bringt und welche die jungen Männer irgendwie alle fast gleich aussehen lässt. Dennoch war es der Armee nicht gelungen, Prost jede äussere Eigenheit zu nehmen, denn da war ja noch die Nase, die durch den Haarschnitt noch betont wurde und die eben nicht veränderbar war.

Er war in einem betagten Renault 16 gekommen, dem damaligen Standardauto der Zwanzigjährigen, egal ob sie Rennfahrer werden wollten oder nicht. Seine Fingernägel waren auffallend abgekaut, geradezu erschreckend sahen sie aus. Dabei war er eigentlich gar kein nervöser Typ, eher das Gegenteil, aber das Nägelkauen würde all die kommenden Jahre noch eine Angewohnheit bleiben.

Nicht lange dauerte es, und er durfte die schmale Treppe hinaufgehen und vor dem Schreibtisch eines sympathischen, typisch distinguierten Engländers Platz nehmen, der den so wenig typischen britischen Namen Simon de Lautour trug. Neben ihm sass ein Franzose mit dem schon etwas eher französischen Namen Antoine Rafaelli. Es ist ein korsischer, genauer nordkorsischer Name. De Lautour und Rafaelli – das hört sich an wie eine sensationelle Künstlernummer. Und in gewisser Hinsicht waren die beiden das auch. Sie waren Lehrer in der Winfield-Schule.

"Er schien genau zu wissen, was er wollte, aber trotzdem war er – wie soll ich sagen – zurückhaltend. Ich kann mich gar nicht an ihn als in irgendeiner Weise aufbegehrend, schwierig oder launisch erinnern. Was ich noch gut weiss, ist, dass er immer alles richtig machte, aber (abgesehen von einem entscheidenden Moment) nie mehr als nötig", so erzählt Lautour, während er sichtlich die Bilder jener Zeit vor seinem geistigen Auge Revue passieren lässt.

"Er war zurückhaltend", sagt Rafaelli, und es ist aufschlussreich, dass sie beide das gleiche Wort benutzen, obwohl ich meine Gespräche mit ihnen getrennt führte. "Er war bescheiden, scheu, ja wirklich scheu. Er sprach wenig, und wenn, dann mit leiser Stimme." Um dies zu illustrieren, senkt Rafaelli seine Stimme annähernd zu einem Flüstern.

Die Rennfahrerschule Winfield hatte ihren Ursprung am Rennkurs Magny-Cours in Mittelfrankreich. Dieser Filialbetrieb an der Strecke Paul Ricard war erst im Jahre 1971 gegründet worden. De Lautour war 1973 zum Ausbilderteam gestossen. Naheliegend – im wahrsten Sinn des Wortes – wäre es eigentlich gewesen, wenn Prost Unterrichtsstunden an der Schule in Magny-Cours genommen hätte. Das war im Vergleich zu Paul Ricard ein Katzensprung von Saint Chamond aus.

Aber Paul Ricard – damals natürlich auch noch eine fast neue Rennstrecke – hatte einfach ein gewisses Renommee, und ausserdem meinte Prost – ausgerechnet er als Regenspezialist, wie man heute belustigt sagen mag – dass die Wahrscheinlichkeit, gutes Wetter zum Fahren zu haben, dort grösser sei. Dies freilich konnte Magny-Cours nicht bieten.

Es war in jenem Jahr sogar ein besonders weiter Weg für ihn in den tiefen Süden Frankreichs: "Ich diente damals in der Armee, in einer französischen Garnison in Deutschland. Ich fuhr zum einen bei den Kart-Europa- und Weltmeisterschaften mit, zum anderen nahm ich noch Stunden an dieser Rennfahrerschule. Ich konnte zwar an einigen Kartrennen teilnehmen, aber ich brauchte jedesmal eine Erlaubnis meiner Einheit. Ich war im Geschäftszimmer des Hauptmanns oder Oberst, das weiss ich heute nicht mehr genau. Aber wichtig war für mich, dass ich derjenige war, der die Urlaubsanträge bearbeitete." Später, in einem ganz entscheidenden Moment, sollte dies ein Faktor von unschätzbarem Wert für ihn werden. Man kann sich unschwer vorstellen, auf welche Weise.

"Er kam zu uns mit dem, was die Franzosen 'bourse' nennen, einer Art Stipendium des Kartsportverbandes, der dem französischen Automobilverband angegliedert ist. Jedes Jahr kommen zu uns Leute aus dem Lager der Kartfahrer. Auf jeden Fall kam er mit dieser Finanzierungshilfe zu uns, wodurch der Grossteil der Lehrgangskosten für ihn abgedeckt war. Er absolvierte seine Unterrichtsstunden bei uns ganz normal, wie jeder andere Schüler auch. Das Ganze umfasst acht oder neun einzelne Ausbildungstage, von der Einweisung bis zum Finale. Es zieht sich über einen ziemlichen Zeitraum hin", meint Lautour in einem interessanten englischen Akzent, der mittlerweile leicht französisch eingefärbt ist.

Wie bitte, ein Finale? Aber ja. Es waren Hunderte von hoffnungsvollen angehenden Rennfahrern, die den Lehrgang im Laufe eines Jahres absolvierten. Unter diesen wurden die zwanzig besten herausgesiebt, die dann die Halbfinalläufe austrugen. Die besten fünf von diesen wiederum durften dann am Finale teilnehmen, dessen Sieger den Titel "Pilote Elf" zuerkannt bekommen. Dies allein garantierte ihm zwar noch keine Rennfahrerkarriere, aber doch immerhin einen Einstieg, denn er durfte dann in der darauffolgenden Saison in den Rennen der "Formel Renault" mitfahren, was wiederum die Vorstufe zur "Formel Renault Europa" war, dies wiederum die Vorstufe zur Formel 3 Frankreich, gefolgt von der Formel 3 Europa, ja und dann – dann kam vielleicht einmal der Tag, an dem man am Tag des Grossen Preises am kleinen See die erste Abzweigung nehmen durfte ...

Der Titel eines "Pilote Elf" war der optimale Beginn einer Karriere. Was man aus dieser Chance machen würde, lag allein an einem selbst. Und dies war nicht das einzige Finale dieser Art. Der gleiche Wettbewerb wurde jedes Jahr in Magny-Cours ausgetragen, und der Sieger dort erhielt ebenfalls den Titel "Pilote Elf" verliehen.

Vorerst sind wir jedoch immer noch an jenem Frühlingstag im Jahre 1975. Alain Prost hat gerade seinen alten Renault 16 geparkt, hat sich an der Pforte gemeldet und hofft sehnlichst, endlich einmal in einem richtigen Rennwagen sitzen zu dürfen.

De Lautour: "Am Anfang des Lehrgangs trennt sich die Spreu kaum vom Weizen. Die Schüler haben in den ersten drei Stadien, wie wir sagen, kaum Gelegenheit, sich hervorzutun, egal ob sie Alain Prost heissen oder sonstwie. Höchstens vielleicht, wenn sie etwas ganz Dummes oder etwas ganz Phantastisches vollbringen. Das erste Stadium beinhaltet Brems- und Schaltübungen. Die Schüler lernen wie man die Handbewegungen mit der richtigen Fusstechnik koppelt. Im zweiten Stadium lernt man die optimale Anfahrtslinie für jede Art von Kurve, also für Haarnadelkurven, schnelle Kurven und so weiter. Und im dritten Stadium werden zum ersten Mal Runden auf Zeit gefahren, wenn auch noch bei gemässigten Drehzahlen, so etwa mit 4000 bis 5000 Umdrehungen."

Alles dies wird den Jung-Rennfahrern in einem Raum gleich neben der Pforte erklärt. Er wird "Klassenzimmer" genannt und weist auch alle typischen Merkmale eines solchen auf. Eine ganze Wand besteht nur aus grossen Tafeln, auf denen Kreidedarstellungen die elementaren physikalischen Aspekte des Antriebes, der Bodenhaftung, der Fliehkräfte etc. erläutern; auf denen Pfeillinien die richtigen Wege durch Kurven hindurch veranschaulichen und Kreuze verschiedene Bremspunkte markieren. So mancher, der noch nie in einem Formel-Rennwagen gesessen hat, stellt sich vor, dass man sich einfach nur hineinsetzen und den Fuss kräftig aufs Gaspedal zu drücken braucht, und ab geht die Post. So ist es aber beileibe nicht. Man tut schon gut daran, zunächst einmal bescheiden die Schulbank bei einem Herrn de Lautour oder einem Herrn Rafaelli zu drücken, und sich mit gewissen Grundregeln vertraut machen zu lassen, die man in im Cockpit eines Rennwagens beachten muss. Prost war nun freilich keiner, der sich so hundertprozentig an diese Grundregeln hielt. Er hatte dabei einen Verbündeten namens Michel Hugon, der ebenfalls von den Karts kam. Die beiden sollten ihre Lehrer ziemlich reizen und dabei sogar eine "kleine Revolution" anzetteln, wie Hugon heute meint.

Rafaelli: "Simon und ich wechselten uns im Unterrichtsplan ab, und ich war in jenem Lehrgang damals mit der ersten praktischen Stunde dran. Ich sagte vorher im Klassenzimmer – so wie ich das immer tat – noch einige ernste Worte. Ich habe ihnen gesagt, dass dieser Weg sie vielleicht aufs Siegertreppchen und zu Ruhm und Ehre führen würde. Sie sollten aber nie vergessen, dass das Rennfahren eine gefährliche Sache sei. Nur einmal, eben ganz am Anfang, habe ich das den Schülern immer gesagt. Für den Fall, dass jemand meinen sollte, es sei ein Kinderspiel."

"Wir hatten an jenem Tag fünf oder sechs Schüler, und als wir draussen auf der Rennstrecke waren, fragte ich: 'Wer will als erster fahren?'. Die Bedeutung dieser Frage lag darin, dass ich ihnen gerade zuvor einen Vortrag über die Gefährlichkeit des Rennfahrens gehalten hatte. Im Laufe der Jahre hatte ich mir angewöhnt, in diesem Augenblick nicht auf die Gesichter, sondern auf die Füsse der Schüler zu schauen. Einige bewegten instinktiv einen Fuss vorwärts, was zeigte, dass sie darauf brannten, ins Cockpit einzusteigen. Andere bewegten instinktiv einen Fuss zurück, was einen gewissen Bammel andeutete. Das habe ich natürlich genau registriert. Leute, die mit Bammel 'rangehen, drängt man nicht."

Prost zeigte keine Regung.

"Ich sah in diesem Moment, dass er die absolute Kontrolle über sich selbst und seine Reflexe hatte." Es ist nicht zu übersehen, dass diese Erinnerung für Antoine Rafaelli heute noch sehr bedeutungsvoll ist.

Die Schule Winfield hatte einen ganz besonderen Reiz. Sie nutzte für die praktische Schulung einen 2,2 km langen Abschnitt der Grand-Prix-Rennstrecke selbst, die "untere Hälfte", wie de Lautour es nannte. Wie immer auch die Schüler abschnitten, sie konnten so in jedem Fall anschliessend sagen, dass sie die grosse Rennsportwelt hautnah erlebt hatten. "Das war einer unserer Trümpfe", so de Lautour. Die Kart-Meisterschaft war nicht das gleiche gewesen. Der Parcours, wenn auch am gleichen Ort, war hierfür eigens künstlich angelegt worden. Er hatte nicht das faszinierende Flair der echten Grand-Prix-Rennstrecke.

Das Segment der Rennstrecke, das die Schule benutzte, begann an der enorm schnellen Verriere-Kurve, einem Punkt, der es in sich hat. Dies ist ein bevorzugter Platz für Zuschauer, die gerne sehen, wie verzerrt die Gesichtszüge auch eines routinierten Fahrers sein können, wenn die Grenzen des Mutes und des Möglichen erreicht sind. Danach kam die Schikane, die enge Kurve Sainte–Baume, und dann etwa die Hälfte der berühmt-berüchtigten Geraden namens Mistral – einer Geraden von einer Länge, dass selbst Formel 1-Boliden ihre Höchstgeschwindigkeit erreichen, wenn sie über die volle Distanz genutzt wird. Die Strecke der Schule zweigte etwa auf der Hälfte der Geraden ab auf eine Verbindungsstrasse, die zurück zur Verriere-Kurve führte. Wenn man so will, war es die Kleinausgabe der damals insgesamt 5,8 km langen Rennstrecke Paul Ricard. Und es war eine gute Teststrecke, genau die richtige Mischung: Gerade, Schikane, Kurve, Gerade, Kurve zur Verbindungsstrasse, Kurve zurück auf die eigentliche Strecke.

Kaum sass er zum ersten Mal im Rennwagen (die Schule fuhr übrigens Martini–Formelrennwagen), kam Prost zu einer bedeutungsvollen Erkenntnis: "In diesem Moment erkannte ich, dass es so etwas wie generell-verbindliche Regeln nicht gibt [womit Prost sagen will, dass die Regeln der Theorie nur Leitfaden, keine zwingende Vorschrift sein können]. Ein ganz wichtiges Element beim Fahren ist das Gefühl. Man muss das richtige Gefühl für das Fahren haben."

Rafaelli sollte die Folgen dieser Erkenntnis bald zu spüren bekommen. Auch dies ist eine Erinnerung, die er sorgsam hegt: "Ich erklärte ihm, welches die Ideallinie auf der Mistral-Geraden war. Ich sagte ihm, dass man durch exaktes Einhalten der Ideallinie immer Sekundenbruchteile herausholen kann – wertvolle Sekundenbruchteile. Er antwortete mir, er habe bereits mehrere Varianten ausprobiert, um die Ideallinie zu finden. Er selbst habe das ausprobiert!"

Prost erinnert sich an dieser Stelle selbst lebhaft an die Zeit jener Schulung: "Ich war damals direkt vom Kartfahren gekommen, wo man einen Motor ohne Getriebe hat. Ich hatte damals natürlich schon meinen Führerschein und war es vom Fahren eines normalen Autos gewohnt zu schalten, wie jeder Autofahrer dies tut. Ich hatte keine Ahnung, was 'Zwischengas geben' bedeutet, aber in einem Formel-Rennwagen war das praktisch ein Muss."

"Ganz zu Beginn der Ausbildung war Alain nicht übermässig schnell", meint Hugon, und ein leicht bösartiges Grinsen huscht über sein Gesicht. "Wir hatten unseren Kart-Stil mitgebracht, und das gefiel unseren Lehrern überhaupt nicht, weder Simon noch Antoine. Das passte ihnen gar nicht, weil sie eigens Hütchen aufstellten, um anzuzeigen, welches der richtige Punkt war, um in eine Kurve hineinzugehen. Und dann kamen wir, Alain und ich, und holten gar nicht bis zu den Hütchen aus, sondern zogen schon vorher direkt in die Kurve hinein. Das gefiel ihnen zwar nicht, aber wenn man auf die Uhr schaute, dann waren wir immer eine Sekunde schneller als alle anderen – sie konnten es kaum fassen."

"Wenn man in die Verbindungsstrasse hineinfuhr, musste man in den zweiten Gang 'runterschalten. Was Alain und ich machten, war, vom fünften direkt in den zweiten Gang zu schalten, anstatt die ganze Prozedur fünfter–vierter–dritter–zweiter Gang – jedesmal mit Zwischengas – durchzuziehen. Wir haben nie Zwischengas gegeben! Alain schwieg darüber, aber ich bekam Probleme, weil ich den Mund zu weit aufmachte. Natürlich gefiel das unseren Lehrern nicht. Ich sagte jedoch 'Was wollen Sie denn? Ich fahre schnell, und wir bezahlen doch, um schnell zu fahren'. Wir blieben dabei, auf unsere eigene Art 'runterzuschalten, täuschten jedoch den Lehrern vor, Gang für Gang zu schalten, indem wir wiederholt aufs Gas drückten. Was man dabei nämlich hörte, war 'Brumm – Pause – Brumm (vom 5. in den 4. Gang), Brumm – Pause – Brumm (vom 4. in den 3.), Brumm – Pause – Brumm (vom 3. in den 2.).

"Simon war allmählich schon reichlich sauer, denn zwei Getriebe waren an den Schulfahrzeugen schon kaputt gegangen. 'Das gibt es normalerweise nicht', sagte er. 'Ihr wisst anscheinend noch nicht, wie man Zwischengas gibt. Ihr kommt jetzt nacheinander mit mir in diesen Renault-Transporter, und ich will sehen, wie Ihr das mit dem Zwischengas macht.' Das war natürlich starker Tobak. Zufällig war damals gerade Richard Dallest, ein Fahrer der Formel 2 und seines Zeichens Europameister, am Ring, und Simon bat ihn, doch einmal vorführen, wie er Zwischengas gebe. Dallest antwortete: 'Ich mache das überhaupt nicht. Beim Hewland-Getriebe braucht man das nicht!' Dies bedeutete gewissermassen, dass wir an jenem Tag eine kleine Revolution der Fahrtechnik erlebten."

Und es kommt noch besser. "Dallest war damals auch in der Formel Renault Europe", so de Lautour."Er sagte: 'Ich kann das'. Und er ging ans Steuer des Transporters, eines alten Renault Estafette, so einem richtigen Arbeitspferd. Aber auch er wusste nicht, wie man es richtig macht! Er meinte genauso wie die anderen, es ginge darum, beim Runterschalten einfach nur ganz kurz aufs Gaspedal zu drücken. Von dem ganzen Spiel mit der Kupplung wusste er nichts.

"Sie nannten mich einen Störfaktor", erinnert sich Prost in Zusammenhang mit den Einflüssen des Kart-Stils. "Es gibt da eine Linie, die sogenannte Ideallinie, und der folgte ich eben nicht. Ich bremste sehr spät und fuhr sehr früh in die Kurve hinein. Verständlicherweise gefiel das den Lehrern ganz und gar nicht, aber die Stoppuhr bewies, dass ich immer sehr schnell mit meiner Technik war."

All dies ist schon sehr aufschlussreich über Prost und wie er schon sehr frühzeitig seinen eigenen Weg ging und dies für sich selbst rechtfertigte. Wir kommen nun aber zu einem noch aufschlussreicheren Moment jener Schulung.

Rafaelli: "Dann kam das dritte Einführungsstadium. Während der ersten beiden war er uns durch nichts aufgefallen. Unsere Fahrer sollten an diesem Tag ihre ersten Runden auf dem Kurs drehen, jedoch noch in langsamem Tempo, höchstens 5000 Umdrehungen. Es regnete, und einige Fahrer kamen damit überhaupt nicht zurecht. Ehe sie sich versahen, hatten sie sich schon gedreht und standen mit der Schnauze des Wagens nach hinten auf der Bahn. Ich stand an der Abzweigung von der Mistral-Geraden, dem schnellsten Teil des Kurses. Und jetzt kommt es: Alain kam angefahren und bremste genau dort, wo er auf trockener Piste auch gebremst hatte. Weil er vorher, wie gesagt, noch nichts besonders Bemerkenswertes gezeigt hatte, überraschte mich das völlig. Simon hatte es vom anderen Ende des Kurses aus ebenfalls verfolgt, kam in seinem Transporter angefahren, und wir fragten uns gleichzeitig: 'Hast du das gesehen?'. Was Alain da gemacht hatte auf der nassen Bahn, das war schon sehr, sehr schwierig."

"Normalerweise fahren wir nicht bei Regen", so de Lautour. "Der Kurs ist nicht gut für das Fahren im Nassen geeignet, also er wird dann gleich sehr glitschig, und in unserer Gegend regnet es ja nur sehr selten. Deshalb vermeiden wir den Fahrunterricht bei Regen, wenn es geht. An jenem Tag allerdings fuhren wir."

Die Erinnerung an das, was sie da bei Prost gesehen hatten, ist heute noch, 15 Jahre später, bei beiden Fahrlehrern sichtlich sehr lebendig. Sie sprechen ausserdem auch noch von etwas anderem. Von etwas, das de Lautour selbst Jahre danach noch nicht so recht glauben mochte. Angedeutet wurde es schon in dem zuvor erwähnten Satz von Hugon: "Ganz zu Beginn der Ausbildung war Alain nicht übermässig schnell."

Bis zum Herbst waren von den 200 Kandidaten noch 20 übriggeblieben, die in zwei Gruppen für die Halbfinalläufe aufgeteilt wurden. Die ersten zehn sollten am Samstag, die zweiten zehn am Sonntag fahren. Das Finale selbst würde dann im Oktober stattfinden. Es wurde nun also ernst.

Jeanette Chabot, eine Mitarbeiterin des Elf-Pressebüros in Paris, fuhr zum Rennkurs Paul Ricard: "Ich kannte die Fahrschüler nicht, es waren so viele. Weil der Titel aber so wichtig war, würden viele Journalisten beim Finale anwesend sein, und um ihnen Hintergrundmaterial für ihre Berichte zu liefern, stellte ich über jeden einzelnen Teilnehmer der Halbfinalläufe ein Portraitblatt mit Fakten zur Person zusammen." Man musste davon ausgehen, dass die jungen angehenden Rennfahrer den Journalisten völlig unbekannt waren, ausser vielleicht Prost und Hugon. Aber selbst dies waren nur Namen aus dem Bereich der Kartrennen, einem Terrain, das die Rennsportjournalisten in der Regel kaum einmal betreten.

"Ich fragte sie unter anderem alle, was sie machen würden, wenn sie nicht Sieger würden. Einige dachten daran zu versuchen, Geld aufzutreiben, um in der Formel Renault mitfahren zu können. Andere sagten, sie würden dann wohl ihre Hoffnungen auf eine Rennfahrerkarriere begraben müssen, weil sie nicht das nötige Geld hätten, um auf eigene Kosten dabeizubleiben. Dies traf wohl auch auf Alain zu. Er war finanziell nicht gerade übermässig gut gestellt. Ich glaube, so hartnäckig er auch ist, wenn er nicht gewonnen hätte, hätte er nicht weitermachen können. Als ich ihn aber danach fragte, sagte er mir, er beschäftige sich nicht mit der Möglichkeit, dass er verlieren könnte. Ich war mir etwas unsicher, ob ich das in sein Portraitblatt schreiben sollte. Aber er hatte es gesagt, also entschloss ich mich schliesslich, es zu schreiben."

"Die Halbfinalläufe fanden über zwei Tage verteilt statt", so Rafaelli, "und Prost gehörte zur Gruppe, die am ersten Tag dran war. Die Fahrer sollten um acht Uhr morgens da sein. Er war jedoch zur vereinbarten Zeit nicht da. Simon meinte: 'Egal, wir fangen ohne ihn an. Wenn er doch noch kommt, soll er morgen mitfahren.' Schliesslich kam er dann doch und sagte, er habe eine Reifenpanne gehabt. Ich stoppte selbst die Rundenzeiten mit, um sicherzugehen, dass alles seine Richtigkeit hatte. Prost stand die ganze Zeit neben mir und verfolgte alles."

"Am nächsten Morgen kam er pünktlich, und Simon sagte zu ihm: 'OK, du fährst als erster'. Prost wählte das Auto Nummer 4, das das beste war. Viel später erzählte er mir einmal, dass er die Geschichte mit der Reifenpanne erfunden hatte. Er wollte sich am ersten Tag alle Autos genau ansehen, um zu sehen, welches das beste war. Schon damals kalkulierte er alles sorgfältig durch, was er machte."

De Lautour meint hierzu: "Prost wusste damals genau, was er machte, und später wurde uns klar, wie typisch das für ihn gewesen war. Alles exakt durchzuplanen, bis ins Detail zu analysieren und die richtigen Schlüsse für sich daraus zu ziehen – darin liegt seine grösste Stärke." So ist es.

Einige wenige Worte müssen gesagt werden, was die Wahl der Autos betrifft. "Wir hatten damals", so de Lautour, "sieben oder acht Autos, aber wir benutzten für Auswahlläufe nur fünf, die annähernd gleichwertig waren. Um jegliche Ungerechtigkeiten auszuschliessen, fuhr einer von uns Fahrlehrern ausserdem immer jedes einzelne Auto, um Vergleichszeiten zu bekommen und so eventuelle Unterschiede berücksichtigen zu können. Eigentlich waren die Voraussetzungen also für die Fahrer immer gleich, aber die Wahl des Autos ist für den Fahrer ein Faktor von psychologischer Bedeutung."

"In den Halbfinalläufen war ich der Schnellste, und er fuhr die drittschnellste Zeit", erzählt Hugon. "Ein Fahrer namens Geynand [wer ist er und wo ist er heute?] fuhr die zweitschnellste Zeit." Eines muss man ganz klar sehen: Was immer Prost an dem einen Tag bei Regen auch gezeigt hatte, insgesamt hatten seine Leistungen ansonsten, auf trockener Piste, geradeso ausgereicht, um weiterzukommen. Mehr aber auch nicht.

Sobald die fünf Finalisten feststanden, rief de Lautour Frau Chabot an und gab ihr die Namen durch, damit sie die entsprechenden Portraits heraussuchen und an die Presse weitergeben konnte.

Derweil hatte Prost nach seiner Rückkehr nach Trier zunächst ein drängenderes Problem. Er hatte all seine Urlaubstage aufgebraucht. Kein einziger Tag Urlaub stand ihm mehr zu. Nun war er ja, als Geschäftszimmersoldat, glücklicherweise für die Bearbeitung der Urlaubsanträge zuständig. Und so tat er denn, was jeder entschlossene junge Mann in seinem Fall getan hätte. Er stellte sich selbst einen Urlaubsschein aus. Prost ist heute noch überzeugt, dass seine Vorgesetzten ahnten, was im Gange war, denn einer von ihnen setzte sich später mit ihm in Verbindung: "Colonel Le Saint, wenn ich mich richtig erinnere, schrieb mir später, als meine Karriere im Motorsport so richtig begonnen hatte, einige Male in sehr netten Worten. Damals allerdings, kurz vor meiner Entlassung, war ich mit einem gefälschten Urlaubsschein in Paul Ricard."

De Lautour hatte hiervon freilich keine Ahnung: "Wir nahmen natürlich an, er war mit Erlaubnis seiner Einheit hier."

Das Finale bestand nicht einfach darin, dass jeder eine Runde fuhr, und wer die schnellste Zeit fuhr, hatte gewonnen. Die Winfield-Schule ging da schon wesentlich gründlicher (und pressewirksamer) vor. "Wir führten vorher regelmässig Trainingsläufe durch, und zwar völlig kostenlos für die Fahrer. Nicht allein, dass wir sie optimal vorbereiten wollten, wir wollten natürlich auch beim Finale, zu dem viele Gäste erwartet wurden, eine gute Show bieten. Also durften die Finalteilnehmer in der Vorwoche drei Tage hintereinander bei uns trainieren. Und am Schluss führten wir ein Abschlusstraining als eine Art Generalprobe durch. Dieses Abschlusstraining hatte freilich auch für das Finale selbst eine gewisse Bedeutung, denn wer am besten abschnitt, konnte sich seinen Startplatz bei den Finalläufen selbst aussuchen. Viele Fahrer wollen nämlich absolut nicht als erster ran, andere wiederum auf keinen Fall als letzter. Selbst aussuchen zu können, als wievielter man an den Start ging, war deshalb psychologisch ein enormer Vorteil. Während des gesamten Trainings war Alain nur ganz minimal schneller als seine Konkurrenten gewesen. Man konnte absolut nicht sagen, dass er überlegen war."

"Das Finale – und dementsprechend auch das Abschlusstraining – liefen folgendermassen ab: Jeder Fahrer fuhr 10 Runden am Stück. Die ersten vier Runden wurden nicht gewertet (um den Teilnehmern Gelegenheit zu geben, sich "warmzufahren"). Die Zeiten der nächsten fünf Runden wurden dann gewertet, und am Schluss gab es noch eine Auslaufrunde ohne Wertung. Eigentlich ging das immer ruck-zuck."

"Die Plazierung eines Fahrers errechnete sich aus der Gesamtzeit der fünf gewerteten Runden, wobei zu einem gewissen Grad die schnellste Rundenzeit berücksichtigt wurde. Und dann kam der grosse Paukenschlag: Im Abschlusstraining fuhr Alain eine ganz phantastische Runde, in der er bei weitem schneller war als alle anderen. Die Wirkung war natürlich demoralisierend für die Konkurrenten: Das Abschlusstraining war gelaufen, der Renntag vorbei und damit auch die letzte Gelegenheit zu fahren vor dem Finale in zwei Tagen."

Das gab den anderen vier Finalteilnehmern einiges zu grübeln.

"Es war eigenartig. Alle anderen Finalisten erkannten mit einem Schlag, dass er sehr stark war. Psychologisch waren sie somit schon so gut wie geschlagen, bevor das Finale überhaupt begonnen hatte. In den Folgejahren stellten wir immer wieder fest, dass dies ein für Alain Prost typischer Schachzug war."

Genau dies war es gewesen, und wir haben hier das erste offenkundige Beispiel für das clevere Taktieren, das später zum Markenzeichen des Franzosen werden sollte. Samstag, 25. Oktober 1975.

Michel Hugon erinnert sich: "Ich weiss noch, er war sehr ruhig, sehr scheu an diesem Tag. Er kam ja auch immer direkt von seiner Militäreinheit, bei der er damals diente. Er kam immer allein. Nein, seine Eltern waren nie dabei. Er war immer ohne Begleitung."

"Er war überhaupt nicht glücklich über die Sache mit seiner Äusserung, dass er nicht daran zweifelte zu gewinnen." Jeanette Chabot hat noch genau den kurzen Dialog von damals im Ohr:

Prost: "Ich sagte, dass ich mich nicht mit der Möglichkeit beschäftige, eventuell zu verlieren, aber ich wollte nicht, dass das in meinem Portrait steht." Chabot: "Aber das haben sie gesagt." Prost: "Ja, ja, aber das habe ich nur so gesagt. Das hätten Sie nicht zu schreiben brauchen."

Das Finale war ein Treffen wichtiger Leute der Branche. Die Firma Elf hatte eigens Ken Tyrrell aus England eingeflogen, einen der Grossen der Formel 1, der seinen eigenen Rennstall unterhielt. Ein Mann wie ein Bär, so gross, kräftig und doch von gutmütiger Ausstrahlung. Jedes Jahr kam er, um den Pokal zu überreichen. Auch Jean-Marie Balestre war da, der Präsident des Automobilsport-Weltverbandes FISA. Didier Peroni war gekommen, der selbst einmal, im Jahre 1972, hier Pilote Elf geworden war, danach mit Erfolg auf die nächste Leitersprosse, die Formel Renault, gestiegen war und nun vor einer grossen Karriere stand. Und Patrick Tambay war da, der damals schon auf dem Sprungbrett zur Formel 1 stand. Auch viele Journalisten waren Zuschauer dieses Finales, darunter Jabby Crombac, der wie immer ruhig an seiner Pfeife zog und mit wachsamen Augen das Geschehen verfolgte. Man wusste ja nie, was man zu sehen bekommen würde. Vielleicht einen zukünftigen Formel 1-Weltmeister, wer weiss. Zwar standen die Chancen diesbezüglich nicht einmal 1:200, sondern noch bei weitem schlechter, vielleicht 1:1 Million. Aber was soll's.

"Prost hatte seinen Rennanzug vergessen", so Rafelli, "also lieh ich ihm einen, den mir einer meiner ersten Schüler, Patrick Tambay, geschenkt hatte. Er war blau, blau wie die Renault Alpine damals."

Nunmehr dem Anlass entsprechend gekleidet (oder auch nicht; ein Fahrer der Zukunft und Alpineblau, du liebe Zeit!), griff Alain Prost erneut in die Trickkiste der psychologischen Kriegsführung. Während des Aufwärmens brach er den Rundenrekord für den Rennkurs der Schule Winfield.

"Wie bereits gesagt, er konnte sich für das Finale aussuchen, an welcher Stelle er starten wollte, weil er das Abschlusstraining gewonnen hatte. Die meisten Fahrer wollen nicht früh ins Rennen gehen, als erster oder zweiter. Wenn sie die Wahl haben, entscheiden sich die meisten für Startplatz Drei oder Vier, weil sie nicht wissen, ob sie die Nerven zum Durchhalten haben, bis alle anderen dran waren. Da wir Alain nun schon kennen, kann es kaum überraschen, dass er sich für Platz Fünf entschied." Dies sind erneut die Worte von Simon de Lautour. Er fügt hinzu: "Man muss hier auch berücksichtigen, dass das Niveau in dem Jahr, als Alain bei uns war, ausgesprochen hoch war. Unsere Finalteilnehmer waren allesamt hervorragende Talente." De Lautour ist bestimmt nicht der Typ, der versucht, Prosts Leistung künstlich aufzuwerten, indem er seine Konkurrenten über den grünen Klee lobt. Wenn er mit seiner Erfahrung so vieler Jahre das sagt, dann gibt er nur die objektiven Fakten wieder.

Das Finale war eine klare Angelegenheit für Prost. Ken Tyrrell erzählt: "Ich war damals Vorsitzender der Jury, wie schon etliche Jahre zuvor. Die Firma Elf war Sponsor meines Formel 1-Rennstalls. Prost war eine Ausnahmeerscheinung als Fahrer. Man könnte natürlich entgegnen, das lässt sich heute leicht sagen, wo wir seine Erfolge in den späteren Jahren kennen. Aber es war wirklich damals schon deutlich zu sehen. Der Sieg war ein Spaziergang für ihn. Man erkannte sofort das Naturtalent in ihm."

Hugon spricht aus tiefster Seele, wenn er sagt: "Meine schnellste Runde war 59:10, Alain fuhr 58:80, und die anderen drei Finalisten lagen alle über 60 Sekunden."

Und schon war alles gelaufen. Ruck-zuck vorbei.

De Lautour: "Hugon wurde Zweiter, und ich glaube, er meinte lange Zeit, wir wollten Alain gewinnen sehen und hatten ihm in gewisser Weise dazu verholfen. Wenn man aber unsere Schule kennt und weiss, wie das Finale abläuft, dann weiss man auch, dass wir niemanden bevorzugen könnten, selbst wenn wir es wollten. Die Zeiten werden beim Finale von Vertretern des Verbandes und der Jury der Firma Elf genommen, in der wir natürlich aus naheliegenden Gründen nicht vertreten sind. Wir könnten ja, da wir die Fahrer kennen, voreingenommen sein. Trotzdem war Hugon damals sehr, sehr enttäuscht. Im Laufe der Jahre ist er allerdings darüber hinweggekommen, und heute haben wir ein unbelastetes Verhältnis."

Mit 58:80 Sekunden hatte Prost also die schnellste Runde hingelegt. Ach ja, und die beste Gesamtzeit aus fünf Runden natürlich auch.

"Wir stellen immer wieder fest", so de Lautour, "dass manche unserer Schüler im Finale besser abschneiden als erwartet, andere dagegen versagen. Prost allerdings ..."

Prost war eben Prost.

"Nachher war er sehr zufrieden mit seinem Portrait", erinnert sich Jeanette Chabot. "Er hatte ein enormes Selbstvertrauen, und man konnte damals schon sehen, dass ein grosses Potential in ihm steckte. Er war sehr vorausschauend bei allem, was er tat, und er durchdachte alles genau."

Welch grosse Verbitterung damals auch in Hugon stecken mochte, heute sagt er ehrlich und ohne jegliche Vorbehalte (die Art, wie er es sagt, verrät dies): "Alain gewann damals nicht, weil Geld hinter ihm stand. Er gewann, weil er ein guter Rennfahrer war. Er war wirklich begabt. Es gibt viele Fahrer, die zwar wissen, wie man ein Lenkrad richtig dreht, aber nicht sonderlich intelligent sind. Er war es. Das sah man deutlich an seinen Reaktionen, an seinem ganzen Verhalten auf der Piste. Er fühlte sofort instinktiv, was er tun musste, um mit seinem Auto schneller zu sein als die anderen. Bei den Karts war das schon genauso gewesen."

Tambay gehörte selbst zur Jury: "Alain war aussergewöhnlich, so aussergewöhnlich, dass es für uns überhaupt keinen Zweifel gab, wer der Sieger war. Da gab es wirklich nicht viel zu überlegen. Ich nehme an, seine Kart-Erfahrung machte viel aus. Allerdings hatte er auch die äussere Statur für einen grossen Rennfahrer. Ein kleiner, untersetzter Körper passt viel besser in ein Kart und in einen Rennwagen."

Die Siegerehrung wurde auf einem Foto festgehalten, das heute in der Winfield-Schule hängt. Jedoch nicht unter den vielen Bildern der Fotogalerie, nein, es hat einen eigenen, herausgehobenen Platz an der Wand entlang der Treppe hinauf zu de Lautours Büro. Man sieht darauf Tyrrell – in Jackett und Krawatte, was nicht unbedingt zu ihm passt – wie er wohlwollend lächelnd dem kleinen, im Vergleich zu ihm fast koboldhaft wirkenden Franzosen die Hand schüttelt. Prost hält krampfhaft den kolossalen Pokal fest, den er gerade überreicht bekommen hat. Man sieht seine abgekauten Fingernägel. Balestre, der unmittelbar dahintersteht, scheint wie ein Schutzengel über der Szene zu schweben. Sein Gesichtsausdruck ist so feierlich, als sei gerade die nationale Ehre Frankreichs gerettet worden. Im Halbkreis der umstehenden Gratulanten erkennt man das jungenhafte Gesicht von Didier Pironi. Man sieht auch Crombac unter seiner obligatorischen Schildmütze hervorlugen, und natürlich pafft er, wie immer, seine Pfeife. Auch er wirkt ausgesprocheg ut -g gelaunt.

"Ich muss sagen", erzählt Tyrrell, "gesprochen habe ich damals mit Prost nicht. Er sprach kein bisschen Englisch. [Und Tyrrell sprach nicht Französisch.] Ich übergab ihm nur die Siegestrophäe, und dann fuhr ich wieder zum Flughafen, um so schnell wie möglich nach Hause zurückzukehren." Uncle Ken hatte sich die Ehre gegeben und entschwand wieder. Leute aus der Formel 1-Branche sind immer sehr beschäftigt, und was sollte man auch hier noch lange herumhängen? So folgte er also einem Glaubensgrundsatz der Formel 1-Gemeinde, den auch der kleine Bursche, dem er auf dem Foto die Hand schüttelt, eines Tages verinnerlicht haben würde: Bei irgendwelchen Unklarheiten unverzüglich den nächsten Flughafen ansteuern.

"Meine Frau war beim Finale mit dabei", erinnert sich Hugon, "und mit Alain zusammen gingen wir danach noch aus, denn wir übernachteten im gleichen Hotel. Ich weiss noch gut, wo wir hin wollten: zum Kasino in Bandol. Aber dort kamen wir nicht rein, weil wir nicht genug Geld dabei hatten. Keiner von uns hatte einen Sou zum Verspielen übrig, es reichte gerade für ein Abendessen. Ausserdem hätte man uns sowieso nur mit Krawatte reingelassen."

Es ist heute schon eine belustigende Vorstellung, wie die drei damals am Casinoeingang abgewiesen wurden. Sie waren eben im Grunde beinahe noch Kinder. Und ausserdem – dass ein junger Rennfahrer einen Anzug trägt, sieht man genauso häufig wie bei einem älteren Rennfahrer. Man könnte auch sagen, genauso häufig, wie man einen Rennfahrer in einer Ritterrüstung sieht. "Wir assen dann schliesslich in einem Restaurant und gingen danach ins Hotel zurück."

Crombac schrieb über dieses Finale in der Zeitschrift Sport Auto: "Fünf Kandidaten standen sich gegenüber. Die Rennwagen waren für alle die gleichen, nämlich Martini-Renault vom Typ MK II, deren Leistung auf rund 120 PS gedrosselt war, um es der Jury zu ermöglichen, den besten Fahrer zu bestimmen. Alain Prost setzte sich unangefochten gegen seine Konkurrenten durch. Prost ist erst 20, aber er ist schon französischer und europäischer Meister bei den Karts gewesen, also in einem Metier, in dem man sich hart durchbeissen muss. Er stammt aus Saint Chamond und ist von Beruf Möbelverkäufer im familieneigenen Betrieb. Michel Hugon, ebenfalls von den Karts gekommen, wurde in überzeugender Manier Zweiter, aber es gab keinen Zweifel: Prost war der Beste."

Was wir noch nicht beleuchtet haben, ist die Frage: Verlief es damals im Lehrgang an der Winfield-Schule wirklich so, wie Prost es später darstellte? Manchem fiel es äusserst schwer, dies zu glauben. Es lohnt sich, einige Aspekte im Detail zu betrachten, denn dabei eröffnen sich bereits viele Züge des jungen Rennfahrers, die später sehr deutlich hervortreten würden.

Hören wir de Lautour: "Später behauptete Alain, er habe sich anfangs bei uns absichtlich zurückgehalten. Ich habe immer wieder überlegt: Ist es möglich, dass ein junger Mann in der Situation als Schüler bei uns das Selbstvertrauen und die Disziplin haben kann, dies zu tun? Das Risiko einzugehen, das Finale zu verpassen? Ich habe das immer bezweifelt, aber er hat stets beteuert, dass es so war. Er sagt bis heute, er habe damals taktiert und habe erst im Finale voll aufgedreht."

"Der Punkt ist der: Wenn sich ein Kerl in seinem damaligen Alter in einen Rennwagen setzt, hat er doch kein grösseres Bedürfnis, als so schnell damit zu fahren, wie es irgendwie geht. Das war doch immer sein Wunschtraum. Heute, fünfzehn Jahre danach, nach allem was er erreicht hat, glaube ich ihm, was er sagt. Ich habe jedoch lange dazu gebraucht. Ich konnte mir einfach nicht vorstellen, dass ein junger Mann, der weiss, worum es für ihn geht, nicht das Letzte herauszuholen versucht, weil er das sichere Gefühl hat, dies nicht nötig zu haben.

Was de Lautour sagt, ist in der Tat der entscheidende und so bemerkenswerte Punkt. Wenn ein angehender Rennfahrer erst mal Blut geleckt hat, erst mal den Rausch der Geschwindigkeit gespürt hat, gibt es normalerweise keine Zurückhaltung und kein Taktieren mehr. Dann wird "der Kiste Zunder gegeben, was das Zeug hält." Der zwanzigjährige Alain Prost, der nach dem Rennen wieder in seine Kaserne nach Trier zurückmusste, war offenbar eine Ausnahme. Er schaltete seinen Verstand nicht aus, wenn er sich hinters Lenkrad setzte. Er kalkulierte jede denkbare Situation, jeden Handgriff durch. Er plante mit fast mathematischer Präzision, wie er seine Ziele erreichen würde. Auf der Rennstrecke und ausserhalb.

Simon de Lautour spricht hastig, erregt, als er diese Gedanken formuliert. Ein richtiger Wortschwall sprudelt aus ihm heraus, so aussergewöhnlich erscheint ihm offenbar all dies immer noch: "Ich habe mich wirklich schwer getan, diese Sache zu glauben. Andererseits muss es wohl so gewesen sein, denn warum sollte er es sonst immer noch behaupten, wo er heute doch schon über vierzig Grand-Prix -Rennen gewonnen hat? Mir ist sonst wirklich keiner über den Weg gelaufen, der sich auf diese Weise hätte zurückhalten können, nein, absolut keiner ..."

Prost hierzu: "Ich war auch deshalb ein 'Störfaktor' für sie, weil ich bis zu den Halbfinalläufen nicht zeigen wollte, wie schnell ich wirklich fahren konnte. Dann allerdings war ich gezwungen, schnelle Zeiten zu fahren [allerdings immer noch nicht übermässig schnelle, denn er wurde ja nur Dritter, wie wir uns erinnern]. Für den einen oder anderen war dies sicher überraschend." Das war es, und das ist es heute noch.

Er denkt heute amüsiert an den Renault-Transporter zurück, in den er sich setzen sollte, "nur um zu lernen, wie man bremst und mit Zwischengas runterschaltet. Ich kriegte das nicht hin. Trotzdem habe ich den Titel gewonnen. Später habe ich das mit dem Zwischengas natürlich schon noch gelernt, da dürfen Sie sich sicher sein."

Was bedeutet es, mit verdeckten Karten zu spielen, wie Alain Prost es damals getan hat? Nüchtern betrachtet, muss man drei Voraussetzungen erfüllen: Erstens muss man das Selbstvertrauen mitbringen, sich in diesem Masse auf das eigene Können im richtigen Moment zu verlassen. Zweitens muss man es beherrschen, stets das Überraschungsmoment auf der eigenen Seite zu behalten. Die anderen dürfen nicht wissen, was auf sie zukommt. Bis zum letzten Moment muss man verhindern, dass sie es erkennen. Und drittens muss man die allesentscheidende Zielsetzung im Motorrennsport verstanden haben und umsetzen können, nämlich dass es gilt, das Maximale herauszuholen, ohne dabei von der Maschine oder sich selbst auch nur ein Quentchen mehr zu verlangen als notwendig. Nicht einer von tausend kann das. Simon de Lautour kann dies bezeugen. Er hat schon tausende gesehen, die es versucht haben.

Insofern war der Gefreite Prost, dessen Dienstzeitende bei der Armee bevorstand, schon derselbe Prost, der einmal der berühmte, sagenumwobene Professor Prost sein würde, der die Grand-Prix-Rennstrecken der Welt zu seinen Vorlesungssälen machen würde – darunter auch eben diesen Kurs Paul Ricard, zu dem er noch oft zurückkehren würde. Dann würde er aber am kleinen See schon die erste Abzweigung nehmen. Und die Kontrollposten würden ihn erkennen und durchwinken.

Wie hatte doch Rafelli gesagt: "Er war bescheiden, scheu, ja wirklich scheu." Ich werde jetzt dieses Zitat vervollständigen, denn zuvor habe ich nur den Anfang wiedergegeben. "In Wirklichkeit ist er aber gar nicht so. Er ist ein Wolf im Schafspelz. Er muss damals den Entschluss gefasst haben, sich scheu zu geben, um sich leichter integrieren zu können. Dadurch konnte er alle Informationen sammeln, die er brauchte. Man nennt ihn ja heute oft den 'Strategen der Rennpiste'. Ich glaube, das traf schon auf ihn zu, als er zu uns an die Schule kam. Er war freilich auch ein Ausnahmetalent als Rennfahrer, und man musste dies nur aus ihm herausholen."

Man könnte auch sagen: Man musste es Prost nur ermöglichen, dies aus sich herauskommen zu lassen.

Am Sonntag, den 26. Oktober 1975 allerdings, als er seinen Koffer packte, das Hotel in Bandol verliess und sich auf die lange Rückfahrt in seinem Renault 16 nach Trier machte, war er noch kein einziges Rennen gefahren, zumindest in einem richtigen Rennwagen. Dennoch waren die Voraussetzungen für ihn günstig, und das wusste er. Die Runden auf Zeit an der Winfield-Schule waren kein Problem gewesen. Er war viel besser, als die gewitzten und erfahrenen Ausbilder ahnten. Und er besass etwas, auf dem man aufbauen konnte: Hartnäckigkeit. Das schöne Wort, das Jeanette Chabot benutzt hatte. Selbstzweifel waren ihm fremd, wie das häufig bei Menschen mit ausgeprägtem Naturtalent der Fall ist. Und auch wenn er noch am Anfang seines Weges stand: Er hatte eines sicher in der Tasche, als er an diesem Abend zurück zu seiner Einheit nach Deutschland fuhr. Renault und Elf gaben es ihm.

Er hatte seinen ersten eigenen Rennwagen.

4
KLEINER MANN GANZ GROSS

Die Firma Elf wollte endlich einmal einen Franzosen als Weltmeister sehen ... Sie bezahlten uns zwar in Benzingutscheinen, aber was soll's? Sie haben ihren Weltmeister bekommen.

(Fred Opert)

Am 4. April 1976 brauchte Alain Prost 26 Minuten und 44,2 Sekunden, um fünfzehn Runden auf dem "Bugatti"-Rennkurs in Le Mans zu absolvieren, und er hatte sein erstes Rennen in einem richtigen Rennwagen gewonnen. Dieser Rennwagen war ein Martini-Renault, und es war das erste Rennen der französischen Formel-Renault-Serie. Es war ein rein nationaler Wettbewerb, die typische unterste Sprosse auf der Erfolgsleiter. Prost hatte es leicht gefunden, zu gewinnen, wie man dies bei potentiell grossen Rennfahrern in diesen Klassen häufig feststellt.

Sein Auto war nicht, wie man vielleicht vermuten könnte, von einer italienischen Wermutfirma gesponsert. Martini war der Name der Chassis-Herstellerfirma. Der Mineralölriese Elf stellte Prost als Pilote Elf für die Saison 1976 einen Martini Mk 17 und ausreichend Geld zur Verfügung. Zusammen mit einem einzigen Mechaniker, Jean-Pierre Nicolas, und einem Mann namens Bernard Mangé, der sich um den Motor kümmern sollte, bildete er ein eigenes Miniteam.

Zwei Wochen nach Le Mans gewann er auch das zweite Rennen in Nogaro. Zufällig war dort Simon de Lautour anwesend. Die Winfield-Schule steckte damals noch in ihren Anfängen, und ihm blieb daher ab und zu noch etwas Zeit, sich ein solches Rennen anzuschauen. Er beobachtete Prost natürlich mit besonderem Interesse und sah, dass dieser "die ganze Lage völlig im Griff hatte, eigentlich nach Belieben kontrollierte. Meine Empfindung war damals: 'Das ist wirklich unglaublich.'"

Auch das dritte Rennen der Serie, in Magny-Cours, gewann Alain Prost. Ausgerechnet dort entschied sich der zweite "Pilote Elf" zum Aussteigen. Es wurden jedes Jahr zwei Fahrer zum Pilote Elf gekürt, der eine in Paul Ricard, der andere eben hier, in Magny-Cours. Frederic Watelet, der letztjährige Sieger hier mit einem hauchdünnen Vorsprung von 43 Hunderstelsekunden, hatte wie Prost sein eigenes Auto für die Teilnahme an diesem Wettbewerb bekommen. Er erzählt: "Prost war für mich damals ein völliger Unbekannter. Für mich waren die Umstände damals problematisch. Ich hatte bereits eine Existenz, nämlich ein Bistro in Paris. Deshalb stieg ich schliesslich auch wieder aus. Ich hatte die nötige Zeit nicht. Ausserdem war ich damals 28, und alle sagten mir, ich sei für den Einstieg in eine Rennfahrerkarriere schon zu alt. Zur Winfield-Schule in Magny-Cours war ich eigentlich nur gekommen, weil mir ein Bekannter irgendwann einmal erzählte, dass es so etwas gibt. Ich bedauere es, dass ich nicht früher davon gehört hatte. Vielleicht wäre dann manches anders gelaufen."

"Ich erinnere mich an den Prost von damals als klein, sympathisch und auf Anhieb schnell. Er verstand etwas vom Rennfahren, als ob er schon ewig lang dabeigewesen wäre. Ich führte das damals darauf zurück, dass er jahrelang Kartrennen gefahren war. Heute meine ich aber, dass einfach auch angeborenes Talent dazugehört. Ich wurde in der Regel hinter ihm Zweiter. Das war sicher auch nicht schlecht, aber ich hatte gegen ihn absolut keine Chance. Das war natürlich irgendwie frustrierend, und dann kam dazu, dass ich schon 28 war und mein eigenes Bistro hatte, um das ich mich kümmern musste. Also warf ich die Rennfahrerei hin. Was mir heute bleibt, sind schöne Erinnerungen an diese Zeit."

Das Kuriose, die Ironie an dieser Geschichte ist nicht nur, dass Watelet sich gerade in Magny-Cours zum Aussteigen entschloss, wo er seinen Titel als "Pilote Elf" gewonnen hatte. Es ist auch seine Aussage, sein Leben hätte völlig anders verlaufen können, wenn ihn jemand früher auf die Idee gebracht hätte, eine Rennfahrerschule zu besuchen. Von wievielen Zufällen das Leben doch immer wieder bestimmt wird. Man stelle sich vor, André Prost wäre an jenem Urlaubstag an der Cote d'Azur nicht mit seinem Sohn Alain zu der "Siesta" gefahren, sondern die Familie hätte sich entschlossen, den Tag lieber am Strand zu verbringen. Vielleicht wäre dieses Buch dann nicht die Geschichte von Alain Prost, sondern von Frederic Watelet.
Aufgrund seiner starken Leistungen – drei Starts, drei Siege – wurde Prost eingeladen, in einem Lola an einem Rennen der Serie Formel Renault Europa, der nächsten Sprosse auf der Leiter, teilzunehmen. Es wurde in Dijon ausgetragen. Er fuhr dort von der Pole Position, noch vor Didier Pironi. Dies zeigte wieder einmal sein Naturtalent, denn er hatte so gut wie keine Zeit für die Eingewöhnung auf Wagen und Strecke gehabt, und wenn man dann auf Anhieb Trainingsschnellster wird, kann man eben nur ein Naturtalent sein.

Unter den Zuschauern in Dijon war auch Jeanette Chabot, die von Prosts Vorstellung sehr beeindruckt war: "Er hatte sämtliche Mitkonkurrenten klar im Griff, obwohl er eine Klasse höher fuhr als sonst. Er war begabt, er war ein junger Mann, der sehr sauber fuhr – damals schon genauso wie heute – und der mit beiden Beinen fest auf dem Boden stand. Manche haben in jungen Jahren doch reichlich Flausen im Kopf. Alain nicht. Er nahm immer sehr genau wahr, was vor sich ging. Wenn er einmal nicht gewann, dann lag das am Auto, nicht an ihm." Dijon ist das beste Beispiel hierfür. Prost hatte einen katastrophalen Start – an seinem Auto stimmt etwas nicht so recht – und er ging nach eigener Schätzung erst als Neunter in die erste Kurve. Dennoch arbeitete er sich wieder ganz nach vorne, überholte sogar Pironi und lag in Führung, als ein technischer Defekt (undichte Benzinleitung) ihn stoppte.

In die französische Formel-Renault-Serie zurückgekehrt, setzte er seinen Siegeszug unaufhaltsam fort. "Ich arbeitete damals in der Formel 3", erinnert sich Hughes de Chaunac, "und ich beobachtete stets die Nachwuchsfahrer in der Formel Renault, um nach Talenten Ausschau zu halten. Ich sah Prost in seinem ersten Jahr in dieser Klasse, und mir fiel sofort auf, wie ernst er seine Sache nahm. Er hatte nicht gerade ein grosses Team, es bestand nur aus ihm selbst und seinem Mechaniker. Ich unterhielt mich eine Weile mit ihm. Ich war damals schon ein alter Hase in diesem Geschäft und konnte ihm mit meiner Erfahrung den einen oder anderen Tip geben. So kam es, dass wir öfter am Rande der Rennen miteinander sprachen." De Chaunac war in Frankreich ein bekannter Rennsportcoach, ein jovialer und weltmännischer Typ, stets für jeden aufgeschlossen, auf Anhieb sympathisch. Bald erkannten die beiden, dass sie einander nützlich sein konnten und menschlich gut zusammenpassten. Eine Partnerschaft war geboren.

Prost gewann alle seine zwölf ersten Rennen. Dies ist eine Bilanz, die so unglaublich in diesem Sport ist, dass alle Beteiligten sich noch daran erinnern, als ob es erst gestern gewesen wäre. Nur im allerletzten Rennen der Serie, in Imola, gewann er nicht. Er fiel vorzeitig aus, und die Umstände des Defektes sind heute noch ungeklärt. Es wurde von Sabotage gesprochen, allerdings konnten keine Beweise erbracht werden. De Lautour meint dazu heute nur kurz und knapp: "Warum nicht?". Prost selbst kann sich dagegen noch immer über diese Geschichte ereifern: "Wenn ich in der Öffentlichkeit Zorn zeige, hat das immer seinen Grund. Ich lag damals in Führung, als mein Wagen am Ende der vierten Runde stehenblieb. Es war Öl im Verteiler, und wir sahen, dass Sabotage im Spiel war. Sabotage kommt sonst in der Formel 1 oder im Motorsport überhaupt eigentlich so gut wie nie vor. An jenem Tag aber lag Sabotage vor. Deshalb war ich wütend. Wenn man zwölf Rennen hintereinander gewonnen hat und unmittelbar vor einem Grand Slam steht, was, soweit ich weiss, noch nie vorgekommen war, ist so etwas natürlich schon ausgesprochen ärgerlich."

Wer freilich ein Motiv zu einer derartigen Sabotage gehabt haben könnte, ist unklar. Schliesslich hatte Prost alle zwölf Rennen vorher gewonnen und sich einen solchen Namen für diese kleine Formel-Klasse gemacht, dass es im Grunde fast egal war, was im dreizehnten Rennen passieren würde. Ausser eben, dass ihm der "Grand Slam" durch die Lappen gehen könnte. Steckte vielleicht Neid oder Rache für irgendein Vorkommnis der Vergangenheit dahinter, dass jemand sich insgeheim an Prosts Motor zu schaffen gemacht hatte? Oder war es vielleicht doch rein technisches Versagen? Nicht einmal Interpol könnte das heute noch herausfinden. Alle Spuren sind heute verwischt.

Zur Saison 1977 stieg Alain Prost, ganz der Logik der Branche folgend, in die Formel Renault Europa auf. Erneut fuhr er einen Martini-Renault. De Chaunac: "Ich bewunderte seine Einstellung zur Rennfahrerei, aber gleichzeitig verstanden wir uns auch menschlich gut. Damit will ich sagen, wir unterhielten uns oft sehr

ernst, sehr detailliert über Fragen des Motorsports, aber andererseits unterhielten wir uns oft auch über andere Dinge. Wir lachten viel zusammen." In seiner Charakterisierung des Alain Prost der damaligen Zeit tauchen einige Merkmale auf, die uns bereits bekannt vorkommen: "Er war ein scheuer Typ, ziemlich zurückhaltend. Er konnte sich selbst nicht besonders darstellen, aber er hatte einen sehr markanten Wesenszug, wenn man ihn näher kennenlernte, und dieser Wesenszug war Siegeswille. Das spürte man sehr stark. Seine Motivation war wirklich enorm."
"Mit ihm zusammenzuarbeiten, war für mich ein faszinierendes Erlebnis. Es war etwas Neuartiges. Ich hatte zwar schon Jacques Laffite, Patrick Tambay, René Arnoux und Didier Pironi betreut [zusammengenommen also quasi alle Grössen des französischen Motorrennsports schlechthin], aber Alain Prost gehörte zu einer späteren Generation. Laffite und ich waren Altersgenossen, das heisst wir machten sozusagen geteilte Arbeit, er sass im Cockpit, und ich kümmerte mich um das ganze Drumherum. Auch bei Pironi, Tambay und Arnoux war das ähnlich. Wir lagen altersmässig auch nicht weit auseinander. Als dann aber Prost kam, war da eine Kluft im Lebensalter, und das bedeutete irgendwie eine andere Art der Beziehung zwischen Manager und Fahrer. Ich will nicht gerade sagen, es war wie Vater und Sohn, aber vielleicht war ich so etwas wie der grosse Bruder. Als ich mich auf diese neue Situation eingestellt hatte, hatten wir gewissermassen eine Ausgangsbasis, auf der wir aufbauen konnten."

Der entscheidende Unterschied war also, dass de Chaunac mit Fahrern seiner eigenen Ära begonnen hatte, denen er fahrtechnisch und -taktisch kaum etwas erzählen konnte, weil sie über den gleichen Erfahrungsstand verfügten. Hier aber war nun jemand, der gute Ratschläge noch gebrauchen konnte.

In jenem Sommer 1977 ergab es sich, dass Prost, nach wie vor mit seinem Mini team, gegen einen alten Bekannten als Hauptkonkurrenten fuhr, nämlich Jean -Louis Bousquet aus den Zeiten der Karts. Dieser erinnert sich: "In den Formel -Rennwagen war es wieder ganz genauso wie vorher. Die Rivalität zwischen uns, über die wir beide nie hatten offen sprechen können, war unverändert da. Wenn man Gegner im Wettkampf ist, baut das eine Wand im zwischenmenschlichen Verhältnis auf. Man kann dann nicht einfach mal am Abend zusammen weggehen und sich ganz gelöst unterhalten, selbst wenn man dies vielleicht gern wollte. Das Wesen des Rennsports bringt es mit sich, dass es nicht geht. Unser Verhältnis war also eigentlich eines der Gegnerschaft, obwohl ich sagen muss, dass er sich im Rennen nie irgendwie unkorrekt verhalten hat. Da kann ich ihm überhaupt keinen Vorwurf machen. Er hat nie versucht, mit unfairen Mitteln zu gewinnen."

"Man konnte seine Begabung sehen, wenn er sich mit einer neuen Rennstrecke vertraut machte. Mir fällt da zum Beispiel Hockenheim [das dritte Rennen der Saison] ein. Ich war dort schon gefahren, er noch nicht. Die Strecke war ihm also völlig unbekannt, und wir hatten auch keine Gelegenheit, zur Eingewöhung einige Runden zu drehen. Erst mit Beginn des offiziellen Qualifikationstrainings konnte er sich also mit dem Rennkurs vertraut machen, aber es dauerte keine 45 Minuten, und schon fuhr er hervorragende Zeiten. Das sah man immer wieder bei ihm. Er lernte enorm schnell, und das sagt schon viel aus, nicht?" Prost wurde in diesem Rennen Fünfter.

(Ganz rechts)
Zum erstenmal Weltmeister, und zwar im Kart-Wettbewerb der Junioren. (1973)

(Rechts)
Eine der Karikaturen von Tony Jardine, über die sich John Watson so ärgerte:
Prost als "kleiner Napoleon".

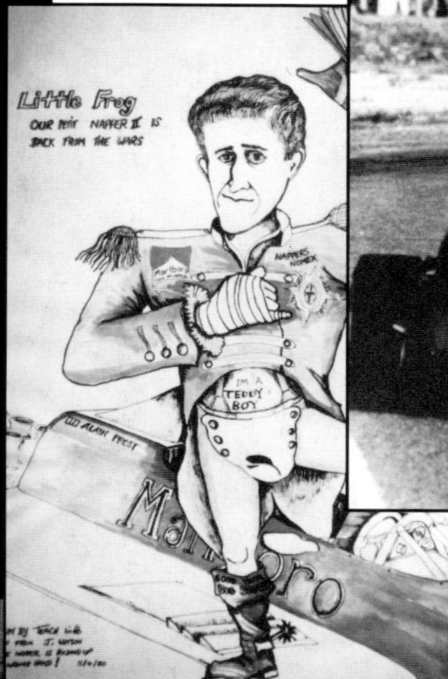

Das entscheidende Rennen, mit dem Prost sich nachdrücklich für die Formel 1 empfahl.
Er gewinnt hier den Formel 3-Lauf von Monaco 1979 – und die ganze Formel 1-Welt schaut zu.

"French Connection": Didier Pironi (links), Alain Prost und Jacques Laffitte.

Prost und Gerard Larrousse, Rennsportleiter bei Renault, später Chef eines eigenen Teams.

Dijon 1981. Prosts erster Formel 1-Sieg. "Jetzt weiss ich, dass es geht."

1982, ein schwarzes Jahr für die Formel 1. Hier ist Prosts Teamgefährte Arnoux aus der "Tarzan"-Kurve geflogen. Der Aufprall war kilometerweit zu hören.

(Oben) Ein neuer Mann im Renault-Team. Prost mit Eddie Cheever 1983.

(Rechts) Prost zusammen mit seinem Team-Manager Jean Sage, einem überaus sympathischen Mann.

(Oben) Präzisionsarbeit. Monaco könnte speziell für Prost gebaut worden sein. Je dichter an der Leitplanke man fährt, desto besser. Prost gewann hier in fünf Jahren viermal.

(Rechts) Was nützt das beste Auto, wenn das Benzin ausgeht? Prost macht in Hockenheim eine grosse Show daraus, seinen McLaren in Richtung Ziellinie zu schieben.

(Rechts) Ein jubelnder Sieger. Prost auf dem Paul-Ricard-Ring 1983.

Das Gesicht von 1982.

Das nächste Rennen fand in Magny-Cours statt. Bousquet weiter: "Wir kollidierten an diesem Tag. Es fing irgendwie schon am Start an. Ich glaube, wir hatten die gleiche Trainingszeit erzielt gehabt. Auf jeden Fall standen wir beide in der ersten Startreihe. Er erwischte den besseren Start und zog davon, aber ich überholte ihn noch in der ersten Runde. Die Piste war leicht feucht, und ich rutschte in der zweiten Runde ein bisschen. Dabei kam er wieder an mir vorbei. Sofort versuchte ich, mir die Führung zurückzuholen, aber in dem Moment, als ich glaubte, ich hätte ihn schon überholt, schnitt er mir den Weg ab. Ich rumste ihn ihn rein, und das Rennen war für mich zu Ende. Wenn ich mich richtig erinnere, habe ich ihm nachher einiges erzählt [Grinsen]. Ich war überzeugt, er habe sich nicht korrekt verhalten. Er sagte nichts dazu. Heute, mit dem nötigen Abstand, muss ich sagen, es war wohl meine eigene Schuld. Wirklich, ich kann mich nur wiederholen, ich kann ihm keinen Vorwurf machen ..."

Ein Rennen der Meisterschaftsserie fand am gleichen Wochenende wie der Grosse Preis von Frankreich statt. Das war im Juli in Dijon. Es war erst das zweite Mal, dass Alain Prost bei einem Grand-Prix-Rennen dabei war. Er hatte zwar schon ab und zu die Formel 1 im Fernsehen verfolgt, aber "ein grosser Fan davon war ich nicht. Mich interessierten eigentlich Motorräder mehr." Wohl aber schaute er sich jede Rallye und jedes Rennen in der Gegend um Lyon an, wenn es irgendwie ging. Es war nichts Ungewöhnliches für ihn, sich am Sonntagmorgen aufs Moped zu schwingen und bis zu 150 km weit zu fahren, um irgendein Provinzrennen zu sehen. Die Formel 1-Leidenschaft dagegen entwickelte sich nur langsam. Aber stetig. Prost wurde mit sechs Siegen in sechzehn Rennen Meister der Serie Formel Renault Europa. Bousquet, der Unterlegene, merkt hierzu trocken an: "Er gewann die Meisterschaft, ich gewann sie nicht. Es ist schwierig zu erklären. Sicher, wir sind damals zusammen im gleichen Wettbewerb gefahren. Sicher, ich könnte 10 000 Gründe finden, warum nicht ich es war, der gewann. Aber das ist heute uninteressant. Die Ergebnisse, die Fakten sind es, die zählen."

Mittlerweile hatte sich Prost schon so schnell einen Namen gemacht, dass er bereits jetzt, noch ganz am Anfang der Leiter, das Angebot erhielt, in einem Kauhsen -Renault einige Rennen in der Formel 2 mitzufahren – und die Formel 2 war schon die letzte Sprosse vor der Formel 1. Ganz dicht war man hier schon am Traumziel ... In Nogaro wurde er Zehnter, einen Platz hinter einem gewissen Keke Rosberg. Der widerborstige, manchmal auch etwas hitzige Finne erinnert sich an Prost bei jenem Anlass überhaupt nicht. Der junge Franzose war damals noch ein Nobody in einem Rennen, das Arnoux als Sieger, Patrese als Zweiten, Cheever als Dritten, Bruno Giacomelli als Vierten und Pironi als Fünften sah. Aber Prost hatte immerhin begonnen, die Kluft der Generationen zu überbrücken. Er fuhr bereits im gleichen Rennen wie diese etablierten Fahrer, die alle entweder noch in der gleichen Saison oder in der darauffolgenden bereits in der Formel 1 mitmischen würden.

Noch für ein weiteres Rennen der Formel 2 im Oktober in Estoril konnte er sich qualifizieren – wenn auch als drittlangsamster von zwanzig Teilnehmern. In Runde 19 verlor er ein Rad seines Renault-Kauhsen, und für Sekundenbruchteile sah es nach einem schlimmen Unfall aus. Das wurde es aber zum Glück nicht. Ein Auszug aus einem Bericht in "Autosport": "Neben Elj Elgh stand ganz vorne im Starterfeld Michel Leclere, der Trainingsschnellste des Rennstalls Kauhsen-Renault. Die anderen beiden Wagen des Teams fuhren Alain Prost und der Lokalmatador Mario da Silva aus der Formel Ford. Letzterer sah in keinem Moment so aus, als ob er sich qualifizieren könnte. Prost dagegen schaffte es." Bei dem hier erwähnten Fahrer da Silva handelte es sich freilich nicht um Ayrton Senna, der ja eigentlich auch da Silva heisst. Jener Nachwuchsfahrer war auch – so vermute ich zumindest – mit dem Brasilianer weder verwandt noch verschwägert.

De Chaunac wusste, dass die Zeit für Alain Prost reif war: "Wir waren uns sehr schnell darüber einig, dass wir uns zusammentun sollten, um ihn voranzubringen. Zielstrebig leiteten wir eine Saison in der Formel 3 in die Wege. Er hatte eine ganz ungewöhnlich ausgeprägte Lernbereitschaft, eine hohe Motivation, die sich nicht nur darauf beschränkte, gewinnen zu wollen. Nein, er wollte alles analysieren, was man als Voraussetzungen brauchte, um gewinnen zu können. Er gab sich nicht damit zufrieden, sein Auto so eingestellt zu bekommen, dass es für ihn optimal lief, und dann im Rennen sein Bestes zu geben. Er studierte genauestens das ganze Umfeld, also was man tun musste, um das beste Team, die besten Mechaniker, die beste Teamatmosphäre, das beste Auto und die spezifisch optimale Fahrtechnik zu haben. Solche Eigenschaften sind äusserst selten. Er ging den Dingen absolut auf den Grund. In der Zeit, als er für mich fuhr, versuchte er, die menschlichen Mechanismen im Motorsport zu verstehen. Menschlich ist überhaupt ein Schlüsselwort."

Und so wurde Alain Prost für die Saison 1978 Fahrer im Team von de Chaunac, und zwar in einem Martini-Renault MK-21B. De Chaunac: "Es war das erste Jahr, in dem Renault mit einem Motor in der Formel 3 vertreten war. Natürlich war das ein Risiko, eine heikle Sache, denn die Motoren waren ja völlig neu. Es war von daher klar, dass man mit diesem Auto nicht auf Anhieb würde Rennen gewinnen können. Für einen Rennstall ist das eine normale Ausgangslage. Für einen jungen Rennfahrer dagegen ist das ausgesprochen problematisch. Andererseits war es eine gute Schule für ihn, meine ich, denn er lernte so, dass es immer seine Zeit braucht, bis man auf einem neuen Gebiet Erfolge erzielen kann." In Zolder wurde Prost Zehnter, in Monaco Vierter, woraufhin er ein äusserst attraktives Angebot von einem Amerikaner, nämlich Fred Opert, bekam. Dieser bot dem Franzosen an, einmal ein Rennen der Formel 2 in einem Chevron-Hart zu fahren. Opert war schon unter den Gästen beim Saisonabschluss der Winfield-Schule gewesen, als Prost "Pilote Elf" geworden war.

Opert hatte "Prost in der Formel Renault gesehen, und jetzt in der Formel 3. Im Boxenbereich traf ich ihn ab und zu. Ich hatte schon bei Didier Pironi gesehen, dass er einmal ein Top-Formel 1-Fahrer werden würde. Zwar hatte er auch das beste Team in der Formel Renault gehabt, was ihm alles erleichterte, aber trotzdem war da dieses fahrerische Etwas. Ich beobachtete Prost, weil ich Pironi kannte und weil ich Chaunac kannte. Wenn Chaunac ihn für gut hielt, und wenn ausserdem auch Elf ihn für gut hielt, dann musste etwas aus ihm werden."

"Pau war ein sehr wichtiges Rennen der Formel 2, ein Rennen mit grossem Renommee und Prestige. Es stand eine Woche nach Monte Carlo auf dem Programm. Wir hatten damals drei Fahrer, nämlich Keke Rosberg, Elj Elgh und Boy Hayje, einen Holländer. Die drei hatten verschiedene Sponsoren. Im Vorjahr war Laffite dort Zweiter geworden. Weil sein Auto so gut gewesen war, hatten wir es als Reserve in unserem Bestand behalten, obwohl Reserveautos damals eigentlich gar nicht üblich waren. Es war ein Werks-March. Am Wochenende des Rennens von Monte Carlo sprachen wir mit Francois Guiter von Elf darüber, dass wir in Pau nur mit zwei Autos vertreten sein würden, denn Hayje würde an einem Rennen in Holland teilnehmen. Da er selbst Holländer war, hatte dieses – eigentlich unbedeutende – Rennen offenbar für ihn Vorrang vor dem Formel 2-Lauf in Pau. Sollten wir also in Pau ein drittes Fahrzeug aufbieten? Elf zeigte sich zwar grundsätzlich von der Idee angetan, aber leider sei dafür kein Geld im Budget vorgesehen."

"Es kostete damals um die 12 000 Dollar, ein Auto für ein Rennen aufzustellen. Das war natürlich schon eine Menge Geld, aber wir wollten Prost unbedingt dabei haben, weil wir so etwas wie das Talent zu einem Star in ihm erkannt hatten. Schliesslich einigten wir uns am Telefon auf 5000 Dollar, wenn er das Vorjahresauto, dasjenige von Laffite, fahren würde. Damit war Elf einverstanden. Einer unserer Mechaniker fuhr nach Holland, die anderen vier oder fünf gingen mit uns nach Pau. Zum Glück fuhren im Qualifikationstraining nicht alle gleichzeitig, sondern die Wagen wurden in Gruppen á 20 Fahrern aufgeteilt. Dadurch konnten wir mit unserem Mechanikerteam zurechtkommen. Wir hatten einen französischen Mechaniker bei uns. Den teilten wir Prost zu, denn Alain sprach kaum Englisch."

"Er war in der Qualifikation extrem schnell. Er fuhr wirklich super, unterbot die Zeit von Rosberg. Wir wussten wenig über das neue Auto und was man sich im Werk so alles ausgedacht hatte, auf jeden Fall fuhr es sich nicht gerade optimal. Aber gerade auf ein neues Auto schauen doch alle, nicht? So kam es also, dass Alain aus Startposition 4 ins Rennen ging, worüber Rosberg alles andere als glücklich war."

"Ich hatte Prost vorher nie kennengelernt, und es stimmt schon, ich war damals alles andere als glücklich über sein gutes Abschneiden", so Rosberg. "Wir anderen Fahrer des Teams flüchteten uns damals in die Erklärung, dass das alte Chassis besser für einen Strassenkurs, wie Pau es war, geeignet sei, während das neue Auto auf einer schnellen Rennstrecke klar überlegen sei. Es war nicht leicht, von jemandem übertrumpft zu werden, den man vorher nicht einmal gekannt hatte – dass wir das einigermassen wegstecken konnten, lag eigentlich nur daran, dass wir uns diese Erklärung zurechtbasteln konnten. Wäre Prost im gleichen Wagen wie wir gestartet, hätten wir uns schon sehr schwer getan, mit dieser Situation zurechtzukommen."

Brian Hart war der Mann, der für die Motoren zuständig war: "Pau ist eine ganz besondere Rennstrecke. Manche halten sie für den interessanteren Strassenkurs als Monaco. Ich hatte Prost vorher nie getroffen, und ich sprach natürlich mit ihm über alles, was damals vorging." Die Unterhaltung der beiden war zwar durch die Sprachbarriere erschwert, aber der Dialog, an den Hart sich erinnert, ist dennoch aufschlussreich, wenn man weiss, was für ein schwieriger Kurs Pau ist:

Hart: "Wie ist es gelaufen?" Prost: "Gut." Hart: "Irgendwelche Probleme mit dem Motor?" Prost: "Nein." Hart: "Ist er nach der Haarnadelkurve gut von unten rausgekommen?" Prost: "Ja." "Bei anderen Fahrern ist man es gewohnt, dass sie ständig etwas am Motor auszusetzen haben", so Hart. "Prost aber war damals schon in der Lage, gewisse Probleme fahrtechnisch zu umgehen. Ob er Pau vorher gekannt hatte, weiss ich nicht. Falls nicht, ist seine Leistung noch um so höher zu bewerten." Prost war zwar schon dort gefahren, aber nur ein einziges Mal. Das war 1977 gewesen.

Die Reihenfolge nach dem Qualifikationstraining für das Rennen von Pau lautete:

	1. Abschnitt	2. Abschnitt
Brian Henton	1:14,41	1:13,64
Patrick Tambay	1:14,57	1:14,03
Bruno Giacomelli	1:14,04	1:14,50
Eddie Cheever	1:14,09	1:14,17
Alain Prost	1:15,19	1:14,14
Jacques Laffite	1:15,57	1:14,21
Derek Daly	1:14,80	1:14,23
Elj Elgh	1:15,83	1:14,44
Keke Rosberg	1:14,83	1:14,47

(Die Zeiten sind in Minuten und Sekunden plus Hundertstelsekunden angegeben, z.B. 1:14,41 = 1 Minute, 14 Sekunden, 41 Hundertstel)

Jeff Hutchinson, ein grossgewachsener, liebenswürdiger und fachmännischer Journalist, der über dieses Rennen berichtete, schrieb, Prost sei "begeistert von seinem Auto, dem Opert Chevron-Hart B40, obwohl es das gleiche Chassis war, auf dem schon Alan Jones, Jacques Laffite, Gregg Young, Maurizio Flammini, Arturo Merzario, Elj Elgh und Tiff Needell gefahren waren!"

"In der Aufwärmrunde vor dem Rennen wurde Prost von irgendjemand eingeklemmt", so Opert. "Der Kurs von Pau weist an den Seiten normale Bordsteinkanten auf. Prost fuhr mit zwei Rädern über die Bordsteinkante, wobei das Vorderrad kaputtging. Das Rad war deformiert, aber es war noch Luft im Reifen. Bis Alain Prost allerdings den Wagen zum Startfeld zurückgesteuert hatte, war es ein Plattfuss. Die Mechaniker waren zwar an den Boxen, aber sie hielten sich ein ganzes Stück entfernt von dem Platz auf, an dem Prost anhielt." Genaugenommen standen sie, die Mechaniker, in diesem Moment alle um Rosbergs Wagen herum. Der Finne hatte sich schon vorher beklagt, sein Motor liefe nicht rund, und jetzt spuckte der Wagen aus den Auspuffrohren Öltropfen und Metallpartikel aus. Somit entschwand Rosberg an diesem Tag überaus früh von der Bühne. Zufällig betrat diese jedoch praktisch im gleichen Moment ein sofort sympathisch wirkender, agiler Mann. Es war der Typ Mensch, der ohne zu Zögern die Ärmel aufkrempelt, wenn er erkennt, dass etwas anzupacken ist. Ein "Macher" sozusagen, wenn er auch kurioserweise ab und zu die Befürchtung äusserte, die Leute könnten ihn für langweilig halten. Er sollte später gewissermassen mit seinen blossen Händen das Gesicht der Formel 1 neu formen. In Pau fuhr Eddie Cheever für ihn in einem March-BMW. Einen bezeichnenderen Auftritt für ihn hätte man sich kaum vorstellen können, denn er betrat die Szenerie und packte – im wahrsten Sinn des Wortes – sofort die Dinge an. Sein Name war Ron Dennis.

Operts Mechaniker nahmen in Windeseile ein Rad von Rosbergs Auto ab, als Prost mit seinem Plattfuss angerollt kam, und "rannten wie der Teufel mit dem Wagenheber zu seinem Auto hinüber. Es blieben aber nur noch 30 Sekunden bis zum

Start. Dann kam es: Dennis und vier seiner Mechaniker hoben kurzerhand den Wagen von Hand an, so dass unsere Leute, als sie am Ort des Geschehens eintrafen, nur noch ihre Schraubenschlüssel zu nehmen und das Rad zu wechseln brauchten. Man sieht daran, es herrschte eine ausgezeichnete Kameradschaft in der Formel 2. Es gab immer einen, der für alle Rennställe mittags etwas zu Essen machte. Ein Italiener war damals dabei, der für alle Kaffee kochte. Die Leute halfen sich noch gegenseitig, wir waren alle gewissermassen Kumpel. Wenn man einmal ein Werkzeug brauchte, das jemand anders gerade griffbereit hatte, dann lieh er es einem ganz selbstverständlich aus. Ja, so war das. In meinem ersten Jahr in der Formel 1, bei ATS, erlebte ich das noch ähnlich. Die Leute von Lotus und Williams halfen uns ein bisschen. Wenn man natürlich bis zum zwölften oder zehnten Startplatz vordrang, war es mit der Hilfsbereitschaft vorbei ..."

"Auf jeden Fall, das grüne Licht ging an, und es war noch keine halbe Runde gefahren, da fiel Prost mit einem defekten Schwungrad aus. Es war tief angebracht und hatte einen Schaden davongetragen, als Prost über den Bordstein fuhr. Keiner hatte es bemerkt. Da hatte er zwei Tage lang in der Qualifikation gekämpft, um nicht einmal eine komplette Runde zu fahren. Es tat einem richtig leid, dass einem solchen Talent so etwas passieren musste."

"Ich hatte seinen Namen in Rennberichten von der Formel 3 gelesen", erzählt Elgh, "aber er bekam ja bei uns nur das alte Auto. Keiner erwartete, dass er ein Bein auf den Boden bekommen würde. Aber dann war er in der Qualifikation schneller als Keke und ich, und das war für uns natürlich recht peinlich. Aber dann fuhr er in der Aufwärmrunde über den Bordstein, und damit war das Rennen quasi schon gelaufen, was schon äusserst unglücklich für ihn war. Na ja, heute [1991] kann ich leicht sagen, es war unglücklich für ihn, aber für Keke und mich war es natürlich gut, denn so konnten wir von oben herab sagen: 'Da sieht man's wieder. So kommt es, wenn man einen jungen Burschen ans Steuer setzt. So einer verspielt seine Chance schon, bevor das Rennen überhaupt angefangen hat.' In Wirklichkeit war es eine ziemliche Erleichterung für uns beide, dass es so gekommen war. In diesem Stadium der Karriere ist man eben sehr egoistisch [Elgh spricht von sich selbst, nicht von Prost]. Man neigt dazu, die Dinge so für sich zu sehen und zu interpretieren, wie sie für einen selbst von Vorteil sind."

"Es war nicht zu übersehen, dass er gut war. Nach der Leistung, die er in Pau zeigte, musste er schlicht und einfach auch gut sein. Man sucht dann für sich selbst nach Entschuldigungen. 'Aha', sagten wir anderen Fahrer, 'er scheint in der Formel 3 hier schon sehr oft gefahren zu sein und kennt deshalb die Strecke wie seine Westentasche.' 'Da hat er aber mal einen guten Tag erwischt.' Solche oder ähnliche Dinge sagten wir wohl damals. Insgeheim sagte ich aber zu mir selbst (und ich glaube auch zu meinen engsten Freunden und meiner Frau): 'Zum Teufel noch mal, der Junge ist wirklich gut.' "

"Fahrtechnisch kann es gar keinen so grossen Unterschied geben, wie ein sehr guter Fahrer und ein unglaublich guter Fahrer ein Auto um eine Kurve lenken. Es gibt da sogar nur minimale Unterschiede, wenn man es genau betrachtet. Der grosse Unterschied liegt mehr im Kopf. Der entscheidende Punkt ist die Konzentration, die Entschlossenheit; die Fähigkeit, alles andere auszuschalten und sich im positiven Sinn auf eine einzige Sache zu fixieren. Das ist es, was den Ausnahmefahrer ausmacht. Er duldet auch nicht die geringste technische Unzulänglichkeit, sondern achtet persönlich darauf, dass sie ausgemerzt wird. Wenn ich mich in meiner heutigen Situation betrachte [das Gespräch führten wir bei einem Tourenwagenrennen in Le Mans 1991], dann neige ich schon mal dazu, wenn mich etwas am Auto stört, dies zur Seite zu schieben und mir zu sagen: 'Ach, was soll's. Es gibt Wichtigeres. Wird schon irgendwie gehen.' Wenn man aber ein Prost oder ein Senna werden will, dann muss man beharrlich den Finger auf die kleinste Kleinigkeit legen, bis das Problem gelöst ist. Wenn ich mich an Pau damals zurückerinnere, dann war genau das bei Prost schon zu erkennen."

Fred Opert erzählt weiter: "Wir hatten einen Preis von 5000 Dollar ausgemacht, aber die Franzosen machten das ganz elegant. Wir bekamen zunächst 2000 Dollar und dann später noch einmal Benzingutscheine im Wert der restlichen 3000. [Zur Erinnerung: Es war der Mineralölkonzern Elf, der diesen Start Prosts finanzierte.] Im Mai fand das Rennen statt, und im September schickten sie uns diese Gutscheine. Aber ich beschwerte mich nicht darüber. Wir hatten schliesslich diese grossen Chevy-V8-Transporter, die sehr durstig war, und so konnten wir eben jedesmal, wenn wir tanken mussten, unsere Gutscheine zücken."

"Elf wollte endlich einmal einen Franzosen als Weltmeister sehen. Bisher hatte das noch nie geklappt. Erst sollte es Jabouille sein, dann Laffite, dann Arnoux, und jetzt Prost. Na ja, sie bezahlten uns in Benzingutscheinen, aber was soll's. Sie haben ihren Weltmeister bekommen."

"Von ihm als Person bekam man an einem Rennwochenende überhaupt nichts mit", erinnert sich Rosberg. "Ich lernte ihn eigentlich nie kennen. Er kam, setzte sich ins Auto und fuhr, und wenn es zu Ende war, ging er wieder."

Zu jener Zeit machte Prost eine völlig neue Erfahrung: Fahrer in einem Rennstall zu sein. Die beschaulichen Zeiten, als er allein mit seinem Mechaniker und seinem Motorenbastler unterwegs war, gehörten mittlerweile längst der Vergangenheit an. Das fiel ihm nicht ganz leicht. Auch in den Rennen selbst musste er sich durchbeissen: In Monaco hatte er sich nur weit hinten im Starterfeld qualifizieren können, konnte sich dann aber trotz eines qualmenden Motors noch bis auf Platz 4 vorarbeiten. Auf dem Nürburgring fiel er mit Motorschaden aus. In Dijon wurde er Zehnter, in Monza Vierzehnter. Dann stand ein für ihn bedeutendes Rennen auf dem Programm: Paul Ricard. Alain Prost war wieder da. In einem Formel 3-Rennen. Und es sollte ein aufregendes Rennen werden.

Autosport: "Johansson legte einen phantastischen Start hin, erreichte als erster die erste Kurve, gefolgt von Prost, Serra, Piquet und Bardinon. Es dauerte aber nicht lange, und Piquet hatte sich die Spitzenposition erobert. Und noch vor Ende der ersten Runde zog auch Prost an Johansson vorbei und lag somit an zweiter Stelle. Nach zwei Runden hatte Piquet 1 Sekunde Vorsprung. Hinter ihm lagen Prost, Johansson, Serra und De Cesaris allesamt eng beieinander. Serra attackierte Prost. Vorübergehend teilte sich das Verfolgerfeld in zwei Gruppen, aber dann kam von hinten der schnelle Coulon und schob sie wieder quasi alle zusammen. Eine Phalanx von fünf Wagen hetzte nun Piquet. In der letzten Runde, vor der scharfen Kurve am entferntesten Punkt der Strecke von der Start/Ziellinie aus, machte Prost unter dem Druck von Serra einen Fahrfehler. Es war nur ein winziger Fehler, aber das genügte für Serra, um auf gleiche Höhe aufzuschliessen. Durch die gleich anschliessende Kurve fuhren die beiden Schnauze an Schnauze. In ihrem Windschatten schoss Johansson von hinten mächtig heran – und genau ins Heck von Serra hinein. Serra schied mit einem platten Reifen und verbogenen Heckflügel aus. De Cesaris war vorübergehend der Weg versperrt, ebenso Prost, und in der Mitte schlüpfte Coulon blitzschnell durch die freie Gasse. Prost rettete für Renault noch den dritten Platz ins Ziel." Nelson Piquet hiess (und heisst) eigentlich Souto–Maior. Wenn man den Erzählungen glauben darf, so fuhr er als Jugendlicher unter dem Namen Piquet Rennen, damit seine Eltern davon nichts erfuhren. Der Brasilianer sollte Anfang und Mitte der achtziger Jahre eine der bestimmenden Figuren auf dem Parkett der Formel 1 werden, und mit dem Franzosen aus Saint Chamond sollte er sich noch viele packende Duelle liefern.

In Magny-Cours kam Prost nicht ins Ziel (Motorschaden). Dann kam Donington, wo er sich für Startplatz 11 qualifizierte. Hier fuhr er auf einer Strecke, die er vorher noch nie auch nur gesehen hatte, und es fallen einem wieder die Worte von Bousquet hierzu ein. Es gab einige schon recht renommierte Fahrer, die sich nach dem ersten Trainingstag noch gar nicht qualifiziert hatten, darunter Stefan Johansson, den Franzosen Jean-Louis Schlesser und Satoru Nakajima. (Johansson sagte damals übrigens: "Wenn ich es nicht schaffe, ins Rennen zu kommen, verkaufe ich meine ganze Rennfahrerausrüstung und kaufe mir dafür ein paar Golfschläger." Er qualifizierte sich dann aber doch noch.) Prost fuhr ein starkes, diszipliniertes Rennen und holte sich einen sechsten Platz. Der Ex-Kartfahrer Olsson erinnert sich: "Prost war eine sehr gute Trainingszeit gefahren. Ich war nicht so schnell wie er, aber im Rennen konnte ich ihn dann ohne Mühe überholen. Am Ende ging ich auch vor ihm durchs Ziel, aber ich glaube, dieser Tag war trotzdem irgendwie der Beginn der Ära Martini-Renault-Prost." Noch war das Team nicht ganz reif – aber fast.

Drei Tage später ging Prost schon wieder auf Jagd nach einer schnellen Rundenzeit auf einem für ihn bisher unbekannten Rennkurs. Silverstone stand auf dem Programm, und Prost fuhr die fünftschnellste Trainingszeit. Zum Rennen erneut ein Zitat aus "Autosport": "In Runde 3 bremste Teo Fabi Prosts Martini vor der Copse–Kurve aus, konnte sich danach aber nicht von dem Franzosen absetzen. Vier Runden später holte sich Prost seinen dritten Platz in der Woodcote-Kurve zurück, und zwar in einem gekonnten Überholmanöver, das der grossen Zuschauermenge den Atem stocken liess. Dieser Zweikampf hatte alles in sich, was die Formel 3 bieten kann." Den dritten Platz hielt Prost bis ins Ziel.

"Er war damals schon ein guter Fahrer", so Teo Fabi, ebenfalls ein ehemaliger Kart-Fahrer. "Allerdings war sein Renault-Motor nicht der beste. Trotzdem dachte ich damals, dass er bei Renault gut aufgehoben sei, denn dort würde er die Chance haben, in die Formel 1 aufzusteigen." Wenn Fabi dies damals so einschätzte, hatte er geradezu hellseherische Fähigkeiten. "Prosts Team konnte mit der Spitze nicht ganz mithalten, denn der Motor war nicht so gut wie zum Beispiel der von Toyota", meint auch Olofsson. "Der Toyota-Motor, der war wirklich Spitze. Den musste man haben, um zu gewinnen."

"Ob ich ihn näher kannte?" Fabi kommt ins Grübeln. "Es ist schwierig, engere Bekanntschaft mit anderen Fahrern zu schliessen. Man fährt zum Rennen, konzentriert sich auf sein Auto und das Rennen, und danach verstreut sich alles wieder in verschiedene Richtungen. Als Menschen lernten wir uns eigentlich nie kennen. Manchmal kommt es vor, dass sich eine Freundschaft unter Teamkollegen entwikkelt, wenn man lange genug zusammenbleibt, aber das ist sehr selten." Olofsson zum gleichen Thema: "Näheren Kontakt hatte ich mit ihm nicht. Er war immer sehr höflich. Wenn sich unsere Wege kreuzen, grüssen wir uns, aber damit hat es sich." Dies ist nicht als Kritik Olofssons zu verstehen. So ist das eben unter Männern, noch dazu, wenn sie gegeneinander in den Kampf ziehen.

In Jarama bei Madrid fuhr Alain Prost erstmals in dieser Saison von der Pole Position. Neben ihm in der ersten Reihe stand der Brite Derek Warwick, damals ebenfalls ein Newcomer der Formel 3. Beim Start bedrängte der Holländer Jan Lammers den Amerikaner Bobby Rahal, der um keinen Zentimeter nachgeben wollte. So kam es zu einer Kollision, und aus dem allgemeinen Durcheinander heraus ging Warwick in Führungsposition in die erste Kurve. Prost heftete sich an seine Fersen. Nach zwölf Runden musste Warwick das Tempo drosseln, weil ein Fahrzeug liegengeblieben war, und dies nutzte Prost, um sich vorbeizumogeln. "Prost überholte mich, während die gelben Flaggen gezeigt wurden", sagte Warwick später, "und er wurde nicht disqualifiziert. Ich dachte mir damals: 'Da sieht man es wieder. Jeder ist sich selbst der Nächste.' "Prost legte noch Tempo zu und behielt seine Führungsposition während der restlichen 20 Runden. Das war der erste Formel 3-Sieg für Renault seit 1973. Das Endklassement:

Prost (Elf Martini–Renault/Gordini MK21B)	44:2,54
Olofsson (Ralt–Toyota/Novamotor RTI)	44:8,99
Warwick (Ralt–Toyota/Novamotor RTI)	44:9,62

"Wir waren leicht sauer damals", erinnert sich Olofsson. "Die Renault-Motoren waren die ganze Saison über nicht übermässig gut gewesen. In Jarama gab es keine offizielle Überprüfung der Motoren, keine Überprüfung der Kompression des Luftansaugsystems. Normalerweise wurde das zu jener Zeit immer gemacht. Nach dem Rennen meinten wir – nicht nur die schwedischen Fahrer, nein, alle – es sei Betrug seitens Renault im Spiel, weil ihr Motor eigentlich gar nicht so besonders stark war. Aber in Wirklichkeit lag die Ursache für die Leistungssteigerung bei Prost, dessen bin ich mir heute sicher. Doch, ich bin mir eigentlich sicher, dass damals nicht gemogelt wurde. Er war einfach so gut, dass die Leute nach Gründen suchten, um dies zu erklären. Auf den Geraden konnte man die Überlegenheit gegenüber den Renault-Motoren erkennen, aber sie hatten die Einstellung der Fahrzeuge verbessert – und dann war da eben noch Prost!"

Ein Rennen stand noch aus: Vallelunga. Bousquet hatte sich mittlerweile übrigens aus dem Geschäft so gut wie zurückgezogen, und seine Gedanken sollen an dieser Stelle wiedergegeben werden, weil sie ein sehr gutes Beispiel dafür sind, wie einige unter den jungen hoffnungsvollen Fahrern irgendwann auf der Strecke bleiben, während andere wie Prost ihren Weg machen. Bousquet hatte sich dagegen entschieden, in der Formel 3 zu fahren: "Ich hatte für mich die Bedingungen, unter denen ich Rennen fuhr, klar abgesteckt. Ich wollte keine Zickzackkarriere durchlaufen. Ich wollte nur bei einer geradlinig aufsteigenden Erfolgskurve Rennfahrer sein. Wenn ich gewollt hätte, hätte ich jemanden gefunden, der mir den Start in der Formel 3 finanziert hätte. Aber ich wollte nicht. Genauso hätte ich auch gehandelt, wenn ich kein zweites Standbein gehabt hätte (der elterliche Betrieb). Dem Geld hinterherzulaufen, das muss einem schon liegen. Damals war alles noch etwas anders. Es gab keine Agenturen, die auf die Vermittlung von Sponsoren spezialisiert waren. Die ganze Sache mit den Sponsoren im Rennsport war noch neu und unübersichtlich, und für mich hätte es eine Art Verrat am Geist dieses Sports bedeutet, nach einem Geldgeber Ausschau zu halten. Ich entschied mich dafür, mit der Rennfahrerei aufzuhören."

"Prost hatte damals einen Teampartner, der viel Geld hatte, aber ich kann mich an seinen Namen nicht erinnern [es war Patrick Bardinon]. Er war verletzt und konnte in Vallelunga nicht starten. Chaunac setzte sich mit mir in Verbindung und bot mir an, an seiner Stelle zu fahren. Wir starteten aus derselben Reihe, Prost und ich, das weiss ich noch. Es lief also sehr gut für mich. Als das Rennen begann, kam der Typ vor mir mit seinem Wagen wegen eines technischen Defektes nicht vom Fleck. Ich war gerade zehn Meter weit gekommen, dann war ich eingeklemmt, und somit war das Rennen eigentlich schon für mich gelaufen." Auch Prost kam nicht ins Ziel – Motorprobleme.

Prost belegte den neunten Platz der Formel 3-Meisterschaft dieses Jahres. Da uns Bousquet in unserer Geschichte nicht mehr begegnen wird, bietet es sich hier an, noch einige seiner Reflektionen aus der rückblickenden Perspektive des Sommers 1991 zu zitieren: "Ich meine, Alain Prost hat sich seit damals nicht verändert. Er hat für mich ein ausser Frage stehendes Talent als Rennfahrer, allerdings gewisse Charakterschwächen, was das Verlieren angeht. Es ist leicht, keinen Fehler zu haben, wenn man gewonnen hat. Dann ist für jeden die ganze Welt rosafarben, alles ist problemlos und schön. Die Unterschiede zeigen sich erst, wenn Leute verloren haben. Prost offenbart dann manchmal Seiten seiner Wesensart, die nicht so sehr sympathisch sind. Er kann es nicht hinnehmen, er kann nicht verlieren. Vielleicht noch mehr als mit der Niederlage als solcher kann er mit dem Menschen nicht zurechtkommen, der ihn geschlagen hat. Genau wie Senna..."

"Es ist keine Konfrontation auf der Ebene von Mensch zu Mensch, das ist nicht das Problem. Es ist mehr eine Frage der Grundeinstellung. Es steckt irgendwo fest in ihm drin, dass es schlichtweg nicht möglich ist, dass jemand ihn in einem offenen, fairen Kampf schlagen kann. Dies verschleiert ihm manchmal den Blick für die Tatsachen, er verliert sein objektives Urteilsvermögen, und das ist der Punkt, an dem die Komplikationen und Probleme beginnen."

Prost musste an diesem Punkt, am Ende der Formel 3-Saison 1978, eine Entscheidung treffen. Der logische nächste Schritt wäre gewesen, in die Formel 2 aufzusteigen; auf die letzte Sprosse vor der Formel 1 weiterzuklettern. Nun war aber die Formel 2 zu jener Zeit in einer Flaute. Weder Renault noch Elf engagierten sich in dieser Klasse. Prost musste dies abwägen gegen den tief in ihm verwurzelten Wunsch, stetig voranzukommen, nur nicht auf einer Stufe zu verweilen, und gegen das Risiko, in der Formel 3 zu bleiben und dort vielleicht eine weitere mittelmässige Saison hinzulegen. Er beriet sich hierüber mit Francois Guiter und de Chaunac. "Er vertraute meiner Einschätzung, dass es für ihn besser sei, eine zweite Saison in der Formel 3 zu fahren. Wir unterhielten uns lange darüber. Ich sagte ihm, es sei wichtig für ihn, in einer zweiten Formel 3-Saison Rennen zu gewinnen, um das Image eines Siegertypen zu bekommen. Ich sagte: 'Wichtiger als alles andere ist für dich, Rennen zu gewinnen.'" Für de Chaunac war klar, dass der neunte Platz der Saison 1978 dieses Image absolut nicht hergab. Selbst eine Plazierung etwas weiter vorn hätte nichts gebracht. Zurückblickend muss man feststellen, dass seine Einschätzung richtig war, denn die Leute, die damals auf den Plätzen 2 bis 8 vor ihm im Endklassement lagen, haben in den Folgejahren nicht den grossen Sprung geschafft. Oloffson, Patrick Gaillard, Michael Bleekemolen, David Kennedy, Daniele Albertin sind heute unbekannte Namen.

Ganz zweifellos war Prosts Entscheidung, in der Formel 3 zu bleiben, richtig. Normalerweise ist es eine zähe, schnell langweilig werdende Angelegenheit, eine Saison chronologisch Rennen für Rennen zu schildern, aber im Falle von Alain Prost und der Saison 1979 ist das – so hoffe ich – nicht so. Die Ereignisse dieser Saison bringen viele Momentaufnahmen, die, wie Mosaiksteinchen zusammengenommen, ein aufschlussreiches Bild eines Mannes auf seinem Weg zur Formel 1 und somit ins Rampenlicht ergeben.

Vallelunga, 18. März.

Nach einem Dreher von Michele Alboreto rückte Prost auf den 2. Platz hinter Piercarlo Ghinzani vor. Prost sass Ghinzani danach ständig im Nacken, aber Ghinzani liess sich nicht beirren und rettete seinen Vorsprung ins Ziel. Mit einer Dreiviertelsekunde Rückstand wurde Prost Zweiter.

Österreichring, 16. April.

Zwei Vorläufe, anschliessend Wertung durch Addition der erzielten Zeiten. Im ersten Vorlauf kämpfte Prost Slim Borgudd nieder, wobei er den Schweden – so Autosport – "in die Boxengasse zwang". Im Ziel war er mit einer Sekunde Rückstand auf Ghinzani Zweiter, was er aber im zweiten Vorlauf mehr als aufholte." Prost und jemanden "in die Boxengasse zwingen"? Ganz so war es nicht, wie gleich erläutert werden wird.

Borgudd, damals bereits 32, war ein äusserst interessanter Mann. Zwei Jahre hatte er als Seemann auf einem Handelsschiff verbracht, bevor er auf Schlagzeuger "umschulte" und Studiomusiker, unter anderem für die Gruppe ABBA, wurde. Seit zehn Jahren war er ausserdem Rennfahrer gewesen. Borgudd: "Prost bekam 1979 optimale Unterstützung von Renault. Fünf oder sechs Motoren. Mein Budget war im Vergleich dazu sehr dürftig. Ich hatte nicht mal das Geld, um mir vernünftige Reifen zu kaufen. Ich hatte keinen Mechaniker, ich machte alles selber. Mein Training lief so ab, dass ich von der Strecke an die Boxen kam, ausstieg, diese oder jene Änderung vornahm, wieder einstieg und die nächste Runde fuhr. Natürlich konnte ich aber meine Rundenzeiten nicht auch noch selbst nehmen, also machten das Leute von Prosts Team oder anderen Teams für mich. Prost wusste nichts davon. Wenn er es gewusst hätte, wäre er sicher nicht sehr erfreut darüber gewesen."

"Eine Freundin von mir konnte gut schwedisches Bullar-Gebäck backen. Das ist so etwas ähnliches wie "coffee cakes". Ich hatte oft so an die 200 Stück dabei, wenn ich zu den Rennen fuhr, denn die waren sehr beliebt. Ich lud dann regelmässig alle Teams zu mir in den kleinen Wohnwagen ein, wo es Kaffee und Bullar gab. Auch das französische Team kam gern zu mir, das weiss ich noch. Wir hatten ein sehr nettes Verhältnis untereinander. (Eine Hand wäscht die andere. Die einen bieten Kaffee und Gebäck, die anderen stoppen einem dafür die Rundenzeiten.)

"Auf dem Österreichring hatte ich von hinten heraus einen sehr guten Start. Als ich an Prost vorbeiziehen wollte, lenkte er nach rechts 'rüber, und ich musste in den Bereich der Boxenausfahrt ausweichen. Nach der Startlinie kommt zunächst ein Stück Leitplanke, dann die Ausfahrt der Boxenspur, die sich eine Weile neben der Piste erstreckt." Durch die Einmündung der Boxenspur ist die eigentliche Strecke ein Stück weit verbreitert, so dass man dort, wenn man bedrängt wird, seitlich ausweichen kann. "Ich konnte damals nicht mit Sicherheit sagen, ob Prost es darauf ankommen liess, mich abzudrängen, oder ob er mich gar nicht neben sich bemerkte. Wenn ich heute allerdings zurückblicke, wo ich ihn im Laufe der Jahre kennengelernt habe, bin ich mir sicher, dass er mich bemerkt hatte. Er wusste eigentlich immer genau, was um ihn herum vorging. Ich glaube, wir haben damals nicht weiter über den Vorfall gesprochen."

Der entscheidende Punkt hier ist: Man kann in der Tat mit Sicherheit davon ausgehen, dass Prost Borgudd neben sich bemerkt hatte. Aber andererseits war ihm mit Sicherheit auch klar, dass die Strecke an dieser Stelle seitlich Raum zum Ausweichen liess. "Ich bin öfters mit Prost in einem Rennen gefahren, und wir haben uns manchen Zweikampf Kopf an Kopf geliefert. Ich muss sagen, er fuhr immer einwandfrei, immer fair. Egal, ob es im Training oder im Rennen war, er wusste immer genau, was er tat. Er liess einem in bestimmten Situationen, zum Beispiel beim Überholen in Kurven, die nötigen Zentimeter Platz, um vorbeizukommen. Und umgekehrt machte man es genauso bei ihm. Er war nicht der Typ, bei dem man die Augen schliessen und sich bekreuzigen musste, wenn man in einen Zweikampf mit ihm geriet. Ich kann mich wirklich nicht daran erinnern, dass er jemals linke Taktiken eingesetzt hätte.

Zolder, 23. April. Start-Ziel-Sieg für Prost. "Ich konnte eigentlich zu jener Zeit bei den Rennen in England nie ganz vorne mitfahren", erzählt Kenny Acheson, ein stets gutgelaunter Nordire. "Ich glaube, mehr als ein sechster Platz sprang nirgends für mich heraus. An dem Tag aber, als ich zum Rennen nach Zolder gefahren war, lief es sehr gut. Prost hatte die Unterstützung von Elf im Rücken, das Renault -Team, alles was man braucht. Mich, einen Privatfahrer in einem orangefarbenen Auto, kannte dort keiner. Damals wurden Vorläufe gefahren, und er und ich waren immer die Schnellsten. Das überraschte viele, dass ich mir in den verschiedenen Läufen immer wieder ein Duell mit Prost lieferte. Sein Team war nicht sonderlich begeistert darüber, hatte ich den Eindruck, aber das spornte mich gerade an. Dann fiel aber in der Aufwärmrunde fürs Finale mein Getriebe aus, und ich konnte überhaupt nicht an den Start gehen ..."

Inzwischen verfolgte eine Reihe einflussreicher Leute, was Prost in der Formel 3 machte. Zu ihnen gehörte Jean Sage, einer der führenden Köpfe im Formel 1-Rennstall von Renault. Er erinnert sich: "Vor jener Saison hatte ich ihn nicht gekannt. Er machte auf mich spontan den Eindruck, dass er sehr selbstbewusst war bei allem, was er tat. Ausgesprochen selbstbewusst. Und sehr gründlich war er. Er prüfte ständig alles, versuchte alles zu organisieren, was zu seinem Job als Rennfahrer gehörte." Man könnte – wie Hughes de Chaunac – auch sagen, er versuchte alles, was um ihn herum vorging, zu erfassen und zu verstehen. Sage war beeindruckt.

Magny-Cours, 1. Mai. Schon in der Aufwärmrunde kollidierten zwei Autos. Dann beschleunigte Michele Dallest beim Start schon, bevor das Zeichen mit der Flagge gegeben wurde. Alboreto, der in Pole Position war, lenkte zur Seite, um ihm den Weg zu versperren. Dallest rammte Borgudd, sein Wagen schleuderte unkontrolliert herum und prallte auch noch gegen Alboretos Auto. Von all dem profitierte Prost, der aus der ersten Startreihe unbedrängt davonziehen und sich bis zur zweiten Kurve bereits einen Vorsprung von sechs Sekunden herausfahren konnte. Somit war er auf und davon. Er gewann am Ende mit 22 Sekunden Vorsprung.

Donington, 20. Mai. "Wieder fuhren wir Vorläufe", erzählt Acheson. "Prost holte sich die Pole Position fürs Rennen, ich war Zweitschnellster. Wir starteten zur Aufwärmrunde, und da passierte es, dass ich in eine Absperrung fuhr. Auch diesmal war das Rennen schon vor dem Start für mich zu Ende ..."

Es war ein Regenrennen, das am Ende einen Neuseeländer, Brett Riley, als Sieger sah. "Autosport" berichtete damals: "Acht Runden vor Schluss schloss Brett zu John Bright auf, um ihn zu überrunden. Der in Führung liegende Neuseeländer brauchte jedoch einige Runden, bis er es schaffte, vorbeizukommen. Dann kam Prost in Runde 28 an Bright heran, und auch diesmal erwies sich Bright als ein schwer zu überholender Mann. Da das Auto des Franzosen an diesem Tag nicht optimal lief, dauerte es nur wenige Runden, und Serra hatte zu den beiden aufgeschlossen. Eingangs der letzten Runde schaffte es Serra sogar, an sowohl Prost als auch Bright vorbeizuziehen. Während er unbedrängt davonfuhr, kämpfte Prost immer noch vergeblich hinter Bright und kam einfach nicht vorbei am Lokalmatadoren. So musste er sich mit dem dritten Platz begnügen. Nach Passieren der Zielflagge machte er seiner Enttäuschung Luft, indem er bei der Redgate-Kurve versuchte, Brights March von der Strecke abzudrängen!"

John Bright hierzu: "Ich hatte gerade vor jenem Rennen einen Sponsor aufgetrieben. Er hiess Tim Stakes und war an diesem Tag zum ersten Mal bei einem Rennen. Die Bedingungen waren ausgesprochen schlecht, man konnte so gut wie nichts sehen. Ziemlich am Anfang hatte ich mich gedreht, deshalb hing ich eine Runde zurück. Als die Piste dann aber abzutrocknen begann, wurde ich schneller und fuhr kaum langsamere Rundenzeiten als die Führenden – und das in einem zwei Jahre alten March. Ich machte nichts Böswilliges. Ich wusste nicht, wer hinter mir fuhr. Prost war wütend auf mich, und in der Auslaufrunde stiess er mit den Rädern gegen meine. Er schubste mich dadurch von der Strecke. Wenn man es aus seiner Sicht betrachtet, muss man wohl ein gewisses Verständnis dafür haben."

"Ich fuhr zu den kleinen Garagen zurück, die uns als Boxen dienten. Da erschienen Prost und de Chaunac, und beide waren wütend. Sie fragten mich, warum ich nicht Platz gemacht hätte. De Chaunac tippte mir dabei immer wieder gegen die Schulter, schubste mich. "So etwas kann man nicht bringen, wenn man so langsam ist wie du", sagte de Chaunac. Dabei war ich gar nicht langsam gewesen, und einschüchtern lassen wollte ich mich nicht. Es kam zu einem heftigen Streit, wobei nun Stakes de Chaunac rückwärts drängte. Schliesslich hat sich die Situation dann wieder beruhigt." (Diese Geschichte hat noch eine Fortsetzung – und auch ein Happy End.)

Prost war nun in dieser Saison fünfmal gefahren, hatte dreimal gewonnen, war einmal Zweiter und einmal Dritter geworden. Als nächstes stand Monaco auf dem Terminkalender, und zwar als Begleitrennen zum dortigen Grand Prix. Wie de Chaunac zu Recht feststellte, war es für Prost "ganz eindeutig das wichtigste Rennen der Saison. Alle wichtigen Leute waren da. Insofern war es eine Gelegenheit, sich zu präsentieren, die nicht verpasst werden durfte. Freilich war Monaco schon immer ein schwieriges Rennen, aber ich wusste, er würde gewinnen. Er war so entschlossen, so absolut entschlossen, dass er das Rennen unmöglich verlieren konnte. Er konnte es gar nicht verlieren." Die Wiederholungen de Chaunacs drücken seine Bewunderung aus, die er noch heute im Rückblick für Prost empfindet.

An jenem Wochenende kam es in Monaco zu einer geheimnisumwitterten Begebenheit. Irgendeinen Streich musste er sich geleistet haben, denn die Polizei erschien, um ihn zu befragen. "Es stimmt", sagt de Chaunac mit einem breiten Grinsen. "Vor dem Start in Monaco hatte er Ärger mit der Polizei. An diese Geschichte erinnere ich mich, aber ich weiss nicht mehr, was er gemacht hatte." Auch Prost gibt vor, sich nicht mehr an den Vorfall zu erinnern. Dass er sich aber vor dem so wichtigen Rennen einen Streich erlaubte, was immer es war, macht auf jeden Fall eines deutlich: So ernst er die Rennfahrerei auch nahm, er war immer noch ein junger Kerl, der schon mal über die Stränge schlug. Ein ganz normaler junger Kerl eben.

"Das Formel 3-Rennen wird immer vor dem Grossen Preis ausgetragen, in der Regel am Samstag. Es ist das Rennen mit dem grössten Prestige in dieser Formel, und oft schauen die Fahrer und vor allem auch die Teammanager der Formel 1 zu, weil es schon so etwas wie ein Gesetz der Serie ist, dass der Sieger im darauffolgenden Jahr in der Formel 1 fährt."

Monaco, das von so vielen fachkundigen Augen verfolgte Rennen, zog nicht weniger als 55 Bewerber um die nur 20 Startplätze an. So kam es, dass so mancher profilierte Fahrer sich gar nicht erst qualifizieren konnte, darunter Eddie Jordan, Mike Thackwell, Acheson, Philippe Alliot, Phillipe Streiff, Thierry Boutsen und Borgudd. Am ersten Trainingstag war Piercarlo Ghinzani der Schnellste, Prost lag ganz knapp hinter ihm. Am zweiten Tag aber unterbot Prost dann den bestehenden Rundenrekord um fast eine volle Sekunde, und das bedeutete die Pole Position.

"Die Russen haben ein Sprichwort von einem Fisch, der hoch aus dem Wasser springt", so de Chaunac. "Für mich war deutlich, dass Alain entschlossen war, sehr, sehr hoch zu springen. Er hatte beschlossen, dass er gewinnen würde, und er fuhr sehr, sehr, sehr schnell." Auch hier gebe ich bewusst die Wortwiederholungen des Teammanagers wieder. Zu Beginn des Rennens gab es eine Massenkarambolage, der fünf Autos zum Opfer fielen. Prost war gut vom Start weggekommen und hatte sofort die Führungsposition übernommen. Frühzeitig schaffte er es, sich von Oscar Pedersoli, einem Italiener, abzusetzen und sich einen Vorsprung von fünf Sekunden herauszufahren, was in Monaco kaum noch aufzuholen ist, und diesen Vorsprung liess Prost sich auch bis ins Ziel nicht mehr nehmen."

"In Monaco", so de Chaunac, "hat Prost das Rennen gewonnen, nicht das Auto. Er als Fahrer war der ausschlaggebende Faktor, denn wir hatten an diesem Tag eigentlich nicht das beste Auto, obwohl es sicher nicht schlecht war. Prost war schlicht und einfach für alle anderen zu stark." Das Endklassement:

Prost (Martinienault/Gordini MK27)	39:08,32
Pedersoli (March-Toyota/Novamotor 783/793)	39:13,53
Serra (March-Toyota/Novamotor 793)	39:20,70

"Es war einer der grössten Tage in meiner Laufbahn als Rennfahrer", sagt Prost heute, "denn ich musste damals unbedingt gewinnen, um eine Chance auf einen Aufstieg in die Formel 1 zu haben. Viel später habe ich erfahren, dass die Kontakte, die ich am Ende jener Saison zu Teams der Formel 1 hatte, ausschliesslich auf diesen Sieg in Monaco zurückzuführen waren."

Einige Beobachter waren allerdings skeptisch, was den wahren Wert dieses Sieges anbelangte, wie wir im nächsten Kapitel erfahren werden. Leute aus der Formel 1-Branche analysieren sorgfältig und denken sehr rational, was ihr Metier anbelangt. Häufig sehen sie Dinge ganz anders als der normale Zuschauer. Sie stellen Fragen wie: Hatte der Sieger das beste Chassis? Hatte er den besten Motor? Die besten Reifen? Falls ja, dann musste er eigentlich auch gewinnen. Falls nein, dann ist sein Sieg wesentlich höher zu bewerten. Die Formel 1-Macher schauen ausserdem nicht nur auf das Ergebnis, sondern auch auf das Verhalten der Fahrer in bestimmten Situationen. Wenn einer weit abgeschlagen in einem drittklassigen Auto mit einem müden Motor seine Runden dreht, dann ist das für sie nicht unbedingt etwas, worüber man lächelt, denn sie erkennen die Voraussetzungen, unter denen er fährt. Wenn sie etwa sehen, dass er gekonnt und elegant durch die Casinoplatz–Kurve gleiten kann, in sicherer Manier die richtige Linie aus dieser Kurve heraus wählt, anschliessend später bremst, als man es erwartet hätte – dann kann das durchaus ein interessanter Mann sein.

Prosts Erfolge wurden allmählich so imposant, beinahe schon unheimlich, dass kein vernünftiger Mensch daran zweifeln konnte, dass er ein Ausnahmetalent war. Die einzige Frage war: Wie gut genau war er?

Zandvoort, 4. Juni. Der Zeitnahmecomputer funktionierte während des zweiten Qualifikationsabschnittes nicht richtig, was unweigerlich zum Chaos führte. Es zeigte sich wieder einmal ein interessanter Aspekt des Charakters von Alain Prost, als die Pole Position nach den fehlerhaften Angaben des Computers ihm zugeschrieben wurde. Er sagte damals: "Das ist mir nicht recht, weil ich diese Zeit nicht gefahren bin. Borgudd ist gut gefahren. Die Pole Position gehört ihm."

"Ich will die Pole Position nicht, wenn ich einen Protest einlegen muss, um sie zu bekommen", sagte daraufhin Borgudd.

Ist es nicht schön, solch ehrenhafte Worte zu hören? Solch faire, sportliche Gesten zu erleben? Ach so ja, da war noch etwas. Dallest schloss Prost vor Beginn des Rennens in einem Hotelzimmer im 5. Stock ein, so dass Prost durch wildes Klopfen auf sich aufmerksam machen musste, um das Rennen nicht zu versäumen. Wie gut, dass ab und zu auch der eine oder andere Streich gespielt wird.

"Nach Monaco musste ich einiges an meinem Auto reparieren", erzählt Borgudd. "Ich verpasste den ersten Trainingstag und kam gerade noch zurecht zum zweiten. Und dann schnappte ich Alain um eine Hunderstel oder so etwas die Pole Position ab. Das hat ihm gar nicht geschmeckt. Ich glaube, das hatte er nicht erwartet, dass ich dazu in der Lage wäre, und ich weiss noch, dass Leute seines Teams zu den Zeitnehmern hingingen, um sich zu vergewissern, dass ich diese Zeit tatsächlich gefahren war." Nachdem man sich davon überzeugt hatte, benahm sich Prosts Team wohlgemerkt durchaus ehrenhaft.

Das Rennen wurde in zwei Durchgängen gefahren, und zum ersten wurde das Starterfeld auf der Grundlage der Trainingszeiten aufgestellt, womit Borgudd also aus der Pole Position fuhr. Er führte das Feld bei Einfahrt in die erste Kurve an, die berühmt-berüchtigte halbkreisförmige Tarzan-Kurve am Ende der Start- und Zielgeraden. In Runde 2 ging der Holländer Aris Luyendijk an der Tarzan-Kurve innen an Prost vorbei, womit er den Franzosen auf Platz 3 verwies. In Runde 3, ebenfalls an der Tarzan-Kurve, war es dann Prost, der – so ein Rennbericht – "in aller Ruhe innen vorbeizog und 'Tschüss' winkte". Im zweiten Durchgang legte Luyendijk dann einen "weiteren elektrisierenden Start" hin. Prost heftete sich an seine Fersen und konnte den Holländer in Runde 5 überholen. In der Gesamtrechnung der Zeiten schlug er den Zweitplazierten Mauro Baldi um 17 Sekunden.

(Der Grosse Preis von Holland wurde erst Ende August ausgetragen. Prost fuhr eigens dorthin, wie junge Nachwuchsfahrer dies eben tun, um ihr Gesicht zu zeigen, einige Hände zu schütteln, ein paar Telefonnummern zu sammeln usw.. Er war danach enttäuscht darüber, dass die Grössen der Formel 1 kein Interesse an ihm gezeigt hatten, aber so ist das in diesem Geschäft. Wenn sie jemanden haben wollen, dann sind sie es, die anrufen. Nicht der Betroffene selbst.)

Monza, 24. Juni. Ein Rad löste sich, als Prost in Führung lag – zuvor hatten weder er noch Ghinzani im Zweikampf an der Schikane nachgeben wollen, und sie hatten sich unsanft berührt.

Silverstone, 14. Juli. Prost qualifizierte sich nur im Mittelfeld. Die Piste war rutschig gewesen, und er hatte lang gebraucht, das Auto so eingestellt zu bekommen, wie er es sich vorstellte. Tambay war unter den Zuschauern (er fuhr damals bei McLaren in der Formel 1): "Der Bursche gewann in jener Zeit alles, was in Frankreich zu gewinnen war. Ich schnappte mir einen Journalisten und sagte zu ihm: 'Komm, wir fahren mal hin und schauen uns Prost an, den künftigen französischen Weltmeister'. Ich weiss auch nicht, warum ich das sagte. Ich glaube, mehr so als Scherz ..."

Prost startete zu früh und bekam eine Strafminute aufgebrummt. Er fand sich damit ab, dass es an diesem Tag nichts mehr für ihn zu gewinnen gab, und kam an die Boxen, um sich einen neuen Hinterreifen aufziehen zu lassen. "Als er das Rennen wieder aufnahm, fuhr er zwei Sekunden schneller als im Training, obwohl er weit abgeschlagen allein vor sich hin fuhr", erinnert sich Acheson. "Ich weiss noch, es gab einige Stimmen, die fragten: 'Wie ist das möglich? Wie schafft er das?' Schon die ganze Zeit über hatten viele sich gefragt: 'Wie ist das möglich, dass der Renault-Motor diese Saison so gut ist?', wo er doch im Vorjahr ziemlich schwach auf der Brust gewesen war, und das Jahr vorher genauso." Die Antwort war ... Prost"! Er war eben, wie Acheson es ausdrückt, "sehr, sehr gut".

Knutsdorp, 5. August. Es gab ein Gerangel an der ersten Kurve, bei dem Prost – wie "Autosport" berichtete – "heftig Prügel bezog und zurückfiel. Nach der zweiten Runde hatte er sich allerdings schon wieder auf Platz 2 vorgearbeitet, obwohl er durch ein reichlich deformiertes Vorderrad gehandicapt war, das sein Auto instabil machte. Er schaffte es sogar, zum führenden Olofsson aufzuschliessen und in Runde 17 an ihm vorbeizugehen". Prost gewann das Rennen mit drei Sekunden Vorsprung.

"1979 fuhr ich nur gelegentlich in der Formel 3", so Olofsson. "Knutsdorp war meine Hausstrecke, und ich führte auch lange Zeit. Dann aber bremste er mich überraschend am Ende der Geraden aus. Ich lag zehn, fünfzehn Meter vor ihm und erwartete in diesem Moment nicht, dass er von von so weit hinten ein Überholmanöver starten würde. Er überrumpelte mich ein bisschen. Er bremste unheimlich spät und war praktisch im gleichen Moment schon auf gleicher Höhe mit mir auf der Innenseite. Als ich es erkannte, war es schon passiert und ich konnte die Tür nicht mehr zumachen. Auf jeden Fall zeigte das seine glänzende Einschätzung von Situationen und Beherrschung des Wagen. Ich habe die Szene von damals noch sehr klar vor Augen. Normalerweise erwartet man das ja, dass der Hintermann ein Ausbremsmanöver versucht. Natürlich hatte ich ihn im Spiegel genau im Auge. Aber in diesem Moment war ich einfach nicht darauf gefasst; ich dachte, der Abstand wäre zu gross."

"Was ihn auszeichnet, ist ein absolut sicheres Gefühl dafür, wo die Grenzen des Möglichen liegen. Sein Körper sagt es ihm. Sein Körper liefert ihm bessere Informationen als dem durchschnittlichen Fahrer, wie man schnell fährt und wie weit man dabei gehen kann. Es geht nicht nur darum, spät zu bremsen. Man muss auch schnell genug um die Kurve herumkommen und die richtige Ausgangslinie finden. Es ist eine Kombination verschiedener Faktoren. Sein Gefühl für das Auto ist es, was ihn so aussergewöhnlich macht. Das konnte man in Knutsdorp gut sehen. Die Strecke ist nicht ganz ohne – jeder tut sich nomalerweise dort zunächst mal schwer. Aber für ihn war es kein Problem. Wenn er am Lenkrad sitzt, ist das irgendwie eine perfekte Mischung: Er ist aggressiv, aber doch beherrscht. Er macht nichts mit dem Mut der Verzweiflung. Das ist eine weitere Stärke von ihm."

Mantorp Park, 12. August. Im ersten Durchgang – das Finale bestand aus zwei – lag er unangefochten in Führung, als der Motor streikte. Von Anfang an hatte er durch die Einfüllkappe Kühlwasser verloren.

Zwischen Mantorp und der nächsten Station, Jarama, teilte die FISA mit, dass das vorgesehene Rennen in Brands Hatch gestrichen worden sei. Damit blieben nur noch zwei Rennen in dieser Saison, und Prost war mit seinem Punktevorsprung schon jetzt Europameister.

Jarama, 9. September. Prost holte sich in der Qualifikation die Pole Position, obwohl er mit Abstimmungsproblemen am Auto kämpfte und mehrere Dreher hatte. Beim Start setzte er sich souverän an die Spitze, und danach konnte er, ohne sich voll ausgeben zu müssen, den Vorsprung in jeder Runde um eine Sekunde ausbauen. Im Ziel waren es 22 Sekunden.

La Chatre, 15 September (ausserhalb der Meisterschaftskonkurrenz). Pole Position. Start-Ziel-Sieg. Borgudd: "Ich war mir sicher, die schnellste Trainingszeit zu haben. Aber dann schnappte er mir doch noch die Pole Position weg. Ich startete als Zweiter und war das ganze Rennen über ganz hart an ihm dran. Ungefähr fünf Runden vor Schluss, als ich zum Überholen auf der Innenseite ansetzte, verlor ich ein Hinterrad, weil die Achse gebrochen war. Von da an konnte er das Rennen gemütlich nach Hause fahren."

Inzwischen war Prosts Name schon in die Klatschspalten der Rennsportzeitungen vorgedrungen, wo er als Kandidat für die Formel 1 gehandelt wurde. Damals, als alles noch vergleichsweise vernünftig in der Branche zuging, begann die berühmte "silly season" – die "Jahreszeit des Kasperletheaters", wie man dies übersetzen könnte – erst im September so richtig. Damit wird gerne die Spekulationsbörse und Gerüchteküche unter der Überschrift "Welcher Fahrer geht zu welchem Rennstall?" bezeichnet. Einige Jahre danach sollte diese Jahreszeit traditionell schon beim Grossen Preis von Österreich Anfang August einsetzen, um sich später nach und nach immer weiter nach vorne in der Saison verlagern, bis schliesslich irgendwann die ganze Saison die Zeit des Kasperletheaters wurde.

Im September 1979 kam das Gerücht auf, Patrick Depailler würde Ligier verlassen und zum Rennstall Ensign gehen. Ligier habe deshalb bereits die Fühler nach einem anderen französischen Fahrer ausgestreckt und würde entweder Pironi oder Prost unter Vertrag nehmen. Dies zeigte deutlich, welchen Statuswert Prost bereits hatte. Zwar war an der ganzen Geschichte überhaupt nichts dran, aber das spielt hier keine Rolle. Bemerkenswert ist, dass er als Kandidat gehandelt wurde.

Die logische nächste Stufe wäre eigentlich eine Saison in der Formel 2 gewesen, aber "Alain zögerte, dies zu tun", so de Chaunac, "denn es gab zu dieser Zeit keine aussichtsreichen Perspektiven für ihn dort. Als dann das Angebot kam, Tests bei McLaren zu absolvieren, sagte ich zu ihm: 'Das musst du versuchen, und wenn es klappt, musst du in der Formel 1 fahren.' Und ich bin heute überzeugt, es war die richtige Entscheidung."

Da nun die Jahreszeit des Kasperletheaters voll ausgebrochen war, überschlugen sich die Gerüchte. McLaren habe James Hunt drei Millionen Dollar für ein Comeback geboten, McLaren führe ausserdem Gespräche mit Clay Regazzoni, John Watsons Platz in diesem Team sei deshalb nicht mehr unbedingt gesichert, und McLaren würde vielleicht beim Grand Prix am 7. Oktober in den USA mit einem dritten Auto mit Elj Elgh am Steuer antreten. Teddy Mayer, der damalige Chef bei McLaren, bestritt dies und sagte, er habe niemals die Absicht gehabt, "drüben mit einem dritten Auto anzutreten." Welche Bedeutung in diesen Worten lag, sollte sich aber schon bald zeigen.

Ein Rennen der Formel 3-Meisterschaft stand noch aus, nämlich Albi am 22. September. Es war zugleich ein Lauf der rein französischen Meisterschaft. Alliott übernahm die Führung, aber nur für vielleicht 100 Meter. Prost bremste ihn an der ersten Kurve aus und entschwand auf Nimmerwiedersehen. John Bright erzählt: "Albi war ein kleiner Rennkurs. Es war ein Einladungsrennen. Die Briten fuhren hin, und auch ich war in meinem zwei Jahre alten March dabei, dem gleichen Auto, das ich auch in Donington gefahren hatte. Prost gewann, ich wurde Zweiter. Ich bewies also, da ich durchaus mithalten konnte. Er war freundlich zu mir, die Sache von Donington war kein Thema mehr zwischen uns. Ich nehme an, das war eben französisches Temperament gewesen."

"Prost trug einen Anorak einer Sponsorenfirma, aber weil er so klein war, reichte der ihm bis zu den Knien. Ich weiss noch, wie meine Freundin, die mich begleitete, damals zu mir sagte: 'Wer ist denn der Kleine dort?" Wenn ich mich an den Prost von damals erinnere, dann hauptsächlich daran, dass er überaus schnell war. Der beste Fahrer jener Saison eben."

Ende September flog Prost nach Montreal, um sich den Grossen Preis von Kanada anzusehen – aber natürlich auch, um wieder sein Gesicht zu zeigen, noch mehr Hände zu schütteln, noch mehr Telefonnummern zu sammeln. Es hielt sich hartnäckig das Gerücht, dass er sich auffällig oft beim Ligier-Team aufhalte. Er fuhr mit zum nächsten Grand-Prix-Rennen, in Watkins Glenn, und von dort – so ein weiteres Gerücht – "mit einem Lächeln auf den Lippen" nach Hause.
Eine Woche später erhielt Pironi den Vertrag bei Ligier.

Das war aber nicht weiter tragisch. In jenen Herbsttagen verliess Tambay das McLaren-Team, um in der nordamerikanischen CanAm-Serie mitzufahren, was bedeutete, dass jetzt auch McLaren jene so heissbegehrte Ware anzubieten hatte: einen Platz für die nächste Saison.

Interessant ist, bevor wir diese Saison abschliessen, wie Borgudd den Formel 1-Kandidaten Alain Prost beurteilt: "Er war immer sehr ehrgeizig, er war schon unzufrieden, wenn er nicht die Pole Position holte. Man braucht nicht nur fahrerisches Können und Glück, wenn man seinen Weg im Automobilsport machen will. Man muss sich auch die richtigen Rahmenbedingungen schaffen. Er hatte über viele Jahre hinweg Elf hinter sich stehen, und dadurch hatte er gutes Material, was ganz entscheidend ist. Die Kombination aus seinem Können, seinem Gefühl für die richtige Einstellung des Autos und der Unterstützung durch Team und Sponsor verhalf ihm zu einer Saison, in der er praktisch unschlagbar war. Man kommt auf unterschiedlichen Wegen zum Rennsport. Ich selbst interessierte mich vorrangig für die technische Seite, deshalb wollte ich immer alles selber am Auto machen. Das war mein Ansatz, seiner war bestimmt andersartig. Manchmal ist es ein Vorteil, wenn ein Fahrer nicht zuviel über alle technischen Details weiss. Phantastisch ist es, wenn der Fahrer nur genau beschreiben kann, wie das Auto sich verhält, und ansonsten seine Mechaniker arbeiten lässt. Man neigt dazu, zu sehr emotional mit den ganzen technischen Abläufen im und am Auto beschäftigt zu sein, wenn man sie bis ins Detail kennt und immer weiss, woran dies und jenes Verhalten liegt. Es lenkt ab, es stört. Vielleicht gehört es zu den Stärken von Prost, dass er nicht dieser Typ Fahrer ist.

Michael Korten, der bei den Karts und in der Formel 3 gegen Alain Prost fuhr, drückt aus, was viele damals empfanden: "Es ist nicht schwer, ganz vorne zu fahren, wenn man in einem guten Auto sitzt. Aber so überlegen wie er fuhr – ein Sieg und eine Pole Position nach der anderen – sah das ganz so, als ob ihn sein Weg geradeaus in die Formel 1 führen würde."

Als ein gewisser ironischer Nachtrag sei hier noch Teo Fabi zitiert, der sagt: "Wenn ein Rennfahrer sein erstes Angebot für die Formel 1 erhält, dann greift er meistens sofort zu. Auch ich habe diesen Fehler gemacht. In der Regel kommt ein solches Angebot nämlich von einem miesen Team, und dann bekommt man kein Bein auf den Boden und macht sich seinen guten Ruf kaputt. Danach ist es sehr schwierig, sich diesen Ruf wieder aufzubauen."

Weise Worte.

5
AM ZIEL UND DOCH AM ANFANG

McLaren nutzte auch die Gelegenheit, einige weitere Fahrer zu testen. Kevin Cogan war offenbar ein Enttäuschung. Alain Prost dagegen war sehr beeindruckend, so hört man.

(Autosport, 15. November 1979)

Das Gedächtnis ist kein verlässliches Archiv. Es kann täuschen. Das Gedächtnis pickt sich Bilder heraus, die der Verstand sehen möchte, und retuschiert sie. Einige Konturen kommen dabei weicher heraus, andere schärfer. Manches Unliebsame wird ganz weggewischt. Das vom Gedächtnis gelieferte Bild ist ein subjektives Gemälde von Dingen der Vergangenheit, keine Fotografie.

Was ereignete sich wirklich an der Rennstrecke Paul Ricard im Spätherbst 1979, und später dann im Verlauf der Saison 1980? Die Akteure der Handlung, die wir betrachten wollen, sind sich in so gut wie gar nichts einig. Was als gesichert angesehen werden kann, ist nicht mehr als folgende Grundfeststellung, die sicherlich kaum überraschen kann: Als Alain Prost sich im Alter von 24 Jahren zum ersten Mal in einen Formel 1-Rennwagen schwang, war er unübersehbar ein aussergewöhnlicher Fahrer.

Schon was die Einladung zu Probefahrten bei McLaren angeht, sind die Bilder der Erinnerung retuschiert. Prost erzählt, dass er im August 1979 zum Grossen Preis von Holland nach Zandvoort fuhr, wo er Teddy Mayer vorgestellt wurde. Dieser habe ihm das Angebot gemacht, für ihn (Mayer) im letzten Rennen der Saison in einem dritten Auto seines Rennstalls zu fahren, und zwar wäre dies in Watkins Glen in den USA gewesen. Als Fahrer Nummer 1 und 2 hatte Mayer damals bereits Watson und Tambay.

Mayer, ein kleiner und adretter Mann, stammte aus einer reichen Familie in Pennsylvania und war gelernter Jurist. Seine Liebe hatte jedoch immer dem Autorennsport gegolten, und seit 1964 war er schon im Management des McLaren-Rennstalls tätig. Falls er Prost damals wirklich in Zandvoort getroffen hat, so hat er dies heute vergessen, sagt er. Ganz bestimmt könne er sich nicht erinnern, ihm irgendein Angebot gemacht zu haben. Das kann freilich ein Missverständnis der beiden gewesen sein. Mayer könnte sich ganz unverbindlich mit Prost unterhalten haben, um sich ein Bild von dem Franzosen zu machen, während dieser – seine Englischkenntnisse ware noch alles andere als überragend – etwas anderes heraushörte. Fest steht nur, dass Prost als Zuschauer nach Nordamerika reiste.

"Ich erinnere mich, ihn zum ersten Mal in Watkins Glen getroffen zu haben", so Mayer. "Er war dort mehr oder weniger als Gast von Marlboro, nachdem er die französische Formel 3-Meisterschaft gewonnen hatte. Man stellte ihn mir damals vor. Ich mass dem keine besondere Bedeutung bei, muss ich ehrlich sagen. Paddy McNally von Marlboro sagte: 'Er ist ein vielversprechender Fahrer aus Frankreich'. Und ich dachte: 'Aha, schön'. Wir begrüssten uns, und das war es eigentlich so ziemlich. Er sprach auch kaum Englisch damals, das weiss ich noch."

Ganz sicher neigt ein junger Rennfahrer, der auf die grosse Chance seiner Karriere wartet, dazu, in dem Moment, wenn er erste Kontakte zu Bossen der grossen Rennställe hat, jedem einzelnen Wort seines Gegenübers grosses Gewicht zu geben. Für den Rennstall-Boss dagegen ist es Routine. Andauernd kommen irgendwelche jungen Talente zu ihm, und für sind diese Begegnungen keine bedeutende Sache – höchstens im nachhinein ("Wenn ich ihn damals nur unter Vertrag genommen hätte" ...).

Wie auch immer, Prost war sich sicher, dass Mayer ihm angeboten hatte, einmal für sein Team zu fahren. Und er lehnte dies ab. Diese Ablehnung war eine so ungewöhnliche Sache, dass sie in die Annalen der Formel 1 eingegangen ist. Bei McLaren sei man "in der Tat verblüfft" gewesen, so Prost, "aber es war eine der besten Entscheidungen, die ich je getroffen habe. Sie hatten bereits zwei Fahrer für das Rennen, Watson und Tambay, und ich war noch nie in einem Formel 1-Wagen gefahren. Ich sagte ihnen, diese Idee sei weder für sie noch für mich sinnvoll. Stattdessen bat ich McLaren, mich auf dem Kurs Paul Ricard einige Proberunden drehen zu lassen." Der Gedanke, dass ein junger Rennfahrer am Tor zum Ziel aller Träume Für und Wider abwägt und sich dann entscheidet, lieber noch abzuwarten, anstatt sofort mit beiden Händen zuzugreifen, ist sowohl äusserst aufschlussreich über Alain Prost, als auch äusserst untypisch für die Formel 1-Welt. Eben deshalb hat diese Episode einen festen Platz in ihren Annalen.

Und dann, ein Rennen vor Watkins Glen, beim Grossen Preis von Kanada, stand Alain Prost dann doch ganz dicht vor seinem ersten Auftritt in der Formel 1, wenn auch rein zufällig. Niki Lauda ging am Freitag vor dem Rennen mit seinem Brabham auf die Strecke zum Training ohne Zeitwertung. Mit einemmal überkam ihn ein eigenartiges Gefühl, die Frage an sich selbst: "Was soll das eigentlich, was ich hier mache?". Also stellte er kurzerhand seinen Brabham an den Boxen ab und verabschiedete sich ein für allemal – wie er damals sagte – vom Grand-Prix-Rennsport.

Kaum war dies passiert, da ertönte eine Lautsprecherdurchsage über den Rennkurs: "Richard Zunino, Sie werden gebeten, sich unverzüglich an der Brabham-Box einzufinden." Zunino, ein Rennfahrer aus Argentinien, hatte an diesem Freitagmorgen das grosse Glück, zufällig an der Rennstrecke zu sein und somit sofort zur Verfügung zu stehen. Genauso wie Prost war er eigentlich nur als Zuschauer gekommen. Nun aber durfte er sich auf der Stelle Overall und Helm von Niki Lauda anlegen und am Nachmittagstraining mit Zeitwertung teilnehmen. Viele Zuschauer, die von diesen Vorgängen nichts wussten, meinten, es sei Lauda selbst, der im Brabham seine Runden drehte. Das richtige Auto, der richtige Helm. In jenem kurzen Augenblick hätte die Geschichte des Rennfahrers Alain Prost ein völlig andere Wendung nehmen können. Auch er war an Ort und Stelle, hätte sofort zur Verfügung gestanden. Es hiess, kurz habe man bei Brabham sogar erwogen, seinen Namen über Lautsprecher ausrufen zu lassen.

So kam es aber, dass Prost am Rennsonntag als Zuschauer den Sieg von Alan Jones verfolgte, eine Woche darauf Gilles Villeneuve in Watkins Glen gewinnen sah, und damit war die Rennsaison gelaufen.

"Im November testeten wir Fahrer, die für die nächste Saison für uns in Frage kamen", erzählt Mayer. "Wir hatten Marlboro versprochen, Alain eine Chance zu geben, was wir auch machten. Ausserdem luden wir noch Kevin Cogan [einen Amerikaner] ein. Wir holten John Watson dazu, der zunächst das Auto fuhr, ungefähr eine Stunde lang an der Einstellung des Wagens herumwerkelte und dann eine Richtzeit (1:06,3) vorlegte. Dann war Alain dran. Schon in der dritten oder vierten Runde – das fiel mir gleich auf – fuhr er so richtig auf Tempo. An der Haarnadelkurve nach der kurzen Geraden brach ihm das Heck aus und er drehte sich. Schon in der nächsten Runde aber passierte ihm das nicht mehr. Er hatte sich nun auf das Auto eingestellt, hatte es offensichtlich voll im Griff. Es dauerte noch weitere vier oder fünf Runden, und er erreichte die gleiche Zeit wie Watson, kann sein sogar etwas schneller. Zu diesem Zeitpunkt war ich bereits überzeugt, dass er der Richtige für uns war. Wer so etwas in so kurzer Zeit schafft, muss ganz einfach ein Riesentalent sein. Ich ging zum Kofferraum meines Wagens und holte einen Vertrag raus."

Auch Tyler Alexander, ein anderer erfahrener Mann im McLaren-Team, war an diesem Tag am Paul-Ricard-Ring. "Teddy sagte damals, noch bevor Prost an die Boxen zurückkam, er würde gleich den Vertrag und den Kugelschreiber holen und Alain unterschreiben lassen, noch bevor er richtig ausgestiegen sei. In diesem Moment war Alain vielleicht sechs Runden gefahren. Es klingt unglaublich, wenn man das heute sagt, aber es war wirklich so. Schon nach sechs Runden, die er Alain hatte fahren sehen, ging Teddy seinen Aktenkoffer mit dem Vertrag holen, um ihn an den Boxen damit zu erwarten. Teddy kam nicht zu mir und sagte: "Sieht gut aus, wie Prost fährt". Das war auch nicht nötig. Für jeden, der dort an der Strecke stand und sah, was Prost machte, war alles klar. Wer nicht auf Anhieb von ihm überzeugt gewesen wäre, hätte schon blind sein müssen."

John Watson, der Nordire, den sie alle "Wattie" nennen, erzählt: "Zum ersten Mal getroffen habe ich ihn an jenem Tag am Paul-Ricard-Ring, als zwei Fahrer getestet wurden, um Ausschau nach einem neuen Partner für mich zu halten. [Der Weggang von Tambay stand in diesen Tagen so gut wie fest.] Prost war im Grunde der Favorit von Marlboro, während Cogan Teddy Mayers Kandidat war. Prost war in Europa besser bekannt, weil er in den unteren Formelklassen alles gewonnen hatte, was es zu gewinnen gab, und ganz offensichtlich ein talentierter Fahrer war. Auch das Formel 3-Rennen in Monaco hatte er gewonnen, was damals als besondere Empfehlung für einen Kandidaten galt. Heute wird darauf wohl bei weitem nicht mehr so geschaut. Ich weiss noch, wie er damals zu uns kam. Ein ziemlich kleiner Mann, sehr ruhig, aber offensichtlich mit gesundem Selbstvertrauen."

Nun war also Watson gefahren, Prost war gefahren, und die Reihe war an Cogan. Teddy Mayer erinnert sich: "Cogan hatte ein typisch amerikanisches frisches Gesicht. Er wirkte noch sehr jung, schien noch nicht weit in der Welt herumgekommen zu sein. Da stand er nun bei uns im Werkstattraum, schaute sich alles an. Prost konnte damals noch kaum Englisch, aber er wusste natürlich, aus welchem Grund Cogan hier war. Er schlenderte wie zufällig zu ihm hin und meinte in reichlich gebrochenem Englisch: 'Na ja, das Auto lässt sich ganz gut fahren. Aber du musst aufpassen, es hat ein ziemlich nervöses Heck.' Am nächsten Tag, als Kevin dann dran war, hatte er fünf oder sechs Dreher in fünfundzwanzig Runden. Ich war entsetzt. Immerhin war es ein ganz ordentliches Auto, das ich nicht gerade als Wrack wieder mit nach Hause nehmen wollte, und wie er fuhr, das sah ziemlich unrund aus. Ich glaube, Alain hat ihn damals unsicher gemacht. Doch wirklich, davon bin ich fest überzeugt."

Übte Prost psychologischen Druck auf Cogan aus? Tyler Alexander meint dies auch: "Das stimmt, ja, das war so die Art von Prost und ist es heute noch. Ich war damals selbst dabei. Cogan hatte eigentlich keine Chance. Prost hatte ihn entsprechend mental bearbeitet, bevor er überhaupt im Auto sass. Ich kann mich gut an die Situation erinnern; ich weiss noch, wie Prost zu ihm sagte, das Auto sei tückisch, schwierig zu fahren und so weiter. Als Cogan antrat, hatte er eigentlich schon verloren. Was soll man dazu sagen? Natürlich, Cogan konnte einem irgendwie schon leid tun, aber wenn er Prost ebenbürtig gewesen wäre, hätte er das eben gar nicht an sich rankommen lassen. Er hätte dann wohl zu Prost gesagt, er solle Leine ziehen, hätte sich ins Auto gesetzt und hätte es besser gemacht als er."

Kevin Cogan selbst erscheint heute noch von den Ereignissen damals überfahren, aber er zeigt keinerlei Verbitterung: "Ich war damals zweiundzwanzig, ich hatte gerade eine Saison in der Formel Atlantic hinter mir und wollte etwas anderes machen. Shadow bot mir sofort einen Vertrag an, nachdem ich dort Probefahrten gemacht hatte." Das war bereits Anfang November gewesen. "Autosport" berichtete damals darüber: "Innerhalb von nur 29 Runden verbesserte Cogan seine Rundenzeit bis auf 1 Minute 18,5 Sekunden, und Shadow war sehr von ihm angetan. Seine Leistung war besonders auch deshalb so beachtlich, weil er überhaupt zum ersten Mal in einem Formel 1-Auto und auch zum ersten Mal auf dem Kurs in Silverstone fuhr."

"Shadow wollte mich am liebsten nicht aus dem Büro lassen, bevor ich nicht unterschrieben hätte, aber ich wollte noch abwarten. Bernie Ecclestone von Brabham sagte mir damals, er hätte mich gern bei sich im Team [es galt ja den freigewordenen Platz von Lauda zu besetzen]. Er beobachtete mich in Silverstone. Er war sehr offen zu mir, sagte, er stünde noch mit Hector Rebaque in Verhandlungen, und wenn Rebaque das Geld auftreiben könne, würde er ihn nehmen. Bernie sagte mir, ich solle noch abwarten. Er setzte sich mit mehreren Rennställen in Verbindung, die noch Fahrerplätze zu vergeben hatten, und darunter war auch McLaren. Im nachhinein wünschte ich, ich hätte bei Shadow unterschrieben."

"Ich war einen vollen Tag vor dem Termin, zu dem McLaren mich bestellt hatte, am Ricard-Ring. Einigen Leuten war das offensichtlich überhaupt nicht recht, dass ich früher da war. Dabei hatte ich gedacht, es käme gut an, wenn ich grosses Interesse zeige. Dann aber verhielten sich die McLaren-Leute, als ob sie mich gar nicht haben wollten. Ich war auch deshalb früher hingefahren, weil ich John Watson in dem Auto fahren sehen und seine Meinung darüber hören wollte. Es war mir nicht klar gewesen, dass Prost an diesem Tag bereits fahren würde. Als ich ankam, liess man mich offen Unwillen spüren. Ich war richtig geschockt, es war überhaupt keine angenehme Atmosphäre. Die Situation war auch nicht leicht für einen Zweiundzwanzigjährigen, und dazu noch für einen Amerikaner in Europa."

"Alain hat mich damals nicht angesprochen, ganz bestimmt nicht. Und auch ich sagte nichts zu ihm ausser 'Hallo, wie geht's?'. Ich kannte ihn gar nicht. Ausserdem war er ziemlich scheu, und er sprach nur mässig Englisch."

"Sicher, ich hatte den einen oder anderen Dreher, aber eigentlich hatten die McLaren-Leute sich schon entschieden, bevor ich an den Start ging. Alain bekam zwei, kann sein sogar drei Tage Zeit, sich alles passend einzurichten. Dann kam ich, das Auto war natürlich nicht auf meine Körpergrösse abgestimmt, aber niemand schien es für nötig zu halten, etwas abzuändern. All das kam mir schon sehr merkwürdig vor. Noch bevor ich im Cockpit sass, wusste ich, das bei McLaren würde nichts werden. Jeder kann das bestimmt leicht nachvollziehen: Prost stieg aus, und ich, der ich einen Kopf grösser bin, stieg ein. Wie soll das gehen, wenn man nichts am Auto modifiziert? Ich stiess ständig mit den Füssen gegen den Tunnel der Lenksäule, ich konnte die Pedale überhaupt nicht richtig bedienen. Ich schnitt mir sogar ein Stück von den Schuhspitzen ab, aber das nutzte nichts. Ich hätte gut zehn Zentimeter mehr Abstand zu den Pedalen gebraucht."

"Ich fuhr ein paar Runden. Dann fragte ich, ob ich nicht Johns Auto nehmen könnte, weil er schon eher meine Körpergrösse hat. John ging und holte aus dem Transporter ein paar alte Schuhe von sich, weil die kleiner als meine waren. Ich versuchte alles, was möglich war. Am ersten Tag fuhr Prost 1 Minute 11 Sekunden, später verbesserte er sich auf 1 Minute 10. Meine Zeit lag knapp über 1 Minute 12 Sekunden, aber das in einem Auto, in das ich eigentlich nicht hineinpasste. Ich fuhr ungefähr zwanzig Runden, sagte dann, dies und das müsse unbedingt am Auto abgeändert werden, aber ich bekam gesagt: 'Das war alles, was wir sehen wollten. Danke.'"

"Ich sagte zu Teddy, dass ich es als nicht fair ansah, dass Prost zwei Tage Zeit gehabt hatte. Im Grunde war das Ganze eine Ohrfeige für mich, obwohl ich nichts verbrochen hatte. Meiner Meinung nach war die Entscheidung bereits gefallen, als ich kam. Ich wusste, man war sich mit Prost bereits einig geworden. Es war so offensichtlich, dass alles eigentlich nur noch eine Farce war. Niemand bemühte sich auch ernsthaft, dies zu verbergen. Es nutzte mir überhaupt nichts, dass Teddy Mayer herumging und zu allen sagte, ich sei noch nicht soweit. Das sagte er nur, um seine Entscheidung zu rechtfertigen. Ich hörte, dass Prost Geld von Elf in der Tasche hatte. Vielleicht hat das den Ausschlag gegeben."

So ärgerlich die Umstände für Kevin Cogan gewesen sein mögen, muss man wohl hier ein gewisses Verständnis für Mayer aufbringen. Der McLaren-Teamchef hatte gerade mit eigenen Augen ein überragendes Talent sich aufdrängen sehen, nämlich Prost, ohne dass er dies so hatte voraussehen können. Und nun war er insofern in eine peinliche Lage geraten, als er selbst es gewesen war, der Cogan eingeladen hatte, die weite Reise zum Paul-Ricard-Ring anzutreten.

John Watson: "Erst fuhr Prost, dann fuhr Cogan, und den Unterschied zwischen den beiden konnte man schon sehen, bevor sie überhaupt die Boxengasse verlassen hatten – spätestens aber, als sie ihre Runden drehten. Vieles erkennt man schon daran, wie ein Fahrer all die Bedienungselemente im Cockpit anfasst und handhabt. Man erkennt, ob er das entscheidende Gefühl dafür hat, wie man Gas gibt, wie man die Gänge einlegt und so weiter. Unterschiede gibt es auch, wie man im Cockpit schaut, in der ganzen Haltung, der ganzen Ausstrahlung. Und Prost hatte schon die Ausstrahlung eines grossen Rennfahrers, bevor er jemals ein Grand-Prix-Rennen gefahren war. Auf dem Paul-Ricard-Ring zeigte er sich ausserdem in der Lage, mit dem Druck fertig zu werden, auf dem Prüfstand bei einem damals zu den besten zählenden Teams zu stehen, und dabei erstmals in einem Formel 1-Boliden zu fahren, einem der schnellsten und teuersten Gefährte der Welt."

"Ich glaube nicht, dass Prost Cogan als Konkurrenten fürchtete. Er war so überzeugt von sich selbst, dass er sich wegen Cogan keine Gedanken machte. Wenn man die beiden Fahrer im Vergleich sah, war es für mich klar – und ich meine behaupten zu dürfen, dass ich etwas von Rennwagen und vom Rennfahren verstehe – dass Alain dieses gewisse Etwas hatte: Er konnte die Gänge einlegen, anstatt sie reinzuprügeln wie andere. Er wusste genau, wo die Stärken und Schwächen eines Autos lagen, und konnte dadurch den Mechanikern immer ein gutes Feedback geben, wenn er an die Boxen kam. Jede einzelne Verhaltensweise des Autos konnte er analysieren und später exakt wiedergeben. Man brauchte wirklich kein geniales Auge zu haben, um zu erkennen, dass er ein ungewöhnlicher Rennfahrer war."

"Ich war von England aus nach Marseille gekommen. Dort hatte ich mir einen Leihwagen genommen, und dann war Paul Ricard die Endstation". So das etwas zynische, bewegende Fazit von Kevin Cogan. Für den einen war das Kapitel Formel 1 somit schon zu Ende, während es für den anderen begann.

"Ich habe Jahre danach ein Interview mit Prost gelesen", fügt Cogan noch hinzu, "in dem er behauptete, er sei schneller gewesen als Watson. Das stimmt freilich nicht. Er war nicht schneller als John." Man ist geneigt zu sagen, es war keine übermässig hässliche Sache, wenn Prost dies zu Unrecht behauptete. Man kann dies durchaus als eine entschuldbare Fehlleistung des Gedächtnisses abtun. Schliesslich war er damals noch ein junger Mann, der vor einer ganz entscheidenden Bewährungsprobe stand und es auch schaffte, eine Reihe ganz alter Hasen aufs tiefste zu beeindrucken. In der Euphorie über einen solchen Erfolg ist solch ein kleiner Irrtum schon mal verzeihlich. Die Sache ist nur – Prost hat recht.

McLaren hatte zwei Autos am Paul-Ricard-Ring dabei, nämlich den M29, der zuletzt in der Saison 1979 benutzt worden war, und eine modifizierte Version. Watson fuhr um die dreissig Runden in der älteren Ausführung, erzielte dabei eine Bestzeit von knapp unter 1:09, und wechselte dann auf den neueren Wagen, in dem er seine Rundenzeit auf 1:06,3 drückte. Prost fuhr im älteren M29 und verbuchte als Bestzeit 1:08,4. Wenn man also den Vergleich mit der Rundenzeit anstellt, die Watson im gleichen Wagen erzielte, war Prost tatsächlich schneller.

Prost hierzu: "Tambay war zu jener Zeit unzufrieden bei seinem Team und kam nicht zu den Probefahrten auf dem Paul-Ricard-Ring. Wir hatten so zwei Autos des Typs M29, eines für Watson und eines für Cogan und mich. Die Probefahrten dauerten drei Tage. Es war festgelegt worden, dass ich am ersten und am Vormittag des zweiten Tages fahren sollte. Am ersten Tag schaffte ich eine Bestzeit von 1:09,4, am zweiten erreichte ich 1:08,4. Für das alte Auto der 79er Saison war das, glaube ich, eine gute Zeit. Ich fühlte mich überhaupt nicht wohl darin, stiess ständig mit meinen Beinen an, und der arme Cogan war ja noch einen Kopf grösser als ich. Der Motor unseres Autos war ausserdem am Ende, und die Reifen taugten auch nicht mehr viel. Teddy ging es darum zu sehen, wie wir fuhren und wie wir uns auf das Auto einstellen würden. Die Zeiten spielten eigentlich keine Rolle. Ich hatte zwar einen Dreher, aber ich konnte mich danach auf das Auto einstellen und meine Rundenzeiten stetig verbessern. Cogan drehte sich mehrmals, er ging einfach zu verbissen ran. Teddy wollte die Sache nicht unnötig in die Länge ziehen. Nachdem Cogan 200 km gefahren war, erklärte er ihm, dies genüge."

Bemerkenswert ist in diesem Zusammenhang auch ein Fazit eher allgemeiner Art, das Prost einmal über diese erste Erfahrung in der Welt der Formel 1 gezogen hat: "Eigentlich ist es einfach. Es dreht sich immer um die Kraft. Man muss seine Fahrweise der Kraft des Autos anpassen. In der Formel 1 muss man berücksichtigen, welche Menge an Kraft in dem Auto steckt, in der Formel 3 muss man berücksichtigen, was dem Auto an Kraft fehlt. Im Grunde ist es das gleiche Problem, nur mit umgekehrten Vorzeichen." Wer nach Paradebeispielen für Prosts wissenschaftlich-analytische Einstellung zur Rennfahrerei sucht, hier hat er eines.

Wir sind immer noch im November des Jahres 1979. Tambay hatte bisher noch nicht definitiv gesagt, dass er 1980 nicht mehr für McLaren fahren würde. Dann aber, "zehn Tage nach den Probefahrten rief Teddy mich an und sagte mir, es sei zu 99 Prozent sicher, dass ich für sein Team fahren würde, und er lud mich ins Werk ein. Als ich dort ankam, war ich ganz gerührt zu sehen, dass man bereits ein Auto speziell für mich gebaut hatte. Die Atmosphäre war von Anfang an gut. Trotz meiner Schwierigkeiten, mich auf englisch auszudrücken, hörten mir alle genau zu. Sie nahmen mich erst. Das gab mir Selbstvertrauen, und irgendwie erschien plötzlich alles leichter. Ich sagte zu mir selbst immer wieder: 'Sie nehmen dich ernst'. Ich konnte es noch gar nicht so recht fassen." Der Vertrag wurde Anfang Dezember fertiggemacht. Er hatte ein Jahr Laufzeit und sah ein Optionsrecht auf ein weiteres Jahr für McLaren vor.

Nur noch sechs Wochen waren es bis zum Auftakt der Saison 1980 am 13. Januar in Argentinien und somit zum Auftakt der Formel 1-Karriere von Alain Prost. "Ich kam Ende 1979 als stellvertretender Team-Manager zu McLaren", erzählt Tony Jardine, bekannt als "Teach" und mittlerweile seit vielen Jahren für die Öffentlichkeitsarbeit verantwortlich. "McLaren hatte mich gezielt von Brabham abgeworben, wo ich verantwortlich für alle Ersatzteile und so weiter gewesen war. Ich füllte eine Lücke im Team-Management aus, als Herbie Blash sich den Kiefer gebrochen hatte. Ich kannte viele Leute von McLaren, mit einigen hatte ich sogar schon zusammen gewohnt. Ich stiess kurz nach jenen Probefahrten auf dem Paul-Ricard-Ring zum Team. Damals sprachen alle von diesem gewissen Alain Prost, von dem kaum einer viel wusste, ausser dass er in der Formel 3 in Monaco ein hervorragendes Rennen gefahren war."

"Alle Insider gaben allerdings auf diesen Sieg nicht allzu viel, denn es es gab da so ein besonderes Problem in Monaco für alle nicht-französischen Teams, und das waren die Reifen. Es gab drei Fabrikate von Reifen, und nur wenn man Michelin-Reifen hatte, hatte man auf diesem Kurs eine realistische Chance. Die Michelin-Reifen hatten aber nur die Franzosen, deshalb war die allgemeine Einschätzung zum Sieg Prosts damals, dass es eigentlich ein Sieg der Franzosen insgesamt gewesen war. Wie gut Prost wirklich sei, würde sich erst in der Formel 1 zeigen. Nach den Tests im November aber hatte sich dies geändert. Speziell Mayer war es, der betonte: "Der Junge ist schnell". Auch Tyler Alexander berichtete, wie schnell Alain sei, und beide liessen keinen Zweifel daran aufkommen, dass sie ihn unter Vertrag haben wollten. Ich glaube, auch Marlboro wollte ihn unbedingt im McLaren–Team haben."

"Man darf nicht vergessen, wir sprechen über eine Zeit, als sich McLaren in einem deutlichen Abwärtstrend befand. Es war die Ära nach James Hunt, Wattie war der Spitzenfahrer des Teams. 1979 war ein katastrophales Jahr gewesen. Der Konstrukteur Gordon Coppuck hatte sein erstes Chassis mit Flügeln gebaut. Die Ergebnisse in den ersten Rennen der Saison waren noch schmeichelhaft, aber dann erwies sich das Auto als totaler Flop. Mitten in der Saison wurde eilig ein neues Auto konstruiert, der M29, der Mitte der Saison 1980 durch ein Nachfolgemodell abgelöst wurde."

"Vor dem ersten Rennen hatte ich Prost nur einmal kurz im Werk getroffen. Der Sitz von McLaren befand sich damals in der St. Davids Road, in einer Art Lagerhaus unmittelbar am Flughafen Heathrow. Mein Büro war ganz oben unter dem Dach. Ich glaube, wenn man den Arm aus dem Fenster gestreckt hätte, hätte man die Reifen der Flugzeuge im Landeanflug berühren können, und wenn man aufs Dach gestiegen wäre, hätte man dort Bremsspuren von Flugzeugen gesehen. Immer, wenn man telefonierte und eine Concorde gerade startete, musste man sagen: 'Bitte warten Sie eine Minute'. Erst wenn das Flugzeug weg war, konnte man weitersprechen."

Diese Äusserlichkeiten sind durchaus nicht unwichtig. Heute ist McLaren ein Paradespiel für die moderne Führung eines Formel 1-Rennstalls. Das Werk in Woking sieht aus, als sei die NASA dort zuhause, und das Nachbargebäude, in dem Gordon Murray (der frühere Brabham-Konstrukteur) die heissbegehrten Serienautos entwirft, heisst McLaren Towers. Dies ist kein Witz. Der Gegensatz der Firmensitze damals und heute ist symptomatisch für den sportlichen Stellenwert des Teams in jenen Jahren im Vergleich zur Gegenwart.

"Das erste, was mich an ihm beeindruckte", so Jardine, "war sein unglaublicher Zinken! Auch seine kleinen stechenden Augen fielen mir auf, und seine gedrungene Statur erinnerte mich an einen Jockey. Was er als Fahrer bei uns bringen würde, konnte keiner so recht abschätzen. Wir waren gespannt auf Argentinien."

Zwischen Paul Ricard und Argentinien fuhr Prost eine weitere Testserie, und als Jardine ihn im McLaren-Werk zum ersten Mal traf, wie eben angesprochen, hielt der Franzose sich dort auf, damit die traditionelle und so wichtige individuelle Fahrersitzanpassung gemacht werden konnte. Bei den erneuten Testfahrten legte Prost 1300 km zurück und erzielte bessere Zeiten als Watson. Die logische Folge war, wie Prost erzählt: "Als wir nach Argentinien fuhren, fühlte ich mich John ebenbürtig. Wie John darauf reagierte? Schwer zu sagen. Er gab mir einige Rätsel auf. Ich war mir nie darüber im klaren, was er dachte."

Watson grübelt auf dieselbe Frage hin und sagt dann: "Es stand zwar nirgends schwarz auf weiss geschrieben, aber ich war wohl so etwas wie der Seniorpartner: gleichrangig, aber derjenige, der im Zweifelsfall das Sagen hat. Man muss hier natürlich sehen, dass Alain ein Ausnahmefahrer der Sorte war, wie sie einem in einem Jahrzehnt vielleicht ein oder zwei Mal begegnen. Es sind die Fahrer, die kommen und sofort mit den Besten mithalten können. Senna war auch einer, der unter diese Kategorie fällt. Prost war keiner, der eine Eingewöhnungszeit brauchte."

"McLaren durchlief damals eine schwierige Phase. Es war die Zeit vor Gründung von "McLaren International", vor der Partnerschaft von Ron Dennis und John Barnard [Namen, die uns in diesem Buch noch begegnen werden]. Es war so etwas wie eine Übergangszeit, bevor sich Ende 1980 der neue McLaren-Rennstall wie ein Phoenix aus der Asche erhob. Das Team hatte 1979 eine schwere Zeit durchlaufen. Besonders der M28 war ein völliger Reinfall gewesen. Technologisch hinkte McLaren anderen Teams wie Brabham, Ligier oder Williams hinterher." Diese Tatsache sollte sich in der kommenden Saison als von erheblicher Tragweite erweisen.

Im ersten Qualifikationstraining für Buenos Aires erreichte Prost einen achten Platz, erneut ein sehr beachtliches Ergebnis. Watson war nur Fünfzehnter. "Ich weiss noch gut", erzählt Teddy Mayer, "wie Leute des Renault-Teams damals so ganz nebenbei zu mir sagten: 'Siehst du, wir haben es ja gewusst, dass er gut ist'. Ich hatte immer den Verdacht gehabt, dass das Renault-Team uns als eine Art Durchlauferhitzer für sich selbst benutzte. Sie wollten Prost auf unsere Kosten eine Weile Erfahrungen sammeln lassen. Das war von vorneherein der Plan der Franzosen gewesen. Vielleicht wird mir der eine oder andere vorwerfen, das sei Verfolgungswahn, aber es gab gar keinen Zweifel, dass Renault grundsätzlich an ihm interessiert war. Schliesslich war er ja Franzose ..."

Die Piste war uneben, und unter der gnadenlos herabbrennenden Sonne begann sie dann auch noch zu schmelzen. Prost, der aus der sechsten Reihe startete, traf die einzig vernünftige Entscheidung. Er würde zurückhaltend fahren und sehen, was passieren würde. Es passierte eine Menge. Von vierundzwanzig Startern kamen nur neun ins Ziel, und von diesen wurden auch noch zwei disqualifiziert. Prost wurde Sechster, eine Runde hinter dem Sieger Alain Jones. "Mehr als mein glücklicher sechster Platz", sollte Prost später sagen, "befriedigte mich, dass ich mein Ziel erreicht hatte, nämlich ins Ziel zu kommen. Natürlich freute ich mich über den einen Punkt, aber stolz war ich nicht darauf." Wieder mal eine typische Aussage von Alain Prost, und eine erstaunliche dazu. Kein Fahrer hatte es seit sieben Jahren geschafft, sich bei seinem Debut in der Formel 1 auf einem Punkterang zu plazieren (zuletzt Georges Follmer in Südafrika, 1973), und keinem Fahrer sollte dies in den neun darauffolgenden Jahren gelingen (erst wieder Johnny Herbert in Brasilien und Jean Alesi in Frankreich, beide 1989).

"Prost fuhr seine Runden so stetig wie eine Maschine", erzählt Jardine. "Er hatte Wattie hinter sich gelassen und kam am Ende als Sechster ins Ziel. Ein Weltmeisterschaftspunkt. Fantastisch. Und es sah nicht mal so aus, als ob er heftig am Kämpfen gewesen wäre. Sein Auto fuhr wie auf Schienen. Alle hatten Probleme mit massiver Untersteuerung und der grossen Hitze, er anscheinend nicht. Das war für mich wirklich das Verblüffendste bei seinem ersten Grand Prix, dass er am Ende ausstieg und noch einigermassen frisch wirkte, während andere, wie Pironi, schweissgebadet waren."

In Interlagos, Brasilien, qualifizierte sich Prost zwei Wochen später in der siebten Startreihe, Watson in der letzten. Erneut fuhr er vorsichtig, versuchte Schwierigkeiten aus dem Weg zu gehen, und wurde Fünfter. "Schon damals hatte er kapiert", sagt Teddy Mayer, "dass es in einem Rennen zunächst mal wichtig ist, überhaupt ins Ziel zu kommen."

"Was ich nach Argentinien und Brasilien über ihn dachte?" Tyler Alexander denkt eine Weile nach. "Er war ein Neuling, aber das merkte man ihm nicht an. Der Junge war wirklich gut. Ehrlich gesagt glaube ich, dass er damals schon das gleiche Schlitzohr war wie heute [Grinsen], insofern als [lange Pause], wie soll ich sagen, als er uns gewissermassen benutzte, um voranzukommen, und dann, als sich die Chance bot, von uns wegging, um erneut voranzukommen. Aber er war wirklich ein netter Kerl, offen und geradeaus. Wenn er sich ins Auto setzte, wollte er seine Sache immer so gut machen, wie es ging. Er hatte auch guten Teamgeist. Mit seinem fünften Platz hatte er nun schon immerhin einige Punkte für uns geholt. Wir hatten das Jahr vorher ziemlich Schiffbruch erlitten, und jetzt sah es so aus, als ginge es wieder aufwärts für uns. Jahre danach las ich einmal ein Interview mit ihm, in dem er eine Bemerkung machte, wir bei McLaren seien damals alle gottverdammte Idioten gewesen, weil wir uns über seinen fünften Platz wie die Schneekönige gefreut hätten, wo es doch immer nur um ein Ziel ginge, nämlich Rennen zu gewinnen."

"Ich meine, das war eine ziemlich schwachsinnige Bemerkung von ihm. Wir kämpften damals, um uns wieder aus dem Sumpf herauszuarbeiten. Ein Punkt ist immerhin ein Punkt, und es ist alles andere als leicht, ihn zu bekommen. Wir freuten uns auch über seine Fortschritte, und dann kommt er daher und meint, wir seien hirnrissig, weil wir uns über eine Plazierung in den Punkterängen freuten, anstatt uns aufs Siegen zu konzentrieren. Natürlich waren wir darauf aus zu gewinnen. Aber es gibt eben Zeiten, in denen entweder die Technik oder die Leute im Team oder das Auto nicht gut genug sind, als dass man eine realistische Siegchance hätte. Dann muss man auch mal mit weniger zufrieden sein. So ist das eben, die Konkurrenz schläft auch nicht."

Was Teddy Mayer sagt, ist in diesem Zusammenhang bedeutsam: "Was er für ein Mensch war? Das ist schwer zu sagen, weil sein Englisch – am Anfang zumindest – doch recht dürftig war. Er lernte dann allerdings schnell, sich zumindest verständlich zu machen, auch wenn man es eigentlich nicht als Englisch bezeichnen konnte, was er sprach, allenfalls so eine Art Pidgin-Englisch. Aber er gab sich auf jeden Fall Mühe. Wir hatte damals Probleme mit unserem Auto. Unser Konstrukteur-Team – man kann es ja heute ruhig offen sagen – war zu jener Zeit sicher nicht das beste auf dem Markt. Alain tat sich sehr schwer, sich damit abzufinden. Das wurmte ihn."

Prost war freilich nicht der einzige im Team, den etwas wurmte. Auch John Watson grollte vor sich hin, wenn auch aus einem ganz anderen Grund, wie wir gleich erfahren werden.

"McLaren war immer bekannt für das gute Betriebsklima gewesen", so Tony Jardine. "Wir hatten über die Jahre Briten, Neuseeländer, Australier, Amerikaner und andere bei uns gehabt, und die Atmosphäre war immer prächtig gewesen. Bei uns wurde viel gelacht, es wurde immer mal ein Scherz gemacht. Das war schon eine Tradition. In den Jahren 1977 und 1978 fuhr zum Beispiel Bruno Giacomelli bei uns. Bei uns hiess er bald nur noch Jack O'Malley. Lauter solche Sachen."

"In Brasilien hatten wir in unserem Werkstattraum eine grosse Kreidewand. Ich war früher mal Lehrer in Kuwait gewesen und hatte dort nebenbei als Karikaturist für die Kuwait Times gearbeitet, allerdings unter dem Pseudonym Hamish, weil ich meinen Feierabendjob lieber geheimhalten wollte. Paddy McNally, damals der PR-Mann bei Marlboro, kannte mich gut, wusste von meiner Vergangenheit als Karikaturist und sagte zu mir: 'Komm, zeig mal, was du kannst.'"

"Also malte ich eine Karikatur an die Kreidewand. Um sie zu erklären, muss ich etwas ausholen. Die Rennstrecke in Interlagos war extrem wellig, so eine richtige Buckelpiste. Alle Fahrer beklagten sich darüber. Wir standen einige Male an der Kurve nach dem Boxenbereich, um zu sehen, ob die Fahrer sich trauten, dort voll Stoff durchzufahren. So um die 250 Sachen gab die Kurve durchaus her. Es hatte aber solche Buckel dort, dass die Fahrer manchmal das Gefühl hatten, ihre Gedärme würden ihnen rausfallen. Am Sound des Motors hörte man, ob die Fahrer voll in diese Kurve gingen oder es vorzogen, etwas Gas wegzunehmen. Alain fuhr nach vier Runden volle Pulle durch die Kurve, Wattie dagegen hörte nicht auf, über die Bodenwellen zu schimpfen. Ich malte daher ein Bild, auf dem man einen McLaren sah, der über eine bucklige Strecke fuhr. Dazu zeichnete ich ein dreieckiges Verkehrsschild, das vor Bodenwellen warnte. Ein kleines Auto war reingezeichnet, das gerade auf einer Bodenwelle abhob. Wattie war zu jener Zeit ein grosser Tennisfan, deshalb liess ich ihn in der Unterzeile zu der Karikatur sagen: 'Ich werde dir zeigen, wie man Tennis spielt. Das ist auch leicht.' Etwas bissig war das natürlich schon, nachdem Prost ihn in den ersten beiden Rennen ziemlich schlecht hatte aussehen lassen. Prost fand die Karikatur ein bisschen gemein gegenüber Wattie, aber alle anderen im Team fanden sie super [ausser Watson selbst]."

"So ein Formel 1-Groupie war damals hinter Wattie her. Sie folgte ihm rund um den Globus. Wo er auch hinkam, fand er rote Rosen für sich plaziert. Das war ihm äusserst peinlich. Wenn er die Blumen irgendwo fand, verbrannte er sie gleich oder vernichtete sie sonstwie. Aber meistens kamen wir ihm zuvor, nahmen die Rosen und dekorierten sein Auto damit. Prost machte dabei auch immer gerne mit ..."

Watson spürte damals zunehmend eine bestimmte Tendenz: "Prost war auf Anhieb schnell. Er konnte auch auf Anhieb den Mechanikern ein gutes Feedback geben. Zwar hatte er keine Erfahrung mit Formel 1-Autos oder Autos mit ähnlichen aerodynamischen Eigenschaften, aber er hatte einfach ein Gefühl dafür. Dies führte bald dazu, dass das Team sich in erster Linie an ihn wandte, wenn es um irgendwelche technische Fragen ging. Ich rückte immer mehr in den Hintergrund. Das war eine schwierige Zeit für mich. Man kann nicht sagen, dass die Informationen, die ich weitergab, präzise oder unpräzise waren. Ich gab meine Eindrücke vom Verhalten des Autos wieder. Prost machte das gleiche, aber anscheinend meinten die Leute vom Team, was er ihnen sagen konnte, war besser. Auf jeden Fall konzentrierte sich alles sehr bald ganz auf Prost, während ich links liegengelassen wurde."

"Zweifellos lag das zum Teil an mir selbst, zum Teil am Team. Das Team schaffte es nicht, das Beste aus mir rauszuholen, und ich schaffte es nicht, das Beste aus dem Team rauszuholen. Sie betrachteten Alain als so etwas wie die Lösung für die Probleme, die man mit dem Auto hatte, anstatt dass sie versuchten, die Probleme am Auto abzustellen.

"Das Grundproblem war, dass unsere Leute die Wichtigkeit bestimmter Aspekte der Luftpolsterwirkung in der Gestaltung des Fahrzeugunterbodens, überhaupt die Wichtigkeit der Aerodynamik in der Rennwagenkonstruktion, noch nicht erkannt hatten. Rückblickend kann man sogar sagen, dass diese Aspekte in der damaligen Phase der technologischen Entwicklung von grösserer Bedeutung waren als die mechanischen. Bei Williams, Brabham und Ligier hatte man dagegen verstanden, dass die Aerodynamik wichtiger geworden war als die traditionellen Elemente der Fahrwerkkonstruktion wie Federn, Steuerstangen und so weiter. Der technologische Trend war der, den Fahrzeugunterboden dazu einzusetzen, das Auto tiefer zu bekommen, indem eine Ansaugwirkung erzeugt wurde. Unser Team wusste noch nicht, wie das funktionierte, wie man das regeln konnte und was zu tun war. Im Grunde war dies eine Sache, bei der der Fahrer nichts beisteuern konnte, denn die Informationen, die man brauchte, musste man sich durch Versuche im Windkanal verschaffen."

"Was der Fahrer generell beitragen kann, ist, Aussagen zu machen wie etwa "in Kurve A verhält sich das Auto so, in Kurve B so" und so weiter. Ich weiss, darin ist Alain sehr gut, nein, darin ist er absolute Spitze. Im Laufe des Jahres 1980 wandte sich McLaren mit seinen Problemen unter anderem an Robin Herd, der damals bei March war. Herd gab eine Reihe wichtiger Tips, was die Gestaltung des Unterbodens anging, und wirklich wurde das Auto dadurch besser."

"Gleichzeitig gewann Alain immer mehr an Format und Ansehen. Ein Charaktermerkmal von ihm ist, dass er überaus zielfixiert und ehrgeizig ist. So muss das wohl bei einem Rennfahrer auch sein, sonst wäre er fehl am Platz. Man muss das sicher als Stärke, nicht etwa als Schwäche sehen. Auf unsere Situation im Team wirkte sich diese Entwicklung allerdings so aus, dass zunehmend er es war, der das neuere, das bessere Material bzw. die bessere Technik bekam. Ich kam erst in zweiter Linie. Im Team war die Einstellung spürbar: 'Freilich, wir haben auch Watson bei uns. Natürlich gehört auch er zum Team. Aber unser Mann für die Zukunft ist Prost. Er ist es, auf den wir setzen müssen.'"

Es war also der Moment gekommen, in dem Risse sich bildeten, Spannungen unangenehm spürbar wurden. Der Mechanismus drohte aus dem Gleichgewicht zu geraten. Ein Formel 1-Rennstall ist ein kompliziertes, empfindliches Gefüge aus Finanzen, menschlichen Beziehungen und Material. Solange alles in Ordnung ist, kann ein solcher Apparat mit faszinierender Effizienz arbeiten. Aber wenn er einmal aus dem Takt kommt, ist es ungeheuer schwierig, dies wieder zu richten. Allein wenn man die menschliche Komponente betrachtet, ist es eine äusserst heikle Angelegenheit, die Harmonie unter den Beteiligten wiederherzustellen, wenn einmal Reibungen entstanden sind. Vor allem die ausgeprägte Konkurrenzsituation unter den Fahrern macht diesen Bereich sehr störanfällig.

Noch ein anderer, unterschwelliger Spannungsfaktor war bei McLaren zu Beginn der Saison 1980 gegeben. Marlboro, der Geldgeber, dessen Name fast schon ein Synonym für McLaren geworden war, war ganz und gar nicht mit der Saison 1979 zufrieden. Nur Siebter in der Rangliste der Konstrukteure war McLaren geworden, bei geradкато 15 erreichten Punkten (Sieger war Ferrari mit 113). Watson war in der Fahrerwertung Neunter geworden. Er hatte alle 15 Punkte seines Teams geholt, Tambay überhaupt keinen.

"Ja, sicher, wir waren unter Druck damals, gar keine Frage", so Teddy Mayer. "Schon einige Zeit zeigte sich Marlboro unzufrieden, weil unsere Ergebnisse eher bescheiden waren. Aber so ist das eben im Automobilrennsport. Die Sponsorenfirma will ständig Erfolge sehen. Was die Sponsoren oft nicht begreifen, ist, dass man in den seltensten Fällen, wenn irgendwo der Wurm drin ist, hingehen und dies über Nacht in Ordnung bringen kann. Man kann nur eine Reihe sorgfältig abgestimmter Massnahmen in die Wege leiten. Bis die aber greifen, das dauert eben seine Zeit. Wenn man aus einem Team, das durchhängt, ein Spitzenteam machen will, geht das nicht von einem Moment auf den anderen – da kann man sich John Barnard, Frank Williams, Ken Tyrrell und was weiss ich wen gleichzeitig anheuern. Zwei oder drei Jahre wird es in jedem Fall dauern. Ob der Boss eines Rennstalls in einer Situation wie damals unter mehr Druck steht? Das ist nichts Aussergewöhnliches, damit muss man leben..."

Es könnte durchaus sein, dass dieser Druck sich auch auf Prost auswirkte, auf dem nun alle Hoffnungen des Teams ruhten. Er sollte der rettende Lotse für das in unruhige Fahrwasser geratene Schiff sein. Er sollte Marlboro wieder zufriedenstellen, damit weiterhin das nötige Geld fliessen würde, um das Unternehmen so weiterzuführen, wie man es gewohnt war.

"Alain hatte mit unserem Auto einen fünften Platz in Brasilien rausgeholt", so Tony Jardine, "dabei war es nur ein mittelmässiges Auto, eigentlich eine Art Notnagel, bis wir unsere Neukonstruktion fertig haben würden. Und dann ging's auf nach Südafrika."

Dort sollte aber ein weiterer Spannungsfaktor auftreten, den Prost ganz zweifellos spürte. Er kam nämlich aus ihm selbst heraus. Es war ein alarmierender Spannungsfaktor: Zweifel. Nicht etwa Selbstzweifel – Zweifel am Auto. Im Mittwochstraining, noch vor der Qualifikation, "versagte die Vorderradaufhängung beim Beschleunigen auf dem ansteigenden Stück vor der Leeukop-Kurve", der Rechtskurve vor der langen Geraden. Prost flog von der Piste und zog sich eine Schnittwunde am linken Bein zu."

Dieser Unfall bedeutete, dass Prost am Donnerstag, wie "Autosport" damals berichtete, "den alten, nicht-modifizierten M29 für den ersten Qualifikationsabschnitt benutzen musste. Es lief trotzdem gut für Prost, aber dann wurde er durch einen Bruch der Hinterradaufhängung bei der Einfahrt in die schnelle S-Kurve abrupt ge-

Sieg in Spa 1987. Wie so häufig dort, ist es ein Regenrennen. Prosts Teamgefährte Stefan Johansson wird Zweiter.

Die beiden McLaren fädeln sich durch die engen Kurven des Hungarorings. (1987)

Prost zusammen mit den Mächtigen der Formel 1 (v.l.n.r.): Marco Piccini (Ferrari), Bernie Ecclestone, Jean-Marie Balestre. Eitel Sonnenschein, hat man den Eindruck. Noch ...

(Oben rechts) Monaco 1987.

Das neue Team (v.l.n.r.): Senna, Prost und Dennis. In den Jahren 1988 und 1989 beherrschte dieses Trio die Formel 1 nach Belieben.

Marlboro
Shell

Shell
BOSS
Marlboro
HONDA
Marlboro

Dynamik in ihrer reinsten Form. Alain Prost in Monza.

(Rechte Seite)
Ein Moment der Entspannung. Häufig kommt Prost nicht dazu.

Sie hören wohl, was der andere sagt. Aber glauben sie es auch? Prost und Senna.

Marlboro
Marlboro

(Oben) Das sieht man selten. Prost ist beim Training in Monza 1989 von der Strecke abgekommen.

(Unten) Viele fleissige Hände verhelfen Prost beim Boxenstopp zum zweiten Platz in Rio 1989 – hinter Mansell.

Der Augenblick des Beginns des Zerwürfnisses. Prost warf Senna hinterher vor, ihn entgegen ihrer Vereinbarung überholt zu haben.

Optische Täuschung: Prost scheint sich einen Weg durch das Dickicht von Monaco zu suchen. An Senna kam er an diesem Tag nicht heran.

stoppt. Sein Auto hob auf der Pistenbegrenzung ab und flog in hohem Bogen in eine Fangbarriere. Bei der Landung auf dem Boden wurde das Lenkrad heftig herumgerissen, wobei Prost sich eine Handgelenksverletzung zuzog. Das Auto wurde zwar für den zweiten Qualifikationstag repariert, aber unglücklicherweise hatte sich Prost bei seinem Unfall einen kleinen Knochen im linken Handgelenk gebrochen, so dass er nicht fahren konnte. 'Nach dem Unfall schmerzte das Handgelenk nicht übermässig, aber bis zum Abend war es dick angeschwollen, so dass ich nichts mehr mit der Hand machen konnte', erzählte Prost am nächsten Tag an der Rennstrecke, wo er das Geschehen als Zuschauer verfolgte." Der Mann, der diese Worte damals schrieb, Jeff Hutchinson, kann wohl kaum ihre Bedeutung voll erkannt haben. Für ihn waren diese Ereignisse etwas Routinemässiges. Unfälle auf Rennstrecken hatte er schon viele gesehen und würde er noch viele danach sehen. Im Falle von Alain Prost und McLaren in der Saison 1980 allerdings sollte dies der Beginn einer sehr bedeutsamen Entwicklung sein. Aus diesem Grund habe ich auch so minutiös die Einzelheiten wiedergegeben.

"Nach den Rennen in Argentinien und Brasilien hatten wir uns alle erwartet, dass Prost auch in Südafrika ins Ziel kommen würde", erzählt Jardine. "Aber dann schoss er im Training geradeaus von der Strecke, und ich musste ihn ins Krankenhaus bringen. Er musste dort sein Bein untersuchen lassen, denn er humpelte und hinkte nach dem Unfall nur noch herum. Man behielt ihn über Nacht dort. Das war der Moment, in dem er anfing, sich kritische Gedanken über das Auto zu machen." (An diesem Punkt während des Interviews sucht Jardine den entsprechenden Bericht im Autocourse-Jahrbuch, findet ihn schliesslich auch und zeigt mir ein Foto von Prost. "Da ist er, das linke Bein in Gips, das Handgelenk in Gips.")

In der Tat begann Prost, sich Gedanken über die Sicherheit seines Autos zu machen, obwohl er noch so neu im Geschäft war, dass er selbst Zweifel hatte, inwieweit er dies beurteilen konnte.

Prost erinnert sich auch, dass Watson ihm in jener Zeit mit Hilfe, Rat und Trost zur Seite stand. "Das stimmt", sagt Watson, "ich half Alain damals wirklich. Ich weiss nicht, ob es eine Stärke oder eine Schwäche meines Charakters ist, aber ich verstand mich mit Alain als meinem Arbeitskollegen sozusagen in der Saison 1980 ausgesprochen gut – wie eigentlich mit jedem Teamgefährten. Ich mochte und mag Alain sehr. Die Probleme, die es gab, lagen nicht an Alain. Er verhielt sich so, wie ich das an seiner Stelle auch getan hätte. Probleme hatte ich mit dem Team-Management."

"In Südafrika hatte er einen Unfall. Er kam im Training von der Strecke ab und verletzte sich am Handgelenk. Das verursachte ihm hinterher mehr und mehr Schmerzen, und Marie-Claude Beaumont, damals PR-Dame bei Renault, sagte zu mir: 'Pass mal auf, John. Sein Handgelenk tut ihm wirklich weh. Hilf ihm doch bitte. Könntest du ihn ins Krankenhaus bringen?' Keiner vom Team hatte etwas unternommen. Sie sahen das locker: Da muss ein Verband drumrum, dann wird das schon wieder. Ich fuhr ihn ins Krankenhaus. Ich empfand so eine Art Verantwortung für ihn wie für einen kleinen Bruder. Es stellt sich dort heraus, dass er das Kahnbein gebrochen oder angeknackst hatte. Das ist ein heikler kleiner Knochen im Handgelenk. Wenn man den gebrochen hat, ist das eine sehr unangenehme Sache. Es dauert lange, bis es geheilt ist. Ich war damals dabei, als man ihm sagte, dass das Kahnbein gebrochen sei. Von diesem Moment an hatten wir irgendwie eine sehr persönliche Verbindung."

Der Leser mag sich an dieser Stelle fragen, wie es bei allen Trübungen des Gedächtnisses möglich ist, dass sowohl Jardine als auch Watson Prost ins Krankenhaus fahren konnten. Die Erklärung ist ähnlich einfach wie im Falle der schnellsten Rundenzeit auf dem Ricard-Ring: Auch hier war es in Wirklichkeit etwas komplizierter, als man zunächst meint. Er wurde nämlich zweimal ins Krankenhaus gefahren, einmal nach der Beinverletzung vom Mittwochstraining (Jardine als Fahrer) und einmal nach der Handgelenksverletzung vom Donnerstagstraining (Watson als Fahrer).

Mayer ist heute noch überzeugt, "der Unfall in Südafrika war ganz klar sein eigener Fehler. Er verletzte sich damals einen Knochen im Handgelenk. Das war eindeutig ein Fahrerfehler, auch Alain würde das heute bestimmt so sehen. Der Fehler war, dass er die Daumen innen im Lenkrad liegen hatte, und als das Lenkrad herumgerissen wurde, bekam er dadurch etwas an der Hand ab. Das Auto wurde bei dem Unfall kaum beschädigt."

Neben dem Krankenhausbesuch gab es noch anderes, was Watson und Prost geradezu freundschaftlich verband, wie der Franzose sich heute erinnert. Er kannte damals natürlich die wenigsten unter den Rennstrecken der Formel 1. Watson erzählt: "Ich setzte mich damals mit Alain hin und sagte zum Beispiel: 'Schau, das ist die Strecke von Kyalami'. Damit hatte ich keine Probleme. Ich machte das wirklich gern." Prost hat nicht vergessen, wie kameradschaftlich Watson sich damals verhielt: "Er hat mir viele praktische Tips gegeben. Er war sofort bereit, vor mir her zu fahren, um mir Ideallinien auf den verschiedenen Strecken zu zeigen. Er war wie ein grosser Bruder für mich."

"Er machte einige Fehler in der Zeit, als er für uns fuhr", so Tyler Alexander, "und auch wir machten einige Fehler. Das ist normal. In Südafrika war es wohl so, dass er einen Fehler machte. Möglicherweise war auch ein Fehler am Auto schuld an dem Unfall. Keiner kann das heute sagen. Ich kann mich aber auch nicht erinnern, dass er damals irgendwelche Vorwürfe erhoben hätte."

Im nächsten Rennen in Long Beach konnte Prost wegen seiner Verletzung nicht dabeisein. McLaren holte sich als Aushilfe einen vielversprechenden jungen Engländer namens Stephen South. Er war jedoch der Langsamste an beiden Trainingstagen und konnte sich nicht fürs Rennen qualifizieren. "Das zeigte uns", so Jardine, "wie schlecht unser Auto wirklich war, denn auch Wattie landete nur am Ende des Startfeldes [in der vorletzten Reihe]. Für Marlboro war das Rennen in den USA erneut ein Desaster, denn wir waren nur mit einem Auto vertreten. Und in Monaco sollte es noch schlimmer kommen."

Zwischen Long Beach und dem Fürstentum am Mittelmeer lag Zolder, ein ziemlich trister Ort in Belgien, den niemand in der Branche übermässig mochte. Das beliebteste dort bei den Fahrern und Mechanikern waren die Pommes frites mit Mayonnaise, die es im Fahrerlager gab. Prost qualifizierte sich einen Platz vor Watson, aber nur vier Fahrer kamen noch hinter ihnen im Startfeld. In Runde 29 fiel Prost mit defekten Bremsen aus, als er bereits überrundet war. Watson brachte sein Auto zwar mit Mühe ins Ziel, aber mit nicht weniger als zwölf Runden Abstand zum Sieger Didier Pironi.

Am ersten Qualifikationstag in Monaco regnete es, und alle siebenundzwanzig teilnehmenden Fahrer wussten, ihre Zeiten würden bedeutungslos werden, falls es am zweiten Tag trocken sein würde, denn dann würden alle wesentlich schneller sein. Und alle siebenundzwanzig Fahrer wussten auch, dass nur die besten zwanzig am Sonntag dabei sein würden. Die Trauben hingen hoch in Monaco. (Watson kam übrigens an Prosts Trainingszeit bei weitem nicht heran. Er startete als Achtzehnter, Prost als Neunter.) Am zweiten Qualifikationstag war die Piste dann tatsächlich trocken, und die Besten waren um mehr als 20 Sekunden schneller als am Vortag. Watson schaffte es nicht, unter die ersten zwanzig zu kommen. Da half es dem Team auch wenig, dass Prost Zehnter wurde.

"An Monaco erinnere ich mich noch sehr gut", so Jardine. "Für Prost war es im Training ganz gut gelaufen, wenn man sein Auto und alle anderen Umstände berücksichtigte. Wattie aber konnte sich nicht qualifizieren. Eine Schar von Fans war aus Irland nach Monaco gekommen, um ihn fahren zu sehen. Nach dem Training standen sie alle draussen vor dem Motorhome. 'Teach', sagte er damals, 'du musst rausgehen und es ihnen sagen.' Mit ihrem irischen Akzent riefen sie mir zu: 'Wir sind 1000 Meilen gefahren, um John zu sehen. Und jetzt ist er nicht im Rennen dabei!' Wieder war also nur ein Auto von uns im Rennen, und das gefiel Marlboro natürlich überhaupt nicht."

"Auch das Rennen selbst lief wieder schlecht für uns. Derek Daly (Tyrrell) lag weit hinter Prost, als er vor der Sainte-Devote-Kurve ein halsbrecherisches Ausbremsmanöver startete. Er verpasste seinen Bremspunkt völlig und fuhr auf das Auto seines Teamkollegen Jean-Pierre Jarier auf, das zur unfreiwilligen Startrampe wurde. Daly hob ab zu einem gewaltigen Satz durch die Luft, schien während des Fluges über mehrere Autos hinweg sogar immer schneller zu werden. Er zischte knapp über Piquet drüber, berührte Giacomelli, berührte einen der Alfas, flog dann noch über Prost, wobei er den Heckflügel abriss, und landete vornedran in einem grossen Stapel von Strohballen."

"Prost beendete die Runde ohne Heckflügel, stellte das Auto ab und stieg aus. Ich bin mir nicht ganz sicher, aber ich glaube, unsere Jungs waren eigentlich darauf eingestellt, ihm einen neuen Flügel dranzuschrauben, und dann hätte er weiterfahren können. So wie man Prost kannte, hätte er durchaus noch einen Platz in den Punkterängen herausholen können. Ausser dem abgerissenen Heckflügel war ja nichts am Auto passiert. Verstehen Sie, worauf ich hinauswill? Nach den beiden Unfällen in Südafrika gab er ein Rennen lieber auf, wenn das Auto beschädigt worden war. Mit anderen Worten, er hatte keine Lust mehr, Villeneuve zu spielen und auf Teufel komm raus das Rennen zu Ende zu fahren." (Gilles Villeneuve wird aus einer Reihe von Gründen in der Formel 1-Gemeinde verehrt. Einer davon ist, dass er einmal – es war in Zandvoort – eine ganze Runde lang mit einem Hinterrad fuhr, von dem fast nichts mehr übrig war, um die Boxen zu erreichen und zu versuchen, das Rennen neu aufzunehmen. Das Bild des schiefliegenden Ferraris mit dem völlig zerfetzten Reifen, mit dem Gillesneuve gerade noch an die Boxen humpelte, ist jedem Fan noch lebhaft in Erinnerung.)

Die Zweifel Prosts am Wagen wuchsen. Und auch die spitze Feder des Karikaturisten Tony Jardine stand nicht still. "Nach Südafrika zeichnete ich ein Bild von Prost als Napoleon, die linke bandagierte Hand über der Brust in die Uniformjacke eingeschoben, einen Fuss in Siegerpose auf den McLaren aufgestützt. Der Untertext lautete: 'Unserem kleinen Napoleon von seinem Team.' Ich hatte die Zeichnung sorgfältig koloriert. Sechs Abende hatte ich darangesessen. Teddy Mayer fand das gut, er gab mir sogar das Geld für einen Rahmen, damit wir die Zeichnung Prost schenken konnten. Später hat er mir mal erzählt, dass er das Bild immer noch in seiner Gästetoilette hängen hat. Es schien ihm zu gefallen ..."

"Prost hat einmal gesagt, ich hätte das mit den Karikaturen gut geschluckt", so John Watson. "Es blieb mir wohl nichts anderes übrig, weil das Management es duldete. Auch sie fanden die Bilder urkomisch, und das war einer der Gründe, warum ich die Teamführung für unfähig hielt und heute noch halte. Kein seriöser Teamchef würde diese Art von Humor – wenn man das Humor nennen kann – unter seinen Leuten hinnehmen. Das war gedankenloser, lascher Führungsstil. Selbst wenn er die Bilder persönlich vielleicht lustig fand, hätte er sie nicht dulden dürfen. Wenn man nun mal zwei Fahrer in seinem Rennstall hat, geht so etwas einfach nicht. Unter einem Ron Dennis würde es das bei McLaren heute nicht geben. Solche Bilder wären bei ihm sofort von der Wand verschwunden."

Teddy Mayer reagiert ziemlich heftig: "Es hätte einen Aufstand im Team gegeben, wenn ich die Karikaturen hätte abhängen lassen. Ich kann John hier überhaupt nicht zustimmen. Mit so etwas muss man doch leben können. Wenn man das nicht wegstecken kann, ist man kein Mann, und ich dachte immer, John sei ein Mann. Ich bin wirklich überrascht, dass ihn das so getroffen hat, obwohl ich weiss, dass er sensibel ist. Ob wir ausschliesslich Prost in den Mittelpunkt gerückt haben? Ja, das stimmt wohl, und die Bilder haben das ausgedrückt. Da hat er schon recht."

Mayer meint, "man konzentriert sich immer auf den schnellsten Fahrer. Es ist wie bei so vielen Dingen eine zweischneidige Sache, wenn man jemanden offiziell zum 'Fahrer Nummer 1' macht. Das kann immer unangenehme Folgen haben. Man kann noch so viel auf ein Stück Papier schreiben: In jedem Team der Welt ist stets die Nummer 1, wer momentan am schnellsten fährt. Das ist das Gesetz dieses Sports. Ich weiss nicht, warum die Fahrer das nicht verstehen wollen. Man kann sich nicht an etwas festhalten, was faktisch nicht stimmt, nur weil es auf irgendeinem Papier steht. Es gibt nur einen Grund zu sagen, ein Fahrer muss seinem Teamkollegen den Vortritt lassen, und das ist, wenn der andere die Chance hat, Weltmeister zu werden." Hier spricht Mayer die bekannte Stallregie an, also die Situation, wenn die Boxentafeln hochgehalten werden, auf denen zwei Fahrern eines Teams angezeigt wird, wer von ihnen als erster ins Ziel kommen soll. Dies ist ein vieldiskutiertes Thema, denn man kann dies sehr wohl als einen Verstoss gegen sportliche Grundprinzipien ansehen. Jahre später sollte genau eine solche Situation, als ein anderer Rennstall Prost und seinem Teamgefährten signalisierte, wer von beiden gewinnen sollte, ganz Frankreich in Empörung versetzen. "Ansonsten aber", so Mayer weiter, "ist sich jeder eben selbst der Nächste, auch innerhalb eines Rennstalls. Das klingt vielleicht hart, aber so ist es. Wir standen damals auch unter Druck von Marlboro, und das schon seit einer Weile ..."

Teddy Jardine wirft einige Schlaglichter auf den Privatmenschen Alain Prost im Sommer 1980: "Er hatte einen prächtigen Humor." Nächste Erinnerung: "Er fuhr für Renault bei einer Rallye mit. Rallyes faszinierten mich sehr, und Prost fuhr ziemlich gut." Nächste Erinnerung: "Anne-Marie [seine Frau] hasste Autorennen, aber zum Grossen Preis von Frankreich kam sie. Ich verstand mich gut mit ihr. Sie war eine fantastische Frau." Nächste Erinnerung: "Einmal stand ein Kricket-Match Tyrrell gegen McLaren an, und zwar in Ockham, wo der Sitz von Tyrrell ist. Ich fragte Alain, ob er nicht mitspielen wolle. Ich erklärte ihm eine halbe Stunde lang am Telefon, wie man Kricket spielt. Er hatte noch nie davon gehört gehabt. Schliesslich sagte er mit seinem ausgeprägten französischen Akzent: 'Nein, lieber nicht.' Und dann fügte er noch hinzu: 'Ich spiele Boules, weisst du'. Wir hätten ihn natürlich als Schlagmann Nummer 1 eingesetzt." (Schlagmann Nummer 1 zu sein bedeutet, als erster zu schlagen, wenn der Fänger, der den Ball erwischen muss, zwangsläufig noch frisch und schnell ist. Mit seiner Entscheidung, die Einladung abzulehnen, bewies Prost, dass er sofort gewisse Zusammenhänge in diesem Sport durchschaut hatte.)

Die nächste Erinnerung: "In der Zeit vor dem ersten Grand Prix spielten wir gegen die anderen Teams Fussball. Da war er ganz wild drauf. Überhaupt kickte er unheimlich gern mit den Mechanikern ein bisschen herum, wenn sich gerade eine Gelegenheit bot. Einmal hatten wir ein Match gegen die Brabham-Leute vereinbart, und ich rief Alain an und fragte ihn: "Wie ist's. Hast du Lust mitzuspielen?" Und er sagte: "Klar, natürlich." Dann konnte er aber leider doch nicht mitspielen, weil er verhindert war." Da war nichts zu machen, er war eben Rennfahrer geworden und kein Fussballer, wie einst erträumt.

Und eine letzte Erinnerung: "Einige Male, wenn er ins Werk nach London kam, sollte ich ihn vom Flughafen abholen. Das machte ich immer gern. Einmal musste ich das Auto meiner Frau Janet hierfür ausleihen, eine schon etwas betagte Ente. Ich sagte damals zu Alain: 'Es macht dir hoffentlich nichts aus, wie das Auto aussieht.' Er antwortete: 'Überhaupt nicht. Es ist schliesslich ein französisches Auto.'" Jedesmal wollte er mich überreden, mich nicht zu Teddy zu bringen, der ihn immer einlud, bei sich in Weybridge zu übernachten. Alain wollte lieber in einer ungezwungeneren Umgebung sein. Es fiel ihm sowieso nicht leicht in England, hatte ich den Eindruck. Es war doch noch alles ziemlich fremd für ihn damals. Die ersten vier oder fünf Male, die er hier war, wohnte er immer bei Mayer. Teddy gab sich damals alle Mühe, ihn zu motivieren ("Ich muss mich um meinen Fahrer kümmern. Schliesslich ist er ganz neu im Geschäft."). Er wusste, dass er einen guten Griff gemacht hatte. Wie ich das mitbekam, sagte er immer zu Alain: 'Du wohnst natürlich bei mir.' Und da Teddy schliesslich der Boss war, konnte Alain schlecht nein sagen. Aber wenn ich ihn dann abholte, sagte er immer: 'Teach, meinst du nicht, ich könnte auch bei dir wohnen? Das wäre mir lieber als bei Teddy.' Ein paar Mal sagte ich zu Teddy: 'Er kann gern auch bei mir übernachten, wenn es Ihnen recht ist.' Ich verstand Alain ja. Ich wusste, dass er lieber ein bisschen relaxen wollte."

All dies lässt sich sehr leicht nachvollziehen. Mayer meinte es gut mit seinem neuen jungen Fahrer. Er wollte ihn gern näher kennenlernen und ihm Gelegenheit geben, ihn (Mayer) näher kennenzulernen. Er wollte sich gern mit ihm unterhalten, über die Rennfahrerei reden. Mayer konnte Prost schliesslich einiges hierüber sagen, denn er war ja schon lange im Geschäft. Er war schon Manager bei McLaren gewesen an jenem denkwürdigen Tag, als James Hunt am Fusse des Fujijama Weltmeister wurde, um ein Beispiel aus seiner langjährigen Tätigkeit in dieser Branche herauszupicken.

Prost andererseits musste sich so befangen wie jeder andere Mensch auch fühlen, wenn er von seinem Chef eingeladen wird, bei sich zu übernachten. Und dazu war er noch jung und in einem fremden Land. Jardine dagegen war ungefähr in seinem Alter. Sie verstanden sich gut, lachten viel miteinander. Jardine war ausserdem ein ausgesprochen unkomplizierter, lockerer, einfach sympathischer Mensch. Französisch konnte er zwar nicht, aber mit seinem Komikertalent konnte er Sprachen und Akzente so gut imitieren, dass man meinte, er könne es.

"Ich nahm für Alain immer das Taschengeld zu jedem Rennen mit. Das war so eine kleine Alberei zwischen uns, eine Art vertrautes Spiel. Er sagte dann immer den gleichen Satz, den ich heute noch im Ohr habe: 'Teach, Teach, wo ist das Geld?' Ich hielt es ihm hin, er schnappte es, zählte es nach, und fort war er ..."

Und was sagt Prost selbst über jene Zeit? Hören wir ein Originalzitat von damals, 1980, ungefähr bei Halbzeit seiner ersten Formel 1-Saison: "Ich gebe immer mein Bestes im Training, aber im Rennen fehlt mir noch die Erfahrung. Die Art zu fahren ist, wie ich es mir vorgestellt hatte. Keiner scheint einen Gedanken daran zu verschwenden, ob er sich noch im sicheren Bereich bewegt. Sehr deutlich zeigt sich für mich der Unterschied, den es ausmacht, wie gut ein Auto abgestimmt ist. Wenn das Auto nicht optimal läuft, hat man keine Chance auf eine gute Plazierung. Schon eine verlorene Zehntelsekunde kann man in der Formel 1 kaum noch aufholen. In der Formel 2 und der Formel 3 kann man es fahrerisch noch ausgleichen, wenn das Auto nicht das beste ist. In der Formel 1 dagegen ist das völlig ausgeschlossen. Mein Ziel ist es, in der Formel 1 ganz ruhig, ganz elegant zu fahren." Und das würde er zu gegebener Zeit auch. Er würde mit einer Leichtigkeit und Eleganz fahren, dass sogar die Fahrerkollegen sich fragten, wie das möglich sei.

6
VERTRAUENSSACHE

Wissen Sie, man hat zu dem Fahrer in seinem Team immer ein enges persönliches Verhältnis. Aber in dem Moment, in dem er geht, ist das schlagartig vorbei. So ist das eben.

(Teddy Mayer)

Der Grosse Preis von Spanien vom 1. Juni 1980 in Jarama wurde nachträglich zum Rennen ausser Konkurrenz erklärt. Es zählte nicht für die Weltmeisterschaft. Dies war der Gong zur ersten Runde in einem Schlagabtausch zwischen dem Motorsportweltverband FISA und dem Formel 1-Konstrukteursverband FOCA. Mit diesem Thema wollen wir uns hier allerdings nicht beschäftigen. Für die Geschichte von Alain Prost ist mehr von Bedeutung, dass er während des Training wieder einmal eine unliebsame Überraschung erlebte.

"Autosport": "Zwischen die beiden Brabhams schob sich in der Startaufstellung ein brillianter Alain Prost, dem das McLaren-Team wieder einmal erlebnisreiche Trainingstage bescherte. Das Chassis des Ersatzwagens war modifiziert worden, indem man neue Haltepunkte für die Vorderradaufhängung angebracht hatte. Die McLaren-Leute hatten diese Haltepunkte von Fertigelementen abgenommen und an die Seiten des Chassis genietet. Prost sollte dann am Samstagvormittag das Auto testen. Nach zwei vorsichtigen Runden fuhr er auf Tempo, kam aber nur bis zur zweiten Haarnadelkurve etwa in der Mitte der Rennstrecke. Als er dort von rund 200 km/h hart 'runterbremste, löste sich die Radaufhängung vom Chassis, und das Auto schoss über die eigenen Vorderräder nach vorne."

"Zum Glück für Prost war für den Grand-Prix eben diese Kurve, die vorher nur einen kleinen Auslaufbereich gehabt hatte, zusätzlich gesichert worden. Nachdem der McLaren über den ersten Fangzaun geflogen war, blieb so noch genügend Raum und weitere drei Reihen Fangzäune, um die Folgen dieses Hochgeschwindigkeitsunfalls in Grenzen zu halten. Schon einigermassen abgebremst, stiess Prosts Wagen schliesslich halb rückwärts gegen eine Reifenbarriere und kam zum Stehen.

Prost stieg aus dem demolierten Auto aus und humpelte an die Boxen zurück. Mehr als ein paar blaue Flecke am Schienbein hatte er nicht abbekommen. Ohne lang herumzumachen, setzte sich der unerschrockene kleine Franzose in seinen normalen McLaren, ging wieder auf die Strecke und fuhr schnellere Zeiten als am Vortag. 'Nach so etwas darf man nicht nachdenken, sondern muss gleich wieder fahren, sonst setzt man sich nie wieder ins Cockpit', sagte Prost, der am Samstag der drittschnellste war und einer der wenigen, der seine Zeit vom ersten Trainingstag verbessern konnte." Im Rennen wurde er dann Sechster. Was er zu "Autosport" gesagt hatte, stimmte freilich nicht ganz. Er dachte sehr wohl nach...

Auf dem Paul-Ricard-Ring, vor dem nächsten Rennen nach Jarama, war Prost in der Qualifikation erneut schneller als Watson mit einem siebten Startplatz gegenüber einem dreizehnten des Nordiren. Er fiel dann jedoch, innerhin an sechster Stelle liegend, schon früh mit defekter Kraftübertragung aus. Die Trainingsergebnisse waren fast identisch wie in Frankreich: Prost Siebter, Watson Zwölfter. Prost hatte im Rennen einen völlig verkorksten Start, lag nach der ersten Runde nur auf dem zwölften Platz, arbeitete sich dann aber bis ins Ziel noch auf Platz Sechs vor. Endlich wieder ein WM-Punkt.

Inzwischen arbeitete McLaren fieberhaft an einem neuen Auto. Tony Jardine: "Alles wartete ungeduldig, ja sehnsüchtig auf den M30 als Nachfolger für den M29. Das neue Auto sollte die Wende bringen. Der Haken an der Sache war nur: Der M30 war eine Gemeinschaftsproduktion des Teams, er war nicht von unserem Konstrukteur allein konzipiert worden. Ich zum Beispiel fertigte Zeichnungen von der Karosserie an. Das war zwar ein grossartiges Team-Erlebnis, aber ich glaube, das Resultat war ein Beweis, dass es besser ist, wenn einer das Sagen hat."

"Das neue Auto war etwas besser", so Teddy Mayer, "aber es war immer noch nicht das Wahre. Wir hatte damals einfach kein gutes aerodynamisches Konzept. In jener Zeit hatte man auch noch nicht einen so grossen Apparat zur Verfügung, wo man zu einer Gruppe sagen kann: 'Passt auf, ihr kümmert euch jetzt nur darum, das neue Auto zu entwickeln, während wir anderen an dem herumfeilen, was wir haben.' Im Grunde lief es damals noch so: Sobald man etwas Neues gebaut hatte, ging man damit auf die Rennstrecke und probierte es aus. Entwicklung und Anwendung gingen immer Hand in Hand. Ob ich den ganzen Druck von aussen allein auf mich nehmen musste? Nun, dafür ist ein Team-Manager wohl in erster Linie da. Leicht ist es sicher nicht, aber das gehört eben zu diesem Job dazu. Irgendwie ist es auch einer der Faktoren, die den Motorrennsport überhaupt interessant machen."

"Ich liess ihn einige Sachen testen, die wir machten, um das [alte] Auto etwas zu verbessern – was uns dann auch gelang", so Tyler Alexander. "Es gab da so ein paar Punkte an dem Auto, die ich lieber nicht erwähnen möchte, weil sie schon fast kriminell waren. Aber ein schlechtes Auto war es mit Sicherheit nicht. Alain arbeitete damals gut mit uns mit, um dies und das am Auto zu verbessern. Die Zusammenarbeit mit ihm war so gut wie mit kaum einem anderen Fahrer. Heute ist er ein Held, aber damals war er erst einer, der sich anschickte, einmal ein Held zu werden, oder ein Superstar oder wie immer man es nennen möchte."

Das neue Auto sollte in Zandvoort erstmals an den Start gehen. Weder Prost noch Watson holten in den beiden Rennen davor (in Deutschland und Österreich)

Punkte. Prost heiratete im Sommer jenes Jahres übrigens Anne-Marie, seine Jugendliebe. Die beiden richteten sich eine Wohnung in Saint Chamond ein.

Was Mayer in bezug auf das Hand-in-Hand-Gehen von Entwicklung und Anwendung sagte, zeigte sich beim neuen M30 wieder deutlich. Prost führte das sogenannte "shake-down" durch, also die allerersten Probefahrten mit dem Auto. Das wurde in Goodwood, einem kleinen Rennkurs im Süden Englands, und in Brands Hatch gemacht. Dass man ihm dies überliess, so erkannte er, war ein Zeichen des Vertrauens, welches das Team in ihn hatte. Danach ging es mit dem neuen Auto direkt nach Zandvoort.

Die Spannungen wurden grösser. In der Qualifikation belegte Watson – noch im alten Auto, wie sollte es anders sein – den neunten Platz, Prost im neuen nur den achtzehnten. Im Rennen fiel Watson in der achtzehnten Runde, an siebter Stelle liegend, mit Motorschaden aus. Prost kämpfte sich noch bis auf den sechsten Platz vor.

"Im Verlauf der Saison 1980 wurde der M30 konstruiert", so John Watson, "und es sollte so etwas wie der endgültige McLaren werden. Das Auto lief zum ersten Mal in Zandvoort, und natürlich fuhr Alain darin. Mir gab man den alten M29. Dann geschahen zwei Dinge, die das wahre Gesicht der Formel 1 zeigen, nämlich wie schnell man hochgejubelt und wie schnell man fallengelassen werden kann. Alain bekam das neue Auto, und unsere Teamführung glaubte, dies wäre ein entscheidender Schritt nach vorn. Ich hatte im Training einen ziemlich spektakulären Unfall, als mir am Ende der Geraden die Bremsen versagten. Zum Glück passierte mir nichts, aber ich musste anschliessend im Ersatzwagen fahren. Der M29 war Zug um Zug ein bisschen verbessert worden, und er war nun wirklich schneller. Ich hatte in Zandvoort nun das Auto, in dem Alain in Deutschland und Österreich gefahren war [und das jetzt eigentlich als Ersatzwagen gedacht war]."

"Ich kam gut mit diesem Auto zurecht, während der M30 sich als nicht so gut wie erhofft erwies. Mein jetziger M29 war sogar schneller. Ich war in der Qualifikation schneller als Alain, und auch das Rennen lief gut für mich [bis zu dem Motordefekt]. Als nächstes kam Imola, der Grosse Preis von Italien, und dort setzte sich der Aufwärtstrend für mich fort." Watson qualifizierte sich in der Mitte des Startfeldes, Prost erreichte nur den allerletzten Startplatz. Watson lag auf einem Platz in den Punkterängen, als er in Runde 20 mit einem Bremsendefekt ausschied. Prost profitierte von vielen Ausfällen und erreichte noch einen sechsten Platz. Er hatte freilich im Ziel eine ganze Runde Rückstand auf die Erstplazierten.

"Von Zandvoort an hatte ich plötzlich wieder einen zunehmend besseren Stand im Team", so Watson. "Alain schimpfte immer mehr über das neue Auto. Nein, schimpfen ist eigentlich nicht das richtige Wort, er beklagte sich, das Auto sei nicht gut, das Team sei nicht gut. Und er hatte ja auch recht, er hatte vollkommen recht."

Marlboro hatte nun endgültig einen Entschluss gefasst, der schon länger im Raum stand. Als nächste Rennen standen Kanada am 28. September und Watkins Glen, der Grosse Preis der USA Ost an. Es waren die letzten beiden Rennen der Saison. Es ist nun an der Zeit, dass wir zwei Personen kennenlernen, die in dieser Geschichte noch eine wichtige Rolle spielen werden. Es sind zwei Männer, die in den Folgejahren eine dominierende Rolle in der Formel 1 spielen würden, nämlich

John Barnard, der Konstrukteur, der bereits mehrmal in Zitaten erwähnt wurde, und Ron Dennis, der Mann, der 1978 in Pau Prosts Auto mit angehoben hatte. Ron Dennis, durch und durch ein Organisator, hatte Barnard für sein Team "Project Four" angeheuert. Sie hatten eigentlich vorgehabt, ihre eigenen Formel 1-Autos zu bauen. Als diese beiden Teams nun in Montreal ein Art Fusion eingingen, war dies ein geschichtsträchtiger Augenblick. Prost würde zwei Weltmeisterschaften in Barnards Autos gewinnen, und für Ron Dennis als Manager sogar drei – aber bis dahin sollten noch einige Jahre vergehen.

"Als Rennfahrer muss man immer schauen, wo man bleibt", sagt John Watson. "Gute Rennställe arbeiten für ihre Fahrer, und gute Fahrer arbeiten für ihren Rennstall. Damals allerdings kämpften Teddy Mayer und Tyler Alexander ums Überleben ihrer Firma. Sie liefen Gefahr, Marlboro zu verlieren, den Sponsor, den McLaren schon seit 1974 hatte. John Hogan und Patrick McNally, so etwas wie festes Inventar bei McLaren, waren eigentlich Angestellte von Marlboro. Und jetzt auch noch die Sache mit dem M30, der sich als Flop herausstellte. Es war eine Riesenenttäuschung für uns alle. Auch für Gordon Coppuck tat es mir leid, unseren Konstrukteur, denn er war wirklich ein netter Kerl. Warum das Auto ein Flop war, weiss ich auch nicht, aber es war so. Marlboro hatte einiges an Geld in den Rennstall gesteckt, und man musste annehmen, dass McLaren – ein Team, das immer gute und erfolgreiche Autos gebaut und Weltmeister hervorgebracht hatte – mit dem neuen Auto einen Schritt nach vorne in der Aerodynamik-Technologie gemacht hätte. Aber es war nicht so."

"Ron Dennis war ein alter Bekannter von John Hogan. Er hatte zu verschiedenen Zeiten schon Firmen, mit denen Hogan in Verbindung stand, als Sponsoren gehabt. Ron drängte in dieser Zeit mächtig in die Formel 1. Mitte 1979 hegte er den Plan, sich John Barnard als Konstrukteur zu holen und sich mit BMW zusammenzutun. Was Ron damals vorhatte, war, gleich ganz gross einzusteigen, nämlich Marlboro als Sponsor und BMW als Motorenlieferanten zu gewinnen. 'Formel Four' sollte sein Team heissen. Marlboro hatte allerdings seine lange bewährte Bindung an McLaren, und Marlboro favorisierte deshalb einen anderen Weg: Man könnte ja Dennis und Barnard in das McLaren-Team integrieren, denn dort war schon alles an Voraussetzungen vorhanden. Man versuchte, dies Mayer und Alexander schmackhaft zu machen, aber die blockten entschieden ab. Sie setzten Marlboro die Pistole auf die Brust, indem sie mehr oder weniger klar sagten: 'Wenn ihr das macht, dann schmeissen wir beide den Krempel hin und ihr habt gar nichts mehr'. Damals gab Marlboro noch klein bei, aber ganz vom Tisch war die Idee damit nicht."

"1980 war Prost der Hoffnungsträger von Marlboro. Wie sich aber die Situation dann entwickelte, konnten sich Mayer und Alexander den Realitäten nicht länger entziehen. Nach reiflicher Überlegung erklärten sich die beiden schliesslich nun doch einverstanden damit, dass Ron und Barnard zum Team dazustossen würden. Es war aber von Anfang an eine Partnerschaft, die auf wackligen Beinen stand."

"Wir standen schon seit Monaten in Verhandlungen", sagt Mayer. "Ron hatte das, was wir brauchten. Er hatte John Barnard. Und wir brauchten einen fähigen Konstrukteur. Ich hatte, glaube ich, ein Jahr vorher einen grossen Fehler gemacht.

Barnard war damals aus Amerika zurückgekommen, wo er mit Jim Hall bei Chapperal zusammengearbeitet hatte. Ich wusste, dass er auf Hall sauer war, weil der sich mit den Lorbeeren geschmückt hatte, den Chapperal gebaut zu haben, obwohl er eigentlich gar nicht beteiligt gewesen war. John kam damals auf uns zu, und ich glaube, wenn ich bereit gewesen wäre, mich von Gordon Coppuck zu trennen und John zum Chefkonstrukteur zu machen, dann hätten wir ihn damals haben können. So aber bot ich ihm damals nur die Mitarbeit in unserer Konstruktionsabteilung an, und das wollte er natürlich nicht. Mein Fehler war, dass ich zu loyal zu Gordon war. Ron brachte ausserdem aber noch andere Dinge in unser Team ein. Er war ein guter Organisator, und er hatte auch Anteil daran, dass Marlboro schliesslich davon überzeugt werden konnte, dass wir unterfinanziert waren."

"Als Barnard kam und in Kanada Hand an mein Auto legte", so Watson, "machte sich das sofort bemerkbar. Es liess sich deutlich besser fahren. Plötzlich war Abtrieb da, was bisher gefehlt hatte. Dabei war es nicht einmal besonders aufwendig, was er machte. Hauptsächlich einige simple Korrekturen des Niveaus des Autos. Er verstand eben viel von Luftpolstereffekten, Abtrieb und all diesen aerodynamischen Dingen."

"Ron und ich fuhren nur zum Beobachten nach Kanada und Watkins Glen", so John Barnard. Aber er beobachtete nicht lange. Barnard war immer schon ein eigenwilliger Mann gewesen, der andere mit seinem Eigensinn fast zur Verzweiflung bringen konnte. Auch auf regelrechte Zornesausbrüche musste man bei ihm stets gefasst sein, und doch war er auch ein ausgeprägt sympathischer Mann – und ein Genie. Er hatte, bevor er zu McLaren kam, bereits an einem revolutionären Auto aus Verbundwerkstoffen gearbeitet. Er war immer rastlos auf der Suche nach den perfekten Informationen als Grundlage für seine Arbeit. So führte er an der Universität Southampton Erprobungen im Windkanal zum "aerodynamischen Aspekt der Sache" durch. Über das, was er damals in Kanada machte, sagt er: "Wir änderten die Grundeinstellung des Wagens völlig, um das Fahrverhalten zu verbessern. Das Niveau, den Karosserie– Anstellwinkel, den Schwerpunkt und so weiter. Alles Dinge, die sofort ohne grossen Aufwand machbar waren und sofort Wirkung zeigten. Ich glaube, man konnte gleich einen Unterschied erkennen."

"Natürlich wollten Ron und ich Prost halten. Ich weiss noch, wie wir einmal zusammen frühstückten, er, Ron und ich. Wir sagten zu ihm: 'Willst du nicht doch bleiben? Es wird sich einiges hier ändern, wir werden etwas völlig anderes aus dem Auto machen.' Er sagte damals sinngemäss: 'Nein, ich glaube nicht, dass ich bleiben werde. Mir reicht es. Ich habe kein gutes Gefühl in dem Auto. Es fallen ja manchmal einfach Teile ab.'" Barnard wusste, wovon Prost sprach. "Es hatte da so einen Fall gegeben, als die McLaren-Leute eine neue Aufhängung oder etwas ähnliches ausprobiert hatten. Sie hatten dieses Ding so richtig ans Auto drangemurkst, einfach aufgenietet. Beim Fahren brach es dann glatt ab [der Vorfall in Jarama]. Ein paar solche Dinge waren vorgekommen, und er war wirklich verunsichert."

"Ich kann mich auch noch an etwas anderes gut erinnern, was Ron bei jenem Frühstück sagte. Es war in dem Moment, als klar war, dass nichts Alain davon würde abbringen können, zu gehen. Ron sagte damals: 'Ich werd' dir mal was sagen, Alain. Eines Tages wirst du von deinem hohen Ross runterkommen. Glaub' mir, eines Tages wird es soweit sein.' Das hat sich mir tief ins Gedächtnis eingegraben."

Watson, der immer noch den M29 fuhr, qualifizierte sich in Kanada als Siebter, Prost im M30 als Elfter. Im Rennen hatte Prost einen Unfall. Er hatte zuvor Riccardo Patrese (Arrows) blockiert, und Patrese – damals noch ein sehr impulsiver junger Mann und in einer Phase des ungeduldigen Aufstieges – rammte daraufhin seinen Arrows an der Haarnadelkurve Prost in die Breitseite, wodurch dieser in hohem Bogen von der Strecke flog. Watson wurde Vierter.

Die Rennstrecke in Montreal liegt auf der Insel Notre Dame. Hinter ihr verläuft der künstlich angelegte See, auf dem die Ruderwettbewerbe der Olympischen Spiele von 1976 ausgetragen wurden. "Kanada war eine wichtige Station jener Saison", so Tony Jardine. "Es war sonnenklar, dass McLaren Prost halten wollte. Was für ein fahrerisches Talent er war, konnte niemand übersehen. Aber es war auch innerhalb des Teams kein Geheimnis, dass Prost gehen wollte, weil er zur Überzeugung gelangt war, dass McLaren nicht das Auto hatte, das seinen Fähigkeiten entsprach. In jenen Tagen, als wir nach Kanada fuhren, umwarb ihn Renault aktiv und unverhohlen."

"Ich weiss noch gut, wie wir damals in einem der alten Bootshäuser am Ende des Sees zusammensassen, in dem die Rennboote lagen, und ich zu Teddy sagte: 'Die Leute von Renault bequatschen Prost ständig [offenbar steckten Gerard Larousse und Jean Sage, einflussreiche Männer, dahinter]. Willst du, dass ich hingehe und ihnen sage, sie sollen das gefälligst bleibenlassen?' Aber Teddy sagte mir, das würde er schon selber erledigen."

Teddy Mayer dazu: "Wir wussten damals schon, dass Renault hinter ihm her war. Ich weiss nicht mehr, woher ich es wusste, aber ich wusste es. Es gab für uns nicht den geringsten Zweifel, dass es so war." Und Mayer versuchte wirklich, die Sache selbst in die Hand zu nehmen.

"Er fragte Prost", erinnert sich Jardine, "warum er dies tue, warum er das tue. Alain zeigte sich damals anscheinend sehr nationalbewusst. Er sagte, Renault sei gross im Kommen, Renault habe Aussichten auf den Weltmeistertitel und so weiter."

Tyler Alexander zu den Geschehnissen rund um das Rennen in Kanada: "Damals war es, als wir uns mit John Barnard zusammentaten. Er war in jener Zeit der beste seines Fachs, den es gab, und ich glaube, Prost kam auf Anhieb gut mit ihm zurecht." Zum Rennen sagt er: "Es passierte Prost, dass er über ein Rad von Patrese fuhr. Zunächst konnte er zwar normal weiterfahren, aber dann trat irgendein Defekt vorne am Auto auf. Aus seiner Sicht waren natürlich wieder wir daran schuld, aber er vergass dabei, dass er zuvor, als er über Patreses Rad fuhr, aus einer Höhe von etwa anderthalb Metern mit dem Vorderteil des Wagens auf den Boden geknallt war. Wir machten ihm keine Vorwürfe. Wir sagten nicht: 'Alain Prost hat das Auto kaputtgefahren.' Aber er ging natürlich hin und sagte: 'Das Auto hat mich erneut im Stich gelassen. Ich habe kein Vertrauen mehr in dieses Auto.' Dass er zuvor über das Rad eines anderen Wagens gefahren war, unterschlug er in diesem Moment völlig. Es ist eigentlich traurig, aber solche Dinge passieren in diesem Geschäft immer wieder. Man könnte sich zwar im Moment darüber schwarz ärgern, aber es bleibt einem letztlich nichts anderes übrig, als sich damit abzufinden. Wenn er das heute immer noch so darstellt, ich weiss auch nicht, dann ist das einfach Quatsch für mich. Aber warum soll ich mich darüber aufregen?" Alexander geht es in diesem Moment nicht darum, die Schuldfrage nachträglich zu klären. Er will lediglich darauf hinaus, dass die Sache eben damals passiert ist und heute nichts mehr daran zu ändern ist.

"Wenn ich einmal das Vertrauen in ein Auto verloren habe, dann ist es zu Ende", hat Alain Prost einmal gesagt. "Wenn ich einen Vertrag unterschreibe, dann meine ich es ernst. Wenn ich mein Wort gebe, dann meine ich es ernst. Was immer auch die Leute sagen: Ich bin damals nicht von McLaren weggegangen, weil sich gerade eine günstige Gelegenheit in Form eines besseren Angebotes ergab. Tatsache ist, dass ich nach Montreal, als noch ein Rennen der Saison ausstand, nicht wusste, was ich tun sollte. Durch meinen Vertrag fühlte ich mich einerseits verpflichtet, bei McLaren zu bleiben. Andererseits machte ich mir mehr und mehr Gedanken wegen der ständigen Defekte an der Radaufhängung. Irgendwann kommt der Punkt, an dem man unterschwellig schon darauf wartet, dass ein Fehler am Auto auftritt. Und in diesem Moment kann man einfach nicht mehr so richtig fahren."

Nur noch Watkins Glen stand an. Alain Jones hatte den Weltmeistertitel nach seinem Sieg im Williams in Montreal bereits in der Tasche, und man konnte eigentlich davon ausgehen, dass das letzte Rennen nur noch Formsache sein würde – wenn es so etwas im Motorrennsport gibt.

"In diesem Moment betrat Ron Dennis die Bühne bei McLaren", erzählt Tony Jardine. "Wir wussten natürlich bereits, das er zu uns ins Management kommen würde. Es war klar, dass Marlboro dahinterstand. Die wussten immer genau, was sie machten. Ungefähr vier Tage vor dem Rennen erfuhren wir, dass Ron nach Watkins Glen kommen würde. Wir hatten seinen Namen auf verschiedenen Listen gefunden. Keiner von uns im derzeitigen Team wusste bei dieser Art Firmenfusion, ob er in Zukunft noch dabei sein würde. Ron Dennis war wohl nach Watkins Glen gekommen, um die Sache mit Prost zu klären, aber die Atmosphäre damals war für uns alle ziemlich unbehaglich."

Inmitten all dieser schwerwiegenden Vorgänge bietet es sich an, kurz bei einer amüsanten Episode am Rande zu verweilen, auch wenn sie eigentlich nichts mit der Geschichte von Alain Prost zu tun hat. Jardine: "Wir wohnten im 'Seneca Lodge', das war in der Branche so etwas wie ein Geheimtip. Vom Vermieter wurde es angepriesen als 'Holzhäuschenkolonie, eingebettet in unberührte Natur'. Die Realität sah so aus, dass man in richtigen Hütten aus wurmstichigem, modrigem Holz wohnte, die mit kleinen Camping–Gaskochern ausgerüstet waren. Aber die Atmosphäre war traditionell prächtig. Wir hatte schon rauschende Siegesfeste dort gefeiert. James Hunt tanzte einmal auf dem Tisch, mit einem gelben Blinkwarnlicht um den Kopf gebunden. Hunt war wirklich Klasse. Prost hielt sich, wenn ich mich richtig erinnere, von dieser Unterkunft fern. Er wohnte im 'Glen Motor Inn', ein Stück weiter an der gleichen Strasse.

Das erste Qualifikationstraining für den Grossen Preis der USA Ost fand am Freitag, den 3. Oktober statt. Es war kalt, aber sonnig. Ein frischer Herbsttag. Prost wurde Zehnter, Watson Sechster.

"Autosport" berichtete vom Training am Samstagmorgen (ohne Zeitwertung) folgendes: "Alain Prost kam glimpflich davon bei einem Unfall bei hoher Geschwindigkeit, als die Radaufhängung seines Marlboro McLaren M30 versagte. 'Viel weiss ich nicht mehr, ausser dass das Auto geradeaus von der Piste schoss und ich mich im Cockpit abduckte. Ich glaube, es war ein Fehler an der vorderen Radaufhängung. Das Auto liess sich plötzlich nicht mehr lenken', sagte Prost einige Stunden später, als er das örtliche Krankenhaus, in das er vorsorglich gebracht worden war, wieder verliess. Beim Aufprall auf einen Zaunpfahl hatte er einen bösen Schlag gegen den Kopf und Prellungen am Arm davongetragen."

"Ein Kipphebel war, glaube ich, gebrochen", sagt Barnard. "Er war nicht verletzt, aber ich dachte mir, kaum dass ich ihn gesehen hatte: 'Den werden wir nicht mehr lange bei uns haben. Spätestens jetzt gibt es nichts mehr, das ihn hier halten könnte.'"

"Wieder mal war also ein Krankenbesuch fällig", so Tony Jardine. "Man hatte ihn zunächst zur Erste-Hilfe-Station an der Rennstrecke gebracht. Dort kam ich nicht 'rein. Ron Dennis war mir zuvorgekommen. Ich hatte mit Ron noch nicht gesprochen gehabt. Die ganze Situation mit der Fusion war ja auch sehr verworren, und alle verhielten sich vorsichtig. Das weiss ich noch sehr genau. Ron sagte damals: 'Irgendein Schwein hat ihn rausbugsiert'. Alain wurde dann für einen gründlichen Check in ein kleines nahegelegenes Krankenhaus gebracht, wo ich ihn besuchte. Als ich reinkam, lag er zugedeckt im Bett. Er meinte regungslos: 'Ich will nichts mehr von McLaren hören. Dieses Auto werde ich nie wieder fahren.' Er war stocksauer."

"Der Unfall in Watkins Glen hat ihm den Rest gegeben", meint John Watson. "Er war mein Teamgefährte, zum Glück hatte er sich nicht ernsthaft verletzt. Er hatte wohl einen Schlag gegen den Kopf bekommen, und ausserdem hatte er einen ziemlichen Schock. Ich kann mich nicht erinnern, dass damals jemand vom Rennstall in der Erste-Hilfe-Station nach ihm gesehen hätte." Diese Aussage ist freilich keine Gedächtnisfehlleistung. Es lag nur am Zeitpunkt, zu dem er dort hinkam. Er (Watson) konnte natürlich erst nach Abschluss des Trainings schauen, was mit Prost passiert war, denn er musste ja selbst fahren. Inzwischen war Ron Dennis bereits dort gewesen, Jardine war nicht reingekommen, und andere hatten das möglicherweise auch vergeblich versucht. Ich gebe diese Bemerkung hier nur wieder, weil sie – so meine ich – sehr deutlich macht, welches Negativbild Watson von seinem Team zum damaligen Zeitpukt hatte.

"Ich ging hin, um nach Alain zu sehen", so Watson weiter. "Er sass auf seinem Bett in der Erste-Hilfe-Station, und er sagte zu mir: 'John, ich kann dir eines mit Sicherheit sagen. Du wirst im nächsten Jahr der Fahrer Nummer 1 bei McLaren sein. Um nichts in der Welt werde ich nächstes Jahr weiter für dieses Team fahren.' Er hatte einen Zweijahresvertrag. Renault war auf ihn zugekommen und hatte alle Hebel in Bewegung gesetzt, um ihn abzuwerben. Er hat später einmal gesagt, wenn McLaren auf Erfüllung des Vertrages gepocht hätte, wäre er ganz ausgestiegen. Er wäre dann eben gar nicht mehr in der Formel 1 gefahren. [Und es sei hier daran erinnert, dass in einer bodenständigen Gegend Frankreichs wie Saint Chamond das Wort eines Mannes noch etwas gilt].

"Ausser Frage steht, dass es mit dem M30 eine Reihe von Unfällen gab, die er auf technisches Versagen zurückführte. Es mag wohl sein, dass sein Team dies damals anders bewertete und sagte: 'Er ist vorher gegen eine Pistenbegrenzung gerumst, und das könnte die Ursache für den Unfall gewesen sein.' Ganz egal aber, was letztlich die Ursachen oder Gründe dieser Unfälle gewesen sein mögen: Entscheidend ist, dass Alain damals das Vertrauen in das Auto verloren hatte, und das ist das Schlimmste, was einem Rennfahrer passieren kann. Wenn ein Rennfahrer an den Start gehen soll und er hat kein gutes Gefühl, was sein Fahrzeug angeht, dann lässt er es lieber bleiben."

"Ein Defekt am Fahrzeug tritt nie an einem Punkt der Rennstrecke auf, an dem es ungefährlich wäre. So etwas passiert immer dann, wenn es der Fahrer überhaupt nicht brauchen kann und es ihn in eine brenzlige Situation bringt. Das bekam Alain in Kanada zu spüren und dann in Watkins Glen. Dazu kam dann, dass er ahnte, was die Teamführung vorhatte. Ausserdem lag ihm ein Angebot von Renault vor."

"Zu diesem Zeitpunkt, in den USA, hatte sich das Blatt wieder vollständig gewendet. Jetzt war es nicht mehr so, dass Prost, der Youngster, alles neue Material bekam, während man mich mit dem alten Auto weiterfahren liess – 'ach was, Wattie, für den reicht das, den kann man vergessen'. Jetzt plötzlich war ich es, der Leistung brachte, während Prost sich ständig beklagte: 'Das Auto ist nicht gut, das Auto ist Mist.' Es hatte da diese technischen Defekte gegeben, und Prost war deswegen vor Watkins Glen ausgesprochen kritisch gegenüber dem Auto und kritisch gegenüber dem Team-Management gestimmt.

"Alain ist ein Mensch mit scharfem Verstand, ein Mann von hoher Intelligenz. Er lässt sich nicht so leicht ein X für ein U vormachen, und er hat ein gesundes Selbstwertgefühl und Selbstvertrauen. Mehrere Teams hatten damals Interesse an ihm, darunter auch Ferrari, so weit ich weiss [Gerüchte hatte es schon lange gegeben, Sondierungsgespräche bereits im März]. Renault versuchte auf jeden Fall, ihn zu bekommen. So war also seine Situation damals: Er fuhr seine erste Saison in der Formel 1, und bereits jetzt klopften die grossen Teams bei ihm an. Und dann drehte sich die Situation plötzlich völlig um, ohne dass er oder ich etwas dafür konnten. Die Umstände brachten es einfach mit sich. Er verstand dies damals schon vollkommen richtig und kam gut damit zurecht. Deshalb sind Alain und ich auch Freunde geblieben. Er weiss auch, dass ich damals einiges für ihn tat."

Prost selbst hat folgende Erinnerungen an Watkins Glen: "Der Unfall dort war letztlich für mich ausschlaggebend, dass ich gehen musste. Ich kam an die Boxen zurück und musste hören, dass im Team von einem Fahrfehler gesprochen wurde. Vom zu schnellen Fahren mit kalten Reifen und solchen Dingen war die Rede. Ich sagte: 'Also gut, wenn ihr es so wollt, dann ist es aus. Und wenn ihr mich nicht freigebt, dann höre ich in der Formel 1 auf. Dann fahre ich überhaupt nicht mehr.' Es ist immer wieder gesagt worden, ich sei des Geldes wegen zu Renault gegangen. Tatsächlich habe ich dort nur die Hälfte von dem verdient, was ich bei McLaren bekommen hätte, wenn ich dort noch für die Saison 1981 geblieben wäre. Das Geld hat in Wahrheit dabei nie eine Rolle gespielt."

Prost erschien am Sonntagmorgen pflichtgemäss an der Rennstrecke, denn er hatte sich mit seiner Freitagszeit für das Rennen qualifiziert. Dann kam er allerdings zum Schluss, dass er nicht ausreiched fit sei, um zu fahren.

Tyler Alexander: "Ich weiss, dass Alain später bestimmte Dinge gesagt hat. Teddy habe sich unschön verhalten, indem er von ihm verlangt habe, zu fahren. Das ist auch wieder so etwas. Kann man denn allen Ernstes glauben, Teddy habe zu ihm gesagt, er solle fahren? In Wirklichkeit sagte Teddy: 'Wir würden uns freuen, wenn du fahren würdest'. Prost hätte nur zu sagen brauchen, dass er Sehstörungen habe oder sonst irgendetwas, und wir hätten sofort gesagt: 'Ganz klar, du fährst heute nicht'. Was die jungen Burschen wie er manchmal vergessen, ist, dass es immer zwei Seiten einer Sache gibt. Er fuhr damals ein paar Runden, wohl um zu testen, ob alles mit ihm in Ordnung sei. Das ist ja auch normal. Und normal wäre es auch gewesen, dann auszusteigen und zu sagen: 'Es geht nicht, es hat keinen Zweck. Ich kann heute nicht fahren.' Und natürlich hätten wir als sein Team dann 'okay' gesagt. Da ist doch gar nichts dabei. Also, ich kann es wirklich manchmal nicht verstehen in diesem Geschäft – die Vorwürfe, die Anschuldigungen, das gegenseitige Schlechtmachen. Es ist schon irgendwie traurig."

"Was ich zu Watkins Glen meine? Ja, das Auto ging damals kaputt, das stimmt", so Teddy Mayer. Und wie war das mit Prosts Vertrauen in das Team? "Ich war mir damals schon ziemlich sicher, dass er zu Renault wechseln wollte. Das Ganze war für ihn nur ein Vorwand, um aus seinem Vertrag rauszukommen. Sicher, er hatte damals einen Unfall in Watkins Glen, weil am Auto irgendetwas versagte. Aber er verletzte sich dabei nicht schwer, das ist auch sicher. Der einzige, der wirklich sagen kann, ob ihm am Sonntag des Rennens schwindlig war, ist er selbst. Ich konnte und kann das nicht beurteilen, und wir setzten ihn auch bestimmt nicht unter Druck damals. Alles, was wir vielleicht gesagt haben, war: 'Bist du wirklich sicher?' Man kann niemanden zwingen, sich ans Steuer eines Rennwagens zu setzen. Das darf man auf keinen Fall machen, und wir haben das damals auch in keiner Weise versucht."

"Ich habe ihn danach erst wieder gesehen, als er für Renault fuhr", so Tony Jardine. "Das Erstaunliche ist, dass wir auch heute noch Freunde sind. Wenn wir uns treffen, sagt er immer noch 'Hallo Teach' zu mir, trotz allem, was er vielleicht damals wegen meiner Wattie-Karikaturen über mich gedacht hat."

Renault? Schön und gut, aber hatte McLaren nicht eine Option auf Verlängerung des Vertrages mit Prost für die Saison 1981?

"Nun, es war damals so die Zeit", sagt Mayer, "als es aufkam, dass man einen Vertrag ungeschoren brechen konnte. Man stieg eben aus, wenn es einem nicht mehr passte. Wir gingen zu einigen Anwälten, die uns aber sagten: 'Na ja, es kann sein, dass Sie Schadenersatz zugesprochen bekommen, es kann aber auch nicht sein'. Es war damals wohl das erste Mal, dass ein Rennfahrer auf diesen Trichter kam. Irgendwann – ich weiss nicht mehr, wann es war – sagte er mir einfach kurzerhand, er würde gehen. Ich reagierte natürlich, wie ich reagieren musste. Ich sagte ihm, das ginge nicht, wir könnten ihn nicht einfach so gehen lassen. Wir hätten einen Vertrag, und wir würden notfalls vor Gericht gehen. Ich wurde ausgesprochen unfreundlich damals. Sicher ist das keine optimale Beziehung zwischen einem Team-Manager und einem Fahrer, aber man hat ja schliesslich auch eine Verantwortung der Firma und auch dem Sponsor gegenüber, und so muss man eben manchmal auch hart werden."

"Seit damals haben wir einige Erfahrungen mit Arbeitsverträgen gemacht, und heute wissen wir, dass solche Verträge keinen Pfifferling wert sind, wenn es darauf ankommt. Wenn einer gehen will, dann gibt es wenig, was man dagegen tun kann. Das war ein richtiger Schock, als die Anwälte uns das klarmachten. Die Gesetze sagen: Man kann niemandem verwehren, sich seinen Lebensunterhalt zu verdienen. Deshalb kann man, wenn jemand sagt, er möchte nicht mehr für einen als Fahrer oder Konstrukteur oder sonstwas arbeiten, zwar vielleicht eine Vertragsstrafe erwirken – das hängt davon ab, wie der Vertrag formuliert ist. Aber man kann den Betreffenden nicht daran hindern, für einen anderen zu arbeiten. So ist das. Man muss lernen, sich mit so etwas abzufinden."

Die Situation stellte sich aus Alexanders Sicht Ende 1980 folgendermassen dar: "a) Wir hatten einen Vertrag mit ihm. b) Wir wussten, die Franzosen wollten ihn haben, und er war Franzose. Was sollten wir tun? Wir konnten ihn nicht zwingen, zu bleiben und für uns zu fahren. Wir hätten uns höchstens in ein endloses Gerichtsverfahren verstricken können."

"Verträge sind genaugenommen nicht immer Verträge. Carl Hass hat mit Mario Andretti in den USA vieles per Handschlag ausgemacht, weil das unter Umständen die bessere Alternative ist." Besser, frage ich, weil der Handschlag eine moralische Verpflichtung beinhaltet? Hierauf lächelt Alexander breit: "Es gibt in diesem Geschäft keine moralische Verpflichtung, aber ich weiss, was Sie meinen. Das Problem ist: Es ist ganz egal, ob man etwas per Handschlag ausmacht oder einen zwanzigseitigen Vertrag abfasst. Wenn der Fahrer irgendwann zum Schluss kommt, diese Vereinbarung umgehen zu müssen, dann macht er es eben. Das war letztlich die Quintessenz der Sache mit Prost. Er sah die Chance, für Renault und damit für Frankreich fahren zu können. Wie in aller Welt hätten wir ihn davon abhalten sollen?"

Watson kann aus langer eigener Erfahrung heraus Prosts damalige Situation nachfühlen: "Es war eine fantastische Chance für ihn. Er konnte bei Renault erster Fahrer im Team werden, und das in einem Auto mit Turbomotor. Das konnte McLaren ihm nicht bieten. Deren Auto der Saison 1981 würde immer noch mit normalem Saugmotor fahren."

"Er war eben ein junger, ehrgeiziger Fahrer damals. Ein Rennfahrer muss immer sehen, wo er bleibt. Er muss wohl auch an sein Team denken, aber auf andere Weise. Zunächst muss er knallhart seine eigenen Interessen verfolgen. Weltmeisterschaftspunkte gewinnt man nicht durch Grossherzigkeit. Man muss genauso entschlossen seine Ziele verfolgen wie die Leute in der Führung der Rennställe. Wenn man das nicht macht, wird man ausgenutzt, wird man verheizt. Ich kenne jemanden im Management eines Rennstalls, der einmal Rennfahrer mit Glühbirnen verglichen hat: Man nimmt die eine, die nichts mehr bringt, raus und setzt eine neue dafür ein. Das ist die Mentalität in dieser Branche, und ich verstehe diese Mentalität, denn wenn man einen Rennstall führt, sieht man diesen Sport aus einer anderen Perspektive. Ich half Alain damals, weil ich ihn mochte. Auch wenn er damals besser war als ich. Freilich habe ich dadurch, dass ich ihm half, auch mir selbst geholfen, denn auch die Erfolge des Teams, in dem man fährt, sind wichtig, nicht nur die persönlichen. Man kann sich nicht als einsame Insel betrachten."

Noch einige Nachbetrachtungen zur Saison 1980. Tony Jardine: "Er verhielt sich als junger Rennfahrer sehr umgänglich, obwohl er schon recht gut verstanden hatte, dass man das Verhältnis zum Team als Geschäft auf Gegenseitigkeit ansehen muss [hier haben wir es wieder, das Thema der zwei Seiten einer Sache]. Er war genauso sorgsam darauf bedacht, möglichst hohen Nutzen für sich aus seinem Team herauszuholen, wie dies umgekehrt der Fall war. Entweder hat ein Rennfahrer diese überlebenswichtige Einstellung, oder er hat sie nicht. Ein Zwischending gibt es nicht. Wenn man zurückhaltend agiert, wenn man beginnt abzuwägen, ob man eine Sache für sich vertreten kann oder nicht, dann lässt man es lieber gleich bleiben. Ob einer das Zeug zu einem ganz Grossen hat, erkennt man sehr schnell."

"Ich hatte Alain im Vorjahr in der Formel 3 in Monaco gewinnen sehen, und es hatte ausgesehen, als ob seine Auto auf Schienen führe. Er hatte zweifellos das gewisse Etwas. Aber man musste damals auch sehen, dass alles optimal zusammenpasste: Ein französischer Fahrer, ein französisches Team, französische Reifen – und die Michelin-Reifen waren zu jener Zeit klar die besten. Es blieb die Frage offen: Wie gut ist er fahrerisch wirklich? Welche Leistung kann er bringen, wenn die Voraussetzungen vom Material her nicht optimal sind? Die Antwort gab er in der Saison 1980. Man muss ganz ehrlich sagen, der McLaren war vom Fahrwerk her nicht gerade eines der besten Autos, aber Prost konnte sich trotzdem gut behaupten, während Wattie zeitweise doch ziemlich zu kämpfen hatte, und Wattie war immer einer der talentiertesten Fahrer gewesen – oft hatte ihm nur das entscheidende Quentchen Glück gefehlt. Und, was bemerkenswert war, Wattie unterstützte ihn. Der gute alte Wattie erkannte seine Qualitäten gleich."

Teddy Mayer: "Ich war schon etwas überrascht, welche Ansprüche er von Anfang an stellte. An sich selbst, an sein Auto, an sein Team. Natürlich war er ein Ausnahmetalent, das war nicht zu übersehen. Und doch erstaunte es mich, dass er damals schon so überzeugt von sich war, dass er glaubte, Forderungen stellen zu können. Es ist bezeichnend, wie er heute bei Ferrari zetert und wettert [dies sagte Mayer natürlich vor Prosts Weggang von Ferrari, im Spätjahr 1991]. Er schafft sich seine eigenen Gesetze, manchmal – meine ich – geht er eindeutig zu weit. Es ist schwer zu sagen, woher die italienische Presse das alles so weiss, was hinter den Kulissen vorgeht, aber offenbar weiss sie es. Und ich vermute, sie verschaffen sich ihre Informationen nicht gerade auf die vornehmste, anständigste Art. Ich glaube, Alain macht da einen Fehler. Wenn ich mich an 1980 zurückerinnere, dann sah ich diese Veranlagung schon damals in ihm. Ganz eindeutig."

Mayer hält inne, denkt nach, dann gibt er einige schon fast philosophische Gedanken von sich: "Wenn man zurückschaut, dann kann dies immer nur einen sinnvollen Zweck haben, nämlich aus Erfahrungen zu lernen. Mit dem zu hadern, was passiert ist, hat nie einen Sinn, denn es lässt sich nicht mehr ändern. Ob ich John Barnard freie Hand als Konstrukteur gelassen hätte, wenn er 1979 schon zu uns gekommen wäre? Richtig wäre es sicher gewesen, aber ob ich es wirklich unter den damaligen Umständen gemacht hätte, lässt sich im nachhinein schwer sagen. John war ein Mann mit grossem Können, das wir in der damaligen Zeit auf jeden Fall hätten gebrauchen können." Barnard hätte ganz bestimmt ein Auto nach dem neuesten Stand der Technik konzipiert, mit dem McLaren gut für die Saison 1980 gerüstet gewesen wäre. Zusammen mit dem Einstieg von Prost in das Team, dies darf man getrost vermuten, hätte dies bedeutet, dass die Geschichte der Formel 1 der achtziger Jahre einen anderen Verlauf genommen hätte. Hätte, wäre, würde. Wir reden hier von einem geschichtsträchtigen Augenblick, der nicht zustandegekommen ist. In Wirklichkeit ist eben alles anders gekommen.

"Dass ich mich Gordon Coppuck gegenüber so loyal verhalten habe, ist sicher vom menschlichen Standpunkt aus verständlich, aber ich hätte es nicht tun sollen." War die Teamführung vielleicht nicht entschlossen genug? Mayer muss lange nachdenken. "Das ist schwer zu sagen. Unsere Finanzmittel waren knapp, und wenn es einem an Geld fehlt, ist es schwer, entschlossen zu agieren. 1980 war die Konkurrenz ziemlich stark, und wir, die wir schon so lange dabei waren, fielen etwas ab. Vielleicht haben die Leute recht: Ich war damals nicht resolut genug zu entscheiden, dass wir uns von Gordon trennen und stattdessen Barnard zu uns holen sollten. Ich hätte es tun sollen, das wurde mir Monate später klar. Aber man macht eben Fehler, aus denen man lernt."

"Was ich gelernt hatte, wandte ich zum Beispiel an, als ich zu Penske [nach Amerika] fuhr. Ich sah mich einen Monat lang um und sagte: 'Wir brauchen einen neuen Konstrukteur. Unser Mann ist zwar nett, er ist mein Freund, aber er bringt es einfach nicht. Wir müssen uns von ihm trennen, und zwar jetzt.' Und das machten wir auch. Aber so etwas fällt nicht leicht. Man muss in unserer Branche harte Entscheidungen treffen. Gefühle sind nicht sehr gefragt."

Dies war eine Lektion, die auch Alain Prost mittlerweile gelernt hatte. Er würde diese Erfahrung in den darauffolgenden Jahren brauchen, zeitweilig würde sie von ganz entscheidender Wichtigkeit für ihn werden.

John Barnard: "Alain kannte Ron und mich nicht, und er konnte nicht ahnen, wie sich alles bei McLaren weiterentwickeln würde. Ich war zwar schon zwölf Jahre im Rennsportgeschäft tätig gewesen, aber in der Formel 1 hatte ich bis dahin noch kein Bein drin gehabt. Eine verantwortliche Position, so könnte man sagen, hatte ich dort bisher nicht innegehabt. Alain fühlte sich bei McLaren nicht wohl, das kam deutlich rüber. In diesem Moment bot sich ihm die Chance, zu Renault zu gehen. Wenn man alle damaligen Umstände betrachtet, ist es gar keine Frage, welche Entscheidung jeder andere an seiner Stelle getroffen hätte. Nämlich die gleiche. Obwohl wir ihn natürlich gerne bei uns behalten hätten. Sein Hauptvorteil war, dass er in jeder Beziehung schnell war. Wattie brauchte viel zu lange, ein Auto optimal abgestimmt zu bekommen. Er war im Training ein hoffnungsloser Fall. Rein fahrerisch war er freilich unheimlich stark, wirklich glänzend. Und doch übertraf Prost ihn auf Anhieb. Er war noch wesentlich schneller. Allerdings sagte ich mir damals, als der Wechsel im Raum stand: Was bleibt dem Jungen anderes übrig? Er ist Franzose, Renault ist ein französischer Rennstall, und man hat dort einen Turbomotor für ihn (einen Turbomotor musste man zu jener Zeit einfach haben, so die allgemeine Einstellung). Frankreich wird geschlossen hinter ihm stehen. Er muss einfach dorthin wechseln."

"Ich tue mich immer schwer, enge Bindungen zu Menschen aufzubauen, und umgekehrt ist das wohl genauso. Die Leute stellen immer wieder fest, dass es nicht leicht ist, an mich ranzukommen. Die Vorgänge um Alain waren damals, wenn man es nüchtern betrachtet, eine ganz normale Sache, wie sie eben vorkommt: Wir wollten ihn halten, aber das war uns nicht möglich. Also ging er. Keiner dachte damals daran, dass er vielleicht eines Tages zurückkommen würde. "

7
ICH BEDAUERE NICHTS

Wenn er eine Chance gehabt hätte, die Weltmeisterschaft zu gewinnen, dann hätte ich im letzten Rennen vielleicht Stallregie akzeptiert. Aber ich betone: vielleicht.

(René Arnoux)

Jean Sage drückt alles in sechs Worten aus: "Wir wollten Prost, Prost wollte uns." An dem Wochenende, an dem der Grosse Preis von Watkins Glen ausgetragen wurde, sagte Sage: "Bis jetzt haben wir nur zu Alain Prost Kontakt aufgenommen, was einen Fahrervertrag mit Renault für die Saison 1981 betrifft. Aber wenn es nicht bald zu einer Einigung mit ihm kommt, werden wir uns auch an andere Fahrer wenden müssen. Carlos Reutemann zum Beispiel wäre ein sehr interessanter Mann für uns. Wir müssen nicht unbedingt einen Franzosen verpflichten. Argentinien zum Beispiel ist auch ein wichtiger Markt für Renault, wenn Sie verstehen, was ich meine."

Eine Woche später erklärte Ron Dennis: "Marlboro und McLaren International haben von ihrem Optionsrecht auf Prost Gebrauch gemacht, und ich werde das Nötige veranlassen um sicherzustellen, dass er auch weiterhin für uns fährt. Ich muss sagen, von einem neuen Team in der Formel 1 hätte ich etwas mehr Anstand in solchen Angelegenheiten erwartet. Ich bin sehr enttäuscht, dass ein renommierter Autohersteller und bedeutende Sponsoren sich so unfair verhalten. Der Junge hat schliesslich einen Vertrag bei uns, und was hier gemacht wird, ist nichts anderes als ein mieser Abwerbeversuch. Es wird behauptet, Prost wolle nicht mehr für uns fahren. Aber ich sage Ihnen eines: Wenn unser Auto erst mal im Training Spitzenzeiten erzielt und er im ersten Grand-Prix des neuen Jahres in Pole Position für uns steht, dann ist er wieder Feuer und Flamme für McLaren. Da sind alle Rennfahrer gleich. Wenn es aber nicht läuft, dann ist immer der Rennstall schuld."

Anfang Dezember war es offiziell, dass Prost zu Renault gewechselt war. Dennis: "Wir überprüfen derzeit unsere Position, was gerichtliche Schritte und eine Vertragsstrafe anbelangt."

Sage, ein gutmütig-väterlich wirkender Mann, der den Rennsport schon seit 1950 verfolgt und seit 1959 zum Grand-Prix-Zirkus gehört, versucht, die umstrittene Angelegenheit noch einmal von vorn aufzurollen: "Ich sah Prost zum ersten Mal, als er in Frankreich mit einem Renaultmotor in der Formel 3 fuhr und die Meisterschaft gewann. Derr Motor war eigentlich im Vergleich zu den anderen der Konkurrenzteams unterlegen, aber sobald Prost im Auto sass, gewann das Team plötzlich Rennen damit. Ich arbeitete zu jener Zeit auch schon bei Renault, deshalb begegneten wir uns damals."

"Wenn Teddy Mayer meint, wir hätte McLaren 1980 als 'Durchlauferhitzer' für Prost benutzt, dann stimmt das nicht. Es gab überhaupt keine Pläne dieser Art bei uns. Wir hatten Jean-Pierre Jabouille und René Arnoux, und es kam überhaupt nicht in Frage für uns, einen der beiden zu feuern, um Prost ins Team zu holen. Wir behielten ihn im Auge, das ist richtig."

Dann entwickelte es sich aber so, dass Jabouille gegen Saisonende Renault mitteilte, dass er für die Saison 1981 zu Ligier-Talbot wechseln würde. "Das war kurz vor seinem schlimmen Unfall in Montreal", so Sage. "Er brach sich beide Beide, und es stand fest, dass er in der nächsten Saison nicht würde fahren können. Kurz vorher hatte er allerdings den Vertrag unterschrieben gehabt, das war natürlich Pech für ihn und Talbot."

"Ich weiss nicht mehr, wann wir uns genau entschlossen, auf Prost zuzugehen, um ihn zu uns zu holen. Es muss aber in der Zeit kurz nach dem Unfall von Jabouille gewesen sein. Ich war selbst auch bei den Verhandlungen beteiligt. Ob es in Montreal im Bootshaus war, als wir uns mit Prost zusammensetzten? Nun, wir hatten eigentlich das ganze Jahr über Verbindung mit Prost gehabt. Er hatte uns immer wieder angerufen, hatte sich über McLaren beklagt. Er hatte mehrere Unfälle gehabt. Es hatte während der Saison immer wieder gefährliche Situationen gegeben, als irgendwas an seinem Auto kaputtging. Es war also bestimmt etwas dran an seinen Beschwerden. Ich weiss noch, wie er einmal bei uns war nach einem dieser Unfälle. Ich habe noch ein Foto von ihm, wie er mit einem Arm in Gips bei uns zu Besuch war. Wir luden ihn damals zum Essen ein. Er war ziemlich oft bei uns, kann man sagen."

"Wir wollten Prost, Prost wollte uns. Aber bevor Jabouille bei Talbot unterschrieb, lief nichts Konkretes. Dass Jabouille von uns wegging, hatte aber nichts mit Prost zu tun. Prost hatte zwar seit dem Frühsommer Kontakt mit uns gehalten, aber es ging nicht um einen Vertrag. Er kam regelmässig zu uns, weil er sich bei uns wohler fühlte als bei McLaren, was die Teamatmosphäre betraf."

Für 1981 hatte Renault nun also zwei heisse Eisen im Feuer, Arnoux und Prost. "Das ist richtig, allerdings war einer von beiden der wesentlich intelligentere Mann als der andere. Ich sage nicht welcher. Dass wir zwei französische Fahrer hatten, ergab sich im Grunde rein zufällig. Es gab keine zwingende Veranlassung dazu. Sie waren beide schnell, sie waren beide gut, also bot es sich an, die beiden in unserem Team zu haben. Aber wir hätten genausogut einen englischen oder italienischen Fahrer holen können. Niemand verlangte von uns, zwei Franzosen als Fahrer zu haben. Es stand ausser Frage, das wir die Freiheit hatten, einen Fahrer aus einem beliebigen Land zu verpflichten, das einen Markt für Renault darstellte."

"Ich glaube, Prost und Arnoux mochten sich von Anfang nicht. Sie waren sehr unterschiedliche Typen, und Freunde hätten sie nie werden können. Es war oft schwer für uns als Team, die beiden unter einen Hut zu bringen. Bis zum Juli 1982 schafften wir es ..."

René Arnoux, damals 32, war der erfahrenere Mann als Prost. 1978 war er für Martini-Ford und Surtees-Ford gefahren, bevor er 1979 zu Renault kam. In der Saison 1980 gewann er die Rennen in Brasilien und Südafrika und wurde mit 29 Punkten Sechster der Meisterschaft. Bis zum Einstieg in die Formel 1 ähnelt seine Karriere verblüffend der von Alain Prost. Er wurde 1972 in Magny-Cours "Volant Shell", was das Pendant zum "Pilote Elf" darstellt. Anschliessend wurde er Meister der Formel Renault und der europäischen Formel 2. Kurzum, er war ein Siegertyp.

Noch ein weiterer Hintergrundaspekt muss beleuchtet werden, und zwar die Vorgeschichte des Engagements von Renault in der Formel 1. Im Mai 1976 hatte der neuernannte Rennsportdirektor Gerard Larrousse bekanntgegeben, man werde mit einem Turboladermotor in die Formel 1 gehen. Renault war der erste Motorenhersteller, der dies versuchte (bzw. riskierte). Das von Elf gesponserte Auto hatte einen 1,5-Liter-Motor, Michelin-Reifen und als Fahrer den Franzosen Jabouille. Es war sozusagen ein reinrassig gallisches Paket, das da in der Königsklasse neu an den Start ging. (Für Nicht-Techniker: Bei einem Turboladermotor werden die normalen Auspuffgase des Motores dazu benutzt, den Motor zusätzlich anzutreiben, was ihm mehr Leistung und Durchzugskraft gibt. Allerdings ist die Technik naturgemäss kompliziert, was damals einige Anfangsschwierigkeiten bereitete.) Sein Debut gab der Turbomotor in Silverstone beim Grossen Preis von England 1977. In Runde 17 gab das neue Triebwerk seinen Geist bereits auf. Dies sollte für Renault und andere, die sich auf dieses Terrain wagten, in der Folgezeit die Achillesferse der neuen Technik werden: die Störanfälligkeit. 1979 war man allerdings soweit, dass das turbogetriebene Auto schnell war und auch ins Ziel kam. Es sollte nicht mehr lange dauern, und es würde ein wahres Turbo-Fieber ausbrechen.

Auch in anderer Beziehung pokerte Renault recht hoch mit seinem Engagement in der Formel 1. Frankreich hatte noch nie einen Formel 1-Weltmeister gehabt, und hier war ein enormes Gewinnpotential für die Firma gegeben, allein schon was die Publizität anbelangte. Andererseits bedeutete das starke Engagement aber auch, dass die Firma ganz erhebliche Geldsummen investieren musste, und wenn der Erfolg ausbliebe, könnte dies zum Bumerang werden und eine gleichermassen grosse negative Publizität mit sich bringen. Auch von daher bewegte sich das Team in einem ausgeprägten Spannungsfeld.

Der Saisonauftakt im neuen Team verlief alles andere als glücklich für Prost. Im ersten Rennen am 15. März in Long Beach touchierte ihn Andrea de Cesaris (Prosts Nachfolger bei McLaren) beim Start. Prost drehte sich und war aus dem Rennen.

Zwei Wochen später in Brasilien fuhr er die fünftschnellste Trainingszeit, während Arnoux auf Startplatz Acht landete. Es war ein Regenrennen. In Runde 20 scherte Prost aus, um Pironi im Ferrari zu überholen. Pironi wollte ihm Platz machen, geriet dabei in eine Pfütze, drehte sich und boxte Prost dabei ungewollt von der Piste. Prost hatte in diesem Moment an achter Stelle gelegen.

In Argentinien lief es dann zwei Wochen später einmal besser, und Prost erreichte einen dritten Platz mit einem Rückstand von 49,98 Sekunden auf den Sieger Piquet (Brabham). Dann ging er aber in Imola wieder leer aus, ebenso in Zolder, ebenso in Monaco und ebenso in Spanien, wo er früh einen heftigen Rempler von Villeneuve abbekam und mit beschädigter Schnauze weiterfahren musste. Er "kämpfte grossartig", wie in einem Rennbericht festgestellt wurde, konnte lange einen dritten Platz halten, bis er das schwer gehandicapte Auto dann aber doch nicht mehr beherrschen konnte und von der Strecke rutschte. Danach stand der Grosse Preis von Frankreich in Dijon an, der Saisonhöhepunkt für Renault – abgesehen natürlich von dem Rennen gegen Saisonende, wo immer es sein würde, in dem das Team sich, so die hochgesteckten Erwartungen, die Weltmeisterschaft holen würde.

Arnoux holte sich die Pole Position, danach kam Watson, dann Prost. Beim Start passierte etwas äusserst Ungewöhnliches: Arnoux behauptete später steif und fest, das Ampellicht sei zunächst rot gewesen, dann kurz auf Grün umgesprungen, noch mal zurück auf Rot und dann erst endgültig auf Grün. Er beschleunigte seiner Darstellung nach beim ersten Grün, stoppte aber beim zweiten Rot noch einmal, und schon war er mitten im Feld eingekeilt. Prost heftete sich an die Fersen von Piquet und hatte sieben Sekunden Rückstand, als ein Wolkenbruch eine Unterbrechung des Rennens erzwang. Beim Neustart schoss Prost auf und davon, verteidigte seine Führung gegen einen ganzen Pulk von Verfolgern und ging schliesslich mit 2,29 Sekunden Vorsprung vor Watson als Sieger durchs Ziel. Er hatte seinen ersten Grand-Prix gewonnen.

"Für einen Aussenstehenden könnte dieser Sieg als mein herausragendster erscheinen, für mich allerdings nicht", sagt Alain Prost. "Ganz bestimmt war es der wichtigste Sieg in der Entwicklung meiner Karriere. Ich sage oft, der wichtigste Sieg ist der, den man gerade errungen hat. Aber es gibt schon Siege, die wichtiger sind als andere. Nach jenem ersten Sieg wusste ich, dass ich das erneut schaffen konnte. Meine ganze Einstellung änderte sich. Erst von jenem Tag an ging ich in jedes Rennen mit der ernsthaften Absicht zu gewinnen.

Jeder Rennfahrer erlebt bei seinem ersten ganz wichtigen Sieg diesen bedeutsamen Wandel im Denken und in der Einstellung. Das erstaunlichste Beispiel diesbezüglich ist nach wie vor Nigel Mansell, der nicht weniger als dreiundsiebzig Grand-Prix-Rennen fuhr, bevor er zum ersten Mal eines gewann (bei Prost waren es neunzehn). Das war in der Saison 1985. In Belgien erreichte Mansell im Williams unerwartet einen zweiten Platz, ein Ergebnis, das er bis dahin noch nie erreicht hatte. Drei Wochen später gewann er das Rennen in Brands Hatch, weitere zwei Wochen später das in Südafrika. Peter Warr, Mansells Teammanager zu der Zeit, als er bei Lotus fuhr, hat seine Theorie hierüber: Wenn man es einmal geschafft hat, dann hat man gelernt, mit dem Druck fertigzuwerden, ein Rennen zu kontrollieren. Die Sache hat auch einen psychologischen Aspekt: Mit dem ersten Sieg hat man sich selbst bewiesen, dass man es kann. Alle Selbstzweifel, alle offenen Fragen an einen selbst haben sich erledigt. Ein Knoten ist geplatzt. Man weiss, wie man den gleichen Erfolg wiederholen kann. Falls Prost noch eine Bestätigung gebraucht haben sollte, so liess diese nicht lange auf sich warten: Er führte in Grossbritannien, in

Deutschland und in Österreich. Dann gewann er wieder in Holland, er gewann in Italien und wurde im letzten Rennen der Saison, in Las Vegas, Zweiter. Nach diesem grandiosen Endspurt lag er im abschliessenden Punkteklassement gar nicht weit vom Weltmeisterplatz entfernt:

Nelson Piquet	50
Carlos Reutemann	49
Alan Jones	46
Alain Prost	43

Arnoux wurde Neunter mit nur 11 Punkten, was kaum zum Abbau der Spannungen beigetragen haben kann.

Die Saison 1982 war in vielerlei Hinsicht eine belastete Saison. Tragödien, Bitterkeit, Kälte und Härte zogen sich wie ein roter Faden vom ersten bis zum letzten Rennen dieser Weltmeisterschaftsserie. Arnoux fuhr in Südafrika von der Pole Position, aber Prost gewann. Prost war Trainingsschnellster in Brasilien und gewann. Lauda – von Ron Dennis zu McLaren zurückgelockt – siegte in Long Beach (einer für Turbo-Autos wenig geeigneten Strecke). Den Grossen Preis von San Marino gewann Pironi vor Villeneuve unter dubiosen Umständen. Villeneuve, Fahrer Nummer 1 bei Ferrari, war nicht darauf gefasst, dass sein Teamkollege Pironi ganz am Schluss noch an ihm vorbeiziehen würde, als Villeneuve nicht mehr hierauf reagieren konnte. Wieder tat sich das alte Konfliktfeld Fahrer Nr. 1 gegen Fahrer Nr. 2 auf. Zwei Wochen später war Gilles Villeneuve tot. Er kam bei einem Unfall im Training in Zolder ums Leben. Viele, die diesen Mann kannten und schätzten, haben das nie ganz verwunden. Patrese gewann in Monaco, Watson in Detroit, Piquet in Kanada, wo ein junger Italiener namens Ricardo Paletti bei einem Unfall gleich zu Beginn des Rennens starb. Pironi gewann in Holland, Lauda gewann in England, und dann kam der Grosse Preis von Frankreich. Paul-Ricard-Ring, 25. Juli 1982. Es wurde ein Rennen, das unter viel Verbitterung, Streit und Aufsehen in die Geschichte dieses Sports einging. Noch heute beurteilen die Beteiligten die Dinge sehr unterschiedlich.

"Arnoux brach sein Wort", sollte Jean Sage anschliessend sagen. "Arnoux hatte zugesagt: 'Okay, wenn ich in Führung liege, Prost aber mehr Punkte in der Weltmeisterschaft hat [was mit 19 gegenüber 4 tatsächlich der Fall war] und Aussichten auf den Weltmeistertitel hat, dann werde ich ihn gewinnen lassen.' Das hat er in Gegenwart von Larousse und mir gesagt. Deshalb hielt ich auch persönlich gegen Ende des Rennens die Boxentafel hoch, um Arnoux an sein Versprechen zu erinnern. So stand ich da lange Zeit und hielt fassungslos das Schild hoch, weil ich nicht verstand, was er machte. Er hielt einfach sein Versprechen nicht. Dabei hatten wir es Arnoux gar nicht aufgezwungen, er hatte es von sich aus gegeben."

René Arnoux ereifert sich immer noch sehr, wenn es um jenes Rennen geht: "Ich glaube, man muss sich eines klarmachen: Es geht hier um Sport und um ein Team mit zwei Spitzenfahrern. Diese beiden müssen zusammenarbeiten, um das Team voranzubringen. Das ist im Interesse beider Fahrer. Wenn einer der beiden Fahrer nicht akzeptieren kann, dass er einen Kollegen hat, der ebenfalls schnell ist, der ebenfalls Rennen gewinnen kann – nun, dann kann er nicht einfach hingehen und die Führung des Teams bitten, dem Teamkollegen Anweisung zu geben, den anderen vorbeizulassen. Wer als Rennfahrer die Formel 1 erreicht, der muss vorher alle unteren Klassen klar beherrscht haben, sei es Formel Renault, Formel 3, Formel 2 oder was auch immer. Man muss ein Siegertyp sein. Und dann kommt plötzlich jemand daher und sagt: 'Morgen wirst du deinen Kollegen vorbeilassen, wenn sich Situation A oder Situation B ergeben sollte.' Das zu verlangen, ist ein grober Fehler auf seiten der Führung eines Rennstalls. Es ist gegen die Natur eines Rennfahrers."

"Dies mag vielleicht nicht gelten, wenn es einen festgelegten Fahrer Nummer Eins und einen Fahrer Nummer Zwei gibt. Aber Prost und ich waren mit gleichem Status für diese Saison verpflichtet worden. Vor dem Rennen auf dem Ricard-Ring hatte ich überhaupt nichts versprochen. Unsere Teamführung hatte mich gebeten, ihn unter ganz bestimmten Voraussetzungen vorbeizulassen. Aber niemand konnte zu jenem Zeitpunkt erwarten, dass ich etwa bei Mitte des Rennens einen Vorsprung von 32 Sekunden haben würde."

Der Verlauf des Rennens ist schnell erzählt: Arnoux fuhr aus der Pole Position, Prost stand neben ihm in der ersten Reihe. Arnoux setzte sich zunächst an die Spitze, musste dann aber die beiden Brabhams von Patrese und Piquet vorbeiziehen lassen. Prost war Vierter. Patreses Motor gab seinen Geist auf, aber Piquet konnte sich mit einer Sekunde Differenz pro Runde immer weiter von Arnoux absetzen, bis auch er mit Motordefekt ausfiel. Das war in der vierundzwanzigsten von vierundfünfzig Runden, und Arnoux führte nun mit zehn Sekunden Vorsprung vor Prost, der dadurch gehandicapt war, dass er eine Seitenschürze verloren hatte.

RUNDE	ARNOUX	PROST
25	1:44,359	1:46.265
26	1:44,170	1:44,637
27	1:44,103	1:44,578
28	1:44,351	1:45,536
29	1:44,052	1:44,950
30	1:43,651	1:44,198

"Ich gab René nicht weniger als fünf Mal ein Zeichen, er solle Alain überholen lassen, und zwar zehn, neun, fünf, drei und zwei Runden vor Schluss", sagte Sage unmittelbar nach dem Rennen. Der Zeitenvergleich der letzten Runden:

RUNDE	ARNOUX	PROST
44	1:44,264	1:44,004
45	1:44,027	1:44,088
46	1:44,470	1:43,752
47	1:44,832	1:44,290
48	1:44,752	1:44,126
49	1:44,979	1:44,244
50	1:44,403	1:44,174

51	1:44,664	1:44,894
52	1:45,336	1:44,371
53	1:45,254	1:44,907
54	1:46,679	1:44,842

Arnoux überfuhr 17,308 Sekunden vor Prost die Ziellinie, und es war ein Sieg, der ganz Frankreich in Begeisterung versetzte. Arnoux hatte eine gewisse Erdverbundenheit, er war ein Star zum Anfassen, der Typ Mensch, mit dem sich der berühmte "Mann auf der Strasse" leicht identifizieren kann. Ausserdem hatte er eine lange Pechsträhne hinter sich, er hatte seit Südafrika 1980 kein Rennen mehr gewonnen. Und den Sieg an diesem Tag hatte er sich redlich verdient.

Nach dem Rennen schlugen die Wellen hoch, wohin man auch schaute. Die breite Öffentlichkeit war perplex über die Sache mit der Stallregie, denn sie hatte in ihrer Unschuld immer angenommen, dass derjenige ein Rennen gewinnt, der eben am schnellsten fährt. Arnoux bekundete, die Situation sei für ihn untragbar geworden, und er werde im nächsten Jahr nicht mehr für Renault fahren. Prost passierte es auf dem Nachhauseweg vom Rennen, dass er an einer Tankstelle vom Tankwart mit Arnoux verwechselt wurde. Der Mann gratulierte ihm zum Sieg und meinte: 'Jetzt hat er's mal gekriegt, dieser Prost.' Prost traute sich nicht, zum Bezahlen seine Kreditkarte vorzulegen, denn es stand ja sein Name drauf und die Verwechslung wäre herausgekommen. Also zahlte er bar und verliess den Ort fluchtartig.

Die Ironie an dieser Geschichte ist, dass Prost diese angebliche Vereinbarung weder betrieben noch überhaupt gewollt hatte. Jemand aus dem Firmenmanagement von Renault und Larrousse hätten, ohne ihn zu fragen, René Arnoux gebeten, so sagt Prost heute, "im Falle, dass er in Führung liegen solle, im Interesse des Teams zu handeln und mich gewinnen zu lassen, damit ich meine Chancen auf den Weltmeistertitel wahren könne. René Arnoux stimmte zu. Prompt lag er im Rennen tatsächlich an erster Stelle, ich an zweiter. Wie vereinbart wurden Zeichen gegeben, er solle mich vorbeilassen, aber er weigerte sich, dem Folge zu leisten. Vielleicht habe ich an jenem Tag im Hinblick auf die Medienwirksamkeit nicht gut reagiert."

"Nein, ich bedauere nichts, was das Rennen auf dem Ricard-Ring angeht", sagt Arnoux, "und wenn ich morgen noch einmal in der gleichen Situation wäre, würde ich genauso handeln. Ich möchte gern etwas Persönliches dazu sagen. Auch wenn ich so eine Art Lieblingskind in meinem Team wäre, würde ich niemals zum Sportlichen Direktor meines Teams gehen und darum bitten, ein anderer Fahrer möge mir doch helfen, die Weltmeisterschaft zu gewinnen. Niemals. Ich war damals ein Rennfahrer wie jeder andere auch, und wenn ein Rennfahrer die Chance hat, einen Grand-Prix zu gewinnen, dann nutzt er sie. Gut, sagen wir, wenn nur noch drei Rennen in der Meisterschaft zu fahren gewesen wären, dann wäre das vielleicht eine andere Situation gewesen. Aber es war erst Mitte der Saison, und seine Chancen, Weltmeister zu werden, waren minimal. Wenn es das letzte Rennen gewesen wäre, hätte ich mich vielleicht dem Teaminteresse untergeordnet. Aber ich betone: vielleicht. Der Aussenstehende weiss nicht, was innerhalb eines Teams so alles abläuft, und da ist nicht alles Gold, was glänzt. Die Situation bei uns war nicht so, dass man ohne weiteres gesagt hätte: 'Alles klar, ich fahre für Renault' [anstatt für mich selbst]. Dazu muss eine Saison innerhalb eines Teams harmonisch verlaufen, korrekt und anständig vom Verhalten aller Beteiligten her. Wenn es so gewesen wäre, hätte ich die Sache schon eher akzeptiert. Aber so, wie damals alles lief, nicht. Die Situation wurde schliesslich untragbar, und ich ging."

"Unmittelbar nach dem Rennen", so Sage, "kam es zum völligen Bruch zwischen den beiden. Es war nun eine extrem schwierige Aufgabe, das Team noch einigermassen zusammenzuhalten. Ich habe damals wohl auch einen grossen taktischen Fehler gemacht – auch wenn ich inhaltlich immer noch zu dem stehe, was ich gesagt habe. Ich bin nach dem Rennen zu Prost hingegangen und habe gesagt: 'Tut mir leid, aber du hast ja selber gesehen, wie es gelaufen ist. Ich weiss, du ärgerst dich, und ich verstehe dich, aber wir konnten nichts ändern.' Das bekam Arnoux mit, und es war der Schlüsselmoment, der zum Bruch nicht nur zwischen ihm und Prost, sondern auch zwischen ihm und mir führte. Von da ab war Arnoux bei verschiedenen Gelegenheiten äusserst aggressiv mir gegenüber."

"Arnoux nahm Kontakt zu Ferrari auf. Ich besprach mit Marco Piccini [von Ferrari] verschiedene Punkte bezüglich eines eventuellen Wechsels von Arnoux von uns zu Ferrari. Arnoux hat hierzu einmal gesagt: 'Das ist nicht wahr. Sage hat überhaupt nie irgendetwas mit Ferrari besprochen.' Dabei stimmte es. Ich hatte sehr wohl mit Ferrari gesprochen. Und Arnoux sagte weiter: 'Ich habe mich um alles selber gekümmert. Sage sollte sich nicht so aufblasen.' Das war schon reichlich unfein."

Die Harmonie war zerstört – wenn es so etwas überhaupt jemals gegeben hatte.

Und dann kam es erneut zu einer Tragödie jener Formel 1-Saison. In Hockenheim stand der nächste Grosse Preis an. Am Samstagvormittag fand bei heftigem Regen das Training ohne Zeitwertung statt, und wie dies so üblich ist, fuhr Didier Pironi trotz der widrigen Bedingungen eine Serie schneller Runden, um sich und sein Auto für den Fall vorzubereiten, dass es am nächsten Tag immer noch nass sein sollte.

Pironi war in seiner vierten Runde und fuhr auf der Geraden, die zum sogenannten Motodrom zurückführt, einem schlangenartig gewundenen Abschnitt der Rennstrecke vor mächtigen Betontribünen, die einst zu Zeiten Hitlers gebaut wurden. Pironi fuhr auf der Geraden und hatte gerade die auf halber Strecke eingebaute Schikane durchfahren. Die Autos wirbelten gewaltige Gischtfontänen auf. Durch eine Gischtwand hindurch sah Pironi den Williams von Derek Daly ganz am rechten Rand der Fahrbahn. Er zog daraus eine leicht nachvollziehbare Schlussfolgerung: Daly hatte ihn gesehen und war zur Seite gefahren, um ihm Platz zu machen. Pironi irrte sich.

Auf der linken Fahrbahnseite, durch die Gischt verborgen, fuhr Alain Prost. Er verlangsamte seine Fahrt, um die Boxen anzusteuern, hatte in diesem Moment vielleicht um die 180 km/h drauf. Daly war nach rechts ausgeschert, um ihn zu überholen. Pironi sah Prost überhaupt nicht und preschte in die vermeintliche Lücke links von Daly. Möglicherweise sah er bis zum letzten Moment überhaupt nichts von Prosts Renault, denn er fuhr mindestens 260 km/h, vielleicht schneller. Pironis linkes Vorderrad prallte auf Prosts rechtes Hinterrad, und der Ferrari setzte zum Flug an, wobei er auf seiner Flugbahn Prosts Fahrerhelm berührte.

"Ich fühlte mich völlig hilflos", erzählte Prost später. "Didier fuhr wesentlich schneller als ich, und sein Auto flog über mich drüber, als ob er in der Luft überholen wollte. Er knallte mit dem Heck zuerst vor mir auf dem Boden auf, dann schlug das Auto noch mehrere Saltos vor mir auf der Piste. Es war schrecklich. Ich hatte Angst, in ihn hineinzufahren, denn ich konnte so gut wie nicht mehr bremsen. Mein rechtes Hinterrad war weg."

Pironi war lange Zeit in seinem völlig zertrümmerten Ferrari eingeklemmt. Ein Fuss war fast abgetrennt.

Ich erinnere mich noch, als ob es gestern gewesen wäre, an die Atmosphäre des betretenen, entsetzten Schweigens, die sich an jenem Vormittag über den Hockenheimring legte. Man flüsterte miteinander, manche steckten aufgeregt, aber mit gedämpfter Stimme, die Köpfe zusammen, um die neuesten Gerüchte zu erfahren. Keiner wusste etwas, eine wahre Ewigkeit lang wusste keiner, was mit Pironi passiert war. Es war einer der typischen Momente, in denen ein Sportjournalist sich fragt, warum er sich gerade diesen Sport ausgesucht hat. Dabei setzt ein Journalist ja nicht selbst sein Leben aufs Spiel. Für die Fahrer selbst war dies nach den tödlichen Unfällen von Villeneuve und Paletti, als ob sie einen langen, quälenden Alptraum durchlebten. Es war ein Ereignis, das Alain Prost veränderte.

"Ich versichere Ihnen", sagt er heute, fast zehn Jahre später, "Pironis Auto stieg senkrecht in die Luft hoch, fast dreissig Meter hoch. Es schlug zuerst mit dem Heck auf, dann mit der Schnauze und wurde in zwei Teile gerissen. Es war ein wirklich grauenvolles Erlebnis. Seit jenem Tag habe ich warnend dieses Bild vor mir, was es bedeuten kann, bei Regen zu fahren." In den Folgejahren veranlasste ihn dies, aus mindestens zwei Regenrennen vorzeitig auszusteigen und diese Entscheidung anschliessend in aller Öffentlichkeit zu begründen.

Der Rest der Saison: Tambay gewann in Hockenheim, de Angelis gewann in Österreich, Prost wurde hinter Rosberg Zweiter in der Schweiz, Arnoux gewann in Monza (wo er auf der Siegertribüne eine grosse Show inszenierte und die Zuschauermenge gestenreich zu Beifallsstürmen aufpeitschte, denn es war zwischenzeitlich bekannt, dass er zu Ferrari wechseln würde, und in der Tat konnte man vom Spektakel der Fans her meinen, nicht Renault sondern Ferrari habe gewonnen). In Las Vegas wurde Prost Vierter, Rosberg wurde Fünfter und holte sich damit den Weltmeistertitel vor Pironi und Watson.

Las Vegas war das letzte Rennen von Arnoux für Renault. Am ersten Qualifikationstag war er Schnellster vor Alboreto (Tyrrell), Cheever (Talbot-Ligier) und Prost. "Dann plötzlich", so Sage, "zwei Minuten vor Ende des zweiten Trainingstages schnappte Prost Arnoux noch die Pole Position weg, und ich sagte: 'Mann, das ist fantastisch'. Da kam Arnoux her, packte mich am Revers und sagte: 'Gib es doch zu, du kannst Prost besser leiden als mich'. Ich sagte: 'Jetzt überleg' doch einen Moment, was du sagst. Bis jetzt hatten wir die Plätze 1 und 4, jetzt belegen wir die Plätze 1 und 2. Soll ich es vielleicht besser finden, wenn Prost Vierter ist, Hauptsache du liegst vor ihm? Machst du Witze?' Wenn es umgekehrt gewesen wäre, Arnoux in Pole Position vor Prost, hätte ich mich genauso gefreut. Er war wirklich äusserst aggressiv damals."

Bevor wir die Saison 1982 abhaken, noch einige Gedanken. Zunächst von René Arnoux, der mein Interview mit der Feststellung begann: "Ich werde nichts über Alain Prost sagen, denn ich war ein Jahr lang mit ihm zusammen bei Renault, und ich kann leider nicht sagen, das es damals gut zwischen uns beiden gelaufen ist." Ich sagte zu ihm darauf, Prost habe in seinem Buch gesagt, über die Vorkommnisse von damals sei Gras gewachsen, und das Verhältnis der beiden sei heute eines "der Kameradschaft und des gegenseitiges Respektes".

Arnoux hierauf: "Unser Verhältnis beschränkt sich darauf, dass wir 'Guten Morgen' und 'Guten Abend' sagen, und damit hat es sich. Er wird bestimmt nicht behaupten wollen, dass er mich zum Freund haben möchte. Ich will nicht sagen, dass ich Prost hasse, aber er hat mit mir nichts am Hut, und ich habe mit ihm nichts am Hut. Ich kenne ihn schon ziemlich lange, und ich bedauere nichts, was vorgefallen ist. Manche Menschen mögen mich, manche Menschen mögen mich nicht. Damit kann ich leben. Das ist in jedem Beruf so." Am Ende unseres Interview sagte René dann allerdings noch: "Alain ist ein grosser Rennfahrer mit einer starken Persönlichkeit – wenn er das nicht wäre, dann wäre er heute nicht da, wo er ist." Immerhin eine nette, versöhnliche Bemerkung zum Abschluss – und eine sehr zutreffende.

Keke Rosberg, ein Mann, der sich sehr leicht über alles Mögliche ereifert, sagt über Alain Prost, nachdem wir über die tragischen Ereignisse der Saison 1982 gesprochen haben: "In der Zeit, als Alain bei Renault fuhr, sind wir in vielen Rennen gegeneinander gefahren, aber wir haben uns auch ausserhalb der Rennen in jener Zeit häufig getroffen. Es ist oft gesagt worden, die Saison 82 sei eine schlechte für den Motorsport gewesen, aber das stimmt im Grunde nicht. Keiner gewann in dieser Saison mehr als zwei Rennen [Prost 2, Lauda 2, Pironi 2, Arnoux 2, Watson 2, Patrese, Piquet, Tambay, de Angelis, Rosberg und Alboreto je 1]. Man wusste vorher nie, wer ein Rennen gewinnen würde, und das ist es doch letztlich, was diesen Sport interessant macht. Ich bin mit Alain immer gut ausgekommen."

Wie sagte doch René Arnoux vorhin? Es gibt immer und überall Menschen, die einen mögen, und Menschen, die einen nicht mögen.

Nach der Saison 1982 wurden die sogenannten Schürzen an den Formel 1-Autos verboten. Hierbei handelte es sich um eine Erfindung von Colin Chapman, die im Grunde ganz simpel war und doch die Formel 1 grundlegend veränderte. Sie bestand aus dünnen Streifen, die seitlich unten an der Karosserie von vorne bis nach hinten verliefen und die Fahrzeugunterseite seitlich abdichtete. Die Luft, die unter das Fahrzeug strömte, staute sich dort, weil sie nicht seitlich entweichen konnte.

Es entstand so eine Sogwirkung. Je schneller das Auto fuhr, desto mehr wurde es an den Boden gesaugt. In Kurven wirkte sich dies so extrem aus, dass es nicht mehr möglich war, das Auto mit Gefühl durchzulenken. Der Fahrer gab dem Auto nun am Eingang der Kurve eine Zielrichtung, und genau diese Richtung behielt das Auto auch bei. Man schleuderte das Auto also quasi in die Kurven wie ein Wurfgeschoss. Eine Federungswirkung gab es eigentlich nicht mehr; die Fahrer hatten das Gefühl, wie auf einem Brett zu fahren. Die Kurvengeschwindigkeiten, die nunmehr möglich waren, waren geradezu erschreckend hoch – besonders natürlich für die Fahrer selbst, die oft nur noch beten konnten, dass sie richtig mit dem Auto "gezielt" hatten. Wenn die Zielrichtung nämlich nicht stimmte, dann war nichts mehr zu machen. Noch ein anderer Effekt der Schürzen war alarmierend. Wenn ein Auto den Bodenkontakt verlor, dann war die Ansaugwirkung schlagartig weg, und das Auto wurde nach oben katapultiert. Der Fahrer wurde zum Piloten.

"Jetzt, wo die Schürzen weg sind, ist der Spass am Fahren wieder da", sagte Prost 1983. "Für mich sind die Autos jetzt wieder schwieriger zu fahren, weil sie mehr Konzentration erfordern. Das Fahren ist dadurch – wie soll ich sagen – reizvoller. Es kommt jetzt wieder mehr auf das fahrerische Können an."

Es gab noch eine Reihe anderer interessanter Aspekte zu Beginn der neuen Saison. Teamgefährte von Prost würde nun Eddie Cheever sein, der immer etwas sauertöpfisch dreinblickende Amerikaner, dem wir bei den Karts erstmals begegnet sind. Cheever war 1978 in die Formel 1 aufgestiegen und über Hesketh, Osella, Tyrrell und Ligier nun zu Renault gekommen. Im Rückblick auf die gemeinsame Zeit sagt Cheever heute: "Prost ist unglaublich schnell, ein aussergewöhnlicher Fahrer, der aber auch hart arbeitet. Von allen Rennfahrern, mit denen ich zusammengekommen bin, kam keiner auch nur annähernd an ihn heran. Man muss ihm mal genau zuschauen, wie er durch eine beliebige langsame Kurve fährt. Es ist kaum zu erkennen, wann und wo er bremst. Es ist kein Schlenker, kein Rucken zu sehen. Das Ganze ist eine einzige fliessende Bewegung, so feinfühlig geht er mit den Pedalen um."

"Cheever ist ein ausgesprochen netter Mann", sagt Jean Sage. "Aber ich glaube, es war damals ein Fehler, ihn zu uns zu holen. Er war einfach immer eine oder anderthalb Sekunden langsamer als Prost, egal wie er sich auch anstrengte, und damit wurde er nie fertig. Wenn man nach dem Rennen das Getriebe der beiden Autos anschaute, sagte das schon alles. Das von Prost war noch einwandfrei, das von Cheever war kaputt. Sie hatten die gleichen Autos, absolut identische Autos. Aber immer, wenn er mit einem Defekt ausfiel – und er fiel sehr, sehr häufig aus – sagte er zu uns: "Ihr gebt mir eben nicht das gleiche Material wie Prost". Da haben wir's schon wieder. Spannungen, Spannungen, Spannungen.

Prost wurde Siebter in Brasilien, Elfter in Long Beach, Sieger in Frankreich, Zweiter in Imola, Dritter in Monaco, Sieger in Belgien. Er führte in der Weltmeisterschaftswertung mit 28 Punkten vor Piquet mit 24, Tambay mit 23 und Rosberg mit 16. Cheever teilte sich mit nur 8 Punkten den siebten Platz mit anderen. Frankreich hatte begonnen, sich Hoffnungen auf seinen ersten Formel 1-Weltmeister der Geschichte zu machen. Und nicht nur das: Es war nach wie vor ein rundum gallisches Paket, das da auf Erfolgskurs war. Ein französisches Auto, ein französischer Motor, französische Reifen, und hinter alledem eine französische Sponsorfirma (Elf).

Hinter den Kulissen, ganz im Verborgenen, bauten sich weitere Spannungen auf. Prost hatte, um mit den Worten eines früheren Teamangehörigen zu sprechen, "persönliche Probleme, private Probleme". Der gesetzliche Schutz der Privatsphäre ist in Frankreich sehr streng. Verletzungen werden mit drakonischen Strafen geahndet. Selbst als das Geheimnis hinausgedrungen war, wurde deshalb nicht ein einziges Wort darüber in der Presse geschrieben. Wir kommen an dieser Stelle zu der Frage zurück, die bereits im Einleitungskapitel angesprochen wurde: Wie weit darf man ins Privatleben eines Menschen eindringen, wenn man ein Portrait von ihm zeichnen möchte? Nur bis zur Schlafzimmertür oder weiter?

"Der Staat hat in den Schlafzimmern seiner Bürger nichts zu suchen", hat Kanadas Premierminister Pierre Trudeau einmal gesagt. Recht hat er, und dies gilt nicht nur für den Staat. Wenn dieses Thema aber direkte Auswirkungen auf das berufliche Leben eines Menschen hat, eine objektiv feststellbare, messbare Auswirkung, dann muss es legitim für den Biographen sein, es anzusprechen. Denn wie soll man sonst das berufliche Leben, die Person überhaupt, beschreiben, wenn man sich nicht auf das Oberflächliche und Banale beschränken will?

Es gibt aber noch etwas anderes, das zu beachten ist. Man kann, wenn man solche Dinge beschreibt, leicht Dritte verletzen, die zufällig beteiligt waren. Genauso wie auch bei einem Autounfall unbeteiligte Personen leicht etwas abbekommen können. In dem folgenden Absatz bleiben die Persönlichkeitsrechte Dritter, so hoffe und glaube ich, in vollem Umfang geschützt.

Irgendwann im Sommer 1983 – wahrscheinlich im Juni oder Juli – kam es zu einer Affäre zwischen Alain Prost und einer Person, die dem Team nahestand. Zunächst wusste so gut wie niemand davon oder ahnte, dass seine Leistungen in der Spätsaison, als es auf die Meisterschaftsentscheidung zuging, hiervon beeinträchtigt wurden. Aber der Druck auf ihn nahm zu und wirkte sich ohne Zweifel auf ihn aus. Die sogenannten "privaten Probleme" wirken sich auf jeden Menschen aus, auf den einen vielleicht mehr als auf den anderen. In welchem Masse genau sie die damalige Endphase der Formel 1-Saison beeinflussten, werden wir nie genau wissen, aber – das steht für viele ausser Frage – sie taten es. Ende des Absatzes.

Detroit lag Prost überhaupt nicht, und er wurde dort Achter. In Kanada war der Motor des Autos ausgelaugt, und er kam als Fünfter ins Ziel. Dann aber gewann Prost in Silverstone und anschliessend in Österreich. Punktestand: Prost 51, Piquet 37, Arnoux 34, Tambay 31. Cheever war mit inzwischen 17 Punkten immer noch Siebter.

In Holland kam es zu einem Kopf-an-Kopf-Rennen. Piquet zog aus der Pole Position zunächst glatt davon. Prost ging dann ohne grosse Mühe an Cheever vorbei und nahm die Verfolgung auf. Piquet verteidigte seine Führung bis in Runde 42, als die beiden auf die 180-Grad-Kurve zufuhren, die "Tarzan" genannt wird. Diese Kurve ist eine beliebte Stelle zum Überholen, denn sie liegt am Ende der Start- und Zielgeraden, und wer als erster in die Kurve hineinfährt, zum Beispiel durch einen schnellen Vorstoss auf der Innenseite, der ist definitiv am anderen vorbei.

Prost startete, wie er selbst sagt, einen "klassischen Angriff". Piquet zog in die Mitte der Strecke hinüber. Prost wagte den schnellen Vorstoss auf der Innenseite, obwohl der Platz äusserst knapp war. Die beiden Autos fuhren praktisch auf gleicher Höhe, als Prosts Renault auf einer Bodenwelle minimal ins Springen geriet, woraufhin die Räder, als er im selben Sekundenbruchteil bremste, blockierten. Das Auto brach zur Seite aus, Prost lenkte dagegen, aber dadurch brach es zur anderen Seite aus – auf Piquet zu. Der Zusammenstoss liess sich nicht mehr vermeiden. Genauer Berührungspunkt: Prosts linkes Vorderrad.

Qualmwolken stiegen von allen vier Reifen des Renault auf, ganz kurz auch von Piquets Vorderreifen, und schon flogen beide Autos geradeaus aus der Kurve. Prost

(Rechts) Konzentrationssache – Die Augen von Alain Prost 1984.

(Unten) Lieblingsmotiv der Motorsport-Fotografen: Ein Rennwagen vor der Kulisse des Hafens von Monaco. Hier fährt Prost einem dritten Platz im Grand Prix 1983 entgegen.

"Keine Fotos bitte." Ron Dennis, Alain Prost und Niki Lauda. Der Wunsch wurde nicht erhört, wie man sieht.

Sieg in Hockenheim 1984 mit 3,149 Sekunden Vorsprung vor Lauda. Damals wurde dem Sieger noch ein Kranz umgehängt – bevor die Sponsoren protestierten, dass dadurch die Firmenlogos auf den Overalls verdeckt werden ...

Einer der Orte, an dem sich der Rennfahrer der Hölle am nahesten fühlt: Monaco im Regen. Hier Prost im Grand-Prix 1984, dessen Ende heute noch umstritten ist.

Blick ins Innenleben des McLaren vor Zolder 1984, dem letzten GP von Belgien, der dort ausgetragen wurde. Prost fiel mit Verteilerdefekt nach nur fünf Runden aus.

Andere Seite, kleines Foto: GP von Europa in Brands Hatch 1985. Prost wird Vierter und gewinnt damit seine erste Weltmeisterschaft.

Blick auf die hufeisenförmige "Druids"-Kurve. Der Abstand zum Auto im Hintergrund sagt einiges aus ...

Rio 1985. Beginn eines langen Weges zum ersten WM-Titel.

Prost vor Lauda 1985 – Lauda war beeindruckt vom Franzosen.

Knapp grösser als vier Reifen. Prost 1986.

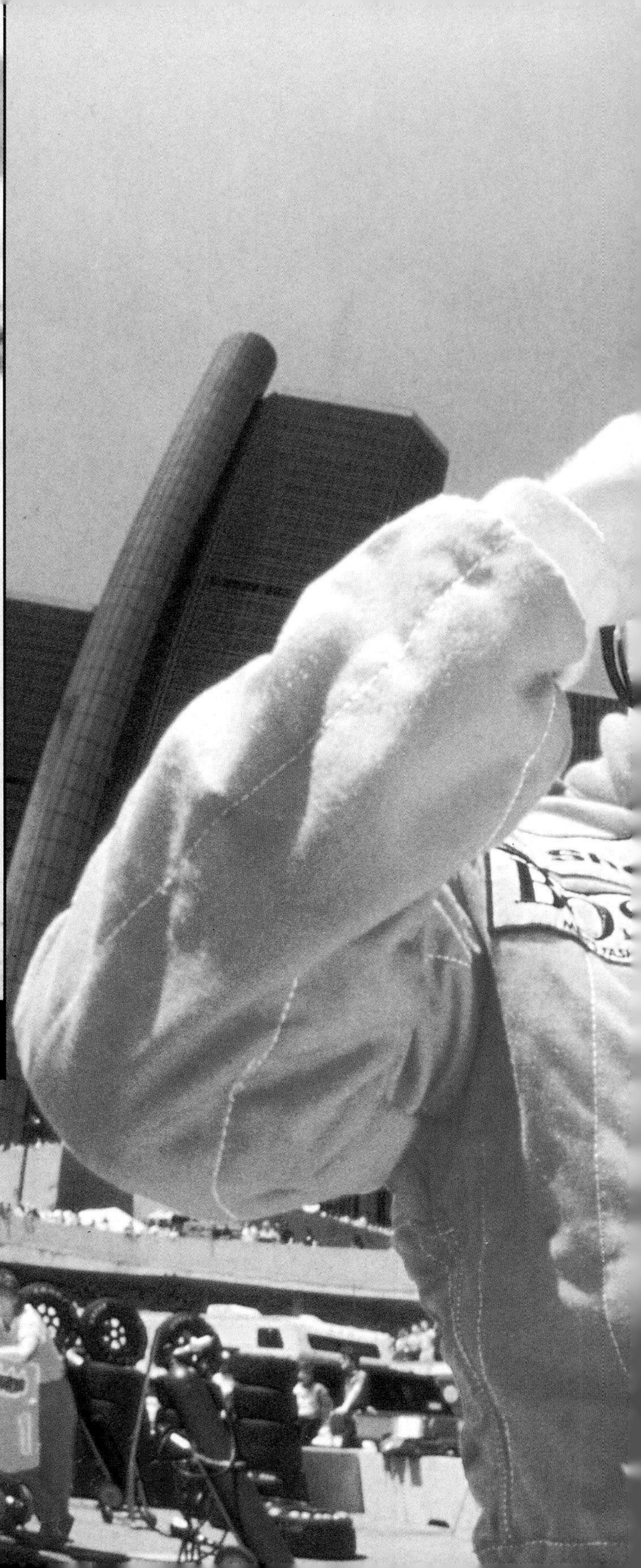

Pilot vor dem Einsatz.
Im Hintergrund ragen die Wolkenkratzer des Detroit Renaissance Center in den Himmel.

Sieg in Monaco 1986. Prost hat den "Hat-Trick" geschafft. Neben ihm sein damaliger und sein späterer Teamgefährte bei McLaren, nämlich Keke Rosberg (rechts) und Ayrton Senna (links).

Majestätische Kulisse. Monaco 1986. Ein Zimmer im Hotel im Hintergrund sollte man allerdings nur buchen, wenn man soviel Geld verdient wie Alain Prost.

kam irgendwie gleich neben der Piste zum Stehen, während Piquet quer durch die breite Auslaufzone geschleudert wurde, gegen eine Reifenbarriere prallte und ausgeschieden war. Prost fuhr zwar noch kurze Zeit weiter, aber das Auto war beschädigt, und auch er musste aufgeben. Er sagte anschliessend: "Die Kollision mit Nelson war mein Fehler, das gebe ich zu. Ich verstehe gar nicht, wie es passieren konnte. Er liess mir genug Platz, und ich bremste eigentlich gar nicht besonders hart."

Dieses Schuldeingeständnis (Prost zeigte sich richtiggehend zerknirscht über sein Missgeschick) stellte nicht nur Prosts Ehrlichkeit unter Beweis, die wir nun schon gut an ihm kennen, sondern strafte im nachhinein auch Tyler Alexander Lügen, der ihm im Zusammenhang mit den Pannen des McLaren 1980 Unaufrichtigkeit vorgeworfen hatte. Was die ganze Formel 1-Welt in Staunen versetzte, war die Tatsache, dass Alain Prost einen Fehler gemacht hatte. Das war ein so seltenes Ereignis, das es geradezu als Sensation empfunden wurde, vielen sogar bis heute im Gedächtnis haften geblieben ist. Sehr bedeutsam war dieser Fehler freilich auch für die WM–Entscheidung, denn wenn Alain dieses Rennen gewonnen hätte, wären das 9 Punkte für ihn gegenüber nur 6 für Piquet als Zweiten gewesen. So aber brachte der Grosse Preis von Holland keinem von beiden etwas ein – ausser einem Spaziergang zurück an die Boxen.

Wieder einmal gab es Spannungen, die hier nur am Rande erwähnt seien. Renault äusserte Zweifel, ob das Benzin, das Brabham verwendete, dem Reglement entsprach.

Drei Rennen standen noch aus, wobei als nächstes Monza auf dem Programm stand. René Arnoux, mittlerweile Liebling der Ferrari-Fans, hatte sich auf den zweiten Platz im WM-Klassement vorgeschoben. Der Punktestand: Prost 51, Arnoux 43, Piquet und Tambay 37. Alle vier konnten noch den Titel gewinnen, und nun kam ausgerechnet Monza. Nicht nur, dass dies in jeder Saison ein Ort ist, an dem die Emotionen hochgehen (traditionell versammeln sich dort die Vertreter einer gewissen Fan-Szene, die sich nicht gerade durch besondere Kultiviertheit auszeichnet), diesmal kam noch das gespannte Verhältnis zwischen Prost und Arnoux aus der gemeinsamen Saison bei Renault 1982 dazu. Das schlechte Licht, in das Prost beim Grossen Preis von Frankreich geraten war, wirkte immer noch nach. Und nun machte Arnoux Jagd auf Prost in der WM-Fahrerwertung, und das in einem Ferrari in Monza.

Jean Sage sagte einige Wochen vor dem Grossen Preis von Italien am Rande von Testfahrten in Monza zu mir: "Es wird auch für Arnoux keine leichte Sache hier werden. Die Zuschauer sind so fanatisch. René hat mir gesagt, er habe Angst vor den Italienern (womit er vermutlich meinte, es könnte etwas passieren, was die Fans zu Gewalthandlungen provozieren könnte)." Sage erwähnte auch, dass die Fans mit Flaschen nach Prosts Auto geworfen und Stroh auf die Fahrbahn gestreut hätten, um ihn von der Piste rutschen zu lassen. Ich konnte das kaum glauben. Er versicherte mir aber, dass es so war.

Dann bekam Prost sogar Mord- und Entführungsdrohungen. Die Leibwächter des französischen Staatspräsidenten, drei sehr robuste Herren, wurden eigens nach Monza mitgenommen, um Prost dort beim Grand-Prix zu schützen. Natürlich war man im Team bemüht, dies herunterzuspielen, indem Witze über die Situation gerissen wurden (man kann sich die Bemerkungen leicht vorstellen). Aber ganz bestimmt ging Prost die Sache unter die Haut. Ein Bild kommt mir ins Gedächtnis: Alain Prost, wie ich ihn in Monza an mir vorbeigehen sah. Ein Leibwächter, ein wahrer Hüne mit Schultern wie ein Kleiderschrank, geht neben dem Franzosen her, der ja nicht gerade ein Riese ist. Prost ist unrasiert, wirkt düster, kneift die Lippen zusammen. Ich weiss noch gut, was ich damals dachte: "Wie ein kommender Weltmeister sieht er nicht gerade aus." Da waren schliesslich auch jene "privaten Probleme", und jeder normal urteilsfähige Mensch konnte sich zu jener Zeit des Eindrucks nicht erwehren, dass sie ihm zu schaffen machten.

Renault versuchte zunehmend, ihn vor allem und jedem abzuschirmen. Er sollte am besten nur noch im Rennwagen sitzen und fahren. Dann kam Monza – und es wurde ein ganz normales Rennen wie jedes andere auch. Prosts Turbolader gab seinen Geist auf, Sieger wurde Piquet vor Arnoux. Neuer Punktestand: Prost 51, Arnoux 49, Piquet 46, Tambay 40.

In Brands Hatch gewann Nelson Piquet erneut, Prost wurde mit 6,571 Sekunden Rückstand Zweiter. Tambay schied mit defekten Bremsen aus, womit er endgültig aus dem Weltmeisterschaftsrennen war, und Arnoux erreichte nach einem Dreher gerade noch mit Ach und Krach einen neunten Platz. Auch er hatte nun nur noch eine rein rechnerische Chance auf den Titel.

Patrick Tambay hatte kurz zuvor einen Vertrag mit Renault für die Saison 1984 unterschrieben, sollte also Cheevers Nachfolger als Partner für Prost werden. Tambay über Prost: "Er kaut sich die Fingernägel so weit ab, dass es richtig weh tun muss, aber das ist anscheinend zwanghaft. Was ich damit sagen will, ist, dass er mit einer unheimlichen Verbissenheit – im wahrsten Sinne des Wortes – an seinen Beruf herangeht. Man hat oft den Eindruck, dass er an gar nichts anderes denken kann. Ähnlich wie Senna, nur auf andere Weise, geht er alles mit einer enormen Intensität an. Wer mit ihm zu tun hat, fühlt sich ständig gefordert, angetrieben. Er betrachtet alles um sich herum auf eine besondere Art, die ihn von allen anderen Menschen unterscheidet, nämlich eine analytische, technisch-rationale Art."

"Es stand damals fest, dass ich mit ihm zusammen in einem Team fahren würde. Ich freute mich wirklich darauf, denn ich wusste, dass ich eine Menge von ihm würde lernen können. Das spürte ich am Ende der Saison 1983, als wir uns recht oft über unsere Zukunft als Teamkollegen unterhielten. Er rief mich jeden zweiten oder dritten Tag an, und wir besprachen technische Dinge, die das neue Auto für die nächste Saison betrafen. Am Telefon waren wir so schon in der Arbeitsvorbereitung für die nächste Saison, während die alte noch lief. Wie er die Sache anging, das war völlig anders, als ich das jemals mit meinen verschiedenen Teamgefährten bis dahin erlebt hatte", und Tambay war immerhin schon seit 1977 im Formel 1-Geschäft, nicht gerechnet die Zeit, in der er Rennen in den USA gefahren war.

Noch allerdings war ein Rennen der Saison 1983 zu fahren, und zwar der Grosse Preis von Südafrika in Kyalami am 15. Oktober. Tambay ging mit gemischten Gefühlen in das Rennen, denn es würde sein letztes für Ferrari sein. Sein Noch-Teamgefährte René Arnoux dagegen hatte die Saison noch keineswegs innerlich abgehakt, er klammerte sich an seine mathematische Chance. Und gleiches galt natürlich für Alain Prost und Nelson Piquet. Alle drei mussten sie dieses Rennen gewinnen, wenn sie Weltmeister werden wollten.

Am Tag vor dem ersten Qualifikationstraining versammelte sich der Formel 1-Zirkus am Kyalami-Kurs, einer in sonnengebleichte Landschaft etwas ausserhalb von Johannesburg eingebetteten Rennstrecke. Auch Prost war da. Er wirkte nervös und angespannt, wie er da so zusammen mit einigen Mechanikern an einem Tisch unter einem Zeltdach sass und offenbar intensiv in technische Diskussionen vertieft war.

Als Jean Sage uns erblickte (ich ging mit Derick Allsop, einem Journalistenkollegen, auf die Gruppe zu), erhob er sich sofort, schoss auf uns zu und sagte: "Bitte stören Sie ihn jetzt nicht. Ich bitte Sie, lassen Sie ihn in Ruhe." So verständlich diese Reaktion auch irgendwie war, empfanden wir sie im Moment doch als schroffe Abfuhr, denn weder Sage, noch Prost noch das Renault-Team insgesamt gaben sich ansonsten zugeknöpft. Zurückblickend sagt Jean Sage heute dazu: "Ich versuchte damals ständig, alles von ihm fernzuhalten. Ja, natürlich, er stand unter grossem Druck. Aber der Druck kam nicht von Renault. Der Druck kam einfach aus der Situation heraus, weil es darum ging, ob er Weltmeister werden würde oder nicht."

Also gingen wir wieder und fuhren zu einem nahegelegenen Hotel namens Kyalami Ranch, wo sich alles um einen Swimming Pool versammelt hatte und sich die Sonne auf den Bauch scheinen liess. "Wo ist Piquet?", fragten wir. Ein Fotograf deutete mit dem Daumen hinauf zur Fensterfront im ersten Stockwerk. "Er hält ein Schläfchen", sagte er. Und das war die zweite Abfuhr an diesem Tag.

Zu diesem Zeitpunkt war so ziemlich die gesamte französische Journalistenzunft entweder schon an der Rennstrecke, noch auf der Suche nach dem eigenen Koffer am Flughafen Jan Smuts oder noch auf dem Flug nach Johannesburg. Es gab Gerüchte, Renault habe bereits ganzseitige Anzeigen in praktisch jeder französischen Tageszeitung gebucht, um den Sieg von Prost und Renault zu feiern. Es war nicht zu übersehen, dass das französische Team fest an den Sieg glaubte, was Prost auch später gegenüber Barnard zugab. Das ganze Verhalten drückte diese Erwartung aus. John Barnard hierzu: "Ich glaube, sie flogen schon mit dem sicheren Gefühl nach Südafrika, die Weltmeisterschaft bereits in der Tasche zu haben. Es war schon interessant, was Alain mir hierüber erzählte. Auf dem Flug malten sie sich aus: 'Wir werden im Training ein bisschen bluffen, uns etwas zurückhalten. Aber dann, wenn wir als Sieger über die Ziellinie fahren, dann geht die Post ab." Sie beschäftigten sich hauptsächlich damit, wie man den Sieg am besten feiern würde. Typisch französisch, meine ich."

Ich selbst hatte diesen Eindruck in den Tagen vor dem Rennen freilich nicht. Zugegeben, einem Journalisten kann schon einmal etwas entgehen. So etwas passierte mir zum Beispiel am ersten Trainingstag in Kyalami. Arnoux blieb irgendwo auf der Strecke mit einem Elektrikfehler stehen. Er stieg aus und versuchte, den Streckenposten klarzumachen, dass sein Ferrari in einer gefährlichen Position stünde und sie ihn doch bitte aus dem Weg rollen sollten. Nach einiger Überredungsarbeit machten sie das dann auch. Aber sie rollten ihm dabei den Wagen über einen Fuss. Einige Zeit später ging ich durch den Boxenbereich und sah Arnoux da sitzen, einen Fuss in einen Eimer mit kaltem Wasser getaucht. Ich hatte nicht mitbekommen, was passiert war, und erkundigte mich ahnungslos, wie es ihm gehe.

Prompt handelte ich mir eine reichlich rüpelhafte Antwort ein. Arnoux konnte dann aber am Rennen teilnehmen.

Erster Qualifikationstag: Tambay, Piquet, Prost, Arnoux. Zweiter Qualifikationstag: Piquet, Patrese, Tambay, Arnoux, Rosberg, Mansell, Winkelhock, De Cesaris, De Angelis, Prost ...

Dass Prost so angespannt und nachdenklich in diesen Tagen wirkte, schien also doch seinen Grund zu haben. Die Brabhams und Ferraris waren auf der langen Geraden schneller. Allerdings, im Rennen ist ja immer alles anders als im Training, heisst es. Oder bluffte man bei Renault etwa wirklich? Vielleicht, vielleicht auch nicht. Auf jeden Fall lief es diesmal im Rennen genauso wie im Training. Piquet schoss davon und hatte am Ende der ersten Runde einen Vorsprung von zwei Sekunden gegenüber seinem Teamgefährten Patrese. Er startete mit nur halbvollem Tank, um eine hohe Anfangsgeschwindigkeit herauszuholen. Prost war nach der ersten Runde Fünfter. Und Piquet fuhr wie der Teufel, dehnte seinen Vorsprung mehr und mehr aus. Prost musste ihm hilflos zuschauen, hatte Probleme mit sinkendem Turboladerdruck. Bis Runde 10 hatte er sich zwar auf Rang Drei vorgekämpft, aber weiter voran kam er nicht, ja in Runde 17 verlor er diesen Platz sogar wieder an Lauda (Marlboro McLaren). Zwar zog Prost in Runde 33 noch einmal an Lauda vorbei, als dieser zum Reifenwechsel an die Boxen fuhr, aber nach weiteren zwei Runden kam dann das Aus. Der Turbolader wollte endgültig nicht mehr. Piquet konnte so in aller Seelenruhe seinen Weltmeistertitel nach Hause fahren, konnte sich sogar noch erlauben, Patrese den Sieg und de Cesaris den zweiten Platz zu überlassen. Der dritte Platz reichte bequem. Arnoux hatte sich längst, längst verabschiedet. Motorschaden in der neunten Runde.

Gerüchten zufolge rief die BMW-Rennsportleitung bei fast allen französischen Tageszeitungen an und sagte: "Wir haben gehört, dass bei Ihnen der Platz für eine ganzseitige Anzeige gebucht wurde. Wir möchten gern eine aufgeben über Piquet, Brabham und den Weltmeistertitel – ach so ja, und über BMW ..."

Renault und ganz Frankreich waren am Boden zerstört. "Es war für uns alle schlimm", so Jean Sage. "Schon im Jahr vorher hatten wir den WM-Titel knapp verpasst. Wenn wir nur den Grand-Prix in Österreich 1982 gewonnen hätten. Alain hatte das ganze Rennen hindurch geführt gehabt, als ihm vier Runden vor Schluss der Elektromotor der Benzinpumpe kaputtging. Das wären neun Punkte gewesen, die uns in der Endabrechnung fehlten, und dazu kommt noch, dass Keke Rosberg das Rennen in Dijon nur gewann, weil an Alains Auto eine Schürze abgefallen war. Und jetzt 1983 das in Kyalami. Jeder kann sich bestimmt vorstellen, wie uns das traf.

Der Punkteverlust, der diesmal, am 15. Oktober in Kyalami, besonders schmerzte, waren die drei Punkte von Zandvoort, die Prost mehr als Piquet bekommen hätte, wenn ihm beim Überholmanöver nicht dieser dumme Fehler passiert wäre. Der Endstand: Piquet 59, Prost 57, Arnoux 49, Tambay 40, Cheever weit zurück mit 22. Während Prost nach Paris zurückflog, sass John Watson im Flugzeug nach London. Watson fuhr nach wie vor bei McLaren, und er hatte eine Saison mit Licht und Schatten hinter sich, an deren Schluss er gleichauf mit Cheever lag.

"Wir hatten vor dem Rückflug aus Südafrika überhaupt nicht über das Thema der Vertragsverlängerung fürs nächste Jahr gesprochen", sagt Watson. "Im Flugzeug bekam ich dann von McLaren gesagt: 'Ich glaube, wir sollten uns mal zusammensetzen und über die nächste Saison sprechen.' [nicht gerade sehr ermutigende Worte] Darauf sagte ich: 'Natürlich, jederzeit.' Damit waren meine Tage bei McLaren gezählt, wenn man so will."

In der Woche nach dem Rennen von Kyalami wurde Alain Prost bei Renault gefeuert.

8
ZURÜCK ZU DEN ANFÄNGEN

Wenn man zu Alain sagte: 'Hör mal, ich muss da was mit dir besprechen, das die ganze Nacht dauern könnte", dann war er sofort ohne Murren dabei.
(John Barnard)

Niki Lauda war misstrauisch. Dies stellte sich aber als unbegründet heraus. "Ich habe ein fantastisches Verhältnis zu John Watson gehabt, zu Keke Rosberg, zu Stefan Johansson und zu Niki Lauda, aber der einzige, bei dem ich etwas habe lernen können, war Lauda. Er beherrschte sein Metier." Dies sagt Alain Prost über die "lebende Legende", wie der Österreicher häufig apostrophiert wird.

Lauda war 1971 zur Formel 1 gestossen. Er überlebte 1976 auf dem Nürburgring knapp einen fürchterlichen Unfall, blieb allerdings von den schweren Verbrennungen, die er erlitten hatte, für immer gezeichnet. Er überlebte ausserdem vier Jahre im Ferrari-Team, wurde zweimal – 1975 und 1977 – Weltmeister, bevor er sich 1979 in Kanada von einem Tag auf den anderen entschloss, seine Rennfahrerkarriere an den Nagel zu hängen. Es war der Tag, von dem in diesem Buch bereits die Rede war, als Alain Prost zufällig an der Rennstrecke war und um ein Haar den freigewordenen Platz im Brabham-Team hätte übernehmen können.

Ron Dennis überredet Lauda 1982 zu einem Comeback. Allerdings hatte der McLaren damals keinen Turbomotor, und so fuhren Lauda und Watson überwiegend den schnelleren Autos hinterher.

Manchmal geschehen freilich auch in diesem ansonsten einigermassen berechenbaren Sport kuriose Dinge. Für das Rennen in Long Beach 1983 hatten sich Watson und Lauda auf den Plätzen 22 und 23 qualifiziert. Long Beach, das muss man dazusagen, ist ein Strassenkurs, auf dem das Überholen immer besonders schwierig ist. Zur allgemeinen Verblüffung gewann Watson das Rennen vor Lauda, wobei alle anderen Fahrer bis auf Arnoux sogar mit mehr als einer Runde Rückstand ins Ziel kamen. (Ich traf an jenem Tag Watson nach dem Rennen zufällig im Hotel, und bevor ich noch etwas sagen konnte, meinte er zu mir: "Fragen Sie mich nicht. Ich verstehe das selbst nicht.") Es war am Ende derselben Saison, als derselbe John Watson auf dem Rückflug von Johannesburg jene wenig Gutes verheissenden Worte hören musste, was seine Vertragsverlängerung anging.

"Wattie war mehrmals in jener Saison grandios gefahren, in Long Beach zum Beispiel, und hatte dabei Lauda mühelos hinter sich gelassen. So kam es denn, dass er am Saisonende sagte: 'Niki bekommt um die drei Millionen Dollar, und ich bekomme nur eine Million. Wie kann das sein? Ich bin genauso gut, teilweise sogar besser als Niki gefahren. Ich will das gleiche Geld.'"

"Wir versuchten, ihm klarzumachen, dass es ganz so einfach nicht ist. Es geht nicht nur darum, wie gut einer rein fahrerisch ist. Für den Wert eines Fahrers für das Team ist auch wichtig, welchen Namen er hat. Wie soll man das sagen? Ein Lauda ist eben ein Lauda, und ein Watson ist ein Watson. Das ist etwas, was man einem Menschen kaum klarmachen kann, ohne seine Gefühle zu verletzen. Es geht um so etwas wie persönliche Ausstrahlung. Um die Frage, ob einer ein Startyp ist. Was macht einen Star aus? Keiner kann das so recht sagen. Aber entweder einer ist es eben, oder er ist es nicht. Es entstand eine Art Tauziehen zwischen Wattie und uns, und dann rief plötzlich Marlboro aus der Schweiz an und sagte: 'Alain Prost ist gerade bei uns. Er ist ab sofort nicht mehr bei Renault. Wollt ihr ihn haben?'. Und unsere Antwort war: "Ja, gern."

"Damals war es so geregelt, dass Marlboro sich um die Verpflichtung von Fahrern kümmerte. Das war aus unserem Rennstall-Budget ausgeklammert. Und wenn uns Marlboro unter diesen Umständen einen solchen Mann anbot, da sagten wir natürlich nicht nein. Er hatte Erfahrung mit Turbo-Motoren, wovon wir uns einiges versprachen, und überhaupt war er inzwischen kein Neuling mehr. Man muss wissen, dass die jungen Rennfahrer, so talentiert sie auch sein mögen, alle eine gewisse Zeit, eine gewisse Rennerfahrung brauchen, bis sie Top-Fahrer sein können. Man muss lernen, wann der richtige Zeitpunkt gegeben ist, ums auf Ganze zu gehen, und wie man aufs Ganze geht. Wenn man zum Beispiel an Zandvoort denkt, als Prost mit Piquet kollidierte, das sind die Dinge, durch die jeder erst einmal durch muss. Als Prost in die Formel 1 kam, war er noch nicht Professor Prost. Er hatte zwar eine unglaublich gute Veranlagung, war aber in verschiedenen Momenten noch zu ungestüm. Als er dann aber zu uns zurückkam, hatte er auch die nötige Erfahrung."

Watson ist nicht verbittert über die damaligen Vorgänge. Er könnte es auch gar nicht sein, weil es Verbitterung in seinem Naturell gar nicht gibt. "Der Tag, an dem ich aus Südafrika zurückkam, war ein Samstag. Am gleichen Tag kam auch Prost nach Europa zurück. Für den Sonntag wurde er zu Renault nach Paris zitiert. Dort sagte man ihm, er sei gefeuert. Am Montag stand er schon bei Marlboro auf der Matte und fragte: 'Könnt ihr mich bei Ferrari unterbringen? Ich bin gefeuert worden.' Man sagte ihm: 'Wie bitte? Nein, das können wir nicht. Aber vielleicht lässt sich bei McLaren etwas machen.' Darauf Alain: 'Aber bei McLaren fahren doch John und Niki.' Und Marlboro: 'Niki steht unter Vertrag, aber Johns Vertrag ist noch in der Schwebe. Bei McLaren könnten wir Sie unterbringen."

"Ich glaube, die Jahre bei Renault waren eine ungute Zeit für ihn. Er gewann zwar viele Rennen, aber nicht den Weltmeistertitel, und er war eigentlich schon reif dafür. Die Marketing-Abteilung bei Renault hat Alain ziemlich verschlissen. Er musste viel zu vieles nebenbei machen, und dann war dies auch die Zeit, als die Technik immer mehr Bedeutung gewann und dem Rennfahrer immer mehr abverlangt wurde. Er musste nicht nur Rennen fahren, sondern auch ständig Testfahrten machen. Er wurde immer mehr in die ganze Entwicklung der Autos einbezogen."

Renault wehrt sich freilich vehement gegen den Vorwurf, Prost habe zuviel Promotion-Arbeit machen müssen. Ein Angestellter der Firma hat genau nachgerechnet und ist zum Ergebnis gekommen, dass Prost im Jahr 1983 genau drei Termine von je einer Stunde Dauer wahrgenommen habe. Weil er sich dadurch aber überlastet gefühlt habe, seien 'riesige Plakate' produziert und überall in Frankreich angebracht worden, auf denen gestanden habe: 'Die ganze Firma steht hinter ihrem Fahrer.' Das habe man gemacht, um ihn von Publicity-Aufgaben so weit wie möglich freizuhalten. Nachdem diese Plakate gemacht worden seien, habe man nichts mehr von ihm in diesem Bereich verlangt.

Wie auch immer: "Als er dann vor die Tür gesetzt wurde und zu McLaren kam, war er richtig verbissen", erzählt John Watson weiter. "Er hat bald eine ganze Saison gebraucht, um als Mensch und Rennfahrer wieder lockerer zu werden. Erst danach konnte er ein echter Top-Fahrer werden. Ich meine, Ron Dennis hätte mit ihm in jedem Fall ein gutes Geschäft gemacht, ganz egal was er auch gekostet hätte. Doch, davon bin ich wirklich überzeugt: Alain war eigentlich jeden Preis wert. Na ja, er hat mich von meinem Platz verdrängt, das ist richtig, aber so ist das eben in diesem Sport."

"Es war ein Schock für mich, wirklich, ein Rückschlag", so Patrick Tambay, "obwohl er damals, Ende 1983, nüchtern betrachtet eigentlich noch kein Mega-Star war. Es waren unglückliche Umstände, die dazu führten, dass er damals ein bisschen durchhing [die "privaten Probleme"]. Dass man ihn bei Renault feuerte, ist eine sehr merkwürdige Geschichte. Der Tag in Lausanne [der Besuch bei Marlboro] war dann eine für Prost ganz entscheidende Sache. Es stand für ihn auf Messers Schneide, er kämpfte einen ganzen Tag lang um den Platz von Watson. Und er gewann. Dieser Tag war gewissermassen das Ende von John Watson und der Anfang von Alain Prost. Ich bin mir sicher, es wäre nicht zu seinen vielen Grand-Prix-Siegen gekommen, wenn nicht dieser eine Tag vor der Saison 1984 für ihn positiv ausgegangen wäre. Man muss diese Dinge ansprechen, auch wenn sie nicht für alle Beteiligten erfreulich waren. Denn man will ja eine wahre Geschichte erzählen, und so ist es damals eben gelaufen."

"Ich frage mich, ob Alain, wenn er 1984 mit mir zusammen in einem Team gefahren wäre, es geschafft hätte, mit dem zur Verfügung stehenden Sprit über die Runden zu kommen." [Renault kämpfte schon traditionell mit Spritverbrauchsproblemen, und das neue Reglement begrenzte die Spritmenge für jedes Auto auf 220 Liter.] Wahrscheinlich wäre es ihm genauso gegangen wie mir. Wir gingen mit McLaren zusammen mit dem schnellsten Auto in die Saison, aber schon im ersten Rennen in Brasilien ging mir vor dem Ziel der Sprit aus. Im zweiten Rennen in Südafrika blieb ich wieder sechs Runden vor Schluss ohne Benzin stehen ..."

Aber es ist nur eine Gedankenspielerei, wie es Prost 1984 bei Renault ergangen wäre. Er war jetzt nicht mehr bei Renault. Er fuhr jetzt wieder für McLaren.

Zu Beginn der Saison 1984 hatte nun auch McLaren einen Turbo-Motor [Lauda hatte ihn in Zandvoort 1983 zum ersten Mal getestet, und hatte dies anschliessend mit den Worten "Gott sei Dank" kommentiert.] Den neuen Fahrer im Team musterte Lauda zunächst argwöhnisch. Lauda über Prost: "Ich kannte ihn vor 1984 überhaupt nicht. Zwischen uns gab es nie Probleme, und das lag zum Teil vielleicht an der psychologischen Ausgangsposition. Ich war schon vor ihm bei McLaren gewesen, und ich war an der Entwicklung des Porsche-Motors beteiligt gewesen. Der neue Motor war irgendwie so ein bisschen auch mein Werk. Überhaupt kam Alain damals, glaube ich, mit der Einstellung zu uns, dass er erst einmal lernen müsse. Das begünstigte wohl ein konfliktfreies Verhältnis. Ich glaube allerdings trotzdem, ehrlich gesagt, dass er ein schwieriger Mensch ist. Ich habe ihn all die Jahre beobachtet, und er ist ein Typ, der sich immer gleich nach aussen hin beklagt. Er hat kein taktisches Geschick, er kann keine Machtkämpfe austragen. Er hat auch eine Menge privater Probleme. Ich hatte nie Schwierigkeiten mit ihm, weil wir gewissermassen auf einem unterschiedlichen Level waren – ich ein alter Hase, er ein Mann, der erst im Kommen war. Es gab keine Reibungen zwischen uns. Wir waren beide klug genug, uns nicht zu bekämpfen, sondern miteinander zu sprechen. Die ganzen zwei Jahre hindurch gab es keinen Krach zwischen uns. Ich weiss aber sehr wohl, dass er mit vielen anderen Leuten schon in seinem Leben Krach gehabt hat, mit Freunden, mit dem Ferrari-Team [1991] und so weiter und so fort. Das kann ich eigentlich bei einem Mann seiner Klasse, seiner Schnelligkeit und seiner Intelligenz gar nicht verstehen. Das Lamentieren bringt ihm doch überhaupt nichts. Er tut sich selbst keinen Gefallen damit."

"Am Anfang ihrer Zusammenarbeit", so John Barnard, "profitierten sie gegenseitig voneinander. Zunächst mal hatte Niki ganz schön zu schlucken, weil Alain in der Qualifikation immer eine halbe Sekunde schneller war als er. Damit kam er überhaupt nicht zurecht. Niki sagte damals: 'Ich weiss es nicht, ich weiss es einfach nicht, wie der Bursche das macht. Ich muss mir das mal ganz in Ruhe überlegen.' Das weiss ich noch ganz genau, wie er das damals gesagt hat: 'Also, der Kerl ist mir einfach ein Rätsel.' Aus Nikis Sicht war alles an der Rennfahrerei berechenbar. Es musste irgendetwas geben, irgendein Geheimnis, durch das Alain schneller war. Und er musste dahinterkommen, was es war."

"Fairerweise muss man sagen, dass Niki sich, was das Training anging, bis zur zweiten Saisonhälfte gegenüber Alain verbesserte, aber er kam nie ganz an ihn ran. Im Rennen profitierte Niki allerdings von seiner grossen Erfahrung als früherer Weltmeister. Er hatte einfach den perfekten Überblick. Er war in der Lage, zu erkennen und sich zu sagen: 'Das ist heute nicht mein Rennen. Es hat keinen Sinn, dass ich Kopf und Kragen riskiere oder vielleicht das Auto zu Schrott fahre, wenn es effektiv nichts zu holen gibt.'

"Mein Eindruck, als er zu uns ins Team kam, war sofort, dass er gut war. Im Training schlug er mich jedes Mal glatt, und ich konnte nur aufgrund meiner Erfahrung Weltmeister werden. Ich musste mir bestimmte Grenzen setzen, bis an die ich gehen wollte. Wir hatten damals diese idiotische Situation, die mit den Turbomotoren zusammenhing, dass wir im Rennen mit 800 PS fuhren, im Training jedoch mit 1500 PS. Er konnte sich besser auf die Trainingssituation einstellen, nämlich eine einzige superschnelle Runde auf Qualifikationsreifen mit dieser wahnsinnigen Power unter der Haube zu fahren. Er riskierte mehr, und er konnte es sich erlauben. Ich wollte so weit nicht gehen. Im Training war er der bessere Mann, gar keine Frage. Nach drei Rennen, in denen er mich in der Qualifikation geschlagen hatte, sagte ich mir selbst: 'Okay, alles klar, ich konzentriere mich eben auf die Rennen. Und so nutzte ich beide Trainingstage immer, um an der Einstellung meines Autos für das Rennen herumzufeilen, um Reifen zu testen und so weiter, während er auf Jagd nach Rundenzeiten ging wie ein Verrückter."

"Ich unterhielt mich oft mit Alain über die alten Zeiten bei McLaren", so Brian Hart. "Vor allem in der Zeit, als er immer wieder Niki in der Qualifikation alt aussehen liess, faszinierte er mich. Er hatte etwas, das nur wenige Fahrer haben, nämlich dieses Allround-Können. Es war eine ziemlich schwierige Angelegenheit, das neue Auto mit dem Turbo-Motor optimal eingestellt zu bekommen, aber Alain kam hervorragend mit dem Motor zurecht. Der TAG-Motor war ziemlich kompliziert. Es war schon eine teuflisch schwierige Angelegenheit, mit dem Motor allein zurechtzukommen, ganz zu schweigen von der Aufgabe, ihn an das Auto, und zwar an ein neues Auto, anzupassen. Ein grosses Problem war bei den Turbomotoren zum Beispiel das sogenannte Turbo-Loch. Das Auto reagierte ganz empfindlich darauf. Aber Prost und Lauda schafften es sehr schnell, Wege zu finden, um diese Schwachstelle auszugleichen. Die beiden wussten nicht nur, wie man am besten beschleunigen musste. Sie konnten den Porsche-Ingenieuren auch präzise Inputs geben."

Prost hatte im zweiten Anlauf bei McLaren einen Traumstart. Er gewann in Brasilien – was psychologisch nach dem Renault-Trauma besonders wichtig war – und wurde in Südafrika Zweiter. In Zolder kam er nicht ins Ziel, in Imola gewann er wieder. Dann kam Frankreich, wo Prost keine Plazierung in den Punkterängen erreichte, Lauda dagegen "mein bestes Rennen der Saison fuhr. Ich fuhr wie ein Verrückter, überholte Tambay ziemlich gewagt, lauter solche Sachen. Prost weckte in mir irgendwie die Einstellung, es wieder wissen zu wollen."

Dann kam Monte-Carlo. Prost lag in Führung, als ein wahres Unwetter losbrach. Wir kennen inzwischen bereits seine Einstellung zu Regenrennen, besonders seit dem Unfall von Pironi, den er so hautnah miterlebt hatte. Pironi ging im Juni 1984 übrigens immer noch an Krücken.

In Runde 31 von 72 des Grossen Preises von Monaco dachte Prost, während Senna (Toleman) rasch zu ihm aufschloss und Stefan Bellof (Tyrrell) rasch zu Senna aufschloss, mehr an die Selbsterhaltung als an WM-Punkte. Wiederholte Male gestikulierte er beim Überfahren der Start/Ziellinie, man solle das Rennen doch abbrechen. Und das tat der zuständige Mann dann auch. Es war Jackie Ickx. Ein Sturm der Entrüstung brach daraufhin los. Ickx, so sahen es viele, hatte Prost den Sieg gerettet, denn es hätte nur noch eine oder zwei Runden gedauert, und Senna wäre an ihm vorbeigezogen. Die Neutralität von Ickx wurde von verschiedener Seite in Frage gestellt, wenn auch nicht von Senna selbst.

"Es war eine umstrittene Entscheidung", so Ickx heute. "Manche Leute hielten sie für richtig, andere für falsch. Lange Zeit war Senna der Meinung, ich hätte mich falsch verhalten. Er hatte das Gefühl gehabt, er könnte das Rennen noch gewinnen. Ich verstehe seine Enttäuschung von damals sehr gut, denn er war schon immer ein Meister der Regenrennen. Er hatte das Rennen klar in der Hand, er war sich sicher, dass er gewinnen würde, und dann plötzlich war alles dahin. Noch nach Jahren war er sauer über diese Sache. Heute allerdings ist das Geschichte, und wir können darüber reden. Es gibt keine Gefühle der Verbitterung mehr. Prost war sich bestimmt darüber im klaren, dass er drauf und dran war, das Rennen noch zu verlieren. Vermutlich hatte er innerlich schon aufgegeben, als ihm sozusagen plötzlich der Sieg noch auf einem Silbertablett serviert wurde."

"Warum ich das Rennen damals abgebrochen habe? Waren Sie schon einmal in der Leitzentrale der Rennleitung in Monaco? Man sitzt dort abgeschlossen in einem Raum und ist über Funk mit Streckenposten, Rettungsdienst und so weiter verbunden. Man hat zwanzig Fernsehschirme vor sich. Im Grunde sieht man das Rennen am Bildschirm, nicht in natura. Man sieht nicht die Zuschauer, man sieht nicht die Team-Manager, man sieht nicht die Fahrer leibhaftig vor sich. Das einzige, was man wirklich mit eigenen Augen sieht, ist die Schwimmbadkurve."

"Auf den Bildschirmen sieht man freilich alles. Hier rutscht einer von der Bahn, dort dreht sich ein anderer. Und dann kommt der Moment, in dem man entscheiden soll, ob das Rennen noch gefahrlos ist oder nicht. Das ist zwangsläufig eine persönliche Entscheidung, aber dafür hat man ja eben einen Rennleiter. Seine Aufgabe ist es nicht, all die Feinheiten des Reglements anzuwenden, sondern aus seiner Erfahrung heraus eine der Situation angemessene Vernunftentscheidung zu treffen, ob ein Rennen weiterlaufen soll oder nicht. Das Wichtigste für einen Rennfahrer ist, glaube ich, dass seine Laufbahn zwanzig Jahre dauern kann, wenn er will. Ich bin dagegen, dass man freizügig zulässt, dass die Leute Unfälle bauen, sich verletzen oder vielleicht sogar selbst umbringen."

"Ich kam unter den gegebenen Umständen zum Schluss, dass man das Rennen nicht weiterlaufen lassen sollte. Nichts anderes habe ich entschieden. Das hatte überhaupt nichts damit zu tun, ob Senna vielleicht Prost attackieren würde oder Bellof Senna. Der Stand des Rennens spielte bei meiner Entscheidung überhaupt keine Rolle. Ausschlaggebend war für mich, dass ich auf meinen Bildschirmen überall Autos rutschen und sich drehen sah. Es hatte auch schon Unfälle gegeben. Dass Prost gestikulierte, das Rennen solle abgebrochen werden, sah ich überhaupt nicht."

"Man weiss nie, wie sich alles entwickelt hätte. Nachher kann man immer sagen, zwei oder drei Runden später wäre Senna in Führung gegangen. Weiss man, ob alle Beteiligten dann überhaupt noch im Rennen gewesen wären? Ich glaube nicht. In der Formel 1 ist es äusserst schwierig, bei Nässe zu fahren. Monaco ist zwar kein so schneller Rennkurs, aber ein unwahrscheinlich schmaler. Der Beruf eines Rennfahrers ist ohnehin schon gefährlich genug. Man braucht es nicht auf die Spitze zu treiben. Ich habe mit Prost später mehrmals darüber gesprochen. Er sagte, es sei ein Segen gewesen, dass das Rennen abgebrochen wurde."

Für die WM-Wertung war der Abbruch von Monaco nur bedingt ein Segen für Alain Prost. Es wurden nur halbe Punkte vergeben, wobei er als Sieger am meisten einbüsste.

"Es war eine hervorragende Saison für uns", sagt Barnard. "Es lief für alle im

Team prächtig. Für mich stellte sich höchstens das Problem, dass Mitte der Saison schon so gut wie feststand, dass entweder Niki oder Alain Weltmeister werden würden – welcher von beiden spielte für mich keine Rolle – und ich mir schon Gedanken machen musste, was ich mir für 1985 würde einfallen lassen. Die laufende Saison war mich gewissermassen schon abgehakt, denn in der Mitte einer Saison hat man alle Modifizierungen am Auto entweder gemacht oder sie sind fest programmiert. Die Zeit des Ausprobierens ist dann vorbei. Im Hinterkopf spukte mir aber schon der Gedanke herum, dass ich für die nächste Saison etwas Neues würde bringen müssen."

Die Plazierungen in den Folgerennen: Lauda Platz 2 und Prost Platz 3 in Kanada, Prost Platz 5 (später korrigiert auf 4) in Detroit, Lauda Sieger in Brands Hatch, Prost Sieger und Lauda Platz 2 in in Hockenheim, Lauda Sieger in Österreich ("Ich hatte ihn klar im Griff", so Lauda, "Ich glaube, nach der ersten Runde hatte ich schon drei Sekunden Vorsprung.") Prost Sieger und Lauda Platz 2 in Zandvoort, Lauda Sieger in Monza.

"Gegen Ende zu", so Barnard, "entwickelte es sich ein bisschen so, dass jeder der beiden dazu tendierte, sich mit 'seinem' Mechaniker abzusondern und sich nicht in die Karten schauen lassen wollte. Das wollten wir von der Teamleitung auf jeden Fall unterbinden, und wir waren streng hinterher, die Geschlossenheit im Team beizubehalten. Es gab unter den Mechanikern einige, die von ihrem Charakter her anfällig dafür waren, ein besonderes Vertrauensverhältnis zu einem Superstar aufzubauen. Sie waren stolz, wenn er speziell auf ihren Rat hörte, ihnen vertraute, sie lobte. Wenn aber eine solche Spaltung erst einmal entsteht, dann pflanzt sie sich fort, dann geht sie irgendwann durch das gesamte Team. Wir gingen zwar nicht soweit, dass wir jedesmal ein gemeinsames Abschlussbriefing mit allen Fahrern und Mechanikern machten, aber es kam schon einige Male vor, dass ich hingehen und sagen musste: 'He, kommt mal aus der Ecke raus. Wir wollen alle wissen, was ihr zu besprechen habt.'"

Zwei Rennen waren noch zu fahren, auf dem Nürburgring und in Estoril (Portugal). Vor dem Rennen auf dem Nürburgring hatte Lauda 63 Punkte, Prost 52,5. Dieser neue Nürburgring war aus dem alten hervorgegangen, aber er hatte mit der alten Traditionsrennstrecke kaum noch etwas zu tun. Er war das Produkt von Computern und von Menschen, deren Hauptaugenmerk auf dem Aspekt der optimalen Sicherheit lag. Dadurch war er gewissermassen neutralisiert. Natürlich war es für die Presse ein Riesenereignis, dass Lauda an die Stätte zurückkehrte, an der er vor Jahren bei seinem schweren Unfall fast im Auto verbrannt wäre. Lauda selbst allerdings, wie er nun einmal ist, wunderte sich eher, was das ganze Theater sollte. Für ihn gehörte der Unfall der Vergangenheit an, auch die Rennstrecke war nicht mehr die gleiche wie damals.

Prost gewann das Rennen. Lauda fuhr nach einem Dreher, bei dem er sich die Reifen beschädigte, ein vorsichtiges Rennen und wurde Vierter. Lauda hatte somit jetzt 66 Punkte, Prost 61,5, wozu später ein "Gratispunkt" von der FISA hinzukam, als diese entschied, dass Tyrell alle seine Punkte dieser Saison wegen einer Verletzung des Reglements aberkannt bekam. Das Team hatte gegen die gültigen Gewichtsuntergrenzen verstossen. Martin Brundle verlor seinen zweiten Platz von Detroit, wodurch Prost vom fünften auf den vierten Platz vorrückte.

Dennoch genügte Lauda in Estoril auf jeden Fall ein zweiter Platz, um Weltmeister zu werden. "Das Wahnsinnsrennen der Saison war für mich Portugal", sagt John Barnard. "Das Training lief völlig verkorkst für Niki. Nur ein elfter Startplatz, während Prost in der ersten Reihe stand. Absolut katastrophal für ihn. Aber dann fuhr Niki ein unglaubliches Rennen. Es war das einzige Mal, dass ich von ihm Überholmanöver sah, die ich ansonsten unter der Rubrik einstufe: 'Das kann man ungestraft nicht machen.' Niki war in der Lage, auf volles Risiko umzuschalten, wenn es nötig und angebracht war. Ich glaube, Alain hat damals in dieser Beziehung von ihm gelernt."

Prost gewann das Rennen, aber Lauda, der wie ein Besessener fuhr, erkämpfte sich den zweiten Platz, und das bedeutete für den Österreicher seinen dritten Weltmeistertitel. "Durch die Art, wie ich die ganze Saison über das Training angegangen war", so Lauda, "hatte ich meistens im Rennen die minimal bessere Abstimmung des Autos. Deshalb gewann ich am Ende mit einem halben Punkt Vorsprung. So einfach ist das." Im Getümmel nach dem Sieg – eine wildes, sogar handgreifliches Gerangel unter den Reportern, um an Lauda heranzukommen – hörte man Lauda sagen, er würde Prost 1985 helfen, den Titel zu gewinnen. Und Niki Lauda sagte solche Dinge nicht leichtfertig dahin.

"Er war völlig niedergeschmettert. Ich weiss noch, wie er auf dem Siegerpodest neben mir stand und noch gar nicht fassen konnte, was passiert war", erzählt Lauda. "Er hatte den Titel unbedingt haben wollen. Ich bemühte mich, meine Freude ihm gegenüber nicht zu zeigen, äusserlich ruhig zu bleiben. Ich hatte das Gefühl, bald würden ihm die Tränen kommen, deshalb sagte ich zu ihm: 'Komm, mach dir nichts draus. Du bist gut. Nächstes Jahr wirst du Weltmeister werden.' Das stimmte ihn ein bisschen versöhnlicher. Ich hätte natürlich auch sagen können: 'Da schau her, du Bastard. Heute hab ich dir's gezeigt. Ich bin der Weltmeister.' Aber das habe ich nicht gemacht. Und im Jahr darauf erfüllte sich ja auch meine Prophezeiung."

An jenem Abend in Estoril, schrieb Lauda später in seiner Autobiographie "Zur Hölle und zurück" (Stanley Paul), "schaffte ich es gerade noch, schnell zum Hotel zurückzufahren, mich umzuziehen und eine Verabredung zum Abendessen mit Mansour Ojjeh einzuhalten, der ein ganzes Restaurant zu diesem Anlass angemietet hatte. Es wurden keine Rede gehalten, und überhaupt wurde auf alle Formalitäten verzichtet. Es war eine ganz ungezwungene Feier. Prost – der aus Monaco Stephanie mitgebracht hatte – entspannte sich wieder ein bisschen."

Es war dieselbe Stephanie, die am 10. Mai 1970 zusammen mit ihrer Mutter und ihrem Vater von der Fürstenloge aus beim Grossen Preis von Monaco zugeschaut hatte. Die kleine Stephanie von damals war nun befreundet mit dem Fünfzehnjährigen von damals, der an jenem Tag während eines Urlaubes an der Cote d'Azur zusammen mit seinem Vater zum Rennen gekommen war und auf der Tribüne mitten unter den lärmenden italienischen Fans gesessen hatte.

Alain Prost zog einige Lehren aus der Saison 1984. "Ich glaube, Fahrer wie Prost denken das bevorstehende Rennen am Samstagabend durch. Sie wägen alle denkbaren Varianten der Entwicklung ab, stellen für sich Vermutungen auf, wann sie in welcher Runde an welcher Position liegen werden, und das gleiche auch für die Konkurrenten. Und all das speichern sie dann in ihrem Gehirn, zum Beispiel: Etwa in Runde 15 wird Fahrer A ausfallen, Fahrer B wird Probleme mit seinen Reifen bekommen und so weiter. Es ist erstaunlich. Zwar erzählt das dieser Typ Rennfahrer einem nie, was er sich so alles durchkalkuliert, aber in bin überzeugt, dass es so weit ins Detail geht. Prost ist, heute zumindest, so einer, der seine Rennen vorab durchkalkuliert. Niki war ein Stratege der Rennstrecke, Prost sollte es später ebenfalls werden. Prost lernte eine Unmenge von ihm in jenem ersten Jahr. Das formte ihn, das vervollständigte seine Qualifikation als Rennfahrer. Es nahm ihm das gewisse Ungestüme weg. Er fing an zu überlegen: 'Moment mal, wie war das? Niki startet ein Rennen ganz von hinten und gewinnt?' Und dann begann er, es genauso zu machen. Er ist ein ganz besonderer Rennfahrer, ein ganz besonderer Mensch."

"Heute fährt er ausgesprochen klug", sagt John Watson. "Wenn es ans Überholen geht, würde er niemals versuchen, in eine Lücke zu stossen, die gar nicht da ist. Ich erinnere mich, wie ich in 1984 beobachtete und damals dachte: 'Zum Teufel, was macht der denn da?' Er führte das Rennen damals unangefochten an, und aus meiner Sicht setzte er sich so, wie er überrundete Fahrer überholte, der Gefahr aus, Opfer von deren Fehlern und Missgeschicken zu werden. So etwas passiert immer wieder. Ich rede nicht von der Gefahr, selbst einen Fehler zu machen, sondern von der Gefahr, zu sehr auf das richtige Urteilsvermögen anderer zu bauen. Was Alain inzwischen gelernt hat, ist, kritischen Situationen aus dem Weg zu gehen."

Nachdem Prost diese Lektionen verdaut hatte, lief es 1985 für ihn so reibungslos wie noch nie – während Lauda Probleme über Probleme hatte. "Es war wirklich eine merkwürdige Saison", sagt Barnard. "Niki schien die technischen Pannen anzuziehen wie ein Magnet. Es war nicht zu glauben, noch heute verstehe ich es nicht, was damals los war. Ich glaube, er fasste schon ziemlich früh während der Saison '85 den Entschluss aufzuhören. Was immer auch der Grund gewesen sein mag, irgendwie lief es in jenem Jahr nicht mehr für ihn. Und irgendwie kam wohl auch das Gefühl in ihm auf: 'Das war's dann. Mir reicht's.'"

So war es. "Es war eine Kombination verschiedener Dinge", sagt Lauda heute. "Prost fuhr eine perfekte Saison, kein Zweifel. Ich musste mich entscheiden, ob ich nach Wien gehen wollte, um dort in meinem Unternehmen zu arbeiten, oder lieber weiter Rennen fahren. 'Lauda Air' expandierte zu jener Zeit, wir kauften einige neue Flugzeuge. Beides liess sich immer schlechter vereinbaren. Eine Veränderung in meinem Leben liess sich deshalb so und so nicht vermeiden. Ich entschied mich Mitte des Jahres zum Rücktritt. Mein bestes Rennen der Saison war Zeltweg [der Grosse Preis von Österreich]. Ich hatte meinen Rücktritt am Samstagmorgen vor dem Rennen bekanntgegeben, und so konnte ich am Sonntag ohne jeden Druck fahren. In dem Moment, wo man sich entschieden hat aufzuhören, denkt man natürlich in erster Linie daran, dass man am Leben bleiben möchte. Das Schlimmste, was man sich vorstellen kann, wäre zu sagen, man hört auf, und dann passiert es..."

"Das '85er Auto war nicht so gut wie das '84er. Es hatte in der Winterpause wieder einige Reglement-Änderungen gegeben, und es fehlte uns plötzlich jeglicher Abtrieb. Am Motor war eigentlich nicht sonderlich viel passiert. Es war ein bisschen mehr Elektronik dazugekommen, ein paar Kleinigkeiten hier und da, aber keine wesentliche Weiterentwicklung." So John Barnard.

"Am '85er Auto versuchte ich, einige neue Erkenntnisse über die Fahrzeuggeometrie zu gewinnen. In diesem Bereich spielte ich ziemlich ausgiebig herum. Wenn es immer wieder Modifikationen am Auto während der Saison gab, dann hingen sie mit der Geometrie zusammen. Ich experimentierte mit einer Unmenge von Neuerungen am Fahrwerk. Es ging für mich eigentlich insgesamt darum – auch wenn ich das damals niemand sagte – einmal ein genaues Gesamtbild zu bekommen, welche Auswirkung jede einzelne Komponente hatte. Man mochte sich natürlich fragen: 'Warum kann er das nicht bei den Testfahrten machen?' Aber für mich reichten die üblichen Testfahrten, wie man sie auf einer einzigen Rennstrecke macht, nicht aus. Ich brauchte umfassendere Daten, um ein Gesamtbild zu bekommen. Ich musste meine Experimente auf all den verschiedenen Arten von Strecken machen, die es gibt, vom engen Strassenkurs bis zum Hochgeschwindigkeitskurs. Und ich bekam dieses Gesamtbild auch im Laufe der Saison, ich lernte eine Menge über die veränderten Reaktionen eines Autos bei Veränderungen der Fahrzeuggeometrie. Es war zwar ein ziemliches Hin und Her bei der Hinterachsgeometrie, aber trotzdem hatten wir die ganze Zeit über ein solides Grundpaket, sozusagen. Unser Auto mit dem Turbomotor war nach wie vor konkurrenzfähig. Was uns in jenem Jahr zu schaffen machte, war der Punkt Spritverbrauch. Die Benzinmenge war rigoros begrenzt, und so mussten wir zum Beispiel auch bei der Reifenwahl auf Gesichtspunkte des Spritverbrauches achten. Dies berührt einen ganz wichtigen Punkt: Alain war immer ein Genie, was Reifen anbelangt."

"Er war genial darin, den Reifenzustand im Auge zu behalten; genial darin, einem zu sagen, wann ein Reifen nichts mehr taugte. Er konnte seinen Technikern mit absoluter Sicherheit nach zehn Proberunden sagen, dass ein bestimmter Reifen für ein Rennen auf einem bestimmtem Kurs zu hart sein würde, zu weich oder was auch immer. Seine Fähigkeit, den Reifenzustand isoliert vom Gesamtverhalten des Wagens erfühlen und analysieren zu können, war unglaublich. Ich habe nie jemanden kennengelernt, der dies so perfekt konnte."

"Man hat nicht die Möglichkeit, Dauertests mit Reifen zu machen. Man kann einen Reifen vielleicht über zehn Runden testen. Danach kann man wohl sagen, der Reifen verhält sich so oder so, aber ein Rennen dauert eben sechzig oder siebzig Runden, und man muss wissen, ob die Reifen, die ein Fahrer gerade draufhat, noch für den Rest des Rennens halten werden. Das heisst, ob ihr Zustand einigermassen konstant bleiben wird oder ob sie rasch weiter verschleissen werden."

Kehren wir zurück zum Saisonverlauf. Nach Zeltweg stand Zandvoort auf dem Programm, wo Lauda Prost ein hartes Rennen lieferte und den Franzosen mit 0,232 Sekunden Vorsprung schlug. Prost attackierte von Anfang bis Ende aggressiv und druckvoll, aber Lauda kämpfte verbissen und rettete seinen Vorsprung ins Ziel. Am Rande dieses Rennens gab es eine interessante Episode: "Ich hatte einen Freund namens Herbert Volker, der mir beim Schreiben meiner Bücher half. Ich war, glaube ich, Zwölfter im Startfeld. Herbert ist ein Träumer, aber ein sehr guter Journalist. Er sagte zu mir unmittelbar vor dem Start: 'Heute wirst du gewinnen'. Ich sagte: "Du spinnst wohl. Ich werde mein Bestes geben, aber ich werde nicht alles auf eine Karte setzen. Ich will schliesslich am Leben bleiben." Herbert sah mich ungläubig an. "

"Piquet verpatzte seinen Start, und ich fand mich am Ende der ersten Runde plötzlich auf Platz Fünf. In diesem Augenblick fiel mir ein, wie Herbert mich angeschaut hatte, und ich sagte mir: 'Also gut, Herbert zuliebe gehe ich aufs Ganze.' Und los ging's. Mein Problem war, dass ich beim Boxenstopp die falschen Reifen bekam. Aus Versehen zogen sie mir harte Reifen auf. Prost hatte die besseren Reifen, so dass ich gegen Ende ihm gegenüber gehandicapt war. Ich musste kämpfen, um seinen Angriffen standzuhalten. Links hinten hatte ich einen harten Reifen, rechts einen weichen. Ich fuhr wie ein Wilder, aber es ging einfach nicht so schnell, wie ich wollte. Es gab keine Anweisungen vom Team, deshalb war für mich klar, dass ich versuchen würde, zu gewinnen. Dabei war ich im Grunde gar nicht mehr versessen drauf. Ich hatte das Rennfahren eigentlich schon abgehakt, und ich gewann eigentlich nur Herbert zuliebe an jenem Tag. Ansonsten wäre mir der Rennausgang ziemlich egal gewesen."

Später räumte Lauda etwas widerwillig ein, dass er Prost wohl versprochen habe, ihm zum Weltmeistertitel zu verhelfen. Aber doch noch nicht jetzt. Es stünden ja noch fünf Rennen aus, und er hielte Prost auf jeden Fall für gut genug, auch aus eigener Kraft, ohne fremde Hilfe, zu gewinnen. Der Punktestand nach dem Rennen: Prost 56, Alboreto (Ferrari) 53, de Angelis (Lotus) 30. Weit abgeschlagen Lauda mit 14 Punkten.

Prost gewann in Italien, wo Alboreto leer ausging. Dann kam Spa.

"Die Piste war mal nass, mal trocken. Spa war schon immer tückisch", erzählt Barnard. "Das Auto lief nicht hundertprozentig, und wir experimentierten viel daran herum. Wir wechselten noch kurz vor dem Start eine Stange an der Vorderachse aus, und letztlich lief das Auto dann doch noch ganz ordentlich. Prost wurde Dritter. Wir standen an der Rennstrecke, verfolgten seine Rundenzeiten und sagten uns staunend: Na so was, der fährt ja heute so zahm. Hinterher sagte er: 'Tut mir leid. Ich hätte das Rennen heute wahrscheinlich gewinnen können, aber ich wollte das Risiko nicht eingehen. Ich brauchte die Punkte für die WM-Wertung, deshalb habe ich mir gesagt: lieber sicher und nur als Dritter ins Ziel kommen." Er taktierte also schon im Hinblick auf den Weltmeisterschaftstitel, und deshalb gewann er ihn auch letztlich.

"Es hört sich vielleicht simpel an, aber wenn man die Burschen kennt, dann weiss man, dass es in dem Moment, in dem der Helm aufgestülpt wird und die Startaufstellung eingenommen wird, eine ganze Menge unter den Fahrern gibt, die nichts im Kopf haben ausser der ersten Kurve, an wem sie bis dorthin vorbeiziehen wollen und wie, und damit hat sich's schon. Und dann gibt es noch die anderen, die noch etwas mehr im Kopf haben, und das sind die wirklich guten Fahrer. Die denken auch weiter als bis zur nächsten Kurve. Sie setzen sich ein Ziel für das Rennen, für die ganze Meisterschaftssaison."

Auf dem Kurs von Spa, mit seinen Hügeln und schnellen Kurven, hatte Prost nichts anderes an den Tag gelegt als den Überblick und das strategisch-kluge Denken von Niki Lauda als seinem Lehrmeister. Das Zauberwort hiess Selbstbeherrschung in dem Sinne, sein Verhalten vom Verstand anstatt vom Impuls steuern zu lassen. Wenn zu dieser Eigenschaft noch grosses Talent kommt, dann ist das eine Kombination, an der die Konkurrenz verzweifelt. Man kann dann im Grunde alles gewinnen, auch eine Weltmeisterschaft.

Wenn es noch eines weiteren Beweises seiner Reife bedurfte, dann erbrachte ihn Prost im darauffolgenden Rennen, dem Grossen Preis von Europa in Brands Hatch. Alboreto zerriss es den Motor seines Ferrari, wobei es eine Rauchentwicklung wie beim Brand einer chemischen Fabrik gab. Prost lag nach einem missglückten Start zunächst nur auf dem vierzehnten Platz. Später musste er auch noch aufs Gras ausweichen, um eine Kollision mit Rosberg (Williams) zu vermeiden. Aber er fuhr dennoch ruhig und sicher auf einen dritten Platz im Zieleinlauf. Prost hatte somit 72 Punkte, Alboreto 53, und bei noch zwei ausstehenden Rennen war er nicht mehr einzuholen.

Frankreich wollte, wie Fred Opert Jahre zuvor gesagt hatte, unbedingt einen Formel 1-Weltmeister haben. Nun hatte es einen. Auch wenn es hierzu, wie Alain Prost an jenem Tag in Brands Hatch mit leicht bissigem Unterton feststellte, eines englischen Rennstalls (und eines deutschen Motors) bedurfte. Er habe aber keine besonders ausgeprägten "nationalistischen Gefühle", fügte er mit einem weiteren kleinen Seitenhieb auf sein Heimatland hinzu, und gewinne genauso gern in England wie in Frankreich.

Niki Lauda trat von der Bühne ab, und für 1986 trat ein gewisser Keijo (besser bekannt als Keke) Rosberg an die Seite von Alain Prost bei McLaren. Rosberg: "Ich habe mich immer gut mit Alain verstanden. Eine Verbindung zwischen uns hatte sich zu meiner Zeit bei Williams ergeben, dadurch dass ich ein gutes Verhältnis zu Mansour Ojjeh hatte [dessen Firma "Techniques d'Avant Garde", abgekürzt TAG, zuerst mit Williams, dann mit McLaren zusammengearbeitet hatte]. Schon als ich noch bei Williams war, trafen Alain und ich uns gelegentlich in der Freizeit, obwohl es in der Formel 1 eigentlich nicht viele Kontakte auf persönlicher Ebene gibt. Nach dem Rennen in Rio zum Beispiel unternahmen wir etwas zusammen. An solchen Orten kam so etwas vor."

"Ich lernte damals die humorvolle Seite von Alain kennen. Er war wirklich ein lustiger Kerl. Ich weiss nicht, ob das auch heute [1991] noch so ist. Das hat nichts mit dem Rennsport und dem ganzen Druck zu tun, ich meine nur, weil wir ja alle älter werden. Jeder entwickelt sich ja. Wir sind heute beide nicht mehr die jungen Spunde, die wir noch mit zwanzig waren. Man wird mit zunehmendem Alter ruhiger, das gilt für Rennfahrer genauso wie für andere."

"Ich kam 1986 in keine Situation, in der ich unter Druck stand. Ich war von Williams zu McLaren gewechselt, weil es mich einfach reizte, für dieses Team zu fahren. Ich wusste damals schon, dass ich nach einem Jahr aufhören würde. Ich wollte mir einmal ein anderes Top-Team anschauen, und McLaren bot sich für mich an, weil ich Ron gut kannte und auch andere Leute im Team wie Mansour, Alain und so weiter. Ich konnte mich deshalb leicht dort integrieren – nur John Barnard machte es mir am Anfang nicht leicht, oder, sagen wir, er zeigte keine grosse Lust, mich zu unterstützen. Allerdings kam ich auch wenig mit ihm zusammen, denn bei den Rennen war er selten dabei. Deshalb spielte das eigentlich auch keine Rolle für mich."

Rosberg fuhr bei Testfahrten in Rio sein Auto zu Bruch – was natürlich nicht gerade ein Einstand war, mit dem er Barnard spontan ans Herz wachsen konnte. "Ich bin nicht gerade einer, der dafür bekannt ist, dass er Autos zu Schrott fährt", sagt Rosberg mit einem Ton der Rechtfertigung (soweit ein solcher Ton bei ihm möglich ist). Ich war erst ein paar Runden gefahren, als ich in der langgezogenen Kurve die Herrschaft über das Auto verlor, und zwar deshalb, weil das Auto sich so ganz anders verhielt, als ich es gewohnt war. Wenn Sie mich fragen, an was ich mich hauptsächlich von meinem Jahr bei McLaren erinnere, dann würde ich sagen "Untersteuerung", und das mit Grossbuchstaben. Nur dreimal im ganzen Jahr war das Fahrwerk so, wie ich es haben wollte, nämlich bei Testfahrten in Brands Hatch, beim Grossen Preis von Deutschland und in Australien."

"Ich kam gut mit Prost aus, weil ich so naiv war, mir keine Gedanken zu machen um das, was hinter den Kulissen vorging, also um die Firmenpolitik. Im nachhinein bin ich überzeugt – obwohl ich nie mit jemandem darüber gesprochen habe – dass ich damals dazu diente, all die Steuerungssysteme für den neuen TAG-Motor zu testen. Anders kann ich es mir nicht erklären, warum ich so häufig nicht ins Ziel kam, während das bei Prost anders war. Ich wusste, dass es da zum Beispiel irgendwelche neue Sensoren gab. Ich lag in Österreich an zweiter Stelle, als diese Sensoren ausfielen."

"Ich beendete in jenem Jahr nur fünf von sechzehn Rennen. Niki hatte im Vorjahr sogar nur drei beendet, und Prost wurde in beiden Jahren im gleichen Team Weltmeister. Das beeinflusste unser Verhältnis damals aber nicht, denn ich war der festen Überzeugung, das Team tue sein Bestes für mich. Das einzige, was ich auszusetzen hatte, war, dass ich einfach das Fahrwerk nicht so eingestellt bekam, wie ich meinte, es zu brauchen. Hierbei hätte ich mir auch ein bisschen mehr, wenn schon nicht Unterstützung, so doch Ratschlag von Alain gewünscht."

"Jedes Mal, wenn ich ihn fragte: 'Würdest du mit einem Auto, das so stark untersteuert, volle Pulle durch diese Kurve gehen?', sagte er nur: "Ja". Ich nahm das so hin, aber er wusste, dass mich das zum Wahnsinn trieb. Alain ist ein schlauer Bursche, und er verstand es immer, sich seinen Interessen gerecht zu verhalten. Das war nie meine Art gewesen. Ich hätte mich nie so verhalten. Das ist wohl mein Problem."

"Ich war damals der Neue im Team, und er war derjenige, der ein Rennen nach dem anderen gewann. Wenn ich sagte, es müsste etwas gegen das Untersteuern des Autos gemacht werden, dann taten die McLaren-Leute es einfach nicht, denn schliesslich gewann Alain ja mit dem Auto. Wenn Alain das gleiche gesagt hätte, hätten sie ganz bestimmt etwas unternommen. Man muss deshalb vorsichtig sein, wenn behauptet wird, es wäre schwierig gewesen, etwas am Auto zu ändern. Das stimmt nicht. Alain wollte nur nichts davon wissen."

"Es gibt noch einen weiteren Aspekt, der hiermit zusammenhängt. Alain hat einen ganz eigenen Fahrstil. Wie er in die Kurven ging, besonders in der Zeit der Turbomotoren, das unterschied sich völlig von der Art, wie alle anderen Fahrer das machten. Es gab nur einen, der vielleicht eine ähnliche Kurventechnik hatte, und das war Niki. Diese Technik bestand darin, erst sehr spät in die Kurve einzulenken und dann während des Einlenkens zu bremsen. Der klassische Rennfahrer bremst noch auf der geraden Strecke und lenkt dann, wenn er das Auto verlangsamt hat, in die Kurve. Er aber machte es anders. Er hatte das Gefühl dafür, in der Kurve zu bremsen. So wie ich es gewohnt war zu bremsen, konnte man im gleichen Moment gar nicht lenken. Das Lenkrad hätte sich nicht drehen lassen. Er dosierte aber die Bremswirkung mit solchem Feingefühl, dass sich das Auto gleichzeitig lenken liess. Ich trat immer so stark aufs Bremspedal, dass die Räder ganz knapp vor dem Punkt des Blockierens waren. Ich versuchte einmal, genauso zu fahren wie Alain. Ich gab mir wirklich Mühe, aber es war unmöglich für mich. Ich konnte es nicht, genauso wie ich Rechtshänder bin und nicht mir der linken Hand schreiben könnte. Mit diesen unterschiedlichen Kurventechniken verhält es sich ähnlich."

"Wenn ein Auto untersteuert, dann untersteuert es eben. Da kann man machen und ausprobieren, was man will, es untersteuert. Das beeinträchtigte die ganze Saison für mich so stark, dass ich sagen würde, ich habe nur 75 Prozent von meinem Potential in dem Auto nutzen können."

Wir sind wieder bei den Spannungen.

"Was Keke sagt, ist gegen mich gemünzt", meint John Barnard. "Das eine Mal, als wir zu Testfahrten nach Brands Hatch fuhren, sagte ich zu ihm: 'Also gut, ich werde dir das Auto so einrichten, wie du es möchtest. Ich weiss zwar noch nicht wie, aber wir werden es hinkriegen.' Und so arbeiteten wir wie die Besessenen an der Vorderradaufhängung. Was Keke wollte, war im Grunde ein steifer, unbeweglicher Bug, der für die Kurven ausreichend aerodynamisch "griffig" sein sollte. Seine Vorstellung war die: Man reisst schnell und hart das Lenkrad herum und – zack – hat man das Vorderteil des Wagen gedreht. Man lenkt kurz, und schon kann man wieder Gas geben. Das grosse Problem an der Sache ist nur, wie man das machen und gleichzeitig das Heck in der Fahrtlinie halten soll. Man kann schon den Bug so einstellen, dass er sich verhält, wie gerade beschrieben, aber dann bricht ganz leicht das Heck aus, und ehe man sich versieht, landet man schon rückwärts im Fangzaun."

"Abgesehen davon war ich nie der Meinung, dass dies das richtige Kurvenverhalten eines Autos sein kann. Ich habe Autos immer so gebaut, dass sie hecklastig fahren. John Watson hatte das Auto am liebsten so eingestellt, dass der Schwerpunkt extrem weit hinten lag, wodurch das Auto hinten bombenfest auf der Piste lag, während es vorne leicht auflag und feinfühlig reagierte. Er wollte eine Kurve so anfahren, dass es beim Einlenken hinten förmlich am Boden klebte, so dass die Drehbewegung von den Hinterrädern ausging. Bei Rosberg war das genau umgekehrt: 'Ich will an die Kurve ranfahren, dann so hart wie möglich bremsen, den Bug herumreissen, und das Heck muss eben mitkommen.' Aber unsere gesamte Aerodynamik war darauf überhaupt nicht ausgerichtet. Es ging einfach nicht. Prost konnte ja schliesslich auch mit dem Auto fahren, wie es war..." "Keke versuchte dann, Alain zu kopieren. Wir sprachen einmal über das Problem des Untersteuerns, und ich sagte zu ihm: 'Wir wäre es denn, wenn du auf die gleiche Art fahren würdest wie Alain? Ich glaube nämlich, das Auto lässt sich, so wie es konstruiert ist, auf diese Art einfach besser fahren.' Aber Keke bekam das mit dem gefühlvollen Einlenken in die Kurve offenbar nicht hin. Es ist vielleicht auch schwierig: Man hat ein Auto mit einer speziellen Prost-Auslegung. Jemand anders setzt sich rein, versucht es schnell um eine Kurve zu lenken. Er tritt hart auf die Bremse, der Bug taucht nach unten und – schwupp – bricht das Heck seitlich weg, weil der Schwerpunkt sich schlagartig von hinten nach vorn verlagert.

"Alain war in der Lage, das Auto nicht in die Kurve zu werfen, sondern es mit Gefühl hindurchzulenken. Man muss sich stets vor Augen halten, dass es hier um echte Feinheiten geht. Wenn man an der Strecke steht und zusieht, hat man als Normalsterblicher grosse Mühe, irgendwelche Unterschiede zu erkennen. Man sieht dann eben nur, dass Alain schnell in die Kurve fährt, im selben Moment schon wieder Gas gibt, und weg ist er."

"Der Kern des Problemes lag vermutlich darin, dass ich beim besten Willen einfach nicht das Gefühl hatte, dass es das Richtige war, was Rosberg haben wollte, nämlich ein Auto mit dem Schwerpunkt so weit vorne zu fahren. Für mich bedeutete das, die ganze Mechanik des Autos zugrundezurichten."

"Am Ende machten wir beide, Keke und ich, was wir für richtig hielten. Unsere unterschiedlichen Standpunkte liessen sich nicht vereinbaren. Es ist immer eine wichtige persönliche Komponente vorhanden, wo mehrere Menschen zusammenarbeiten. Die menschlichen Beziehungen – in diesem Fall zwischen Fahrern untereinander, zwischen Fahrern und Mechanikern, zwischen Mechanikern untereinander, zwischen Fahrern und Team-Management und so weiter und so fort – sind für viele Dinge so entscheidend. Wenn jemand sagt, etwas muss schwarz sein, und man selbst meint, es muss weiss sein, dann kann man sich zwar durchaus vertragen. Man kann etwas zusammen unternehmen, man kann Spass zusammen haben, aber irgendwie bleibt immer eine Trennwand, weil man insgeheim denkt: Er hat unrecht. Und der andere denkt genauso: Er hat unrecht. Ob es keine Kompromisse gibt? Das ist so ein Problem mit den Kompromissen. Wie viele Kompromisse kann man sich in diesem Geschäft ungestraft erlauben? Je weniger man eingehen muss, desto besser."

Für Rosberg in seiner unbefriedigenden Situation bei McLaren war es keine Hilfe, dass Prost in Imola, Monaco und Österreich gewann. Allerdings war es vor allem eine starke Saison der Williams-Fahrer Mansell und Piquet. Die Situation vor dem letzten Rennen in Adelaide, dem Saisonhöhepunkt, war die, dass Prost auf jeden Fall gewinnen musste, wenn er sich erneut den Titel holen wollte, wobei Mansell höchstens den vierten Platz erreichen durfte. Piquets Ausgangsposition war nicht ganz so günstig. Er musste auf jeden Fall vor Prost ins Ziel kommen. Prost musste darauf hoffen, dass Rosberg fahren würde, was das Zeug hielt, um sein Team zu unterstützen.

"Ron hatte nichts zu mir gesagt", so Keke Rosberg. "Ich ging von mir aus vor dem Start zu Alain und sagte zu ihm: 'Ich werde dir die Hölle heiss machen, denn mein Auto läuft fantastisch, aber wenn du mich am Ende brauchst, dann werde ich dir helfen, wenn es irgendwie geht.' Das waren exakt meine Worte. Mehr sprachen wir nicht, und ich hätte mich tatsächlich so verhalten, denn der schönste Abgang von der Formel 1-Bühne wäre für mich gewesen, zum einen ein schnelles Rennen zu fahren, andererseits aber echten Teamgeist zu zeigen. Wenn man mich gefragt hätte, ob ich mir einen besseren Rennverlauf für mich vorstellen könnte, dann hätte ich dies verneint. Wenn interessiert es schon, ob man sich mit einem Sieg mehr oder weniger in der persönlichen Statistik verabschiedet? Toll wäre es aber gewesen, wenn ich nach dem Rennen zu meinem Teamboss hätte gehen und sagen können: 'Also dann, das war mein letztes Rennen bei euch. Ich habe dafür gesorgt, dass ihr als Team den Weltmeistertitel bekommen habt, auch wenn ich selbst nur Siebzehnter gewonnen bin.' Dann hätte ich mit höchster Befriedigung abtreten können." Was wir hier erläutert bekommen, ist die Gleichung, die ein Rennfahrer mit sich und seiner sportlichen Welt aufmacht. Seine letzte Gleichung.

Mansell übernahm die Führung, gefolgt von Senna und Piquet, die dann aber ohne grössere Mühe an ihm vorbeizogen. Mansell konnte es sich ja auch erlauben, ein taktisches Rennen zu fahren. Ein vorderer Platz genügte ihm in jedem Fall. Dann aber, noch vor Ende der ersten Runde, überholte ihn auch Rosberg. Und der Finne legte sich mächtig ins Zeug. Am Ende der ersten Runde lag Prost an fünfter Stelle. Und jetzt setzte Keke Rosberg zum Sturm auf Adelaide an. In Runde 7 schob er sich mit einer wildentschlossenen Attacke am führenden Piquet vorbei, während gleichzeitig Prost Senna überholte und sich an die vierte Stelle setzte. Die Reihenfolge nun: Rosberg, Piquet, Mansell, Prost. Rosberg allerdings fuhr allen davon, er war an diesem Tag eine Klasse für sich.

Prost schaffte es, an Mansell vorbeizukommen, und schloss zu Piquet auf. Aber ihn zu überholen, erwies sich als schwierig. Prost schien zwar in den Kurven schneller zu sein, bremste später und war auch auf den Geraden keineswegs langsamer als der Williams, aber das entscheidende Quentchen mehr an Power zum Überholen fehlte. Dann aber, in Runde 23, hatte Piquet plötzlich einen Dreher, konnte das Auto aber abfangen, schleuderte auf die Piste zurück – wobei er fast Thierry Boutsen (Arrows) gerammt hätte – und setzte das Rennen fort. Damit lautete die Reihenfolge: Rosberg, Prost, Mansell, Piquet.

Während sich Rosberg weiter und weiter vom Feld absetzte, kam Prost in Runde 32 an die Boxen geschlichen. "Ich hatte einen Platten rechts vorne. Es passierte auf der langen Geraden, und es war vorübergehend eine kritische Situation, als der Reifen Luft verlor. Drei Runden vorher hatte ich Berger (Benetton) leicht touchiert, aber ich glaube nicht, dass das die Ursache für die Reifenpanne war. Es war wohl eher ein normaler Reifenschaden."

In die Geschichte des Motorsports würde dies allerdings als die Reifenpanne mit den aussergewöhnlichsten Folgen eingehen.

Es war gar nicht so leicht, den Wagenheber anzusetzen, weil das Auto auf der Seite mit dem platten Reifen tiefer lag. Der Boxenstopp dauerte deshalb 17 Sekunden. Prost setzte das Rennen an vierter Position fort, lag allerdings 20 Sekunden hinter Mansell und Piquet und 50 Sekunden hinter Rosberg. Keine Position, in der man sich Hoffnungen machen kann, ein Rennen noch zu gewinnen – ganz zu schweigen vom Weltmeistertitel unter den gegebenen Voraussetzungen. Rosberg geriet in dieser Situation in ein moralisches Dilemma: "Mein Vorsprung war riesengross, obwohl ich nur mit Ladedruck 2,8 fuhr. Normalerweise fuhren wir mit 3,2. Ich war also eigentlich sehr zurückhaltend. 2,8 war unsere Mindesteinstellung. Ich stellte mir vor, dass jetzt bestimmt alle sagen würden: 'Der Rosberg fährt wie ein Verrückter, weil es sein letztes Rennen ist.' Andererseits dachte ich auch: 'Du wärst verrückt, wenn du jetzt den Sieg verschenken würdest. So einen leichten Sieg hast du in deiner ganzen Laufbahn nicht errungen."

Während sich im Kopf von Rosberg diese Überlegungsprozesse abspielten, untersuchte Goodyear die Reifen, die gerade von Prosts Auto abgenommen worden waren. Man kam zum Ergebnis, dass bis auf den Plattfuss, der eben immer mal vorkommen kann, die Reifen noch durchaus gut genug sein müssten, dass die anderen mit Goodyear ausgerüsteten Fahrer – Rosberg, Mansell und Piquet – das Rennen ohne einen Reifenwechsel würden zu Ende fahren können.

Rosberg begann nun zu überlegen, wie er Prost zum Sieg verhelfen könne: "Wenn die Situation gegen Ende des Rennens entsprechend ist, wie soll ich ihn dann vorbeiziehen lassen? Soll ich demonstrativ hinter der Start- und Ziellinie anhalten, auf ihn warten und dabei riskieren, dass der Motor abstirbt? Und dann? Alain würde wohl vorbeiziehen und gewinnen, aber auch Nigel würde mich überholen, den zweiten oder dritten Platz belegen und somit Weltmeister werden. Ich sagte mir: Nein, oh nein, so wirst du es nicht machen. Ich würde ja eine halbe Minute stehend warten müssen. Diese Situation muss man sich einmal vorstellen, und wenn dann gar noch der Motor ausgehen sollte ..."

"Also kam ich zum Ergebnis, das dies – so reizvoll es mir auch erschien – zu riskant und deshalb nicht der richtige Weg war. Ich entschloss mich daher, einfach langsamer zu machen, um es Alain zu ermöglichen, sich Runde für Runde näher heranzuschieben. Freilich, so sagte ich mir, musste ich dies langsam und demonstrativ machen, damit jeder es richtig interpretieren konnte. Alle sollten schliesslich sehen, dass ich absichtlich langsamer fuhr. Ansonsten hätte das Ganze für mich wenig Sinn gemacht."

"Dann kam der Moment, als es passierte. Ich fuhr im sechsten Gang. Jeder, der einmal mit Motoren gearbeitet hat, weiss, wie es sich anhört, wenn ein Motor seinen Geist aufgibt. Es gibt ein Geräusch, das sich anhört wie 'Grrrr', eine mächtige Vibration. Und genau dieses Geräusch hörte ich. Ich trat sofort die Kupplung, weil ich fürchtete, der Motor könnte blockieren. Ich hielt an, atmete tief durch und kletterte aus dem Wagen. Ich schaute drunter und stellte zu meinem Erstaunen fest, dass kein Öl heraustropfte, wie das sonst der Fall ist."

Rosberg, der am Pistenrand neben seinem Auto stand, gab Prost mit dem nach oben gerichteten Daumen das Zeichen "Alles okay" und verabschiedete sich aus der Welt der Formel 1. Er hatte 114 Grand-Prix-Rennen gefahren, war selbst einmal (1982) Weltmeister geworden. Aber noch war dieser letzte Tag nicht gelaufen für ihn. Das, was ihm eben passiert war, sollte noch von Bedeutung in diesem Rennen sein. Er ahnte es nur noch nicht.

Die Fernsehzuschauer rund um den Globus hatten gesehen, was Rosberg selbst nicht gesehen hatte. Nicht etwa der Motor hatte seinen Geist aufgegeben, sondern ein Hinterreifen war geplatzt, und das "Grrrr" rührte vom Schlagen des zerfetzten Reifens gegen die Karrosserie her. Die Leute von Goodyear, die ebenfalls das Rennen verfolgten, wussten sofort, dass, wenn dies Rosberg passiert war, auch Mansell und Piquet unmittelbar gefährdet waren – und zwar tödlich gefährdet.

Prost schloss – mit dem Vorteil neuer Reifen – allmählich zu den beiden führenden Williams auf. Rosberg verabschiedete sich in Runde 63, und Prost klebte an Mansells Hinterrädern. Er suchte nach einer Chance zum Überholen, tanzte hin und her. Eine Runde nach Rosbergs Ausscheiden kam er erneut an Mansell vorbei und hatte nun nur noch Piquet in Sichtweite vor sich. Aber das war eigentlich in der gegebenen Situationen ohne jede praktische Bedeutung. Mansell hatte einen enormen Vorsprung vor Johansson auf dem vierten Platz. Und der dritte Platz reichte Mansell auf jeden Fall. Er konnte das Rennen in aller Ruhe nach Hause fahren.

Dann platzte auf der langen Geraden Mansells linker Hinterreifen. Der Engländer musste aus einer Geschwindigkeit von mehr als 300 km/h versuchen, das Auto zum Stehen zu bringen. Es war eine äusserst gefährliche Situation, aber Mansell schaffte es irgendwie mit einer bewundernswerten Fahrzeugbeherrschung, das Auto in die Auslaufzone am Ende der Geraden zu lenken, wo es schliesslich, schon weitgehend abgebremst, gerade noch sanft mit der Schnauze gegen eine Betonwand stupste. Piquet hörte über Funk die aufgeregte Anweisung: "Sofort zum Reifenwechsel reinkommen. Schnell, schnell."

Rosberg, der von all dem nichts ahnte, kam gerade zu Fuss an die Boxen zurück. Es kam zu folgendem kurzen Wortwechsel: Zuschauer: "Das gleiche ist gerade Mansell passiert." Rosberg: "Was, defekter Motor?" Zuschauer: "Nein, nein. Geplatzter Hinterreifen, wie bei dir." Rosberg: "Wieso wie bei mir?"

Und da kam Rosberg ins Überlegen: "Moment mal, möglicherweise lief der Motor noch, als ich ausstieg!" Aber jetzt war es zu spät, viel zu spät. "Man muss bedenken, bei dem Windgeräusch und der ganzen sonstigen Geräuschkulisse hört man den eigenen Motor unter Umständen nicht mehr, während man fährt. Und wenn man dann das Auto am Pistenrand abstellt und überzeugt ist, dass der Motor verreckt ist, dann prüft man das nicht lange nach. Man schaut lieber, dass man sich in Sicherheit bringt. Erst später kam es mir dann: Mann, es war ja gar kein Öl unter dem Auto zu sehen. Ich glaube, der Motor war überhaupt nicht kaputt. Ich hätte wahrscheinlich ohne Probleme die Boxen erreichen und anschliessend das Rennen normal beenden können."

Piquet scherte hastig in die bogenförmige Boxengasse aus, um die Reifen wechseln zu lassen, während Prost vorbeirauschen konnte. Jede Sekunde zählte jetzt natürlich. Piquet stand 8,38 Sekunden still an den Boxen. Das war nicht viel, sogar eine fantastische Leistung der Mechaniker unter dem Druck der Situation, aber es war dennoch zu viel. Als Piquet wieder aus der Boxengasse herausschoss, war das Rennen für ihn verloren, der Meisterschaftszug abgefahren. Um es ganz genau zu sagen: 67 Runden waren in diesem Moment gefahren, und der Rückstand auf Prost betrug 18,979 Sekunden. Und als ob ihn die Führungsposition beflügeln würde, fuhr Prost in Runde 69 eine schnellere Rundenzeit als alle anderen bisher in diesem Rennen. Nur noch eine Handvoll Runden waren zu fahren, und die Saison würde entschieden sein. Und Piquet musste ihn schlagen, um ihm den Weltmeistertitel noch zu nehmen.

RUNDE	PROST	PIQUET	ABSTAND
70	1:21,063	1:20,902	18,226
71	1:21,641	1.22,543	19,128
72	1:21,471	1:23,728	21,385
73	1:21,165	1:22,130	22,350

Später, von Runde 78 an bis ins Ziel, bewies Prost wieder einmal Übersicht und

Cleverness, nahm das Gas zurück und liess Piquet näher herankommen. Der Abstand schrumpfte schnell, bald waren es nur noch 18,784 Sekunden, dann 17,394, 15,484, 11,114, und schliesslich, als Prost zum letzten Mal die Ziellinie überfuhr, 4,205 Sekunden. Es gab einen guten Grund, warum der Franzose das machte. Nicht etwa nur, um es noch einmal spannend zu machen. Keiner ahnte, an welch seidenem Faden Prosts Weltmeistertitel in den letzten Runden noch hing ...

Rosberg: "Alle dachten, ich würde fahren wie ein Verrückter, mit viel zu hohem Spritverbrauch. In der Tat stand die Verbrauchsanzeige, genauso wie bei Alain, auf Minus. Wir hatten beide in dieser Saison schon Pleiten erlebt, als uns der Sprit ausging [Rosberg in Imola, beide in Hockenheim]. Aber ich fuhr an diesem Tag in Adelaide nur mit der Mindest– Ladedruckeinstellung von 2,8. Sparsamer konnte ich also gar nicht fahren, und trotzdem bekam ich ein Minus angezeigt. Bei Alain stand die Verbrauchsanzeige am Ende sogar auf minus Fünf."

Die Benzinuhr Prosts hatte zwei Runden vor Schluss Null angezeigt.

Nachdem Prost die Ziellinie überfahren hatte, bremste er sofort ab, stieg aus seinem McLaren, machte einen Luftsprung und vollführte einen wahren Freudentanz. Er winkte in die Zuschauermenge und schüttelte immer wieder den Kopf als Ausdruck, dass er es selbst noch nicht fassen konnte. Dann streifte er seine Handschuhe ab und schleuderte sie übermütig gegen sein Auto, als wolle er sagen: 'Na, wie war das?'

"Man muss sehen", sagte er später, "dass dies ein ganz besonderes Rennen unter ganz besonderen Umständen war. Normalerweise hätte ich schon früher das Gas etwas zurückgenommen, um Sprit zu sparen. Aber schliesslich ging es um den WM-Titel, also sagte ich mir: 'Jetzt lasse ich es darauf ankommen. Entweder es reicht und ich habe gewonnen, oder ich bleibe stehen und Nelson gewinnt." Ich glaube, da war ein Fehler im Bordcomputer [Prost lächelt], er zeigte mir am Ende minus Fünf an. [Pause] Es war ein fantastischer WM-Sieg. Ich hatte 1982, 1983 und 1984 immer knapp verloren, mal mit vier, mal mit zwei, dann sogar mit nur einem halben Punkt Differenz. Ich wusste also, wie es ist, wenn man so haarscharf den Sieg verpasst. Deshalb tat es mir auch ein bisschen leid für Nigel." Sympathische Worte, Worte eines Rennfahrers mit menschlicher Grösse.

Nelson Piquet zeigte sich als ein Mann mit Verstand. Er sagte hinterher, es sei auf jeden Fall die richtige Entscheidung gewesen, zum Reifenwechsel an die Boxen zu fahren. Zwar habe er dadurch verloren, aber immerhin sei er jetzt noch am Leben. Prost, der in der Pressekonferenz nach dem Rennen erstaunlich ruhig wirkte, nicht einmal Spuren von Schweiss auf der Stirn hatte, murmelte ins Mikrophon, er glaube, er habe die ganze Saison über keinen schwerwiegenden Fehler begangen.

Rosberg: "Es war schon Tradition, dass Ron am Abend des letzten Saisonrennens eine Hoteldiskothek für das ganze Team anmietete. Wir waren alle mit unseren Frauen dabei. Ich hatte meiner Frau gleich nach dem Rennen eine diamantbesetzte Brosche in Form eines Helmes geschenkt und gesagt: 'So, das war's.' Ein Lebensabschnitt war mit diesem Tag für mich beendet."

Vor Adelaide hatte Rosberg Nigel Roebuck ein Interview gegeben, in dem er seine Gedanken beim Abschied von der Formel 1 wiedergab. Dabei erwähnte er, Prost sei der beste Rennfahrer, den er je gesehen habe. Roebuck wollte dies relativieren und fragte: "Sind Sie wirklich sicher?" Rosberg fuhr ihm über den Mund: "Ich glaube nicht nur, das es so ist. Ich weiss, dass es so ist." Heute, Mitte der Saison 1991, sagt Rosberg: "Insgesamt, wenn ich alle Aspekte eines Profirennfahrers berücksichtige, stehe ich immer noch dazu. Er war clever, in einer bestimmten Hinsicht um einiges cleverer als ich, nämlich wenn es darum geht, das zu tun, was für einen selbst nützlich ist. Zuerst kommt man selbst, dann kommen die anderen. Wenn man unsere gemeinsame Saison betrachtet, muss man natürlich sehen, dass ich schon im Begriff war aufzuhören. Für mich war das Kapitel Formel 1 innerlich schon abgeschlossen, und das war für das Verhältnis zwischen uns beiden natürlich entscheidend. Ansonsten hätte es vielleicht ganz anders aussehen können. Wenn es gewisse Misstöne gab, dann rührte das – so glaube ich persönlich – von John Barnard her, der ungefähr folgende Einstellung zu mir hatte: 'Wer zum Teufel ist dieser Rosberg? Den habe ich noch nie gesehen, den kenne ich nicht. Wie kommt er dazu, etwas an meinem Auto ändern zu wollen?'"

Auch Barnard ging am Ende dieser Saison. Er wechselte zu Ferrari. Er war und ist ein Prost-Fan, wenn man eine solch profane Bezeichnung für einen Mann verwenden darf, dessen Autos die Szenerie der Formel 1 über weite Strecken der achtziger Jahre beherrscht haben. Hier seine Reflektionen über Alain Prost. Er spricht zwar teilweise auch allgemeine Aspekte an, aber sie gehören alle, meine ich, zum Thema: "Ich glaube nicht, dass Fähigkeit zur Analyse eine angeborene Eigenschaft eines Menschen ist. Überhaupt meine ich, die entscheidende Grundeigenschaft für einen Rennfahrer ist die Entschlossenheit. Es kommt darauf, wie konsequent und kompromisslos man zu sich selbst und zu allen Mitmenschen ist. Man muss diesen einen, allesbeherrschenden Drang in sich spüren: 'Ich muss gewinnen. Ich muss die anderen schlagen.' Alles andere kommt dann von allein."

"Es kann sein, wenn man aus dem Auto ausgestiegen ist, dass man noch vier, fünf Stunden lang, vielleicht die ganze Nacht lang, über die optimale Abstimmung des Fahrzeuges nachgrübelt. Man geht alles noch einmal durch, was man in den letzten fünf Rennen modifiziert hat – jene Stange, jenen Flügel – und wie sich das ausgewirkt hat. Das kommt öfters vor."

"Ein gutes Gedächtnis ist eine äusserst wertvolle Begabung. Was mich immer wieder bei Alain faszinierte, war folgendes: Wenn wir Testfahrten machten, nahmen wir in der Regel stufenweise Einstellungsänderungen an bestimmten Komponenten, zum Beispiel einer Stange oder einer Feder, vor. Ganz minimale Änderungen natürlich, man darf sich hier nicht etwa vorstellen, dass wir den Federdruck verdoppelten. Änderungen im Bereich von vielleicht bis zu fünf Prozent. Alain konnte einem immer genau sagen: 'Dies verhält sich soundso, jenes verhält sich soundso.' Er hatte alles während des Fahrens gespeichert und konnte es hinterher wieder abrufen. Das war für uns von unheimlichem Wert. Er konnte in seinem Gehirn all die minimalen Veränderungen isoliert vom Verhalten des Motors und der Reifen analysieren und die Erkenntnisse speichern."

"Es gibt immer wieder Situationen, in denen man etwas modifizieren muss, aber nicht die Gelegenheit hat, dies zu erproben. Die häufigste [und gefürchtetste] Situation dieser Art ist, wenn man nach Abschluss des Samstagstrainings feststellt, dass das Auto nicht optimal abgestimmt ist und noch das eine oder andere geändert werden muss. Dann steht man da und kann vor dem Rennen nichts mehr ausprobieren. Das war gewissermassen immer Alains grosse Stunde."Okay", sagte er dann, "wir werden das und das ändern. Ich weiss, wie das Auto darauf reagieren wird. Ich weiss, dadurch fährt das Auto sich besser. Ich kann euch genau sagen, wie es sich durch diese Veränderung verhalten wird." Dann nahmen wir diese Veränderung vor, und wir brauchten keine Bedenken zu haben, wenn er keine hatte. Und seine Modifizierungen brachten eigentlich immer den gewünschten Erfolg."

"Er hatte eine geradezu unheimliche Fähigkeit, Details zu speichern. Es war fast, als ob er einen kleinen Karteikasten im Kopf hätte. Niki war auch so einer, der konzentriert und schnell zu Entscheidungen kam. Noch bevor er richtig ausgestiegen war, konzentrierte er sich ganz auf ein Problem, das er festgestellt hatte, und dachte darüber nach, wie es am besten zu lösen sei. Bei Alain war es so, dass er gedanklich praktisch jeden Meter nachvollziehen konnte, den er gefahren war. Wie einen Film konnte er Runde für Runde im Geist abspulen und das Fahrverhalten beschreiben. Sich bei so hoher Geschwindigkeit so viele Einzelheiten zu merken, ist zum einen Begabung, zum anderen aber auch Training. Man kann sein Gehirn trainieren."

"Man muss, um ein guter Rennfahrer zu sein, die Begabung haben, ein Auto schnell fahren zu können. Aber es gehört auch die mentale Disziplin dazu, all die Fakten des Fahrverhaltens sortieren und anschliessend wiedergeben zu können. Alle Formel 1-Fahrer können schnell Autofahren, aber sehr viele meinen eben, dabei geben sie alles und mehr kann man von ihnen nicht verlangen. Die Nachbesprechung ist ihnen eher lästig. Oft merkt man, wie die Fahrer möglichst schnell fertig sein wollen, damit sie an den Strand oder ins Hotel gehen können. Hierbei sieht man die Unterschiede. Wenn man zu Alain sagte: 'Hör mal zu, ich muss was mit dir besprechen, das die ganze Nacht dauern könnte', dann war er sofort ohne Murren dabei."

"Ich glaube, Senna hat sich diese Einstellung von Alain abgeschaut und sie sogar noch eine Stufe höherentwickelt. Er hat Prost beobachtet und sich gesagt: 'Aha, solch ein gutes Gedächtnis hat er. Ich schaffe noch mehr. Ich werde lernen, mir einfach alles zu merken.' Das Konkurrenzdenken zeigt sich auch in solchen Dingen."

Indem Alain Prost nun zweimal hintereinander Weltmeister geworden war, nämlich 1985 und 1986, reihte er sich bereits unter die ganz Grossen der Formel 1-Geschichte ein. Nur zwei Fahrer hatten das vor ihm geschafft: Jack Brabham (1959 und 1960) und Juan Manuel Fangio (ununterbrochen zwischen 1954 und 1957). Es war derselbe Jack Brabham, der im Mai 1970 einen Moment zu lange mit dem Bremsen vor der Gaswerkkurve in Monte– Carlo gezögert und dadurch das Rennen verloren hatte, während auf der Tribüne ein gewisser Jugendlicher sass, der zwar seinen Spass am Zuschauen hatte, aber mehr von einer Fussballerkarriere träumte.

Neuer Partner Prosts bei McLaren für die Saison 1987 wurde Stefan Johansson, der sympathische Schwede, dem wir bereits begegnet sind, als er sagte, dass er sich nicht mehr erinnern könne, zusammen mit Prost Kart-Rennen gefahren zu sein. Vage Erinnerungen hat er erst an die gemeinsame Formel 3-Zeit: "Viel weiss ich nicht mehr von ihm damals. Ich kannte ihn nicht einmal so gut, dass wir uns gegrüsst hätten. Ich wusste nur, dass er mein Hauptkonkurrent auf dem Kontinent war. Ich fuhr damals nämlich hauptsächlich Rennen in England, nur ab und zu fand mal eines auf dem Kontinent statt. In der Formel 1 lernte ich ihn zunächst auch nur flüchtig kennen. Wir sprachen am Rande der Rennen ab und zu mal ein paar Worte miteinander. So richtig lernte ich ihn aber erst in unserer gemeinsamen Zeit bei McLaren kennen. Es war eine grossartige Zeit für mich bei McLaren."

"Er beeindruckte mich durch seine Intelligenz – obwohl, Intelligenz ist vielleicht nicht das richtige Wort, und ich weiss auch gar nicht, wie man Intelligenz definieren könnte. Auf jeden Fall war aber seine Konsequenz in der Abstimmung eines Autos, seine ganze Einstellung zur Rennfahrerei, aussergewöhnlich. Ich glaube, Senna hat erst den entscheidenden Sprung in seiner Entwicklung als Rennfahrer gemacht, als er mit Prost zusammen in einem Team fuhr. Ich bin mir sicher, er lernte dadurch enorm viel, dass er aufmerksam zusah, wie Prost mit dem Auto arbeitete. Ich selbst habe ganz bestimmt viel gelernt und mich darin verbessert, die richtige Abstimmung für ein Auto zu finden, überhaupt in meiner ganzen Einstellung zum Auto."

"Wir hatten jede Menge Probleme in jenem Jahr. Unser Motor war denen der Konkurrenz zum Teil unterlegen, deshalb kamen wir viel zu wenig dazu, Tests durchzuführen, insbesondere Fahrwerktests. Wenn ich mich richtig erinnere, habe ich die ganze Saison hindurch überhaupt keine Testfahrten gemacht. Klar, dass ich meine Leistung deshalb nur langsam verbessern konnte."

"Er war als Teamgefährte immer absolut offen und ehrlich zu mir. Es gab zu keiner Zeit irgendwelche Probleme zwischen uns. Ich mache mir gar nichts vor, ich weiss, dass ich nicht auf einer Leistungsstufe mit ihm stand, und ich bin ehrlich genug, das zuzugeben. Allerdings fühlte ich mich deswegen nicht weniger unter Druck, nein, überhaupt nicht. Im Gegenteil, diese Situation machte mir manches sogar schwieriger, denn ich neigte dazu, dies zu überkompensieren: Ich ging zu verbissen ran. Und dann macht man kleine Fehler hier, kleine Fehler dort, die Zeit kosten. Man verliert in der Qualifikation hier eine halbe Sekunde, dort eine halbe Sekunde, und das macht in der Abrechnung den Unterschied aus. Man fährt nicht harmonisch, wenn man sich selbst unter Druck setzt."

"Es ist schwer, irgendein Rennen herauszupicken, in dem er meisterhaft fuhr, denn das machte er eigentlich immer. Leichter ist es wohl, eines aus dem Gedächtnis herauszusuchen, in dem er einmal keinen so guten Tag hatte. [Denkpause] Aber auch da fällt mir keines ein! Er fährt praktisch in jedem Rennen gut. Man muss schliesslich sehen, dass Alain schon vierundvierzig Grand-Prix-Rennen gewonnen hat, und er hätte noch zwanzig oder fünfundzwanzig mehr gewinnen können, wenn er keine technischen Pannen gehabt hätte. Und nimmt man zu den Weltmeisterschaften, die er gewonnen hat, die dazu, die er nur ganz knapp verloren hat, dann könnte er schon fünf– oder sechsfacher Weltmeister sein."

Es sollte 1987 keinen Hat-Trick geben. Prost gewann zwar anfangs in Brasilien und in Belgien, aber während des grössten Teils der Saison hatte er keine Chance (es war eine Saison, die Williams mit Piquet und Mansell als Fahrern eindeutig beherrschte). Am Rande des Rennens in Monza gab Ron Dennis bekannt, dass er für 1988 Ayrton Senna als Nachfolger von Johansson verpflichtet habe, und dass McLaren dann mit Honda-Motoren fahren würde.

Eine neue Epoche in der Geschichte von McLaren würde damit beginnen.
Alain Prost wurde "nur" Vierter der Saison 1987. Dennoch erbrachte eine Meinungsumfrage der Zeitschrift Paris Match, dass er der meistbewunderte Franzose noch vor Yves Montand und Jean-Paul Belmondo war. Das war mehr als ein Trost für ihn. Er war ausgesprochen stolz darauf, was ja auch leicht verständlich war. Die beiden anderen erbrachten ihre Leistung schliesslich auch nur auf der Kinoleinwand. Er erbrachte sie im wirklichen Leben.

9
SCHWIERIGE PARTNERSCHAFT

Schon bevor er zu McLaren kam, wusste ich, wir würden niemals Freunde werden, weil wir zwei völlig unterschiedliche Typen sind. Er ist ein komischer Kerl.

(Alain Prost)

Sommer 1991. Ron Dennis hat am Rande der Magny-Cours-Rennstrecke seinen Platz im McLaren-"Motorhome" eingenommen für das Pressegespräch, das schon zu einem festen Ritual vor dem Grossen Preis von Frankreich geworden ist. Er spricht mit britischen Motorsportjournalisten, und es gibt zwei feste Spielregeln: 1. Jede Frage ist zulässig. 2. Dennis behält es sich vor, auf zwei mögliche Arten zu antworten, nämlich: "Entweder ich sage die Wahrheit, oder ich sage gar nichts."
Frage: War es der grösste Misserfolg Ihrer Laufbahn, dass Sie es nicht schafften, Prost und Senna einträchtig unter einem Dach zu vereinen?

Antwort: Ich würde zustimmen, dass es meine grösste Enttäuschung war, aber ich glaube nicht, das man es als meinen grössten Misserfolg werten kann [bescheidenes Lächeln]. Was die Misserfolge angeht, könnte ich ihnen Schwerwiegenderes nennen. Aber Sie dürfen hier nicht zwei verschiedene Dinge miteinander vermischen. Wenn Sie von der ersten Zeit sprechen, als deutlich wurde, dass die beiden nicht gut zusammenarbeiten würden, dann war das eine Enttäuschung. Ich bedauerte es sehr, dass es nicht möglich war, ein harmonischeres, stabileres Verhältnis herbeizuführen. Phasenweise war es ein Miteinander, phasenweise ein Gegeneinander der beiden. Dies darf man jedoch nicht durcheinander werfen mit der späteren Zeit, als die beiden gar nichts mehr miteinander zu tun haben wollten.

Frage: Hätte irgend jemand die beiden zusammenhalten können?

Antwort: Jede Antwort hierauf würde wohl als anmassend empfunden werden. Ich habe meine ganze Kraft hierfür eingesetzt. Mehr will ich dazu nicht sagen.

Ron Dennis, ansonsten Paradebeispiel eines scharfsinnigen Denkers, ist offenkundig bei diesem Thema etwas unsicher, kommt ins Schwimmen. Wer könnte es ihm verdenken. Wir haben es hier schliesslich mit einem ausgesprochen heiklen Thema zu tun, das seine Ursache darin hat, dass zwei ausgesprochen heikle Menschen aufeinandertrafen.

Zu Beginn der Saison 1988 kam Ayrton Senna zu Marlboro McLaren. Dies wurde – wie bereits erwähnt – am Rande des Grossen Preises von Italien in Monza 1987 angekündigt, als McLaren gleichzeitig auch bekanntgab, dass man im darauffolgenden Jahr mit Honda-Motoren fahren würde. Man inszenierte dies damals auf typisch bescheidene Weise: Prost und Senna standen Seite an Seite, höflich lächelnd, inmitten der reizvollen Parklandschaft von Monza, und es wurden einige schöne, wohlgewählte Worte gesprochen. Aber jener Tag läutete eine Epoche ein, die für McLaren sportlich zwar äusserst erfolgreich, menschlich aber ausgesprochen unglücklich verlaufen sollte. Diesmal waren es nicht einfach nur die üblichen verdeckten Spannungen zwischen zwei Rennfahrern eines Teams. Diesmal wurde es ein erbitterter Zweikampf, der im Rampenlicht der Öffentlichkeit ausgetragen wurde. Ron Dennis kam hierbei die undankbare Rolle des Vermittlers zu, dem schliesslich nur der Ausweg blieb, gnädig den Mantel des Schweigens über das unerfreuliche Geschehen zu breiten.

Man findet zwar in der Geschichte des Sports ähnliche Beispiele, die man aber mit diesem Konflikt nicht vergleichen kann, weil die möglichen Konsequenzen, wenn Menschen sich in Rennwagen bekämpfen, von einer ganz anderen Tragweite sind.

So mag man zum Beispiel an die frühen Tage des Duells Jimmy Connors gegen John McEnroe denken, als Connors so giftig auf das Fluchen, Schreien und sonstige eigenwillige Benehmen seines Gegenübers reagierte. Aber schliesslich spielten die beiden nur einen weichen Ball hin und her – eine Gefährdung des anderen war dabei nie gegeben. Das gleiche gilt für andere, von Reibungen und heftigen Emotionen gekennzeichnete Duelle in anderen Sportarten. Selbst in der berüchtigten "Bodyline"-Kricketserie muss man im Falle der beiden schnellen englischen "Bowler" Harold Larwood und Bill Voce, berücksichtigen, dass Larwood und Voce zur gleichen Mannschaft gehörten und privat gute Freunde waren.

Vielleicht die einzige echte Parallele in der Sportgeschichte, was die Tragweite des menschlichen Konfliktes angeht, war das Duell zweier Boxer am 22. Juni 1938 in New York, das nur 124 Sekunden dauerte. Max Schmeling, eine dem damaligen Ideal entsprechende Verkörperung eines arischen Volkshelden, hatte zuvor Joe Louis (einen Farbigen!) im Kampf um den Titel des Schwergewichts-Boxweltmeisters geschlagen. In diesem Revanchekampf nun bezog Schmeling dermassen Prügel, dass später behauptet wurde, man habe nach dem Kampf im Handschuh von Louis Zähne von Schmeling stecken gefunden.

Der Vergleich des Duelles "Louis gegen Schmeling" mit dem "Senna gegen Prost" erscheint vielleicht auf Anhieb etwas überzogen, aber ich schrecke dennoch nicht davor zurück. Es gab Moment, als der Konflikt unter den beiden Rennfahrern auf seinen Höhepunkt zutrieb, in denen so mancher fürchtete, es könne zu einer Katastrophe kommen. Und in der Tat fehlte in einem oder zwei Fällen nicht viel zu einer Katastrophe.

So nahm denn an jenem Septembertag in Monza eine unheilvolle, aber wohl unabwendbare Entwicklung ihren Lauf, auch wenn damals alles noch sehr harmonisch wirkte und die beiden Hauptbeteiligten ihre Erwartungen in schöne, unverfängliche Worte kleideten:

"Ich bin sicher, Sie möchten hören, wie ich zu der neuen Partnerschaft mit Ayrton stehe", sagte Prost an jenem Tag. "Ich meine, wir [McLaren] haben in der Vergangenheit bewiesen, dass wir ohne Schwierigkeiten zwei gleichrangige Spitzenfahrer im Team haben können. Ich weiss, dass Ayrton sehr professionell ist, und ich werde ihm helfen, sich ins Team zu integrieren. Wir müssen zusammenarbeiten, aber natürlich werde ich mein Bestes geben, um ihn im Rennen zu schlagen."

"Auf ganz persönlicher Ebene", so Senna, "bin ich sehr glücklich, dass ich mit Alain zusammenarbeiten kann. Zwei Topfahrer, die zusammenarbeiten, können ein Team nur stärker machen."

Heute, im Rückblick, empfindet man diese Äusserungen als beissende Ironie – wieder einmal Ironie, muss man sagen, denn dieses Merkmal ist uns nun schon häufiger begegnet. Wer könnte mit Sicherheit sagen, wann es im Verhältnis zwischen den beiden zu ersten Spannungen kam? Vielleicht schon nach dem dritten Rennen der Saison, Monaco. Prost hatte zum Saisonauftakt in Brasilien gewonnen (Senna war disqualifiziert worden, weil er nach einem verunglückten Start auf den Ersatzwagen gewechselt hatte), dann hatte Senna in Imola vor Prost gewonnen, und nun Monaco. Senna führte unangefochten bis zur Runde 67, als er einen "Blackout" hatte und vor dem Tunnel gegen die Leitplanke knallte. Er empfand diesen Fehler selbst als dermassen schwerwiegend, dass er nachher meinte, er habe ihn "näher zu Gott" gebracht.

"Ich gewann das Rennen", sagte Prost später, "und beim Galadiner am gleichen Abend hielt ich eine kleine Rede. Ich sagte, es sei Ayrtons Rennen gewesen, aber was ihm passiert sei, gehöre nun mal zu diesem Geschäft, und ich sei sehr glücklich über meinen Sieg. Dann ergriff Ron Dennis das Mikrophon und sagte, Ayrton sei fantastisch gewesen, und irgendetwas müsse wohl am Auto nicht in Ordnung gewesen sein, denn es sei unmöglich, dass Ayrton einen Fehler gemacht habe." Prost empfand dies als des Guten etwas zuviel. Er fühlte sich zurückgesetzt.

Im nächsten Rennen in Mexico fuhr Prost einen deutlichen Sieg über Senna heraus. 7,104 Sekunden betrug der Vorsprung im Ziel, und dieser Sieg hatte – auch wenn die McLaren-Insider dem Rennen später keine besondere Bedeutung beimassen – tiefgreifende Auswirkungen auf Senna. Der Brasilianer hatte seine gesamte Laufbahn hindurch nie so recht den Gedanken akzeptieren können, dass es einem anderen möglich sein könne, ihn unter gleichen Voraussetzungen mit fairen Mitteln zu schlagen. Hinzunehmen, dass andere schneller sein könnten, grenzte für ihn an Selbstverleugnung. Vielleicht war auch dies der Punkt, an dem die ganze unglückselige Geschichte anfing. Senna kapselte sich noch mehr ab und versuchte, noch mehr an sich zu arbeiten, damit ihm diese Schmach nicht noch einmal passieren würde.

Um die beiden Männer herum baute sich ein Spannungsfeld auf, das keiner von beiden im Grunde vermeiden konnte und das die Gedanken und Einstellungen beider immer mehr beherrschte. Sie wurden in gewisser Weise in eine Konkurrenzsituation gezwungen, weil ihr Auto, der Marlboro McLaren-Honda, in dieser Saison praktisch unschlagbar war: Prost gewann vor Senna in Mexico, Senna gewann in Kanada vor Prost, Senna gewann in Detroit vor Prost, Prost gewann in Frankreich vor Senna.

Nach Silverstone betonte Prost, er müsse nach Perfektion streben, weil Senna das auch täte. Und Senna betonte, er müsse nach Perfektion streben, weil Prost das auch täte. Inwieweit sie einander trauten oder misstrauten, war nicht zu erkennen. Noch hatte keiner Feuer an die Lunte gelegt.

Vor dem britischen Grand Prix hatte Prost 54 Punkte, Senna 39. Senna gewann zwar das Rennen, aber die Strecke war so nass, dass Prost, der mit dem Handling seines Autos Probleme hatte, in Runde 25 aufgab. Er beendete freiwillig das Rennen vorzeitig. "Es ist schliesslich mein Leben", sagte er anschliessend, "und es ist meine eigene Entscheidung, welches Risiko ich eingehen will. Ich entschied mich, dass es keinen Sinn hatte weiterzufahren."

Im eher privaten Kreis erläuterte Prost seine Beweggründe ausführlich. Er argumentierte, dass die offenen britischen Golfmeisterschaften wegen des schlechten Wetters abgebrochen worden waren, und wenn dies sogar im Golfsport gemacht werde, wie könne dann ein vernünftiger Mensch auf die Idee kommen, bei solch widrigen Bedingungen Autorennen auszutragen? Er erklärte anhand von Skizzen, dass man im Grunde nichts sieht, sondern nur nach Gehör fährt. Man höre den Vordermann runterschalten und wisse dadurch, dass eine Kurve komme, erläuterte Prost. Man müsse ständig hoffen, dass der jeweilige Vordermann nicht abrupt seine Geschwindigkeit verlangsame, weil man sonst kaum Zeit zum Reagieren habe. Die Erinnerung an Hockenheim und Pironi war noch sehr lebendig in Alain Prost.

Die französische Presse startete eine bissige Kampagne gegen ihn. Er habe keinen Mumm mehr, keine Motivation mehr (ein Lieblingswort in der Welt der Formel 1). Er selbst sagt freilich dazu: "Damit kann ich gut leben, wenn die Leute das sagen." Sein Aussteigen aus dem Rennen in Silverstone unterstreicht die charakterliche Reife, die Prost mittlerweile hatte. Er scheute sich nicht im geringsten zu sagen, es sei ihm zu gefährlich geworden und er habe sich deshalb entschieden, nicht weiterzufahren. Und vor allem sagte er dies in einer Situation, in der er glaubhaft einen anderen Grund – die Handlingprobleme – hätte vorschieben können. Dann hätte er eben die Erkenntnisse dieses Tages nur für sich selbst gezogen. Aber das wäre nicht seine Art gewesen. Aufrichtig und eigenwillig, wie er immer war, stand er zu seiner Entscheidung. Ganz abgesehen davon steht es meiner Meinung nach niemandem zu, die Richtigkeit einer solchen Entscheidung anzuzweifeln. Wie Prost es zutreffend ausdrückte, geht es um sein Leben, wenn er im Rennwagen sitzt, nicht um das Leben anderer. Ob er es bewusst riskieren soll, kann ihm niemand vorschreiben. Ende der Diskussion.

Senna gewann vor Prost in Deutschland, Senna vor Prost in Ungarn, Senna vor Prost in Belgien. Und dann kam Monza, wo Prost Senna austrickste. Die Spritmenge war für dieses Rennen knapp, das war vorher allgemein klar. Prost hatte von Anfang an Probleme mit seinem Motor und merkte bald, dass er an diesem Tag das Rennen nicht zu Ende fahren würde. So entschied er sich, Senna unter Druck zu setzen (der von Prosts Motorproblemen nichts wissen konnte). Er wusste genau, dass Senna alles tun würde, um ihn nicht vorbeizulassen. Deshalb machte er zum

(Rechts) Portrait zweier Herren des Grand-Prix-Sports. Prost im Gespräch mit Altmeister Stirling Moss.

(Unten) Prost vor Senna am Ausgang der Schikane in Suzuka 1989, kurz bevor das Rennen an eben dieser Stelle ein unrühmliches Ende für beide nahm.

(Oben) Arbeitsbesprechung der Ferrari-Piloten Prost und Mansell in Hockenheim.

(Rechts) Prost lässt die Funken fliegen. Impression aus Spa 1990, wo er Zweiter hinter Senna wurde.

(Links) Der Professor als Kletteräffchen in Jerez 1990. "Geben Sie den Champagner weiter, bitte!"

1
GOODYEAR

In Hockenheim kam es zum Eklat nach einem erneuten verbissenen Duell mit Senna. Prost fuhr an der Schikane geradeaus, und das Rennen war für ihn zu Ende.

A. PROST
PIONE

(Oben) Auf der neuen Rennstrecke von Magny–Cours 1991. Nach engagiertem, aber kontrolliertem Rennen fand Prost sich mit einem zweiten Platz hinter Mansell ab.

(Rechts) Das Gesicht 1991.

Prost zuhause in Yens (Schweiz). Er schätzt Honda-Power auch auf zwei Rädern.

Familienbild mit Frau Anne-Marie und Sohn Nicolas.

Zwei Legenden treffen zusammen: Juan-Manuel Fangio, grösster Rennfahrer seiner Ära, und der erfolgreichste Rennfahrer aller Zeiten, Alain Prost.

Schein Jagd auf ihn und verleitete ihn dadurch, mit einem höheren Spritverbrauch zu fahren, als er eigentlich wollte.

Prost schied tatsächlich vorzeitig aus (diesmal unfreillig), aber auch Senna kam nicht ins Ziel. Kurz vor Schluss, als die Ferraris deutlich gegenüber Senna aufholten, passierte es dem Brasilianer, dass er mit Jean-Louis Schlesser (Williams) kollidierte. Niemand hat je verraten, wieviel Benzin er in diesem Moment noch im Tank hatte...

Portugal war ein Rennen, das jedem kalte Schauer über den Rücken jagte. Daran war Prost sicher nicht ganz unschuldig, denn er übte unübersehbar im Vorfeld psychologischen Druck auf seinen Teamkollegen aus. Er legte am zweiten Trainingstag eine phantastische Rundenzeit von 1:17,411 vor, stellte sein Auto ab, zog sich um und stellte sich, einen Pullover lässig um die Schulter geschwungen, demonstrativ an die Mauer der Boxengasse, um die Zeiten der Konkurrenten zu verfolgen. "So, dann mal zu, Ayrton", hiess das. "Versuch, mich zu schlagen." Und Ayrton schaffte es nicht.

Beim Start des Rennens zog Prost auf die rechte Seite hinüber und klemmte Senna dadurch ein. Der Brasilianer blieb jedoch auf dem Gas, obwohl er schon mit zwei Rädern auf der weissen Begrenzungslinie war, und schaffte es auch, sich durchzudrücken und die Führungsposition vor der ersten Kurve zu übernehmen. Aber es kochte in ihm. Prost blieb ihm die gesamte erste Runde hindurch auf den Fersen, und dann kamen die beiden um die langgezogene Rechtskurve herum, die auf die Start/Ziel-Gerade führt. Als sich Senna und Prost der Ziellinie näherten, erreichten sie eine Geschwindigkeit von um die 300 km/h. Senna hielt sich auf der linken Seite der Piste. Prost zog ruckartig nach rechts rüber, und auch Senna steuerte nach rechts, so dass die beiden Autos sich auf einer parallelen diagonalen Linie bewegten. In dem Moment, als die zwei McLaren die Start/Ziel-Linie überfuhren, lagen sie auf gleicher Höhe, nun aber am rechten Rand der Piste. Nun wurde Prost eingeklemmt zwischen dem Auto Sennas und der Mauer der Boxengasse, die den rechten Rädern bedrohlich nahekam. In einer blitzschnellen wellenartigen Bewegung sprangen alle, die an dieser Mauer standen, erschreckt zurück. Es schien, als würden die beiden Autos jeden Moment kollidieren, und dann fuhr Prost offenbar auch noch über eine Bodenwelle, wodurch sein McLaren sich in einem Ruck noch näher auf das Auto seines Kontrahenten zu bewegte. Für einen Sekundenbruchteil trennten nur noch vielleicht 15 cm die beiden Autos, möglicherweise weniger.

Prost und Senna bewegten sich reflexartig in einer schnellen seitlichen Bewegung voneinander weg, dann noch einmal aufeinander zu, allerdings nicht mehr ganz so nahe. Es mochten nun 30 cm Abstand gewesen sein – und das immer noch bei annähernd Höchstgeschwindigkeit.

Erneut bewegten sich die beiden ruckartig voneinander weg, und Senna lenkte ganz auf die linke Seite hinüber, um die Ideallinie für die Kurve am Ende der Geraden einzuschlagen. Prost verfolgte ihn auf die linke Seite hinüber und machte blitzartig eine Bewegung auf Senna zu und zurück, ähnlich einer Finte in einem Fechtkampf, wodurch er Senna zum Abweichen von der Ideallinie zwang. Nach diesem zweiten Sekundenbruchteil haarscharf am Rande der Katastrophe erreichte Prost die Kurve als erster, und er gewann das Rennen. Senna wurde mit Handling-Problemen nur Sechster.

Vor der Öffentlichkeit sagte Prost anschliessend: "Wir haben uns nicht berührt, aber es hätte leicht dazu kommen können, und dann hätte dies furchtbare Folgen gehabt. Ich kann Manöver dieser Art nicht verstehen. Wenn man sich auf solche Risiken einlassen muss, um die Weltmeisterschaft zu gewinnen, dann verzichte ich ehrlich gesagt lieber darauf. Und ich werde es ihm auch sagen ..."

Als sie unter sich im "Motorhome" von McLaren waren, sagte Prost ganz ruhig und emotionslos – und dadurch besonders wirkungsvoll – zu Senna: "Ayrton, ich habe nicht gewusst, dass du so versessen auf den Weltmeistertitel bist."

Aber Ayrton war es tatsächlich, und er bekam ihn letzlich auch nach einem grandiosen Rennen in Suzuka (Japan). Er profitierte freilich davon, dass Prost unnachgiebig für seine Beständigkeit bestraft wurde, denn in der Gesamtaddition aller gewonnenen Punkte kam der Franzose am Ende auf 105 (das beste Ergebnis aller Zeiten), der Brasilianer dagegen auf nur 94. Das Pech für Prost war, dass nur die besten elf Ergebnisse jedes Fahrers während der Saison gewertet wurden, und dadurch kam Senna auf 90, Prost auf nur 87 Punkte. Um Prosts Leistung würdigen zu können, ist es aufschlussreich, sich einmal alle Resultate der Grand–Prix–Sieger der jüngeren Jahre anzuschauen. In Klammern sind jeweils die erreichten Punkte vor Anwendung der Abzugsregeln angegeben:

1950: Giuseppe Farina 30; 1951: Juan-Manuel Fangio 31 (37, es zählten die besten vier Resultate); 1952: Alberto Ascari 36 (52,5); 1953: Ascari 34,5 (46,5); 1954: Fangio 42 (57); 1955: Fangio 40 (41, beste fünf Resultate); 1956: Fangio 30 (33); 1957: Fangio 40 (46); 1958: Mike Hawthorn 42 (49, beste sechs Resultate); 1959: Jack Brabham 31 (34, beste fünf Resultate); 1960: Brabham 43; 1961: Phil Hill 34 (38); 1962: Graham Hill 42 (52); 1963: Jim Clark 54 (73, beste sechs Resultate); 1964: John Surtees 40; 1965: Clark 54; 1966: Brabham 42 (45); 1967: Denny Hulme 51; 1968: Graham Hill 48; 1969: Jackie Stewart 63; 1970: Jochen Rindt 45; 1971: Stewart 62; 1972: Emerson Fittipaldi 61; 1973: Stewart 71; 1974: Fittipaldi 55; 1975: Niki Lauda 64,5; 1976: James Hunt 69; 1977: Lauda 72; 1978: Mario Andretti 64; 1979: Jody Scheckter 51 (60, beste vier Resultate jeder Halbsaison); 1980: Alan Jones 67 (71, beste fünf Resultate jeder Halbsaison); 1981: Nelson Piquet 50; 1982: Keke Rosberg 44; 1983: Piquet 59; 1984: Lauda 72; 1985: Prost 73 (76, beste elf Resultate); 1986: Prost 72 (74); 1987: Piquet 73 (76).

Prosts "bereinigte" 87 Punkte waren sogar mehr, als irgendein anderer Fahrer jemals in der Gesamtaddition, also ohne Abzüge, erreicht hatte, sieht man einmal von den 90 Punkten von Senna in der gleichen Saison (1988) ab.

"Was sich ausserhalb der Rennen 1988 zwischen uns abspielte, war im Grunde relativ normal", so Prost. "Es war nicht gerade reibungslos zwischen uns, aber das Sportliche stand damals im Vordergrund. Wir hatten keine echten Probleme miteinander [abgesehen von Portugal, muss man wohl ergänzen]. Man sollte nicht vergessen, dass ich zustimmte, dass Senna zu McLaren kam. Ich war auch derjenige, der dafür sorgte, dass McLaren Honda-Motoren bekam. Ich handelte ab dem Spätjahr die Verträge in Japan aus. Viele Leute neigen dazu, das zu vergessen. Bei McLaren hatte ich einen ausgezeichneten Stand. Ich hätte auch "nein" zur Verpflichtung von Senna sagen können, aber ich dachte, das Team würde einen Fahrer seines Talents brauchen, wenn ich einmal aufhören würde. Man hat mich damals getäuscht. Menschlich gesehen ist das eine Sache, die schwer zu akzeptieren ist."

1989 passierte dann aber etwas, das den Anfang des Endes der Partnerschaft Prost-Senna markierte. Von diesem Punkt an entstand für lange Zeit eine unüberbrückbare Kluft im privaten Verhältnis der beiden. Es war in Imola, im zweiten Rennen der Saison. Prost war im ersten Saisonrennen, in Brasilien, Zweiter hinter Mansell geworden. Senna hatte dort einen Unfall gehabt, hatte das Rennen aber fortsetzen können und war noch Elfter geworden. Und dann kam eben Imola.

Prost: "Senna sagte vor dem Start des Rennen in Imola zu mir, wie wir das schon öfters abgesprochen hatten: 'Pass auf, bis zur ersten Kurve werden wir uns nur darauf konzentrieren, den anderen davonzufahren. Keiner von uns beiden wird den jeweils anderen, der in Führung geht, attackieren. Erst nach der ersten Kurve beginnt unser Rennen gegeneinander.' Imola ist eine gefährliche Rennstrecke, besonders beim Abbremsen vor der ersten Kurve nach dem Start. Er hat die Situation ausgenutzt und mich dort überholt, als ich in Führung lag. Dadurch hat er sein Wort gebrochen. Ich ging nicht zur Pressekonferenz nach dem Rennen und wurde dafür von der FISA mit einer Geldstrafe von 5000 Dollar belegt. Ich wurde dafür bestraft, dass ich zum Narren gehalten worden war."

Überschattet war dieser Tag in Imola aber zunächst einmal von etwas anderem, nämlich einem schweren Unfall von Gerhard Berger, der die Herrschaft über seinen Ferrari verlor. Das Auto zerschellte beim Aufprall an der Leitplanke und wurde zum Feuerball. Ein schreckenerregendes, gespenstisches Bild. Es mutete wie ein Wunder an, dass Berger dies überlebte, sogar nur relativ geringfügige Verbrennungen erlitt. Danach wurde das Rennen neu gestartet. Prost setzte sich an die Spitze des Feldes, Senna bremste ihn an der ersten Kurve aus und gewann das Rennen.

"Beim zweiten Start", sagte Senna später, "kam ich etwas besser weg als beim ersten. Ich fuhr in seinem Windschatten und wurde dadurch schneller und schneller. Ich zog noch weit vor dem Bremspunkt nach aussen. Mein Überholmanöver begann also meiner Meinung nach eindeutig v o r der Kurve, und darauf bezog sich unsere Vereinbarung nicht."

Bei unterschiedlichen Bewertungen von Situationen, in denen es um Sekundenbruchteile geht, lässt sich ein definitives Urteil, wer im Recht ist und wer nicht, kaum fällen. In diesem Fall kommt dazu, dass in dem Moment, in dem zwei Fahrer mit hoher Geschwindigkeit auf eine Kurve zufahren, der Bremspunkt des einen nicht unbedingt auch der Bremspunkt des anderen ist – und Senna ist, was das betrifft, häufig der vorläufig letzte in einer langen Tradition von "Bremsungeheuern" genannt worden, was bedeutet, dass er später und risikoreicher bremst als andere. Die Kurve, um die es geht, ist eine Rechtskurve, aber – was in diesem Fall wichtig ist – gleich nach ihr schliesst sich eine Linkskurve an. Prost fuhr vor der Rechtskurve in der Mitte der Piste. Senna nahm die Kurve links von ihm, also auf der Aussenseite, zog dann in die Mitte, und die beiden Autos lagen vor der Linkskurve auf gleicher Höhe. Aber was vorher die Aussenlinie gewesen war, war nun natürlich die Innenlinie, und damit war Senna nun in der besseren Position.

Senna fuhr an diesem Tag, dem 23. April 1989, mit 40,225 Sekunden Vorsprung vor Prost als Sieger des Grossen Preises von San Marino über die Ziellinie in Imola. Zwischen diesem Rennen und dem nächsten am 7. Mai in Monaco führte McLaren Tests auf einer Strecke in Wales namens Pembrey durch. Ron Dennis, der nichts von der Überholverbot-Vereinbarung der beiden gewusst hatte, bat Senna um eine Erklärung und sagte ihm, dass Prost die Angelegenheit sehr ernst genommen habe, "angewidert" sei und mit dem Rennfahren aufhören wolle. Die drei setzten sich in Pembrey zusammen, und Dennis "übte enormen Druck auf mich [Senna] aus", die Sache ins reine zu bringen. Senna fand das zwar "nicht korrekt, aber Ron bedrängte mich und sagte zu mir: 'Wenn du dich entschuldigst, ist die Sache vergessen, und alles ist wieder in Ordnung'. So machte ich es eben. Aber es war dumm von mir, denn es sah nun natürlich so aus, als ob ich meinen Standpunkt in der Frage unserer Vereinbarung und meines Überholmanövers geändert hätte. Dabei war es gar nicht so, ich hatte mich ja nur zu einer Entschuldigung überreden lassen, um den Frieden im Team wiederherzustellen. Wir drei waren bei unserem Gespräch unter uns gewesen, und Ron sagte: 'Es bleibt unter uns, was wir besprochen haben, und wir reden nicht mehr über die Sache, okay?' Dann aber kam ich nach Monaco und es war in aller Munde. Alain wollte mich als den bösen Buben hinstellen."

Was Prost wirklich gemacht hatte, war, dass er der Zeitschrift "L'Equipe" ein Interview gegeben hatte, in dem er folgendes gesagt hatte: "Ich möchte McLaren nicht in Schwierigkeiten hineinziehen, die sich durch Sennas Verhalten ergeben haben. McLaren hat sich immer loyal mir gegenüber verhalten. Soweit es um rein technische Dinge geht, werde ich nicht vollständig die Tür zwischen Senna und mir schliessen, aber ansonsten will ich nichts mehr mit ihm zu tun haben. Ich lege Wert auf Ehrlichkeit, und er ist nicht ehrlich." Zuvor hatte Prost mit Dennis telefoniert und ihm gesagt, er würde zwar gern bei McLaren bleiben, aber er hielte es für wahrscheinlich besser, zu einem anderen Rennstall zu wechseln oder sogar von heute auf morgen ganz mit dem Rennfahren aufzuhören.

Dennis seinerseits, verständlicherweise um Beschwichtigung bemüht, hatte nach aussen bestätigt, das Senna sich in Pembrey entschuldigt hatte, und er hatte die ominösen Worte hinzugefügt: "Das Problem ist mittlerweile gelöst." Weitere ominöse Worte zu der Angelegenheit äusserte – wenn auch später, als alle alten Dinge wieder ausgegraben wurden – Alain Prost: "Ein Typ wie Senna blüht in Konflikten so richtig auf."

Die Saison ging weiter, und die beiden McLaren-Fahrer fuhren ohne weitere besondere Vorkommnisse ihre Rennen, aber der Konflikt schwelte weiter. Zum Zeitpunkt des Grossen Preises von Frankreich stand Prosts Entschluss fest, von McLaren wegzugehen. Er hatte deswegen "keine schlaflosen Nächte", wie er sagte. Er wog verschiedene Alternativen ab, darunter die Möglichkeiten, für Guy Ligier zu fahren, oder vielleicht für Jackie Oliver bei Arrows. Mit einem Abstecher zu den Tourenwagen als Fahrer für Mercedes liebäugelte Prost eine Weile, und es stand sogar – was ein bemerkenswertes Novum gewesen wäre – eine Saison Rennpause bei Weiterlaufen des Vertrages mit McLaren (also sozusagen ein Jahr bezahlter Urlaub) im Raum. Dies hätte für McLaren den Vorteil gehabt, dass zum einen kein Konkurrenzteam Prost bekommen hätte und zum anderen die Möglichkeit einer Rückkehr offengelassen worden wäre.

Vor dem Rennen in Monza, als Prost 62 Punkte hatte, Senna 51, hörte man von

Prost spitze Bemerkungen und Beschwerden, er werde von seinem Team gegenüber Senna benachteiligt. Auch die Tatsache, dass er den Grossen Preis von Italien gewann, konnte ihn nicht versöhnlicher stimmen. Auf dem Siegerpodium in Monza reichte Prost den Siegerpokal, den er überreicht bekommen hatte, in die Zuschauermenge hinunter, so dass irgendein unbekannter Formel 1-Fan ein ganz besonders reizvolles Souvenir mit nach Hause nehmen durfte. Psychologisch war dies natürlich eine geschickte Geste, denn am Donnerstag vor dem Rennen hatte Prost bekanntgegeben, dass er zu Ferrari wechseln würde.

"Ich muss betonen, das diese Entscheidung allein das Ergebnis gemeinsamer Gespräche zwischen mir, Ron Dennis und Mansour Ojjeh gewesen ist", sagte Prost. "In freundschaftlicher Atmosphäre haben wir eine Reihe von Optionen für meine Zukunft geprüft, und haben uns stets gegenseitig uneingeschränkt auf dem laufenden gehalten."

Diese Herzlichkeit wurde freilich dann durch Prosts Klagen über Benachteiligung (also ein schlechteres Auto) beeinträchtigt, was Dennis veranlasste, eine flammende Gegendarstellung zur Wahrung der Ehre seines Teams zu verbreiten. Und noch mehr wurde sie beeinträchtigt, als Prost seinen Pokal verschenkte, "der ihm gar nicht gehörte", wie Dennis verärgert feststellte. Einen vorläufigen Höhepunkt erreichte dieser Zwist, als Prost die Äusserung tat, seine Situation innerhalb des Teams sei unmöglich geworden.

Beim nächsten Rennen in Portugal wurde eine sorgfältig vorbereitete Erklärung verbreitet, in der es hiess: "Alain bedauert zutiefst das negative und peinliche Bild, in das sein Team durch sein Handeln gerückt worden ist. Honda und McLaren haben akzeptiert, dass dieses Handeln dadurch bedingt war, dass er sich von seinem Team ungerecht behandelt fühlte, und nicht in böser Absicht erfolgte. Honda und McLaren haben Alain erneut und zu dessen Befriedigung ihren festen Grundsatz versichert, eine ungleiche Behandlung von Fahrern zu vermeiden, und diese Linie ungeachtet des Wechsels von Alain zu einem anderen Team für die Saison 1990 weiter zu verfolgen."

War dies vielleicht – und dies muss eine legitime Frage sein – ein vorbeugender Schachzug von Prost für den Fall, dass irgendjemand auf die Idee kommen könnte, Senna zu bevorzugen? Plante er also, dass nach dem Wirbel, denn er (Prost) bereits jetzt diesbezüglich verursacht hatte, keiner mehr eine Bevorzugung Sennas wagen würde? War Prost vielleicht einfach sauer (und misstrauisch) deswegen, weil Senna schneller war? Prost beantwortete die letztere Frage selbst, indem er sagte, Senna mochte vielleicht schneller sein, aber ganz bestimmt nicht fast zwei Sekunden schneller, wie die Zeiten vom zweiten Qualifikationstag in Monza (1:23,720 bzw. 1:25,510) dies aussagten. Für diese Zeitdifferenz müsse es einen anderen Grund geben, nämlich ungleiches Material.

Wir sind wieder einmal beim roten Faden unserer Geschichte. Wenn auch nur andeutungsweise ein unfaires Verhalten zu erkennen war, brachte es Prost immer noch in Rage. Das war schon bei den Karts so gewesen und war heute nach vielen Jahren Formel 1 noch genauso. Irgendetwas in ihm wurde dadurch aufs äusserste gereizt.

Abschliessend zu den Diskussionen rund um das Rennen von Monza möchte ich noch erwähnen, dass ich nie das Gesicht von Ron Dennis vergessen werde, wie er in Monza im Fahrerlager stand, an einen Drahtzaun gelehnt, mühsam seine Erregung unterdrückend, und uns Journalisten erklärte, wie hochentwickelt und aufwendig die Technik eines Formel 1-Autos geworden sei und wie kompliziert es deshalb heutzutage sei, ein solches Auto individuell auf einen bestimmten Fahrer abzustimmen. So viele Nuancen seien dabei zu berücksichtigen, dass man eigentlich nicht mehr davon reden könne, zwei Fahrern zwei identische Autos zu geben. Man versuche vielmehr als Team, so gut man dies könne, jedem Fahrer individuell sein Auto optimal einzustellen. Wenn dies in Zweifel gezogen werde, sei der gute Ruf der Firma, aus der er eine solche Macht im Automobilrennsport gemacht habe, gefährdet. Auch das Ethos dieses Sports sei gefährdet, und es dürfe deshalb in dieser Angelegenheit keine Kompromisse geben. Die Vorwürfe müssten restlos vom Tisch. Er spreche hier nicht nur für sich, sondern auch für Honda und für Marlboro. Und Ron Dennis sagte dies so eindringlich, als sei er der Verteidiger, der vor einem Schwurgericht spreche. Damit genug zu diesem Thema. Auf jeden Fall ist festzustellen, dass es ohne Spannungen in diesem Geschäft wohl einfach nicht geht.

In Portugal ergab sich einmal eine andere Front: Senna kollidierte mit Mansell. Prost wurde Zweiter. Danach gewann Senna in Spanien, Prost wurde Dritter. "Damit war die Situation zum Saisonende genau so, wie ich es mir erhofft hatte", sagt Prost. Er hatte nun 81 Punkte erreicht, von denen 76 zählten. Senna hatte 60 Punkte, und zwei Rennen standen noch aus, Japan und Australien. Was Senna in diesen letzten beiden Rennen erzielen würde, würde voll zählen. Für Prost würde jede Plazierung auf dem vierten Platz oder darunter unter den Tisch fallen. Wenn Senna nicht in Japan gewinnen würde, wäre die Weltmeisterschaft auf jeden Fall für ihn verloren, ganz egal was Prost erreichen würde, ja sogar, wenn er überhaupt nicht mitfahren würde.

Interessant.

Vor dem Start sagte Prost, er habe "schon oft" die Tür für Senna offengelassen, um keinen Crash zu riskieren. Für heute könne er dies allerdings nicht versprechen.

Interessant.

Senna verpatzte den Start, während Prost davoneilte. Senna brauchte lange, um sich wieder an ihn heranzuarbeiten. Prost wusste genauso wie Senna, dass der Brasilianer das Rennen unbedingt gewinnen musste, und wer Prost kannte, der wusste, dass er sich an das halten würde, was er vor dem Rennen gesagt hatte.

Senna musste nun erkennen, dass es Situationen gibt, in denen ein Überholen so gut wie unmöglich ist, vor allem wenn zwei Autos gleichwertig sind. Prost fuhr beständig, exakt, unbeeindruckt von Sennas Attacken. Senna griff an jeder Kurve an, riss das Auto herum, jagte es schonungslos über die Pistenschwellen (seine Kurvenlinie war völlig anders als die von Prost). An jeder Kurve kam er wieder näher heran, und nach jeder Kurve stellte Prost den alten Abstand wieder her.

Es war das klassische Drama in seiner komprimiertesten Form. Ein Mann gegen einen anderen Mann. Nervenstärke gegen Ehrgeiz. Für die Feinheiten im Aufbau des Konfliktes der Charaktere war das Stück zwar schon zu weit fortgeschritten und zu schnell, aber wie beim Drama auf der Bühne wuchs die Spannung stetig – Prost schien leicht und flink über die Piste zu gleiten, Senna schien den Rennkurs im

Würgegriff zu haben. Spätestens als etwa die Runden 42, 43 und 44 erreicht waren, war von den anderen Fahrern im Rennen – zwölf waren es noch an der Zahl – nichts mehr zu sehen. Sie spielten nur noch winzige Nebenrollen oder waren die Statisten in dem Drama, das da ablief. Wo immer sie sich auf dem 5,859 km langen Kurs von Suzuka bewegten, man sah sie so gut wie nicht. Was man sah, waren die zwei weiss-roten Rennwagen, die im packenden Clinch miteinander lagen. Dieser Zweikampf hatte solch dominante, solch elementare Züge an sich, dass man irgendwie ahnte, dass die zunehmende Spannung sich in einem mächtigen Knall entladen würde. Die Erwartung dieses Höhepunktes des Dramas hatte Suzuka im Griff wie eine eiserne Faust.

In Runde 44 schloss Senna unmittelbar zu Prost auf, als es auf die Schikane zuging. Die Anfahrt zur Schikane war eine sanfte Kurve, die auf eine kurze Gerade führte, von der die Schikane abzweigte. Die Schikane selbst bestand aus einer 90-Grad-Rechtskurve, gefolgt von einer 90-Grad-Linkskurve. Wenn man es optimal erwischte, könnte es möglich sein – könnte, wohlgemerkt – genügend Platz zu finden, um vor der Einfahrt in die Schikane auf der Innenseite durchzuschlüpfen. Man würde freilich später bremsen, also den Gegner ausbremsen müssen. Wenn dies gelingen würde, hätte man das Rennen sehr wahrscheinlich gewonnen. In dieser vierundvierzigsten Runde war Senna zwar schon nahe an Prost dran, aber noch nicht nahe genug.

Zwei Runden später war Senna schon näher dran, und er liebäugelte bereits mit der Innenlinie zur Einfahrt in die Schikane. Prost fuhr auf der linken Seite die Schikane an. Senna analysierte sorgfältig dieses Bild: Prost, wie er vor der Schikane weit links ausholt. Es ist viel Platz da. Es könnte reichen, es könnte reichen, um vorbeizukommen. Nur musste er noch näher herankommen.

Interessant.

Das Problem war nur: Wie konnte Senna es schaffen, bis zur gleichen Stelle in der nächsten Runde näher heranzukommen?

Die beiden durchfuhren die Start/Ziel-Gerade und kamen auf die erste Kurve zu. Senna kam näher, näher, näher, bremste wieder später als Prost, aber kaum hatten sie die Links-Rechts-Kurvenkombination durchfahren, war der alte Abstand wiederhergestellt. Weiter ging es durch die langgezogenen, welligen Kurven, erneut kam Senna näher heran, und an der Haarnadelkurve schien der Brasilianer die Schnauze seines McLaren wie ein Schwert nach Prost zu stossen, aber Prost war schon entwischt ...

Kurven und Kehren, Gerade, ansteigende und wieder abfallende Segmente der Strecke – der Kurs von Suzuka flog nur so an den beiden vorbei. Eine verwirrend schnelle Sequenz von vorüberhuschenden Bildern. Die Uhr registrierte einen Abstand der beiden von 0,520 Sekunden, aber das war bedeutungslos geworden. Nicht Sekundenbruchteile waren entscheidend, sondern Meter und Zentimeter. Und dann kam wieder die sanfte Kurve. Prost legte seinen McLaren beim Durchfahren der Kurve sorgfältig an die Pistenschwelle an, Senna fuhr ungestüm drüber – beide Innenräder waren voll auf der Schwelle. Eine heftige Bewegung wie ein kurzes kräftiges Erschauern ging dabei durch Sennas Auto, und vor den beiden lag die Schikane. Prost lenkte nach links, weiter nach links, weiter nach links, und da war sie wieder, die Lücke. Prost bewegte sein Auto wieder in Richtung der Pistenmitte, fuhr die Einfahrt zur Schikane an. Senna aber schoss von hinten an ihn heran, der Abstand zwischen den beiden Autos schrumpfte in einem winzigen Sekundenbruchteil gegen Null. Senna stiess auf der Innenseite nach vorne, fuhr geradeaus auf die Schikaneneinfahrt zu. Da lenkte Prost in die Kurve, und die Lücke war weg. Er schnitt Sennas Fahrtlinie, und er schnitt sie sehr spät. Hätte er das zwanzig, dreissig Meter früher gemacht, wäre Senna nichts anderes übrig geblieben, als ihm gefügig durch die Schikane zu folgen. Aber er hatte es nicht gemacht ...

Senna hatte bereits die weisse Begrenzungslinie anvisiert, die in die Schikane führte. Das vordere innere Rad seines McLaren tastete gewissermassen bereits nach dieser weissen Linie.

Durch den Aufprall wurde sein McLaren zur Seite geworfen, er warf das Lenkrad herum, um dagegenzusteuern und das Auto so auf gerader Linie zu halten. Das rechte Vorderrad lag nun auf der weissen Linie, ein gebrochener Frontspoiler flog vor ihm hoch in die Luft. Im nächsten Moment hatte das Rad die weisse Linie überschritten, war auf der Pistenschwelle, die an dieser Stelle sehr hoch war, so dass das Auto in eine Schräglage geriet, und plötzlich waren beide McLaren ineinander verhakt und schlidderten unkontrollierbar an der Schikane vorbei in eine Auslaufzone. Verzweifelt riss Senna noch einmal am Lenkrad, um auf der Piste zu bleiben, aber es war zu spät. Genau fünf Mal erzitterte Sennas gelber Helm, als die Autos bei ihrem gemeinsamen Verlassen der Rennstrecke gegeneinanderprallten.

Sennas Hand ging zum Schalthebel und schob ihn rasch in Leerlaufstellung. Die beiden McLaren rollten wie brüderlich vereint langsam in der Auslaufzone aus und kamen zum Stehen. Sennas Hand ging nach oben, zum gelben Fahrerhelm. Es war wohl eine unwillkürliche Bewegung, die alles bedeuten konnte. Erleichterung, Verärgerung, wirklich alles.

Prost blickte kurz zu Senna hinüber, dann schnallte er sich los, kletterte aus dem Wagen und ging davon. Senna hatte mittlerweile beide Hände nach oben gereckt, gestikulierte heftig, um den Streckenposten anzuzeigen, sie sollten ihn doch anschieben. Und das machten sie auch. Sie schoben das Auto zunächst rückwärts auf die Rennstrecke zurück – ein lebensgefährliches Manöver, Gott sei Dank kam keiner der verbliebenen zwölf Fahrer in diesem Moment an dieser Stelle vorbei, als ein stehendes Auto mitten auf der Fahrbahn war – dann schoben sie es vorwärts wieder in dies Auslaufzone, und Senna ruderte wild mit den Armen, sie sollten doch kräftiger anschieben. Sieben Streckenposten mit weissen Helmen schoben also kräftiger. Eine ganze Traube von ihnen hing dabei am Heck des McLaren. Dann zündete der Motor, und Senna fuhr wieder aus der Auslaufzone heraus auf die Piste zurück, und zwar am hinteren Ende der Schikane, in Fahrtrichtung gesehen. Prost hatte derweil seinen Helm abgenommen und ging zu Fuss, stetig und offenbar seiner Sache sicher, in Richtung Boxen zurück. Er knöpfte unterwegs bereits seinen Rennoverall auf. Sein Gesichtsausdruck verriet überhaupt nichts.

Senna fuhr eilig an die Boxen, liess sich einen neuen Spoiler verpassen und setzte das Rennen fort, das er dann auch gewann. Als Prost auf seinem Fussmarsch zurück an die Boxen den Brasilianer vorbeifahren sah, wunderte er sich, was das zu bedeuten habe. Dann setzte er aber erleichtert seinen Weg fort, als er hörte, dass

Senna angeschoben worden war und das Rennen erst nach der Schikane fortgesetzt habe. Beides waren Gründe für eine Disqualifikation.

Und Senna wurde auch disqualifiziert, woraufhin er sofort seine Anwälte einschaltete. Prost sagte: "Ich war mir sicher, ich würde gewinnen, sobald ich einmal in Führung läge. Irgendwie war es mir von vorneherein klar, dass dieses Rennen auf eine von zwei Arten würde entschieden werden: Entweder würde er vom Start weg führen und gewinnen, oder ich würde führen und es würde auf diese Art enden. Ich schaute im entscheidenden Moment in meine Spiegel, sah, wo er war, und war mir sicher, er läge viel zu weit hinter mir, um irgendeinen Angriff zu starten. Er war vorher schon näher an mir dran gewesen und war hinten geblieben. Wissen Sie, was Ayrtons Problem ist? Er kann es nicht akzeptieren, nicht zu gewinnen, und deshalb kann er es auch nicht akzeptieren, dass jemand ein Überholmanöver von ihm abwehrt. Immer wieder versucht er, Leute einfach aus dem Weg zu scheuchen."

"Schon oft habe ich ihm die Tür aufhalten müssen, zum Beispiel in Kanada und in Portugal 1988 oder in Silverstone dieses Jahr. Wenn ich es nicht gemacht hätte, wären wir zusammengestossen, genauso wie heute. Und ich habe schon vor dem Rennen gesagt, ..."

"Er ist ein sehr guter Rennfahrer, ja, ich muss sagen, er ist fantastisch, unglaublich schnell, aber meiner Meinung nach fährt er zu aggressiv. Wenn es zwei Fahrer seiner Sorte in der Formel 1 gäbe, dann käme es in jedem Rennen zu einem Unfall. Ich bedauere es sehr, dass meine Zeit bei McLaren auf diese Weise zu Ende gehen muss."

Eine Sache sei hier am Rand erwähnt, die sehr deutlich macht, in welche Klemme das Team Marlboro McLaren-Honda durch den Zwist seiner beiden Fahrer geraten war. Honda gab zusammen mit McLaren und Marlboro nach jedem Trainingstag und jedem Rennen ein Infoblatt für die Journalisten heraus. Es enthielt sehr detaillierte Daten über Zeiten, Resultate, technische Besonderheiten sowie Aussagen der beiden Fahrer, manchmal ergänzt durch einige Worte des Honda-Projektleiters Osamu Goto, und eine zusammenfassende Bewertung durch Ron Dennis. Dieses Datenblatt wird immer sehr professionell, sehr schnell und in mehreren Sprachen produziert, und es erfüllt zwei nützliche Funktionen: Zum einen liefert es aktuelle Informationen, zum anderen stellt es, gesammelt und in gebundener Form zu Saisonende herausgegeben (wie Honda das macht) eine detaillierte Chronik dar. Wenn man das Jahrbuch der Saison '89 durchblättert, stösst man auf folgenden Vermerk: "Nach dem Grossen Preis von Japan am Sonntag, den 22. Oktober 1989 gab das Team keine Pressemitteilung heraus." Der Hauskrach bei McLaren hatte einen neuen, absoluten Höhepunkt erreicht.

Adelaide, wo Senna rein hypothetisch noch den Weltmeistertitel gewinnen konnte (falls seinem Protest gegen die Disqualifikation in Suzuka stattgegeben würde), wurde zur Farce. Es regnete dermassen, dass Prost nur eine einzige Runde fuhr, dann an die Boxen fuhr und ausstieg. Er sagte nachher: "Ich war froh, als das Rennen zu Ende war, dass kein schwerer Unfall passiert war. Aber andererseits frage ich mich, ob es nicht vielleicht notwendig gewesen wäre, dass ein Fahrer sich verletzte – nicht schwer natürlich, vielleicht am Handgelenk oder am Knöchel – um die Funktionäre wie auch die Fahrer zum Nachdenken zu bringen." Die Erinnerung an Pironis Unfall war immer noch da, und überhaupt zeigte Prost immer ein ausgeprägtes Bewusstsein für den Aspekt der Sicherheit der Rennfahrer. Sein Verhalten in Adelaide an diesem Tag sollte man auf keinen Fall als Zeichen schwacher Nerven werten. Im Gegenteil, man sollte es so sehen, dass er mehr Rückgrat als alle seine Kollegen bewies.

Thierry Boutsen gewann an diesem Tag, und Prost sah anschliessend ein Fernsehinterview, in dem Boutsen sagte: "Gegen Ende war das Rennen nicht mehr gefährlich." Prost hierzu: "Das kann man immer leicht sagen, wenn man gewonnen hat. Auch wenn man es sich vom Fernsehsessel aus ansieht, kann man leicht sagen: 'Ach nein, gefährlich war das doch nicht.'"

Mit dem Saisonabschluss in Adelaide ging für Prost auch die Zeit bei McLaren zu Ende, und das nach sechs Jahren und mit einer Bilanz von 92 Rennen, 30 Siegen, 458 Punkten und mittlerweile gesicherten drei Weltmeistertiteln. In Runde 14 des Grossen Preises von Australien war Senna nämlich, als er es noch einmal darauf anlegte, auf den Brabham von Martin Brundle geknallt, und damit war der WM-Titel für ihn futsch, ganz egal, was aus seinem Protest gegen die Disqualifikation von Suzuka herauskommen würde. Senna fuhr – nebenbei bemerkt – auf Brundle auf, weil der Brite für Senna hinter einer Gischtwand unsichtbar gewesen war, genauso wie Prost für Didier Pironi beim Training in Hockenheim am 7. August 1982.

Diesmal gab Honda wieder eine Pressemitteilung heraus, und zwar eine humoristisch gefärbte. Vielleicht war der Humor das einzige, was noch als Rettung blieb. Die Veröffentlichung trug die Überschrift "Die australische Motoryacht–Regatta" und gipfelte in dem Satz: "Die Honda–Techniker waren verblüfft, als auf ihren Telemetrie–Monitoren plötzlich herumschwimmende Fische zu sehen waren."

Ron Dennis, der sich schon seit einiger Zeit die Taktik zurechtgelegt hatte, dass McLaren nicht reagieren würde, was immer auch Prost äusserte, sagte später im Rückblick: "Wie ich Senna und Prost im Vergleich miteinander bewerten soll? Nun, ich würde sagen, die beiden sind sich sehr ähnlich. Eine Ausnahme gibt es wohl, und das ist die unterschiedliche Prägung durch ihr Heimatland, die sich in der Einstellung zur Rennfahrerei teilweise zeigte. Man sieht dies, wenn man Menschen vierer unterschiedlicher Nationen die gleiche Aufgabe zu lösen gibt. Die vier kommen zwar vielleicht alle zum gleichen Ergebnis, aber in der Regel auf völlig unterschiedlichen Lösungswegen. Die Denkweisen sind es, die unterschiedlich sind. Ich glaube, in der Zeit, als die beiden zusammen bei uns fuhren, war Ayrton derjenige, der sich und anderen mehr beweisen wollte, was sich in einer Spur mehr Aggressivität in Bereichen wie etwa dem Überholen ausdrückte. Dort waren Unterschiede erkennbar, aber ansonsten waren die beiden eigentlich aus dem gleichen Holz geschnitzt.

Ein Rückblick von Prost auf seine Zeit bei McLaren: "Ich ging mit einem guten Gefühl von McLaren weg. Meine sechs Jahre dort waren rundum positiv verlaufen, deshalb ging ich mit einem guten Gefühl. Ich hatte mich immer um gute Beziehungen zu allen Leuten um mich herum bemüht. Oder sagen wir fast allen. Ich ging mit gutem Gewissen, weil ich sicher war, mein Bestes gegeben zu haben." Wenige Zeit später würde er sagen: "Es stimmt schon, dass so eine Art Mythos existiert, der Ferrari umgibt. Es ist ein Mythos, der sehr, sehr viele Jugendliche und auch Rennfahrer in seinen Bann zieht, aber davon darf man sich nicht blenden lassen. Der Ferrari-Mythos existiert vor allem ausserhalb des Teams, in den Herzen der Menschen. Das Werk zum Beispiel sieht genauso aus wie jedes andere Werk eines Formel 1 Rennstalls. Was zweifellos ausgeprägter vorhanden ist, ist die Leidenschaft."

Manch einer fragte sich am Ende der Saison 1989, warum Alain Prost nicht lieber, anstatt sich sozusagen in die Höhle des Löwen zu begeben, sich das Jahr Rennpause von McLaren bezahlen liess, seine Golfschläger nahm, auf eine einsame Insel flog und es sich dort erst einmal gutgehen liess. Sicher, er liebt das Golfspielen, sagt er ein bisschen spitzbübisch. Sicher, ihm gefällt die Idee einer einsamen Insel. Aber nur für den Urlaub.

Ferrari hat für die unterschiedlichsten Menschen immer die unterschiedlichsten Erfahrungen mit sich gebracht. Aber ein Urlaub war das Leben dort noch für niemanden gewesen.

"Am ersten Tag, als ich zuerst im Ferrari-Werk war, dann in Fioano zum ersten Mal das Auto fuhr, war scheussliches Wetter, Regen und Nebel, aber trotzdem war es für mich ein so bewegendes Gefühl, bei Ferrari zu sein, wie ich es sonst nie in meiner Laufbahn erlebt habe. Ich fühlte mich sehr befangen, aber die Ferrari- Leute um mich herum schienen sich genauso befangen zu fühlen. Danach, als ich im Ferrari sass, beeindruckte mich, wieviel Platz man in dem Auto hatte und wie komfortabel man sass. Das war wesentlich besser als im McLaren. Die Sitzposition kann in der Formel 1, wo es naturgemäss eng im Cockpit zugeht, eine wichtige Trumpfkarte sein." In dieser Schilderung von Prost kommt seine ganze Erfahrung und Professionalität als Rennfahrer zum Ausdruck. Kurz lässt er sich vom Mythos Ferrari in den Bann ziehen, aber dann konzentriert er sich sofort auf das Auto, das er gemäss den Regelungen eines 65-seitigen Vertrages fahren soll. Sein Teamgefährte ist Nigel Mansell, der nunmehr im zweiten Jahr bei Ferrari fährt.

Am Rande des ersten Saisonrennens in Phoenix zeigte Prost sich besorgt über die potentiell gefährlichen Auswirkungen des gespannten Verhältnisses zu Senna. Er wollte Senna zu einem versöhnlichen Handschlag bewegen, damit man zumindest eine Minimalbasis hätte, auf der man in der Saison gemeinsam leben könne, aber der Brasilianer lehnte dies ab. Was immer man in diese Geste hineininterpretieren mag, so bewies Prost zweifellos Format, indem er hier bereit war, im Interesse aller über seinen Schatten zu springen.

Im Rennen selbst, das Prost anschliessend als "Desaster" bezeichnete, verlor sein Ferrari Öl, und er fiel in Runde 21, an vierter Stelle liegend, aus. In Interlagos, im zweiten Rennen, gewann er dann aber, obwohl er nur aus der dritten Reihe startete. Bis Mitte der Saison erreichte er 23 Punkte, genauso viele wie Gerhard Berger, sein Nachfolger bei McLaren. Senna führte mit 31. Beim Grossen Preis von Kanada, einem Rennen, das zunächst nass, dann trocken, dann wieder nass war, startete Boutsen einen schnellen Vorstoss, um Prost zu überholen, und es ist interessant, was Prost zu jener Situation und seiner eigenen Entwicklung als Rennfahrer zu sagen hat: "Ich fuhr zur damaligen Zeit nicht langsamer als 1984 und 1985, aber anders. Als Boutsen zum Überholen ansetzte, war mir sofort klar, dass er mit 90

Prozent Wahrscheinlichkeit von der Piste fliegen würde. Ich nahm mich deshalb in acht, nicht darin verwickelt zu werden. Fünf Jahre vorher wäre ich vielleicht im gleichen Fall von der Situation überrascht worden. Ich gehe heute keine unnötigen Risiken mehr ein. Zwar erzielt man so keine triumphalen Siege, wird nie der Held des Tages, aber am Ende der Saison habe ich dafür die Nase vorn.

Einige aus der Mitte der Saison 1990 stammende Reflektionen Prosts zu seiner inneren Einstellung zu seinem Beruf: "Warum mache ich nach zehn Jahren immer noch weiter? Diese Frage ist schwer zu beantworten. Ich glaube, das Rennfahren ist eine Leidenschaft. Es ist eine Leidenschaft, die jetzt zurückgekehrt ist, nachdem der Druck, die Spannungen der letzten Jahren weg sind. Ausserdem ist es aber auch eine Motivation für mich, in einem Team wie Ferrari zu fahren. Ich möchte das Team gern wieder dahin bringen, wo es einmal war. Wenn man schon Weltmeister geworden ist und alles gewonnen hat, was es zu gewinnen gibt, dann kann es eine Bereicherung sein, für andere zu fahren, für seine Mechaniker, Techniker, den Team-Manager, die ganze kleine Gemeinschaft um einen herum, die auf einen zählt."

Hier spricht aus Prost die Reife eines Rennfahrers, der es nicht mehr nötig hat, sich und anderen sein Talent zu beweisen. In seiner ansonsten vom Egoismus geprägten Beschäftigung, wie es die Rennfahrerei naturgemäss ist, erlebt er es plötzlich als Freude und tiefe Erfüllung, für sein Team zu gewinnen. Ähnliches erlebt man zum Beispiel beim Golf, einem Metier, in dem Prost ebenfalls zuhause ist ("Handikap 10, aber mein Ziel ist Handikap 8 oder vielleicht sogar 6"), deshalb könnte er diesen Vergleich sicher gut nachvollziehen. Ein Golfspieler ist ein mindestens genauso egozentrischer Typ Mensch wie ein Rennfahrer, vielleicht sogar noch mehr. Beim Golfspieler kommt noch dazu, dass er die Schuld nie auf ein technisches Versagen schieben kann, wenn es mal nicht so klappt. Er muss sie immer bei sich selbst suchen. Und dann gibt es da aber auch einen Mannschaftswettbewerb, den Ryder Cup, in dem alle zwei Jahre eine Europa-Auswahl gegen eine USA-Auswahl antritt.

Beim Ryder Cup bilden Spieler aus England, Schottland, Wales, Irland, Spanien, Deutschland und anderen Länder eine Mannschaft, wobei die unterschiedlichsten Spielertypen vertreten sind, und allesamt habe sie bei der Ankunft am Spielort nicht nur ihre Schläger im Gepäck, sondern auch ein ausgeprägtes Ego. Aber dann geschieht eine wundersame Wandlung, und sie werden eine Mannschaft, die auf Biegen und Brechen zusammenhält. In entscheidenden Situationen hängt dann immer das Schicksal aller vom Geschick eines Einzigen ab. So heftige Emotionen werden dabei freigesetzt, dass selbst starke Männer, die immer ihre Gefühle streng unter Kontrolle gehalten haben, die Fassung verlieren und in aller Öffentlichkeit in Tränen ausbrechen. Beispiele sind Tony Jacklin, Sam Torrance (der so weinen musste, dass er nicht mehr sprechen konnte) oder Christy O'Connor, der 1990, nachdem er seine Mannschaft gerettet hatte, sich bekreuzigte und dann an der Schulter seiner Frau hemmungslos schluchzte.

Wenden wir uns aber wieder Alain Prost in seinen Flitterwochen bei Ferrari zu. So ziemlich jeder Rennfahrer hat diese Zeit des anfänglichen eitlen Sonnenscheins beim italienischen Rennstall erlebt. Aber sie hat selten lange angehalten.

Prost gewann in Frankreich, dann auch in Grossbritannien und hatte nach dem Rennen in Monza Senna im WM-Klassement noch in Sichtweite. Er hatte 56 Punkte, Senna 72. In Monza ereignete es sich, dass während einer Pressekonferenz ein Journalist unverblümt die Frage stellte, wie lange die beiden ihre Fehde noch fortzusetzen gedächten, was dazu führte, dass Prost und Senna sich demonstrativ und unter grossem Applaus vor den versammelten Reportern versöhnten. Bald sollte ein Moment kommen, in dem man sich daran zurückerinnern würde.

In Portugal fuhr Mansell von der Pole Position. Prost stand rechts neben ihm. Beim wilden Start Mansells geriet sein Ferrari in eine so starke Seitwärtsbewegung, dass er Prost fast gegen die angrenzende Boxengassenmauer gerammt hätte. Es war, meinte Mansell später, so ziemlich der miserabelste Start seines Lebens. Prost sah das ganz bestimmt genauso. Trotzdem gewann der Engländer das Rennen, Senna wurde Zweiter, Prost Dritter.

Prost äusserte sich kritisch über Nigel Mansell, was dessen Leistungsvermögen beim Testen von Autos betraf. Dem Team die benötigten Informationen zu geben und so bei der Abstimmung eines Autos mitzuarbeiten, sei nicht die Stärke des Engländers. Manchen Fahrern liege das freilich einfach mehr als anderen. Andererseits beurteilte Prost Mansell als "extrem schnellen, sehr begabten Mann, der jedes Auto exzellent fahren könne, ein gut abgestimmtes wie auch ein schlecht abgestimmtes." Um die Saisonmitte herum meinte Prost allerdings, Mansell habe "praktisch keine Chance, Weltmeister zu werden".

"Man muss sehen, dass Ferrari unbedingt wieder einmal einen Formel 1-Weltmeister hervorbringen wollte – zehn Jahre hatte man das nun schon nicht mehr geschafft – und deshalb enorme Geldsummen investierte. Man muss sehen, dass wir unglaublich intensive Testperioden im Laufe des Jahres absolvierten, wobei wir unheimlich effizient arbeiteten. Wir hatten – ohne dass ich jetzt zu sehr ins technische Detail gehen möchte – einen kleinen Kniff herausgefunden, wie wir einen schnelleren Start unserer Autos erreichen konnten. Wir waren nämlich im Vergleich zu den McLaren-Hondas immer schlecht vom Start weggekommen." (Prost hatte zwei volle Tage lang in Fiorano nur an diesem Problem gearbeitet. Ergebnis waren eine neue Benzinsorte von Agip, die für etwas mehr Spritzigkeit des Motors sorgte, und ein kürzer übersetzter zweiter Gang, der ein rascheres Hochschalten ermöglichte, damit er Senna beim Start würde übertrumpfen können.)

Zum Rennen in Portugal, als Mansell beim Start ungewollt einen so starken Seitwärtsdrall hatte, dass er Prost fast gegen die seitlich verlaufende Mauer gedrückt hätte, meint Prost, das sei "absolut unglaublich" gewesen. "Vielleicht habe ich mich damals – wieder einmal – ungeschickt ausgedrückt, aber ich war einfach stinksauer.

Prost gewann in Spanien, wo Senna, der zwischenzeitlich geführt hatte, mit einem undichten Kühler ausschied. Senna dazu: "Ich dachte, mit meinen Reifen stimme etwas nicht, weswegen ich an die Boxen fuhr. Tatsächlich war es aber so, dass Wasser vom rechten Kühlerbehälter auf das rechte Hinterrad tropfte. Ich fuhr weiter, aber als die rote Warnleuchte anging, die ein Ansteigen der Motortemperatur signalisierte, gab ich das Rennen lieber auf. Für die Weltmeisterschaft ist das natürlich äusserst ungünstig." Senna hatte nunmehr 78 Punkte, Prost 69, Berger 40, Mansell 31.

Nur die Rennen in Japan und Australien standen noch aus, und die mathematische Ausgangslage war ziemlich klar. Beide hatten bereits elf Resultate in den Punkterängen, aber Prosts Situation war ungünstiger. Wenn er in Suzuka gewann, musste er sein schlechtestes Punkteergebnis – zwei Punkte für den fünften Platz in Kanada – streichen, womit sein Sieg also effektiv nur sieben Punkte bringen würde. Wenn er aber nicht in Suzuka gewinnen würde, war der WM-Titel nicht mehr zu erreichen. Er könnte dann zwar immer noch in Australien gewinnen, aber auch dort würde der Sieg nur sieben Punkte bringen, und das wären zwei zu wenig.

Senna holte sich für Suzuka die Pole Position, und schon gab es wieder Meinungsverschiedenheiten. Die Pole Position lag auf der rechten Seite des Startfeldes, wo die Pistenoberfläche weniger griffig war. Schon die kleinsten Unterschiede konnten sich aber beim Start, wenn enorme Kräfte auf die Fläche unter den Reifen einwirkten, ganz erheblich auswirken. Senna bat deshalb darum, die Pole Position auf die linke Pistenseite zu verlegen, aber das wurde abgelehnt. Die erste Kurve, eine Rechtskurve, kam nach etwa 200 Metern.

Grün.

Unter der enormen Beschleunigungskraft schob sich Sennas Auto leicht nach innen, ebenso – wenn auch weniger – das von Prost. Beide bewegten sich in einem Winkel aufeinander zu, kamen sich sehr nahe, aber dann hatte sich Prost eine halbe Wagenlänge, nach weiteren zwanzig Metern eine ganze Wagenlänge Vorsprung erkämpft, und Senna musste sich hinter ihn setzen.

Die genauen Positionen waren in diesem Moment folgende: Nach zwei Dritteln der Strecke bis zur Kurve fuhr Prost in führender Position auf der linken Pistenseite, die Schnauze des Ferrari bereits auf die kommende Kurve gerichtet. Senna lag halb hinter ihm, visierte aber mit seinem Auto den freien Raum auf Prosts rechter Seite an. Prost bewegte sich in Richtung Pistenmitte, die Schnauze immer noch im gleichen Winkel auf die Kurve gerichtet. Senna folgte seiner Bewegung, aber mit jedem Meter auf die Kurve zu wurde der Raum rechts von Prost enger, da dieser auf einer schrägen Linie zum Kurveneingang fuhr.

Für einen Moment lenkte Prost seinen Ferrari in Geradeausrichtung, womit sich der freie Raum rechts von ihm – die Breite von zwei, vielleicht drei Autos – vorübergehend nicht mehr verengte, und Senna stiess in diese Lücke vor. Nach weiteren zwanzig Metern lenkte Prost in die Kurve. Sennas Vorderräder waren in diesem Augenblick auf Höhe von Prosts Hinterrädern. Die beiden kollidierten, verhakten sich wie im Vorjahr ineinander und flogen vereint wie im Vorjahr von der Piste in die weite Auslaufzone. Nach 15 Sekunden war das Rennen für beide zu Ende.

Prost liess seinen Emotionen freien Lauf: "Wass er getan hat, ist widerwärtig. Ich bin nicht bereit, auf der Strecke gegen unverantwortliche Menschen zu kämpfen, die sich nicht davor fürchten zu sterben. Jeder, der eine Ahnung vom Motorsport hat, weiss genau, was hier vorgegangen ist. Er hat es mit Absicht getan, weil er sah, dass ich einen guten Start hatte. Er wusste, dass mein Auto besser war und dass er keine Chance hatte, zu gewinnen. Deshalb hat er mich einfach rausgeboxt. Was er getan hat, war mehr als unsportlich, es war widerwärtig. Es ist keine

Katastrophe für mich, wenn ich die Weltmeisterschaft verliere. Ich habe schon mehr als eine verloren – aber noch keine auf diese Weise. Für unseren Sport ist das heute eine schlimmer Tag. Können Sie sich vorstellen, was junge Rennfahrer denken, wenn sie so etwas in der Formel 1 sehen? Sie werden denken, dass man sich alles erlauben kann. Was hier passiert ist, hat Sennas wahres Gesicht gezeigt. Ich hasse solche Situationen. Er hat alles kaputtgemacht. Ich hoffe, jedermann erkennt, dass er sich hinterlistig verhalten hat. Nie hätte ich erwartet, dass er das tun würde, was er heute getan hat. Ich dachte immer, er sei ein Angehöriger der menschlichen Rasse, zwar hart, aber fair. So etwas hätte ich ihm nicht zugetraut. Für ihn ist es viel wichtiger als für mich, Weltmeister zu werden. Es ist das einzige, was er in seinem Leben hat. Er ist vollkommen verbohrt."

Und Prost fügte hinzu: "Im Islam ist für jemanden, der im Begriff ist zu sterben, der Tod ein Spiel. Was wir hier erlebt haben, ist, dass Senna jedes Risiko auf sich zu nehmen bereit ist, um die Weltmeisterschaft zu gewinnen. Bei dieser Art von Spiel mache ich nicht mit."

Senna reagierte ebenfalls wütend: "Ich kam schneller auf die Kurve zu als er, weil mein Auto besser beschleunigte. In der ersten Kurve, wenn die Reifen noch kalt sind und der Luftdruck deshalb noch niedrig ist, das Auto aber andererseits schwer [wegen des vollen Tanks], bremst jeder Fahrer in der Regel etwas früher, und daraus ergibt sich eine Chance zum Überholen, wenn man hart rangeht. Natürlich ist es schwierig, es ist gewagt, aber in meiner Lage musste ich es versuchen. Prost hätte das wissen müssen. Ich glaube, es war ein grosser Fehler von ihm, die Tür zuzumachen, denn dadurch ist er ein Risiko eingegangen und hat verloren."

Und weiter: "Immer wieder versucht er, Leute zu zerstören. Er hat schon in der Vergangenheit bei verschiedenen Gelegenheiten versucht, mich zu zerstören, aber es ist ihm nie gelungen und wird ihm auch nie gelingen, weil ich weiss, was ich wert bin und wohin mein Weg mich führt."

Der Eklat war also wieder da, und erneut in Suzuka – nur noch gewaltiger als beim letzten Mal. Noch nie war eine Weltmeisterschaft auf eine solche Weise entschieden worden. So viel Wirbel auch die Kollision an der Schikane im Vorjahr an gleicher Stätte verursacht hatte, so war es doch immerhin noch ein Rennen gewesen, nicht nur ein Crash mit Anlauf von der Startlinie weg.

Später, mit etwas Distanz zu den Ereignissen, sagte Prost: "Ich war an diesem Tag deutlich schneller als er. Er wusste, wenn ich an der ersten Kurve in Führung liegen würde, war das Rennen schon gelaufen. Er würde mich dann nicht mehr einholen. Unglaublich war für mich nicht nur sein Vorgehen, sondern vor allem auch die Reaktionen darauf. Was geschah denn hinterher? Nichts, keine Bestrafung, überhaupt nichts. Ungefähr die Hälfte der Leute suchte sogar nach Wegen, es so darzustellen, dass er im Recht war."

"Ich kann Ihnen da eine interessante Geschichte erzählen. Einige Journalisten kamen nachher zu mir und sagten: 'Ich bin ganz deiner Meinung. Es war eine üble Sache, was er gemacht hat, aber ich bin gezwungen, in unserer Zeitung gegen dich zu schreiben, weil ich einen Chefredakteur habe, der das verlangt. Er will es so, weil die meisten Journalisten die andere Ansicht vertreten und er eine interessante Story bringen will."

"Ob es Freunde von mir waren oder nicht, diese Leute sind für mich seitdem gestorben. Ich fahre nicht Rennen, damit die Zeitungen mit ihren Geschichten ihre Auflagen erhöhen können. Ich fahre Rennen, weil es meine Leidenschaft ist."

Die Kollision von Suzuka 1990 wurde zum Skandal, der die Dimension einer Dreyfus-Affaire erreichte. Rein aus sportlichem Blickwinkel betrachtet, hatte es so etwas noch nie gegeben, seit, ja seit – und hier greife ich einen Gedanken aus einem anderen Zusammenhang wieder auf – dem Tag, an dem Joe Louis nur 124 Sekunden brauchte, um Max Schmeling vernichtend zu schlagen. Weil dieses Ereignis so häufig und und so heftig diskutiert worden ist und auch heute, Jahre danach, noch ein "heisses Eisen" ist, habe ich bei allen Interviews, die ich für dieses Buch geführt habe, meinen Gesprächspartnern am Schluss die gleiche Frage gestellt: 'Sagen Sie mir doch bitte noch, wie sie die Sache von Suzuka bewerten.' Es waren allesamt erfahrene Männer des Motorsportmetiers, und ihre Antworten zeigen in ihrer Unterschiedlichkeit der Bewertung das, was auch in Gerichtsverfahren nach Verkehrsunfällen immer wieder zutage tritt: Menschen, die ein und dieselbe Sache sehen, sehen oft Unterschiedliches.

"Ich vertrete wohl eine Minderheitsmeinung zu dieser Geschichte", so John Watson. "Ich habe als Rennfahrer immer versucht, alles möglichst genau zu analysieren. Ich meine, Alains Strategie war falsch. Er hatte seine Strategie, und Senna hatte seine Strategie. Sie wussten beiden, wie wichtig die erste Kurve war. Am Montag- oder Dienstagmorgen nach Suzuka, als wir in Australien landeten, sagte ich zu Alain: 'Es tut mir leid für dich, dass es so ausgegangen ist. Aber eines würde mich doch interessieren: Warum in alles in der Welt hast du ihm nicht die Tür zugemacht? Warum hast du ihm die Chance eröffnet?' Alain antwortete: 'Weil ich wusste, dass ich dann, wenn ich mich beim Start an die Spitze setze könnte, im fünften Gang volle Pulle die erste Kurve würde nehmen können, und weil ich wusste, dass Senna das nicht schaffen würde.' Das wäre ja schön und gut gewesen, wenn Senna nicht in Reichweite gewesen wäre, aber er schob sich nun mal auf der Innenseite heran."

"Halten wir also fest: Alains Strategie war es, aus dem Stand heraus im fünften Gang volle Pulle durch den ersten Teil der Doppel-Rechtskurve zu fahren. Und wie war nun Sennas Strategie? Einigermassen kenne ich die Strategie von Senna und McLaren, und mit einem hatten sie ganz sicher nicht gerechnet, nämlich dass Alain die Tür zumachen würde, wenn Senna sich vor der Kurve auch nur ein bisschen auf Prosts Innenseite vorschieben würde. Denn dann lief Alain Gefahr, jede Chance auf den Weltmeistertitel zu verlieren."

"Alain hatte seinen festen Plan, wie er das Rennen fahren würde, und weil er diesen Plan konsequent einhalten wollte, war der Crash unvermeidlich. Senna hielt sich ebenfalls konsequent an seinen Plan, weil er nicht glaubte, dass Prost die Tür zumachen würde. Beide schätzten falsch ein, wie sich der andere verhalten würde. Worauf ich aber eigentlich hinaus will, ist: Man darf nicht eine Strategie festlegen und dabei die Mentalität der Konkurrenten ausser acht lassen, egal ob sie Senna, Mansell oder Berger heissen. Man muss diese Mentalität in seine Überlegungen einbeziehen. Man kann nicht hingehen und sagen: 'Weil ich weiss, dass ich die erste Kurve im fünften Gang volle Pulle nehmen kann, bin ich im Vorteil'. Wenn der andere auf der Innenseite vorprescht und keine Anstalten macht, abzustoppen, dann muss man sich hierauf einstellen, oder man wirft sich quasi selbst aus dem Rennen."

"Ich glaube nicht, dass Senna absichtlich oder gar geplant in Prost 'reingefahren ist. Das war wohl im Vorjahr so, als er sich meiner Meinung nach unkorrekt verhielt. Auch Jackie Stewart, dem man sicher ein gutes Urteilsvermögen zutrauen kann, sagt, er hätte sich an Alains Stelle direkt vor Senna gesetzt. Das macht man normalerweise in einer solchen Position, um sich den Vorteil, den man hat, zu sichern. Ich selbst hätte mich auf jeden Fall so vor Sennas Nase gesetzt, dass er keine Chance gefunden hätte, innen an mir vorbeizugehen. Er hätte dann vielleicht versucht, auf der Aussenseite um mich herumzukommen, aber wenn man vornedran liegt, hat man die Lage im Griff."

René Arnoux meint: "Meiner Meinung nach war der Crash von 1990 die Revanche für den Crash 1989. Der Unterschied liegt nur darin, dass der erste Crash bei niedriger Geschwindigkeit passierte. Alain wusste, dass vor der Schikane die Geschwindigkeit nicht hoch ist. Der zweite dagegen passierte bei hoher Geschwindigkeit. Der zweite war die Rache für den ersten. Genauso war es."

Keke Rosberg: "Meiner Meinung nach ist Senna ihm von hinten ins Auto geknallt. Meinen Sie etwa, irgendjemand könnte mich deswegen belangen, weil ich sage, Senna ist Alain von hinten ins Auto geknallt? Das ist meine Überzeugung, und deshalb darf ich das sagen. Wie sollte man mich deswegen belangen, schliesslich bin ich, und nicht irgendein Richter, ein Fachmann im Motorsport. Und meine Einschätzung als Fachmann ist eben, dass er einem anderen von hinten ins Auto geknallt ist. Eine andere Frage, die damit zusammenhängt, ist freilich, wer im Jahr davor wem ins Auto gefahren ist. Auch dazu möchte ich Ihnen meine Meinung geben. Lassen sie mich das genau erklären."

"Alain liegt es von seiner ganzen Veranlagung her überhaupt nicht, einem anderen die Tür zuzumachen. Er hatte das noch nie gemacht, er hatte vor Suzuka [1989] noch nie in seinem Leben einem anderen Fahrer absichtlich den Weg blockiert. Diesmal versuchte er es, und es ging daneben, weil er es zu spät versuchte. Er wusste schlicht und einfach nicht, wie es geht! Ich würde nicht sagen, dass er damals in Ayrton hineingefahren ist. Er versuchte, die Tür zuzumachen. Jeder andere Fahrer hätte das zwanzig Meter vorher gemacht, und nichts wäre passiert."

"Und jetzt Suzuka Teil 2, 1990. Es wird immer wieder behauptet, Alain habe die Tür offengelassen. Nein, er liess die Tür nicht offen. Wenn er die Kurve ganz eng auf der Innenseite anfährt, geht Ayrton auf der Aussenseite an ihm vorbei. Was ein Jackie Stewart oder ein James Hunt gesagt haben, ist alles Unsinn. Wenn Alain die Innenlinie gewählt hätte, um Ayrton zu blockieren, wäre der in einem Bogen aussen um ihn herum gefahren."

"Es handelt sich um eine ganz besondere Kurve, die am Eingang sehr offen, am Ausgang sehr eng ist. Alain wählte eine Kompromisslinie beim Anfahren dieser Kurve, die auf der Innenseite nicht ausreichend Platz liess, als dass man hätte überholen können, durch die Alain aber schnell genug in die Kurve hineinfahren konnte. Senna liess es an diesem Tag einfach darauf ankommen. Er sagte sich: 'Wenn es nicht klappt, was soll's?' [womit Rosberg sagen möchte: Senna wäre dann trotzdem

Weltmeister gewesen]"

"In solchen Situationen handelt man instinktiv, und da bleibt kein Raum für ein Nachdenken über die Folgen. Man fackelt nicht lange, sondern versucht es eben. Vielleicht klappt es, vielleicht auch nicht. Ayrton dachte in diesem Augenblick nicht darüber nach, wie gross der Abstand zwischen ihm und dem anderen war. Ich meine, hundert Meter vorher wusste er überhaupt noch nicht, ob eine Lücke da sein würde – noch nicht einmal, auf welcher Seite er es versuchen sollte."

"Wenn man sich vor dem Start eines Rennens alle denkbaren Situationen durchkalkulieren wollte, wären das so viele Varianten, dass es überhaupt keinen Sinn hätte. Man würde sich nur unnötig um den Schlaf bringen. Gescheiter ist es wohl, man verzichtet lieber gleich auf solche Kalkulationen und schaut, dass man in der Nacht vorher schlafen kann."

"Ich glaube, die Sache an der Schikane 1989 war Sennas Fehler", meint Derek Warwick, "weil die Ausgangslage so war: Prost muss nur verhindern, dass Senna das Rennen gewinnt, und er ist auf jeden Fall Weltmeister. Da geht man in Sennas Lage kein solches Risiko ein. Und 1990 war es genau umgekehrt. Ich meine, Prosts Fehler lag nicht etwa darin, dass er im falschen Moment in die Kurve lenkte oder irgend so etwas, sondern darin, dass er sich hätte denken können, dass Senna es probieren würde – er hatte ja schliesslich nichts zu verlieren."

"Prost hätte Senna die erste Kurve überlassen sollen und darauf hoffen, ihn auf der Geraden zu schlagen, oder dass Senna vielleicht ausfallen würde. Es musste ihm klar sein, dass Senna nicht zurückziehen würde. Ob er es eigentlich tun sollte oder müsste, ist völlig unwichtig. Entscheidend ist nur, dass er es eben nicht tun würde."

Slim Borgudd: "Alles dreht sich um die Frage 'wie und warum', denn es war schliesslich das entscheidende Rennen. Man kann Alain nichts vorwerfen. Man kann ihm als dem Vorausfahrenden keinen Vorwurf darauf daraus, in einem bestimmten Moment an einer bestimmten Stelle zu fahren. Er hatte das Recht dazu. Ich glaube, Senna hat entweder gepokert oder messerscharf kalkuliert. Als ich den Crash sah, dachte ich spontan, er habe sich absolut hirnrissig verhalten. Etwas später habe ich mir aber überlegt: War das wirklich so dumm von ihm? Schliesslich ist er jetzt Weltmeister."

"Ich bin schon oft in Suzuka gefahren", so Kenny Acheson", und weiss, wie schwer es auf diesem Kurs ist, zu überholen. Ich weiss, in welcher Position man sein muss, wenn man vom Start weg an dieser Kurve überholen will. Man muss in einer bestimmten Position sein, nur dann geht es, und Senna war es nicht. Er hätte mindestens zu zwei Drittel auf gleicher Höhe mit Prost liegen müssen, und das war nicht der Fall. Nicht einmal annähernd so nahe war er an Prost heran. Ich bin überzeugt, Senna wusste selbst, dass er diese Kurve verloren hatte. Senna wusste, was er tat. Er macht keine Fehler dieser Art. Er hat, glaube ich, gemacht, was er machen musste, um die Weltmeisterschaft zu gewinnen. Ich vermute, dabei spielte bei ihm auch der Hintergedanke eine Rolle, dass es der gerechte Ausgleich sein würde für das, was im Vorjahr passiert war. Es gibt Stimmen, die sagen: 'Prost hat die Tür aufgemacht'. Das stimmt nicht. Er hatte einen blitzsauberen Start, zog davon und lenkte nach aussen, um auf der Ideallinie durch die Kurve zu fahren. Man kann nicht davon sprechen, dass er die Tür aufgemacht hätte."

"Er und Senna hatten sich ungefähr einen Monat vorher versöhnt. Ich könnte mir vorstellen, dass Prost meinte, er müsste mit so etwas nicht mehr rechnen. Wenn sie sich nicht versöhnt hätten, hätte Prost – so meine ich – die Tür nicht aufgemacht. Auch nicht dieses ganz kleine bisschen."

Anders Olofsson: "Ich bin oft in Suzuka gefahren, und ich weiss, wenn man nicht auf gleicher Höhe mit dem anderen liegt, kann man an dieser Stelle nicht so überholen, wie Senna es versucht hat – es sei denn, man kann sich hundertprozentig sicher sein, dass der andere einen freiwillig vorbeilassen wird."

"Ich würde die Schuld zwischen den beiden 50:50 aufteilen", sagt Teo Fabi. "Beim ersten Mal war es Prosts Schuld, beim zweiten Mal Sennas Schuld. Sie haben jeweils genau das gleiche mit dem anderen gemacht [Grinsen]."

"Ich meine, 1990 kann man die Schuld 50:50 sehen", so Jean Sage, "weil Prost die Tür ein kleines bisschen aufmachte, obwohl er weiss, dass Senna schon etwas zum Risiko neigt. Normalerweise ist Prost sehr klug und macht so etwas nicht. Meine Meinung ist, dass beide sich falsch verhielten: Senna ging ein zu hohes Risiko ein, und Prost machte zuerst kurz Platz und kehrte dann auf seine vorherige Linie zurück. Prost war derjenige, der sich den Crash eigentlich nicht erlauben konnte, deshalb kann ich nicht verstehen, wie es dazu kommen konnte. Sah er Senna, oder sah er ihn nicht? Viele sagen, Senna hätte mit der Geschwindigkeit, die er draufhatte, die Kurve unmöglich bekommen könnne. Das ist natürlich ein weiterer Gesichtspunkt ..."

Das Urteil von Jackie Ickx: "Man muss beide Rennen sehen. Suzuka Teil 2 ist die Folge von Suzuka Teil 1. In Teil 1 war deutlich, dass Prost wusste, er würde an der Schikane überholt werden, und dass er deshalb eine vollkommen andere Linie fuhr als in den vierundvierzig Runden davor. Teil 2 war die logische Antwort auf Teil 1, obwohl es schon ein verwegener Überholversuch war."

"Spätestens als ich den Grossen Preis von Mexico 1991 sah [als zwei Fahrer sich auf der Geraden fast berührten], wurde mir deutlich, dass es heute ein akzeptiertes Verhalten zu sein scheint, dass ein Fahrer eindeutig zur Seite abweicht, um den Weg zu versperren, wenn er merkt, er wird überholt. Ich sage Ihnen, vor zwanzig Jahren wäre das noch undenkbar gewesen. Man fuhr auf seiner Linie, und wenn ein anderer schneller war, dann musste man ihn eben vorbeiziehen lassen. Von der Linie abzuweichen, auch nur einen halben Meter, wäre uns nicht eingefallen. Heute ist es anscheinend gang und gäbe, jemanden zu blockieren, um ihn am Überholen zu hindern."

"Das erscheint mir in jeder Hinsicht als nicht akzeptabel. Nicht nur, dass es alles andere als die feine Art ist. Es ist vor allem unheimlich gefährlich, und wenn man dem nicht einen Riegel vorschiebt, wird das in Zukunft eine sehr problematische Sache werden. Irgendwann wird es einmal einen fürchterlichen Unfall geben. Solche Aggressivität unter den Fahrern darf man nicht dulden. Wenn etwas Vergleichbares im Fussball oder im Tennis passiert, dann muss der Betreffende am darauffolgenden Wochenende pausieren"

"Ich erinnere mich an einen Vorfall in einem Formel 2-Rennen in Montjuich, als ich Jim Clark in der Haarnadelkurve zu überholen versuchte. Ich fuhr eindeutig zu schnell, bremste zu spät und fuhr in ihn rein. Danach ging ich anstandslos zu ihm hin und sagte: 'Wirklich, tut mir leid, was da passiert ist.' Und er sagte: 'Okay, wenn du sagst, dass es dir leid tut, dann ist dies für dies eine Mal vergessen. Aber ein zweites Mal machst du das bitte nicht.' Er war absolut im Recht. Es gab keine Entschuldigung für das, was ich gemacht hatte. Damals war das Rennfahren noch ein Gentleman-Sport. Keiner hätte so etwas gemacht, wie man es jetzt in Mexico und auch schon einige Male vorher gesehen hat."

Stefan Johansson: "Meiner Meinung nach war es zu hundert Prozent Sennas Schuld. Ich habe nichts gegen Senna, ganz im Gegenteil, aber ich bin der Ansicht, dass derjenige, der als erster auf die Kurve zufährt, die Linie bestimmt. So habe ich das gelernt, und so lautet ein ungeschriebenes Gesetz im Rennsport. Man kann nicht einfach durch ein anderes Auto hindurchfahren, das die eigene Linie, die man gern fahren würde, kreuzt. Und schon gar nicht kann man an der ersten Kurve in Suzuka einen anderen ausbremsen, das ist eine völlig absurde Idee. Man bremst dort nämlich erst, wenn man ganz an der Kurve ist. Es war einfach kein Platz zum Überholen da, das kann man drehen und wenden wie man will. Wenn Senna wirklich das Rennen bis zu Ende hätte fahren wollen, hätte er an dieser Kurve hinten bleiben und demjenigen, der vor ihm lag, den Vortritt lassen müssen. Prost hat sich einwandfrei verhalten."

Niki Lauda beschränkt sich auf eine süffisante, vieldeutige Bemerkung: "Suzuka? Ich kann mich nicht erinnern, wer innen fuhr und wer aussen ..." Er setzt sein typisches, spitzbübisches Grinsen auf, als er das sagt.

Und ganz zum Schluss steuert Hughes de Chaunac noch einen generellen Aspekt zur Diskussion bei: "Im Strassenverkehr ist es so, dass grundsätzlich derjenige, der auffährt, schuld ist. Wer hintendran fährt, muss die Situation im Griff haben."

Man könnte meinen, damit sei alles zu diesem Thema gesagt. Aber nein, noch nicht ganz. Als keiner mehr damit rechnete, wurde das Kriegsbeil in Sachen Suzuka 1990 noch einmal ausgegraben. Es geschah am Spätnachmittag des 20. Oktober 1991, nachdem Senna seine dritte Weltmeisterschaft gewonnen und Prost aller Wahrscheinlichkeit nach sein letztes Rennen für Ferrari gefahren hatte.

Senna begann seine Nachbetrachtung bei seinem Wunsch, die Pole Position auf die andere Seite der Fahrbahn zu verlegen: "Balestre entschied gegen diese Verlegung. Ich sagte mir damals: 'Das darf doch nicht wahr sein. Da rackert man sich im Training ab, und dann wird alles von irgendwelchen dummen Menschen kaputtgemacht.'" Dann versuchte Senna, seine damaligen Ausgangsüberlegungen nachzuvollziehen: "Wenn Prost es schafft, sich am Sonntag beim Start vor mich zu setzen, dann lasse ich es an der ersten Kurve darauf ankommen. Und es wäre besser gewesen, er hätte nicht versucht, vor mir in die Kurve zu gehen, denn das konnte nicht gutgehen. Irgendwie war es wohl unvermeidlich, was passierte. Lieber wäre es mir, es wäre nicht passiert. Ich wünsche mir wirklich, ich hätte mich beim Start an die Spitze setzen können, denn dann wäre es ein harter Zweikampf zwischen uns geworden. Es ist schade, dass es so kommen musste. Er kam schneller weg, lenkte in die Kurve und ich fuhr auf ihn drauf. Damit waren wir beide aus dem Rennen. Es war ein beschissenes Ende der Weltmeisterschaft. Es war das Resultat einer falschen Entscheidung, bei der Balestre seine Finger im Spiel hatte. Ich hatte zwar auch meinen Anteil an dem, was passierte, aber ich war nicht dafür verantwortlich."

Wie ein Nachbeben gingen diese Worte durch die Formel 1-Welt. Plötzlich richteten sich Sennas Schuldzuweisungen nicht mehr gegen Prost. Stattdessen war nun Balestre, der zwischenzeitlich gestürzte Präsident der FISA, der Verantwortliche.

Man darf mutmassen, ob Prost, wenn er Sennas Überlegungen geahnt hätte ("Ich werde entweder vor ihm durch die erste Kurve gehen oder beim Versuch, das zu schaffen, einen Crash bauen"), seiner sonstigen besonnenen Art entsprechend seine Taktik geändert und entweder an der ersten Kurve zurückgezogen oder Senna bewusst blockiert hätte. Senna hätte ja schlecht voll von hinten auf ihn auffahren können. Oder vielleicht doch?

Man könnte vielleicht annehmen, Prost habe bei Sennas Pressekonferenz am 20. Oktober 1991 Tränen gelacht. Aber ihm war nicht nach Lachen zumute. Schliesslich könnte Alain Prost, wenn es damals an der ersten Kurve anders gelaufen wäre, heute vier anstatt drei Weltmeisterschaften auf seinem Konto verbuchen.

10
ZEITLUPE

Na, wer sagt's denn? Ich hab's geschafft. Ich habe gewonnen. Und ich weiss, ich werde weiter gewinnen.

(Alain Prost)

PR-Fototermin an der Rennstrecke. Es wird zwar eine Standaufnahme gemacht, aber dennoch zum Anlass passend. Ein kleiner adretter Mann mit Sonnenbrille steht in werbewirksamer Pose hinter dem rechten Vorderrad eines McLaren. Mit einer Hand stützt er eine Boxentafel, die am Boden neben ihm aufgestellt ist. Diese Tafel verkündet folgende Botschaft:

PROST P1 28

Estoril, Portugal, Spätnachmittag des 20. September 1987. Jackie lächelt und sagt auf seine typisch schottische, trockene und kurz angebundene Art: "Ob man mir es glaubt oder nicht, ich freue mich, dass Alain meinen Rekord überboten hat. Ich freue mich, dass er ist, der das geschafft hat, denn nur er verdient es. Für mich gibt es keinen Zweifel, dass er der beste Rennfahrer seiner Generation ist."

Kurz zuvor hat Alain Prost seinen McLaren sicher und überlegen um die letzte Rechtskurve des "Autodromo do Estoril" gesteuert, nachdem er in den letzten Runden umsichtig die Geschwindigkeit von Rundenzeiten um die 1:19 auf Zeiten um 1:24 gedrosselt hat. Als er die Ziellinie überfährt, hat er immer noch 20,493 Sekunden Vorsprung vor Gerhard Berger. Gegen Ende gab es keinen Grund zur Eile mehr.

Er hat seinen achtundzwanzigsten Grand-Prix-Sieg errungen und damit den Rekord von Stewart, der vierzehn Jahre Bestand gehabt hatte, gebrochen. Prost ist an diesem Tag erst zweiunddreissig, und man hat nicht den Eindruck, dass er den Höhepunkt seines Zenits bereits überschritten hat. Wie viele Rennen wird er wohl noch gewinnen? Keiner kann das sagen. Auf jeden Fall viele...

Wir machen einen Sprung ins Jahr 1991. Alain Prost hat inzwischen, zum Zeitpunkt als dieses Kapitel begonnen wurde, vierundvierzig Siege in der Formel 1 auf seinem Konto. Von den Fahrern seiner Generation – um Stewarts Formulierung zu gebrauchen – kann allenfalls Ayrton Senna sich Hoffnungen machen, diesen Rekord jemals zu erreichen. Und so gefährlich Prognosen auch sein können, kann man heute vermuten, dass beide bis zum Ende ihrer Laufbahn auf eine Gesamtzahl von Siegen kommen werden, die für künftige Generationen unerreichbar sein werden. Schliesslich war schon Stewarts Rekord mit 27 Siegen kaum gefährdet in den Jahren vom 5. August 1973, seinem letztem Sieg, bis zu eben jenem Tag des Jahres 1987 in Estoril. Nur Niki Lauda kam mit 25 gewonnenen Grand-Prixs nahe an ihn heran. Und Stewart hatte wiederum den Rekord von Jim Clark gebrochen gehabt, der mit 25 Siegen seit 1968 Bestand gehabt hatte.

Angesichts der erklärten Absicht von Alain Prost, in der Formel 1 zu bleiben, ist es durchaus möglich, dass er einmal Stewarts Ergebnis verdoppeln wird, womit wir in Regionen vordringen, die noch nie ein Mensch betreten hat. Sieht man einmal von Senna ab, so wird jeder künftige Rennfahrer, der diesen Rekord schlagen will, ebenso wie er ein ganzes Jahrzehnt lang auf gleichbleibend herausragendem Niveau fahren müssen, und das frei von verletzungsbedingten Unterbrechungen und in einem Auto, das mehrere Saisons dieses Jahrzehnts unangefochten beherrscht. Anders kann man solch astronomische Zahlen nicht erreichen. Wer "nur" einer unter mehreren gleichwertigen Spitzenfahrern ist und "nur" ab und zu einen Sieg einheimsen kann, hat keine Chance, weil die Zeit viel zu kurz ist. Gewinnt man, sagen wir, drei Rennen pro Saison, bräuchte man schon siebzehn Jahre, um auf 50 Siege zu kommen. Noch nie ist aber jemand siebzehn Jahre lang in der Formel 1 gefahren. Kurzum: Man darf getrost annehmen, dass sein Rekord lange, lange Bestand haben wird.

Der Wert von Statistiken wird zurecht häufig angezweifelt. Gelegentlich sprechen sie jedoch eine deutliche Sprache und liefern aufschlussreiche Fakten. Wir kommen an dieser Stelle zu einer anderen Aussage Stewarts zurück: Prost als der beste Rennfahrer seiner Zeit. Es ist interessant festzustellen, dass Prost, nachdem er Lauda als Lehrer gehabt hatte, nie mehr übermässig hinter der Pole Position her war. Es lohnt hier ein Vergleich mit anderen Rennfahrern: Zwischen 1980 und 1990 schaffte Prost als beste Ergebnisse einmal fünf Pole Positions und zweimal drei Pole Positions in einer Saison. Fünf schnellste Trainingszeiten in einer Saison erreichten ausser ihm Fangio (zweimal), Ascari, Phil Hill, Clark, Rindt und Arnoux. Sechs Pole Positions verbuchten Clark (dreimal), Ascari, Stewart und Hunt, sieben erreichten Clark, Andretti und Senna. Achtmal in einer Saison fuhren Hunt, Andretti, Senna und Mansell vom ersten Startplatz; neunmal Lauda (zweimal), Peterson und Piquet; zehnmal schaffte dies Senna und dreizehnmal erneut Senna (sogar zweimal).

Prost hatte stets ein Ziel klar vor Augen, nämlich dann zu gewinnen, wenn es darauf ankommt, also im Rennen selbst. Er hat heute schon mehr Grand-Prix-Rennen gewonnen als vier frühere Weltmeister – Ascari, Phil Hill, Hunt und Andretti – zusammen. Deren Gesamtsumme beträgt nur achtunddreissig. Prost hat Rennen in Turbo-Autos und Saugmotor-Autos gewonnen, in Renaults, McLarens und Ferra-

ris, auf Strassenkursen (z.B. Adelaide) genauso wie auf hügeligen Kursen (z.B. Österreich). Er gewann in Monaco in vier von fünf aufeinanderfolgenden Jahren, in Silverstone in zwei aufeinanderfolgenden Jahren, und Monaco und Silverstone sind von den Anforderungen her zwei verschiedene Welten. Er hat Benzinsparrennen (Imola) genauso gewonnen wie Hitzeschlachten (Brasilien), und so liesse sich die Reihe beliebig fortsetzen. Es gibt keine Rennstrecke auf der Welt, die vor Alain Prost je sicher gewesen wäre, abgesehen vielleicht von dem unangenehmen Kurs in Detroit, den Prost nie hat leiden können. Aber immerhin, auch dort kann sich seine Bilanz sehen lassen: Vierter 1984, Dritter 1986, Dritter 1987, Zweiter 1988. Wenn man weiss, was für eine tückische Rennstrecke Detroit ist – Schachtdeckel, Schlaglöcher, Betonmauern, an denen man nach den Rennen häufig so viele Wracks sieht wie auf Schrottplätzen – dann ist das beileibe keine schlechte Serie.
Nichts macht die Klasse von Alain Prost als Rennfahrer deutlicher, als wenn man sich anschaut, wie er seine Rennen gewonnen hat. Hier ist die komplette Chronik seiner Siege. Von Dijon 1981 bis Jerez 1990 ist hier zusammengestellt, wie Alain Prost seine Erfolge herausfuhr und wie er – und andere – sie bewerteten. Man sollte unter anderem beachten, wie oft er seine Rennen von hinten heraus gewann.

1. FRANKREICH (Dijon), 5. Juli 1981. 80 Runden, Prost startet aus der zweiten Reihe. Er ist am Ende der ersten Runde Dritter, überholt dann Watson und macht Runde um Runde Jagd auf Piquet, bis in Runde 58 ein Wolkenbruch eine Unterbrechung des Rennens erzwingt. 30 Minuten später wird neu gestartet. Diesmal zieht Prost an Piquet vorbei und lässt sich die Führung nicht mehr nehmen. Im Ziel hat er 2,29 Sekunden Vorsprung vor Watson, beide Zeiten zusammengenommen. Er fährt in Runde 64 auch die schnellste Zeit mit 1:09,14. Prosts Kommentar: "Die Karriere eines Rennfahrers beginnt an dem Tag, an dem er in die Formel 1 aufsteigt. Aber so richtig entfalten kann er sich erst nach seinem ersten Sieg. Ich sagte mir damals: 'Na, wer sagt's denn? Ich hab's geschafft. Ich habe gewonnen. Und ich weiss, ich werde weiter gewinnen.' In diesem Moment ändert sich die ganze Einstellung. Eigentlich geht man erst von da an mit der ernsthaften Absicht zu gewinnen in jedes Rennen."

2. HOLLAND (Zandvoort), 30. August 1981. 72 Runden, Prost startet aus der Pole Position. Er übernimmt sofort die Führung, aber Alan Jones (Williams), der kantige Australier, setzt ihn mächtig unter Druck und attackiert zweimal an der Einfahrt zur Tarzan-Kurve. Prost behält die Nerven, behält seine Linie bei, und Jones findet keinen Platz zum Überholen. In Runde 22 holen die beiden Alboreto (Tyrrell) ein. Prost zögert einen Moment, was Jones nutzt, um an ihm vorbeizuziehen. Keiner von beiden überholt allerdings zunächst Alboreto. Als es mit Vollgas die lange Gerade hinuntergeht, lässt Jones sich im Windschatten von Alboreto "ziehen", schert dann aus und überholt. In dem Moment, als er auf gleicher Höhe ist, muss er aber feststellen, dass noch weiter aussen Prost fährt und gerade an ihm vorbeizieht. Prost kommt als erster zur Tarzan-Kurve und liegt wieder in Führung. Jones fällt mit Reifenproblemen zurück. Am Ende schlägt Prost Piquet mit 8,24 Sekunden Vorsprung. Der Kommentar von Jones: "Ich muss schon sagen, er ist gut. Er hat einen starken Willen und er ist schnell. Er hat in kurzer Zeit viel gelernt."

3. ITALIEN (Monza), 13. September 1981. 52 Runden, zweite Startreihe. Prost

hat einen überragenden Start und schnappt Arnoux an der Einfahrt in die erste Schikane die Führung weg. Ohne irgendwelche Probleme liegt er bis ins Ziel an der Spitze, wo er 2,3 Sekunden Vorsprung vor Jones hat. Kein Kommentar notwendig.

4. SÜDAFRIKA (Kyalami), 23. Januar 1982. 77 Runden, dritte Startreihe. Prost heftet sich Arnoux an die Fersen, geht in Runde 14 an ihm vorbei und in Führung. In Runde 41 hat er einen platten Reifen und holpert an die Boxen (anschliessend meint er, das langsame Fahren sei mental sehr schwer zu verkraften gewesen). Durch den Reifenwechsel fällt er von Platz 1 auf Platz 8 zurück. Er setzt zur Aufholjagd an. Er ist zwei Sekunden pro Runde schneller als Alboreto, überholt den Italiener in Runde 45. In Runde 49 fährt er die schnellste Zeit des Rennens, er holt gegenüber Lauda um knapp 2 Sekunden pro Runde auf, überholt ihn in Runde 51, ist dann um 3 Sekunden pro Runde schneller als Watson, überholt ihn in Runde 54, zieht in Runde 55 auch an Rosberg vorbei, ist um 2 Sekunden schneller als Reutemann und überholt ihn in Runde 61, zieht in Runde 62 an Pironi vorbei und hat nun nur noch Arnoux vor sich, dessen Reifen völlig am Ende sind. Arnoux hat noch nicht die Reifen gewechselt. Die Rundenzeiten machen den Unterschied deutlich:

RUNDE	ARNOUX	PROST
63	1:12,714	1:08,704
64	1:13,100	1:09,848
65	1:12,580	1:11,101
66	1:14,108	1:10,078
67	1:14,039	1:09,527

In Runde 68 übernimmt Prost die Führung und liegt im Ziel 14,946 Sekunden vor Reutemann. Arnoux wird Dritter. Prosts Kommentar: "Als ich mit neuen Reifen wieder ins Rennen ging, war ich Achter und und lag etwas mehr als eine Runde gegenüber Arnoux zurück. Es blieben mir noch 25 Runden, und das reichte." Gordon Murray von Brabham kam nach dem Rennen zu Prost und gratulierte ihm. Dabei dachte er laut darüber nach, dass man während des Reifenwechsels ja auch gleich das Auto betanken könnte. Prosts Boxenstopp hatte ihn auf eine Idee gebracht: Warum nicht mit nur halbvollem Tank starten, sich eine klare Führung rausfahren, weil das Auto leichter ist, dann an die Boxen zum Reifenwechsel und zum Auftanken, wieder auf die Strecke und das Rennen gewinnen? Diese Idee würde er erfolgreich in die Tat umsetzen, und es sollte eine Revolution in der Formel 1 bedeuten.

5. BRASILIEN (Jacarepagua), 21. März 1982. 63 Runden, Pole Position. Prost fällt in Runde 1 hinter Villeneuve und Arnoux zurück. In Runde 6 ziehen auch Piquet und Patrese vorbei, in Runde 11 Rosberg. Prost hat Zündungsprobleme. Bis Runde 19 liegt er an sechster Stelle, dann überholt ihn Lauda. Er tauscht mit Lauda in der darauffolgenden Runde wieder den Platz und ist eine Runde später Fünfter, nachdem Arnoux und Reutemann sich touchiert haben. In Runde 30 fällt Villeneuve aus, in Runde 33 fällt Patrese nach einem Dreher aus ("Blackout" in der Hitze). Reihenfolge jetzt: Piquet, Rosberg, Prost. So bleibt es bis ins Ziel, aber dann werden Piquet und Rosberg disqualifiziert, weil ihre Autos die Gewichtsuntergrenze von 580 kg unterschritten haben. Die beiden Autos waren mit Wassertanks verse-

hen, die sich während des Rennens entleert haben. Dadurch verloren sie an Gewicht. Somit ist Prost glücklicher Sieger dieses Rennens. Jean Sages Kommentar: "Wir legten Protest ein, weil wir wissen wollten, ob die Sache mit den Wassertanks erlaubt sei. Die Autos leichter bauen, das hätten wir bei Renault auch gekonnt."

6. FRANKREICH (Paul-Ricard), 17. April 1983, 54 Runden, Pole Position. Prost setzt sich entschlossen an die Spitze, wird von Patrese (Brabham) verfolgt. Es sieht gut aus, wie Prost fährt. Schon in der ersten Runde kann er sich von den Konkurrenten absetzen. Er wirkt ruhig, gelassen, überlegt. Bis Ende der zweiten Runde ist sein Vorsprung schon auf 3,23 Sekunden angewachsen. Gegen Mitte des Rennens überholt er schon die ersten überrundeten Fahrer. Präzise wie ein Uhrwerk wählt er den richtigen Augenblick für seine Überholmanöver, zieht die volle Kraft aus dem Turbo-Motor seines Renault und achtet sorgfältig darauf, dass er den Überrundeten nicht zu nahe kommt, um kein Risiko einzugehen. Er fährt an die Boxen, um die Reifen zu wechseln und aufzutanken – aber es dauert lange, sehr lange. Der Motor ist ihm ausgegangen, er steht volle 24,18 Sekunden an der Box. Als er wieder ins Rennen geht, führt er nur noch mit 10 Sekunden vor Piquet, allerdings hat der noch keinen Boxenstopp eingelegt. Dann fährt Piquet an die Boxen, steht dort 16,07 Sekunden. Im gleichen Moment legt Prost noch einmal zu, fährt die schnellste Runde des Rennens und vergrössert seinen Vorsprung stetig, obwohl man gar nicht sieht, wie schnell er ist. In Runde 37 gibt es noch einmal einen kritischen Moment, als er auf der schier endlos langen Mistral-Geraden nach aussen zieht, um Arnoux (jetzt Ferrari) zu überrunden und sein Rivale aus dem Vorjahr voll dagegenhält, so dass die beiden lange Zeit exakt nebeneinander auf die Kurve am Ende der Gerade zuschiessen. Keiner will nachgeben, doch dann schafft Prost es noch knapp, sich nach vorne zu schieben. Er geht als erster durch die Kurve, und damit ist auch das Rennen praktisch schon entschieden. Er schlägt Piquet um 29,720 Sekunden. Prosts Kommentar: "In den letzten Runden war ich so nervös, dass ich richtig Bauchschmerzen bekam. Schliesslich bin ich schon so oft klar in Führung gewesen, und dann passierte noch etwas und ich verlor das Rennen."

7. BELGIEN (Spa), 22. Mai 1983. 40 Runden, Pole Position. Prost muss vor "Eau Rouge", dem ansteigenden Streckenabschnitt gleich nach dem Start, de Cesaris vorbeiziehen lassen (und zwar zum zweiten Mal, es hat eine Startwiederholung gegeben). Prost bleibt bis in Runde 22 an ihm dran, als der Motor von de Cesaris seinen Geist aufgibt. Prost hat einen komfortablen Vorsprung von 27 Sekunden vor Piquet, der dann nach und nach zurückfällt. Im Ziel liegt Prost 23,182 Sekunden vor Tambay. Es ist das erste Rennen auf der umgebauten Rennstrecke gewesen. Prosts Kommentar zu der sehr ansprechend und anspruchsvoll gestalteten Strecke mit ihrem ständigen Auf und Ab: "Es macht Spass, zu einer Strecke ganz anderer Art als sonst zu kommen, all die nötigen Veränderungen an Federn, Fahrwerk und so weiter vorzunehmen und zu spüren, wie sich diese Veränderungen positiv auswirken. Das ist ein schönes, ein sehr befriedigendes Erlebnis."

8. GROSSBRITANNIEN (Silverstone), 16. Juli 1983. 67 Runden, zweite Startreihe. Prost liegt zunächst an dritter Stelle hinter Tambay und Arnoux (beide Ferrari). In Runde 14 ist er Arnoux hart auf den Fersen, treibt ihn durch die Schikane, jagt ihn die Gerade, die parallel zur Boxenspur verläuft, entlang und schert

dann aus dem Windschatten aus, um seinen Landsmann vor "Copse Corner" zu überholen. Arnoux kann nichts dagegen machen. Nun liegt noch Tambay vor Prost, der Beinahe-Teamgefährte des darauffolgenden Jahres. Prost schiebt sich näher und näher heran, wie die Rundenzeiten verdeutlichen:

RUNDE	TAMBAY	PROST
15	1:15,692	1:14,780
16	1:15,709	1:15,688
17	1:15,737	1:14,823
18	1:15,734	1:15,612
19	1:15,666	1:15,343

In Runde 20 bremst Prost Tambay vor "Copse Corner" aus und zieht davon:

20	1:16,876	1:16,146
21	1:16,108	1:15,189
22	1:15,598	1:14,584

Tambay hat Schwierigkeiten mit dem Handling seines Ferrari und muss dann auch Piquet vorbeiziehen lassen, der dann sogar vorübergehend – von Runde 37 bis 41 – in Führung geht, während Prost sich an den Boxen neue Reifen holt. Dann legt auch Piquet seinen Boxenstopp ein, und Prost fährt einem ungefährdeten Sieg mit 19,161 Sekunden Vorsprung entgegen. Prosts Kommentar: "Mich beschlich während des Rennens plötzlich ein eigenartiges Gefühl. Ich wusste, dass ich das Rennen nicht mehr verlieren konnte, es sei denn, ich würde wegen eines technischen Defektes ausfallen. Dies war ein Beispiel für ein Rennen mit zwei Gesichtern: Nach meiner eigenen Empfindung war es leicht, von aussen sah es offenbar schwierig für mich aus. Alle dachten, ich hätte sehr zu kämpfen, aber es war gar nicht so."

9. ÖSTERREICH (Österreichring), 14. August 1983. 53 Runden, dritte Startreihe. Prost pendelt sich, nachdem er Mansell überholt hat, an vierter Position ein hinter Tambay – dem Jean-Pierre Jarier (Ligier) einmal auf sehr unfeine Art den Weg versperrt – Arnoux und Piquet. In Runde 22 überholt er Piquet, wobei die beiden mit den Rädern zusammenstossen. Allerdings überholt ihn Piquet dann wieder. Prost fährt an die Boxen, bekommt neue Reifen und Benzin und fällt dabei vorübergehend auf den siebten Platz zurück. Allerdings fahren auch andere nach und nach an die Boxen, so dass Prost in Runde 31 wieder an dritter Stelle liegt, hinter Piquet und Arnoux. In Runde 38 verliert Piquet Ladedruck, und Prost attackiert jetzt Arnoux. Er überholt ihn in Runde 48, als Arnoux sich verschaltet, und fährt danach das Rennen sicher nach Hause. Im Ziel hat er 6,835 Sekunden Vorsprung. Nigel Roebucks Kommentar: "Als ich nachher mit ihm sprach, konnte ich kaum glauben, dass er gerade ein siegreiches Grand–Prix– Rennen hinter sich hatte. Er sah überhaupt nicht abgekämpft aus, nicht eine Spur von Schweiss. Er sprach ruhig und gelassen – bis die Sache mit Jarier zur Sprache kam. Er sagte: 'Das war übel, was er gemacht hat. Jarier kämpfte in dieser Situation um den fünfzehnten Platz, so

ungefähr, und da kann ich nicht verstehen, wie man sich so verhalten kann. Natürlich muss man auch kämpfen, wenn man weiter hinten liegt, aber man muss es akzeptieren, wenn man überrundet wird.'"

10. BRASILIEN (Jacarepagua), 25. März 1984. 61 Runden, zweite Startreihe. Es ist Prosts erstes Rennen für McLaren nach seiner Rückkehr. Das neue Auto ist noch wenig gelaufen, und es ist das erste Rennen, bei dem die neue Reglementbegrenzung von 220 Litern Benzin gilt. Das heisst von nun an, immer mit einem Auge auf der Benzinuhr zu fahren. Obwohl aus der zweiten Reihe startend, gibt sich Prost mit der zehnten Position nach der ersten Runde zufrieden. Er fährt vorsichtig, wie er nachher selbst sagt. Langsam aber sicher gibt er Gas, und als er in Runde 9 Arnoux überholt, hat er sich schon auf den sechsten Platz vorgearbeitet. In Runde 13 überholt er Tambay, Alboreto dreht sich und das bedeutet Platz Vier. In Runde 16 kommt Prost auch an Mansell vorbei, und jetzt hat er Warwick vor sich, während Spitzenreiter Lauda weit in Führung seine Runden dreht. Die Rundenzeiten der beiden in der Folgezeit:

RUNDE	WARWICK	PROST
16	1:40,925	1:39,620
17	1:39,854	1:39,666
18	1:40,327	1:40,112
19	1:39,999	1:39,769
20	1:39,902	1:38.624
21	1:40,120	1:38,347
21	1:41,106	1:39,248
22	1:40.118	1:39.845

Man kann anhand dieser Zeiten nachvollziehen, wie Prost sich langsam aber sicher an Warwick heranschiebt. Dann überholt er ihn auch, und als Lauda in Runde 38 mit Elektrikschaden ausfällt, liegt Prost plötzlich in Führung. Er holt sich sofort neue Reifen an den Boxen, wobei er Warwick wieder vorbeiziehen lässt. Warwick erkämpft sich einen Vorsprung von 30 Sekunden, bevor er zehn Runden vor Schluss mit gebrochener Radaufhängung ausfällt. Prost gewinnt mit 40,514 Sekunden Vorsprung vor Rosberg. Prosts Kommentar: "Das war ein wichtiger Sieg, weil es mein erstes Rennen für McLaren war und ich so all die Probleme, die sich nach meinem Weggang von Renault über den Winter in meinem Kopf angestaut hatten, abschütteln konnte."

11. SAN MARINO (Imola), 6. Mai 1984. 60 Runden, erste Startreihe. Prost schnappt Piquet noch vor der ersten Kurve die Führung weg und erarbeitet sich einen komfortablen Vorsprung, der in Runde 10 bereits 13 Sekunden beträgt. Dann aber, in Runde 20, plötzlich ein Dreher. Alle sind erstaunt darüber, dass Prost offenbar ein Fahrfehler unterlaufen ist, was man gar nicht von ihm kennt. Er kann den Dreher geschickt abfangen und das Rennen fortsetzen. Als er an den Boxen vorbeikommt, klopft er gegen seinen Helm, als ob er sich entschuldigen wolle. Bis dahin ist er Rundenzeiten um die 1:35 gefahren, in dieser Runde mit dem Dreher erreicht er nur eine Zeit über 1:41. Er kommt in Runde 30 zum Reifenwechsel an die Boxen

und fährt danach einem ungefährdeten Sieg entgegen. Arnoux liegt am Ende 13,416 Sekunden hinter ihm. Prosts Kommentar: "Der Dreher war wohl nicht direkt mein Fehler, aber die Ursache dafür war mein Fehler. Ich fuhr in diesem Rennen mit Kohlefaser-Bremsbelägen, die ich wahrscheinlich im ersten Abschnitt des Rennens, als ich die Führung ausbauen wollte, überhitzt habe. Danach zogen die Bremsen nicht mehr gleichmässig, was meinen Dreher verursachte. Ich hatte wohl ziemlich Glück, kann man sagen."

12. MONACO (Monte Carlo), 3. Juni 1984. 77 Runden, Pole Position. Das berühmte Rennen im Gewitterregen. Prost erreicht "Sainte Devote" zuerst, ein ganz wichtiger Moment. Mansell muss sich zunächst mit dem zweiten Platz zufriedengeben. Die ersten Runden:

RUNDE	PROST	MANSELL
1	2:05,735	2:06,678
2	1:58,764	2:00,136
3	1:57,403	1:58,104
4	1:58,926	1:58,378

Dann aber:

8	1:56,412	1:55,682
9	1:56,391	1:56,235
10	1:57,471	1:56,471

In Runde 11 fährt Prost auf den Tunnel zu, als plötzlich der Brabham von Corrado Fabi vor ihm mitten auf der Fahrbahn steht. Nach einem Dreher ist er soeben hier zum Stehen gekommen. Prost kann sich gerade so vorbeischlängeln, streift dabei aber einen Streckenposten. Mansell nutzt die Verwirrung und zieht vorbei. Zum ersten Mal in seinem Leben führt der Engländer in einem Grand Prix. Fünf Runden später dreht aber auch er sich, und Prost liegt wieder in Front. Er hält die Führung bis in Runde 31, während der junge und unerschrockene Ayrton Senna stetig und schnell gegenüber ihm aufholt:

RUNDE	PROST	SENNA
28	2:00,193	1:56,628
29	1:59,436	1:56,666
30	2:02,598	1:59,008
31	2:03,766	1:59,433

An diesem Punkt stoppt Jackie Ickx das Rennen. Prost liegt noch 7,446 Sekunden vor Senna. Prosts Kommentar: "Dies war genau das Gegenteil der Situation des Rennens 1983 in Grossbritannien. Diesmal sah es von aussen leicht aus, aber ich empfand das Rennen als die reinste Hölle – der Regen, Probleme mit den Bremsen, und Senna auf den Fersen. Ich ging die ganze Zeit über bis absolut an meine Leistungsgrenze, und all das für halbe WM-Punkte, weil das Rennen frühzeitig abgebrochen wurde. Die Punkte, die mir hier abgezogen wurden, fehlten mir nachher bitter in der Endabrechnung der Saison."

13. DEUTSCHLAND (Hockenheim), 5. August 1984. 44 Runden, Pole Position. Prost fährt im Ersatzwagen, weil an seinem Auto urplötzlich Probleme mit der Benzinpumpe aufgetreten sind. Prompt zieht de Angelis noch vor der ersten Kurve an ihm vorbei. Anhand der Rundenzeiten lässt sich gut verfolgen, wie Prost sich dann mehr und mehr an das andere Auto gewöhnt:

RUNDE	DE ANGELIS	PROST
1	2:01,238	2:01,570
2	1:55,202	1:55,438
3	1:54,934	1:55,230
4	1:55,029	1:54,996
5	1:55,097	1:54,709
6	1:54,954	1:54,967
7	1:54,776	1:54,837

In Runde 8 bleibt de Angelis mit Motorschaden stehen, und Prost muss vom Gas gehen, um an ihm vorbeizukommen. Das gibt Piquet die Chance, zu ihm aufzuschliessen und ihn an der Schikane zu überholen. Inzwischen kommt auch Lauda stark auf. Piquet fällt in Runde 22 mit Getriebeschaden aus, und das Rennen wird für die restlichen zweiundzwanzig Runden zum Zweikampf der McLaren-Giganten, zum Rennen Prost gegen Lauda. Die entscheidende Phase des Rennens liegt zwischen den Runden 27 und 31:

RUNDE	PROST	LAUDA
27	1:55,153	1:54,855
28	1:53,933	1:54,105
29	1:53,843	1:53,778
30	1:54,519	1:56,061
31	1:53,538	1:54,273

An diesem Punkt findet sich Lauda angesichts des Zustandes seiner Hinterreifen mit dem zweiten Platz ab, und die beiden fahren von hier ab das Rennen gleichmässig und sicher nach Hause. Im Ziel hat Prost schliesslich 3,149 Sekunden Vorsprung. Prosts Kommentar: "Das Ersatzauto war gut, wirklich gut, aber ich hatte natürlich immer ein ungutes Gefühl, weil es eben das Ersatzauto war. Ständig wartete ich während des Rennens darauf, dass irgendetwas kaputtgehen würde. Das machte mir richtig Magenschmerzen. Es war ein Rennen, das ich unbedingt gewinnen musste, und wenn es auch vielleicht für die Zuschauer nach einem leichten Rennen für mich aussah, war es das in Wirklichkeit überhaupt nicht. Psychologisch war es für mich sogar ausgesprochen hart. Ich hatte ja Lauda im Nacken, so etwas wie ein Denkmal. Irgendwie hatte ich zwar das Gefühl, ihn schlagen zu können, aber andererseits hatte ich ein starkes Empfinden des Respektes ihm gegenüber, weil er eine Art Vorbild für mich war. Ich konnte dieses fast sentimentale Gefühl nicht unterdrücken, aber ich musste auf jeden Fall gewinnen, um meine Chance auf die Weltmeisterschaft zu wahren."

14. HOLLAND (Zandvoort), 26. August 1984. 71 Runden, Pole Position. Piquet geht vor Prost in die Tarzan-Kurve und zieht anschliessend davon. In Runde 11 allerdings, als er einen Vorsprung von 6 Sekunden hat, gibt sein Motor den Geist auf. Erneut kommt es zum Zweikampf der McLaren-Giganten, diesmal sogar über nicht weniger als 61 Runden. Prost hat sich für einen Reifen mit einer härteren Mischung als Lauda entschieden, weil diese Reifen langsamer verschleissen. Seine Rechnung geht auf. Prost kann es gegen Ende sogar etwas gemächlicher angehen lassen, weil sein Vorsprung uneinholbar ist. Der letztendliche Abstand von 10,283 Sekunden spielt keine Rolle mehr. Prosts Kommentar: "Mir war klar, dass ich in der ersten Hälfte des Rennens Probleme haben würde, weil Nelson und Niki mit ihren weicheren Reifen im Vorteil waren. Andererseits wusste ich aber auch, dass ich mit meinen Reifen das längere Stehvermögen in einem harten Rennen haben würde. Ich glaube, meine Wahl der Reifen war richtig."

15. EUROPA (Nürburgring), 7. Oktober 1984. 67 Runden, erste Startreihe. Ein mit Spannung erwartetes Rennen, weil die Meisterschaftsentscheidung in die Endphase geht (Lauda führt mit 63 Punkten, Prost hat 52,5, und nach dem Nürburgring steht nur noch Portugal aus). Prost hat am Vormittag während des "Warm-up" eine Schrecksekunde erlebt, als sein Auto sich drehte, von der Strecke abkam und gegen ein Rettungsfahrzeug prallte. Die gesamte Heckpartie des McLaren musste ausgewechselt werden. Das grüne Licht geht an, Prost setzt sich an die Spitze und verteidigt diese Position bis ins Ziel. Dieses Rennen Prosts erscheint als das Optimum an Fahrzeugbeherrschung, Souveränität, Eleganz und Präzision. Als er die Ziellinie überfährt und seine Weltmeisterschaftschance gewahrt hat, reckt er beide Hände aus dem Cockpit und winkt, so hat es den Anschein, der ganzen Welt zu, damit sie es sehen kann. Er hat Alboreto um 23,911 Sekunden geschlagen, aber das interessiert eigentlich keinen. Wichtig ist, welchen Platz Lauda erreicht. Er wird nur Vierter. Prosts Kommentar: "Das war das perfekteste Auto, das ich jemals in einem Rennen gefahren habe."

16. PORTUGAL (Estoril), 21. Oktober 1984. 70 Runden, erste Reihe. Das entscheidende Rennen der Meisterschaftssaison, das in Kapitel 8 ausführlich beschrieben ist.

17. BRASILIEN (Jacarepagua), 7. April 1985. 61 Runden, dritte Startreihe. Prost belegt zunächst hinter Rosberg und Alboreto den dritten Platz. Rosbergs Turbolader fällt in Runde 10 aus, Prost heftet sich an die Fersen von Alboreto. In Runde 19 verschaltet sich Alboreto, und schon ist Prost vorbei. Am Schluss nimmt er das Tempo zurück, gewinnt aber noch sicher mit 3,259 Sekunden Vorsprung. Lauda ist in Runde 27 wegen eines Ausfalls der elektronischen Motorsteuerung ausgefallen. Prosts Kommentar: "Es gab da so ein kleines grünes Lämpchen, das einen Fehler in der Motorelektronik anzeigte. Ich machte mir Sorgen, ich würde das gleiche Schicksal erleiden wie Niki." Aus diesem Grund drosselte er am Ende auch das Tempo. Mit diesem Sieg hatte Alain Prost nun Stirling Moss übertrumpft, der sechzehn Grand-Prix-Siege in seiner Laufbahn erreicht hatte. Moss war zwischen 1951 und 1961 sechsundsechzig Rennen gefahren. Prost stand am Anfang seiner sechsten

Saison und war bis dato dreiundsiebzig Rennen gefahren.

Es folgte ein Sieg, der Nummer 18 gewesen wäre, dann jedoch Alain Prost aberkannt wurde, nämlich SAN MARINO (Imola), 5. Mai 1985, 60 Runden, dritte Startreihe. Prost liegt zunächst an vierter Stelle, arbeitet sich dann aber vor und gewinnt, nachdem Johansson (Ferrari) drei Runden vor Schluss der Sprit ausgeht. Er wird jedoch disqualifiziert, weil der McLaren weniger als die geforderten 540 kg wog. Prosts Kommentar: "Es war ein perfekter Sieg, eines meiner besten Rennen im Hinblick auf Taktik und Angriffsmanöver. Die Technik des Autos war fantastisch. Ich hätte es hingenommen, wenn ich nach einem Zufallssieg disqualifiziert worden wäre, aber nach einem solchen Rennen und wegen 1700 Gramm fehlendem Gewicht – das war schon sehr hart.

18. MONACO (Monte Carlo), 19. Mai 1985. 78 Runden, dritte Startreihe. Dass Prost dieses Rennen gewinnen kann, erscheint beim Start unwahrscheinlich, weil man – in der Theorie zumindest – auf dem Strassenkurs von Monaco aus der dritten Startreihe heraus eigentlich nicht gewinnen kann. Er akzeptiert, dass Alboretos Ferrari das schnellste Auto in diesem Rennen sein wird, und entschliesst sich, das Rennen verhalten anzugehen. Senna setzt sich beim Start an die Spitze, dahinter folgen Mansell, Alboreto und dann Prost. Prost überholt Mansell in Runde 2 und rückt später auf den zweiten Platz hinter Alboreto vor, als Senna wegen Motorausfalls ausscheidet. Dann kommt es zu einem Unfall zwischen Patrese und Piquet, und in Runde 18 dreht sich Alboreto auf dem dabei ausgelaufenen Öl, wodurch Prost vorbeischlüpfen kann. Prost weiss jedoch, dass Alboreto ihn wieder attackieren wird, denn er ist an diesem Tag einfach der Schnellere, das weiss Prost. Bei "Sainte Devote" geht Alboreto innen durch, und Prost macht die Tür nicht zu. Dann sieht er mit einigem Erstaunen, dass Alboreto nicht davonzieht, wie er es erwartet hat. Irgendein Splitterstück von dem Unfall von Piquet und Patrese muss in Alboretos linken Hinterreifen eingedrungen sein, denn er verliert Luft und muss an die Boxen fahren. Somit geht Prost wieder in Führung. Gegen Ende des Rennens kommt Alboreto jedoch erneut an Prost heran, der zu diesem Zeitpunkt den Ladedruck seines Turbomotors stark gedrosselt hat, um Sprit zu sparen und ins Ziel zu kommen. Dann aber fängt es an zu regnen. Beide Fahrer geben sich mit ihren Positionen zufrieden, und so überfährt Prost die Ziellinie 7,541 Sekunden vor Alboreto. Prosts Kommentar: "Ich musste geduldig sein, was mir schwer fiel, weil das nicht gerade eine meiner angeborenen Charaktereigenschaften ist. Ich wusste, ich musste auf Zeit spielen, ich musste warten, und das tat ich auch."

19. GROSSBRITANNIEN (Silverstone), 21. Juli 1985. 65 Runden, zweite Startreihe. Prost liegt nach der ersten Runde auf Platz Vier hinter Senna, Rosberg und Mansell, büsst dann einen weiteren Platz ein, als de Cesaris durchschlüpft. Senna und Rosberg setzen sich weit vom Feld ab, scheinen uneinholbar. Prost weiss jedoch, dass der Sprit für alle knapp ist. Er geht in Runde 7 an Mansell, in Runde 9 an de Cesaris vorbei. Letzteren überholt Prost in "Woodcote", einer überaus schnellen Rechtskurve, und zwar in einer chirurgisch-sauberen Aktion: Er bremst ihn klassisch aus. Als nächstes liegt nun Rosberg vor ihm.

Die Entwicklung der Rundenzeiten:

RUNDE	ROSBERG	PROST
9	1:14,158	1:13,527
10	1:14,463	1:12,630
11	1:14,083	1:12,361
12	1:13,217	1:12,792
13	1:12,914	1:12,140
14	1:13,303	1:11,966
15	1:13,714	1:11,646

Die entscheidende Runde ist die dreizehnte. Rosberg fährt seine schnellste Runde dieses Rennens, aber Prost ist trotzdem noch etwas schneller. Am Ende der sechzehnten Runde geht Prost an Rosberg vorbei – erneut in der "Woodcote"-Kurve. Senna liegt nun 9 Sekunden vor ihm. Prost schliesst zu ihm auf und attackiert ihn. Senna kann sich zunächst entziehen, weil er an einigen überrundeten Fahrern schneller vorbeikommt. Prost holt ihn aber mit einer unglaublichen Runde von 1:09,886 (43. Runde) schnell wieder ein. Jetzt legt Senna noch etwas an Tempo drauf und kann sich wieder ein Stück absetzen. Es ist ein atemberaubendes Rennen. Dann kommt es am Lotus von Senna zu Zündstörungen. In Runde 58 scheint das überwunden zu sein, aber dann kommt es doch wieder. In "Copse Corner" hat Prost ihn eingeholt, in "Becketts" (einer Links-Rechts-Kurvenfolge) zieht er vorbei. Dann aber läuft Sennas Motor wieder einwandfrei und er holt auf, überholt Prost in "Stowe" wieder. Erneut treten die Zündfehler auf, Prost zieht in "Copse" wieder an Senna vorbei. Dann geht Senna das Benzin aus, und Prost gewinnt mit einer Runde Vorsprung vor Alboreto. Prosts Kommentar: "Wenn ich an Senna drangeblieben wäre, bevor sein Motor die Zündstörungen bekam, hätte mir, glaube ich, das Benzin nicht gereicht, um ins Ziel zu kommen. Auf jeden Fall war mir klar, dass ich meinen Ladedruck nicht erhöhen konnte, denn ansonsten wäre ich ganz bestimmt vor Ende des Rennens stehengeblieben." Auch was die Wirtschaftlichkeit des Fahrens angeht, war Prost also ein Meister.

20. ÖSTERREICH (Österreichring), 18. August 1985. 52 Runden, Pole Position. Es gibt eine Unmenge von Kollisionen beim Start und dann auch beim Wiederholungsstart. Bei McLaren wird hin- und herüberlegt, ob ein ernsthafter technischer Fehler dahintersteckt oder nicht, dass Prosts Auto nicht vom ersten Start wegkam. Prost erwägt sogar, in das Ersatzauto umzusteigen, obwohl das bedeuten würde, dass er aus der Boxengasse heraus starten müsste. Dann aber wird entschieden, dass kein Wiederholungsstart im Sinne des Reglements stattfindet, sondern de facto ein ganz neues Rennen gestartet wird. Dadurch kann Prost auf das Ersatzauto umsteigen und von seinem ganz normalen Startplatz aus ins Rennen gehen. Lauda übernimmt die Führung, Prost überholt in an der Hella-Licht-Kurve, und die beiden ziehen klar davon. Prost hat allerdings einen taktischen Fehler begangen, indem er auf der linken Seite seines Autos Reifen des Typs B-Mischung hat aufziehen lassen, während alle anderen Autos rundum mit C-Reifen bestückt sind. In Runde 26 holt sich Prost an den Boxen neue Reifen (und zwar nur C-Reifen). Lauda hat

dadurch einen Vorsprung von 30 Sekunden, aber Prost holt, als er wieder ins Rennen geht, deutlich auf:

RUNDE	LAUDA	PROST
29	1:31,856	1:29,553
30	1:30,406	1:31,172
31	1:31,164	1:29,953
32	1:32,238	1:29,494
33	1:32,076	1:29,451

Lauda reagiert, als er die Gefahr erkennt, und erzielt in Runde 38 seine schnellste Rundenzeit, nämlich 1:30,052. Prost allerdings fährt jetzt unaufhaltsam, erzielt die schnellste Rundenzeit des Rennens überhaupt mit 1:29,241. Eine Runde später fällt Lauda dann mit Schaden am Turbolader aus, so dass Prost das Rennen unangefochten mit 30,002 Sekunden Vorsprung vor Senna gewinnen kann. Prosts Kommentar: "Mein Auto ist heute hervorragend gelaufen."

21. ITALIEN (Monza), 8. September 1985. 51 Runden, dritte Reihe. Prost liegt nach der ersten Runde an dritter Stelle hinter Rosberg und Mansell, nach Runde 2 an vierter Stelle (Senna hat ihn überholt). Dann aber überholt er Senna wieder, Mansell kämpft mit Zündungsproblemen, und so liegt Prost nach Runde 4 auf dem zweiten Platz, 7 Sekunden hinter Rosberg. Prost hat sich für B-Reifen an allen Rädern entschieden. Er kalkuliert, dass der Honda-Motor in Rosbergs Williams klar stärker ist als sein TAG-Triebwerk, dass aber Rosberg wohl einen Boxenstopp einlegen muss, weil er rechts vorne mit einem C-Reifen fährt. Hierin sieht Prost seine Chance. Der Finne legt dann tatsächlich auch einen Boxenstopp ein, startet danach aber, wie man das nun schon einige Male erlebt hat, eine unwiderstehliche Aufholjagd:

RUNDE	PROST	ROSBERG
34	1:30,643	1:29,239
35	1:31,155	1:28,989
36	1:31,597	1:28,892
37	1:30,416	1:29,831
38	1:29,917	1:28,795
39	1:30,776	1:28,421

Prost hat sich schon darauf eingestellt, dass er heute nur als Zweiter ins Ziel kommen wird, und wägt bereits die Konsequenzen seiner sechs Punkte im Hinblick auf die Meisterschaft ab. Rosbergs Honda-Motor ist einfach schneller, und seine eigenen Reifen sind am Ende. Und dann, in Runde, 40, geht Rosberg mit einem kurzen, scharfen Antritt vor der Parabolica-Kurve auch tatsächlich an ihm vorbei. Vier Runden danach gibt jedoch Rosbergs Motor seinen Geist auf. Prost gewinnt das Rennen mit 51,635 Sekunden Vorsprung vor Piquet. Sein Kommentar: "Ich war absolut machtlos. Der Honda-Motor hatte eine Wahnsinns-Power, und ich war wegen meiner verschlissenen Reifen sowieso schon ziemlich langsam. Der zweite Platz, dachte ich mir, ist ja auch nicht schlecht. Dass ich dann noch gewann, war natürlich um so besser. Ich war mit einem Drei-Punkte-Vorsprung vor Alboreto nach Monza gekommen und fuhr mit einem Zwölf-Punkte-Vorsprung wieder ab. Das änderte die Situation für mich völlig, denn ich hatte jetzt ein Polster von einem gewonnenen Rennen. Damit lässt sich psychologisch viel leichter an den Start gehen, denn dem Konkurrenten bliebt nun gar keine andere Möglichkeit, als auf Angriff zu fahren."

22. SAN MARINO (Imola), 27. April 1986. 60 Runden, zweite Startreihe. Prost liegt nach der ersten Runde hinter Piquet und Senna, überholt dann aber Senna in Runde 4 in einem eindrucksvollen Manöver an der Tosa-Kurve. Piquet (jetzt Williams) zieht davon, und Rosberg (jetzt McLaren) geht in Runde 5 an Prost vorbei. Schön hintereinander setzen die beiden danach das Rennen fort. Piquet fährt in Runde 29 zum Reifenwechsel an die Boxen, Prost macht das gleiche eine Runde später. McLaren schafft das so schnell, dass Prost vor Piquet wieder ins Rennen geht. Rosberg war noch nicht an den Boxen und liegt in Führung. Als er es dann doch macht, geht Prost mühelos vorbei und gewinnt mit 7,645 Sekunden Abstand vor Piquet. Prosts Kommentar: "Die ganze Zeit war ich damit beschäftigt, den Ladedruck möglichst niedrig zu halten, weil ich Sprit sparen musste. Echtes Rennfahren ist das mit diesen Tankvorratsbegrenzungen eigentlich nicht mehr. Man muss eben einen Weg finden, um trotzdem zu gewinnen. Man muss aus der Situation das Beste machen und eine Lösung finden, wie man besser sein kann als die anderen."

23. MONACO (Monte Carlo). 11. Mai 1986, Pole Position. Prost schnappt Senna sofort die Führung weg. In Runde 35 fährt er zum Reifenwechsel an die Boxen, schliesst danach wieder zu Senna auf und spielt mit dem Gedanken, den Brasilianer zu überholen. Rosberg kommt von hinten heran und startet eine Attacke. Aber jedesmal reagiert Prost clever und wehrt den Angriff ab. Senna fährt in Runde 42 an die Boxen, und nun hat Prost die Führungsposition inne. Nicht, dass er etwa nur das Rennen kontrolliert. Nein, er peitscht sein Auto entschlossen nach vorn, um seinen Vorsprung auszubauen:

RUNDE	PROST	ROSBERG
47	1:27,227	1:27,457
48	1:27,255	1:27,342
49	1:28,094	1:29,391
50	1:26,694	1:27,535
51	1:26,697	1:27,759

Unter den gegebenen Umständen ist das eine hervorragende Leistung. In Runde 51 fährt Prost sogar die schnellste Rundenzeit des Tages überhaupt. Er schlägt Rosberg schliesslich mit 25,022 Sekunden Vorsprung. Rosbergs Kommentar: "Alain war heute einfach zu stark für uns alle." Prosts Kommentar: "Eines der überlegensten Rennen meiner Laufbahn. Wenn das Auto optimal läuft und man das Gefühl bekommt, die Konkurrenz klar im Griff zu haben, fühlt man sich unangreifbar. Und wenn einer doch versucht heranzukommen? Dann legt man einen kleinen Zwischenspurt ein, und schon ist der alte Abstand wiederhergestellt. Ein solches Rennen macht echt Spass, es ist wirklich traumhaft. Ich würde dieses Rennen in Monaco allerdings nicht zu meinen schönsten, sondern zu meinen leichtesten Siegen zählen. Wissen Sie, an manchen Tagen ist es schwerer, einen sechsten Platz zu erringen, als an anderen Tagen zu gewinnen."

24. ÖSTERREICH (Österreichring), 17. August 1986. 52 Runden, dritte Startreihe. Prost bleibt Gerhard Berger und Teo Fabi (beide Benetton) auf den Fersen. Dann fällt zunächst Fabi in Runde 17 mit Motorschaden aus, und Bergers Motor bekommt später Zündungsprobleme, Mansell fällt mit gebrochener Antriebswelle aus, und so gewinnt Prost das Rennen mit einer Runde Vorsprung vor Alboreto. Sein Kommentar: "Ich hatte im Grund keine Chance gegen die beiden [Berger und Fabi], besonders weil wir wussten, dass sie wahrscheinlich keinen Reifenstopp brauchen würden. Meine einzige Hoffnung war, dass sich dieses Problem 'von allein' erledigen würde. Für diesen Fall rechnete ich mir gute Siegchancen aus. Ich hatte freilich die Abstimmung meines Autos so stark modifiziert, dass ich nicht sicher sein konnte, wie schnell die Vorderreifen verschleissen würden. Deshalb fuhr ich im ersten Teil des Rennen nur mit Minimum-Ladedruck und hielt mich überhaupt ziemlich zurück."

25. AUSTRALIEN (Adelaide), 26. Oktober 1986. 82 Runden, zweite Startreihe. Dieses Rennen ist ausführlich in Kapitel 8 geschildert. In der Begeisterung über Prosts erfolgreiche Titelverteidigung geht weitgehend unter, dass Prost mit seinem Sieg die Marke von Juan-Manuel Fangio überboten hat. Fangio fuhr – das muss man freilich auch sehen – zwischen 1950 und 1958 insgesamt nur 51 Rennen. Prost fährt in seiner sechsten Formel 1-Saison und seine Gesamtbilanz weist 105 gefahrene Grand-Prix-Rennen aus.

26 BRASILIEN (Jacarepagua), 12. April 1987. 61 Runden, dritte Startreihe. Der neue McLaren ist noch wenig getestet worden, und Prost achtet im Training darauf, nicht in den Bereich des maximalen Ladedrucks von 4,0 zu kommen. Mit den Andruckkräften auf die Fahrbahn stimmt es noch nicht so ganz, und Gordon Murray ist vor dem "warm-up" für das Rennen dafür, die Flügeleinstellung zu ändern. Prost will das nicht, will sogar mit weniger Flügelwirkung fahren. Am Ende von Runde 1 ist er Siebter, dann überholt er aber Boutsen in Runde 3, Fabi in Runde 8 und schiebt sich in Runde 11, als Mansell zum Reifenwechsel an die Boxen fährt, auf Platz Zwei vor. Als sich Senna in Runde 13 ebenfalls neue Reifen holt, übernimmt Prost sogar die Führungsposition. Diese gibt er nur ab, als er selbst seinen Boxenstopp einlegt und Piquet an ihm vorbeizieht. Prost holt sich jedoch den ersten Platz kurz darauf zurück, als Piquet an die Boxen fährt, und gibt diesen bis ins Ziel nicht mehr ab. Am Ende hat er 40,547 Sekunden Vorsprung, dabei hat er in keiner Phase des Rennens das Auto bis an seine äusserste Grenzen getrieben! Prosts Kommentar: "Ein Rennen, das mich selbst erstaunte. Ein neues Auto, ein neuer Motor, eine neuer Technischer Rennleiter (Neil Oatley), und doch lief alles wie geschmiert."

Mit diesem Sieg übertraf Prost die Bestmarken von Niki Lauda und Jim Clark. Lauda war nach der Saison 1985 zurückgetreten. Seine Karriere hatte 1971 begonnen, und er war seitdem 171 Grand-Prix-Rennen gefahren. Clark hatte 1960 angefangen und hatte bis 1968, als er ums Leben kam, nur 62 Rennen gebraucht, um seine 25 Siege zu erreichen. Prost hatte zu diesem Zeitpunkt 106 gefahrene Rennen auf dem Konto. Nur noch Jackie Stewart und den absoluten Rekord von 27 Siegen galt es für ihn nun noch zu schlagen.

27. BELGIEN (Spa), 17. Mai 1987. 43 Runden, dritte Startreihe. Prost liegt nach einem Wiederholungsstart bis Runde 10 an dritter Position. Mansell und Senna sind bereits in der ersten Runde kollidiert. In dieser zehnten Runde nun fallen auch Piquet (Turboladerdefekt) und Alboreto (Radlagerdefekt) aus. Damit liegt Prost in Front, und er fährt nach einem fehlerlosen Rennen auch als Sieger über die Ziellinie. Johansson wird mit 24,764 Sekunden Rückstand Zweiter. Prosts Kommentar: "Ich wusste von der Kollision von Mansell und Senna, und dann fiel in der zweiten Runde auch Berger mit defektem Motor aus. Nur noch Piquet und Alboreto waren nun noch vor mir. Alboreto bewegte sich leicht hin und her, als ich ein- oder zweimal zu Überholversuchen ansetzte. Unterdessen setzte sich Piquet mehr und mehr ab. Dennoch wollte ich kein Risiko eingehen, vor allem nicht in einem so frühen Stadium des Rennens. Ich hatte noch viel Zeit. Als ich dann in Führung lag, blieb mir eigentlich nur noch zu hoffen, dass es nicht zu regnen beginnen würde." Stewarts Rekord hat er nun eingestellt.

28. PORTUGAL (Estoril), 20. September 1987. 70 Runden, zweite Startreihe. Prost ist nach Runde 2 Fünfter, wird dann von Alboreto überholt und bleibt bis Runde 12 an sechster Position. Dann fällt Senna mit technischen Problemen zurück, und das bedeutet für Prost den fünften Platz. Mansell fällt in Runde 13 mit Elektrikdefekt aus, und das bedeutet Platz Vier. Nach den Boxenstopps liegt Prost an zweiter Stelle hinter Berger und macht Druck auf den Österreicher:

RUNDE	BERGER	PROST
53	1:22,908	1:20,230
54	1:22,216	1:20,466
55	1:21,640	1:21,435

Prost fährt mit vollem Ladedruck. Berger widersteht dem Druck, macht sich allerdings zunehmend Sorgen wegen seiner Reifen. Er beschliesst, die Flucht nach vorne anzutreten:

63	1:19,957	1:20,761
64	1:19,868	1:19,591
65	1:20,795	1:19,509

Das war Prosts schnellste Runde dieses Rennens. Berger trifft in Runde 68 eine mutige Entscheidung: Er würde versuchen, das Äusserste aus seinem Auto herauszuholen, um sich so ein Polster von drei Sekunden zu verschaffen, das ausreichen müsste, um Prost in Schach zu halten. Allerdings machen Bergers Reifen das nicht mehr mit, und er dreht sich. Damit ist Prost Sieger und Stewarts Rekord ist gebrochen. Noch einmal Stewarts Kommentar: "Für mich gibt es keinen Zweifel, dass er der beste Rennfahrer seiner Generation ist."

29. BRASILIEN (Jacarepagua), 3. April 1988. 60 Runden, zweite Startreihe. McLaren fährt jetzt mit Honda-Motoren. Prost hat freie Bahn, weil Senna, der zu-

vor an Pole Position stand, Getriebeprobleme hat und aus der Boxengasse heraus starten muss. Mansell steuert in seinem Williams in einer diagonalen Linie die Ideallinie für die erste Kurve, eine Rechtskurve, an, während Prost, der sich hart am Pistenrand hält, es schafft, als erster die Kurve zu erreichen. Danach wird er bis ins Ziel nicht mehr gesehen. Er behält seine Führungsposition während des gesamten Rennens, sogar während seines Boxenstopps, und Berger nutzt es auch nichts mehr, als er zu einer Schlussoffensive gegen Prost ansetzt. Bergers Kommentar: "Ich dachte, seine Reifen seien vielleicht am Ende, aber das waren sie nicht. Er ging nur vorsichtig mit dem knappen Benzinvorrat um. Ich hätte es eigentlich besser wissen müssen." Prost gewinnt mit 9.873 Sekunden Vorsprung. Sein Kommentar: "Ich fühlte mich sehr sicher mit meinem Auto. Auch als Gerhard nach seinem zweiten Reifenstopp zum Angriff blies, sah ich das gelassen, weil mir immer noch Leistungsreserven blieben, um gegebenenfalls zu reagieren."

30. MONACO (Monte Carlo), 15. Mai 1988. 78 Runden, erste Startreihe. Bei Grün schiebt sich Berger zwischen Senna, der von der Pole Position fährt, und Prost. Für einen Grossteil des Rennens lautet die Reihenfolge Senna, dann Berger, dann Prost. Der Franzose findet lange keine Gelegenheit, an Berger vorbeizukommen. Erst in Runde 54 kann er ihn vor "Sainte Devote" ausbremsen. Senna liegt zu diesem Zeitpunkt allerdings mit 46 Sekunden Vorsprung weit in Front, ist eigentlich uneinholbar. Dann aber hat er in Runde 67 einen Unfall, schlicht und einfach einen Konzentrationsfehler. Prosts Kommentar: "Ich bekam beim Start den zweiten Gang nicht rein, deshalb konnte Berger mich überholen und ich sass lange Zeit hinter ihm fest. An für sich lief das Auto optimal."

31. MEXICO (Mexico-City), 29. Mai 1988. 67 Runden, erste Startreihe. Prost hat den besseren Start als Senna, der von der Pole Position fährt, übernimmt die Führung und gibt sie bis zum Ende nicht mehr ab. Beim Überholen überrundeter Fahrer ist Senna zwar entschlossener und aggressiver, aber er kommt nicht an Prost vorbei. Eine Situation ist besonders bemerkenswert, als Prost nervenstark zunächst hinter einem überrundeten Fahrer bleibt und auf den richtigen Moment zum Überholen wartet. Er opfert lieber anderthalb Sekunden seines Vorsprungs, als ein Risiko einzugehen. Im Ziel liegt er 7,104 Sekunden vor Senna. Prosts Kommentar: "Während der ersten Hälfte des Rennens war ich besorgt wegen des Reifenverschleisses, weil die Piste alles andere als gut war. Mit Fortdauer des Rennens legte sich jedoch zunehmend ein Gummifilm auf die Strassenoberfläche, und so erledigte sich dieses Problem von alleine. Ähnlich war es mit dem Sprit. Es schien zunächst so, als ob mein Verbrauch zu hoch sei, obwohl wir nicht erwartet hatten, dass der Spritvorrat auf dieser Strecke ein Problem sein würde. Später reichte das Benzin jedoch problemlos, obwohl ich hart aufs Gas drücken musste, um mir Ayrton vom Leib zu halten."

32. FRANKREICH (Paul Ricard), 3. Juli 1988. 80 Runden, Pole Position. Prost setzt sich sofort an die Spitze, verliert seine Führungsposition allerdings in Runde 36 an Senna, als er zum Reifenwechsel an den Boxen steht. Nach prächtigem Kampf holt sich Prost die Führung aber in Runde 61 zurück:

RUNDE	SENNA	PROST

55	1:12,398	1:12,456
56	1:12,046	1:12,067
57	1:12,640	1;12,680
58	1:12,220	1:12,239
59	1:12,384	1:12,277
60	1:12,406	1:12,403

Senna hat Probleme mit dem Schalthebel ("er fühlte sich schwammig an") und kommt 31,752 Sekunden nach Prost ins Ziel. Prosts Kommentar: "Ich glaube, Ayrton verlor etwas an Abtrieb, als er einem anderen Auto durch die schnelle Kurve bei 'Le Beausset' folgte, weil er dort weit in den Schmutz abgetrieben wurde. Mein Überholmanöver war ein Zweikampf bis aufs Messer. Ich war mir vorher nicht sicher, ob ich es schaffen würde. Es klappte gerade so, und ich bremste an der nächsten Kurve sehr spät. Wir gingen in diesem Moment beide bis an unsere äusserste Grenze. Es war fantastisch, ein atemberaubender Augenblick."

33. PORTUGAL (Estoril), 25. September 1988. 70 Runden, Pole Position. Senna kommt schneller vom Start weg, setzt sich an die Spitze. Als sie am Ende der ersten Runde die Ziellinie überfahren, versucht Prost zu überholen, aber Senna drängt ihn nach rechts ab, und fast kommt es zur Kollision. Prost schafft sich unmittelbar danach dann doch noch an Senna vorbei und gibt die Führung bis ins Ziel nicht mehr ab. Zweiter wird Capelli mit 9,553 Sekunden Rückstand. Prosts Kommentar: "Ich bin heute, glaube ich, sehr gut gefahren. Ich habe eigentlich alles im Griff gehabt, also den Spritverbrauch, die Reifen – und auch die Gegner in den Zweikämpfen, denn es war ein ziemliches verbissenes Rennen. Capelli war sehr schnell, sehr ehrgeizig, deshalb war es in keinem Moment ein leichtes Rennen für mich. Ich wusste, dass es schwer werden würde, Ivan und die anderen Spitzenfahrer mit Saugmotor -Autos zu schlagen, denn uns machte das Problem Spritverbrauch zu schaffen. In der Anfangsphase fuhr ich nur mit Minimum-Ladedruck. Dann aber, als Ivan immer näher kam, musste ich aufdrehen."

34. SPANIEN (Jerez), 2. Oktober 1988. 72 Runden, erste Startreihe. Prost kommt glatt vom Start weg, gerät dann aber unter starken Druck von Mansell:

RUNDE	PROST	MANSELL
10	1:30,603	1:30,396
11	1:30,442	1:30,858
12	1:30,268	1:31,186
13	1:30,924	1:30,992
14	1:30,624	1:29,885
15	1:29,975	1:30,058

Der Kommentar von Nigel Roebuck: "Der Zweikampf Prost-Mansell war überaus faszinierend. Einerseits bewunderte man Nigels Hartnäckigkeit und seinen Kampfgeist sowie seine gelegentlichen Superrunden, mit denen er sich immer wieder dicht an den McLaren heranschob. Andererseits konnte man nur staunen über die Ruhe und Gelassenheit von Alain, der sich in keinem Moment dazu verleiten liess, auch nur einen Meter zu spät vor den Kurven zu bremsen. Obwohl er den Williams fast ständig unmittelbar im Nacken hatte, schaltete und bremste er Runde für Runde immer an exakt den gleichen Stellen. Er fuhr präzise wie eine Maschine immer auf derselben Linie durch die erste Kurve. Am dichtesten – praktisch Schnauze an Heck – lagen die beiden zwischen den Runden 23 bis 25 beieinander". Die Rundenzeiten in dieser Phase im Vergleich:

RUNDE	PROST	MANSELL
23	1:30,038	1:29,567
24	1:30,252	1:30,279
25	1:30,960	1:30,816

Mansell bekommt in Runde 47 Probleme mit einem der Hinterräder, und damit ist das Rennen entschieden. Prost gewinnt mit 26,232 Sekunden Vorsprung. Prosts Kommentar: "Meine zwei Hauptprobleme waren der Spritverbrauch und der Reifenverschleiss. Ich hatte mich eigentlich schon entschlossen gehabt, keinen Reifenstopp einzulegen, weil mein Funkgerät nicht funktionierte und ich nicht die nötigen Informationen von meinem Team hatte. Dann aber signalisierte man mir, ich sollte reinkommen, und ich fuhr doch für einen ganz kurzen Reifenstopp an die Boxen. Was den Spritverbrauch anging, fuhr ich immer hart an der Grenze, aber noch im zulässigen Bereich."

35. AUSTRALIEN (Adelaide), 13. November 1988. 82 Runden, erste Startreihe. Prost erwischt einen guten Start. Berger hat ihm bereits vor dem Rennen gesagt, bei seinem Ferrari würde der Sprit nicht bis zum Ende reichen, wenn er so richtig aufs Gas drücken würde. Er rechne sich deshalb keine Chancen aus und werde deshalb heute mehr zum Spass fahren. Berger erobert sich in Runde 14 tatsächlich die Führungsposition, kracht dann aber in Runde 26 in Arnoux hinein. In Runde 46 wird eine Reihe anderer Fahrer in eine Massenkarambolage verwickelt. Der unmittelbar nachfolgende Prost hat keine andere Wahl, als durch herumliegende Fahrzeugteile hindurchzubrettern. Er verliert dabei einen Teil seines Vorderflügels, und das Auto untersteuert danach deutlich. Prosts Kommentar: "Von diesem Punkt an musste ich in jeder Kurve feinfühlig mit Aufhängung, Stossdämpfern und so weiter spielen, um dieses Handicap auszugleichen. Es war danach bis ins Ziel ein sehr schwierig zu fahrendes Rennen für mich." Das kann man sich leicht vorstellen. Hier zur Veranschaulichung Prosts Rundenzeiten vor und nach diesem Zwischenfall:

Runde 45	1:22,555
Runde 46	1:21,650
Runde 47	1:21,559
Runde 48	1:22,548
Runde 49	1:22,375
Runde 50	1:21,594

Bis Runde 59 hat er sich so gut auf die Situation eingestellt, dass er seine schnellste Rundenzeit – und die schnellste Runde überhaupt – mit 1:21,216 fährt.

Er gewinnt mit 36,787 Sekunden Vorsprung vor Senna. Noch ein Kommentar von Prost: "Ein Rennen, das es in sich gehabt hat!"

36. USA (Phoenix), 4. Juni 1989. 75 Runden, erste Startreihe. Der letzte Trainingstag ist völlig verkorkst für Prost gelaufen: "Am Vormittag baute ich einen Unfall mit meinem Auto, das ich normalerweise benutzte. Es war ein Fahrfehler von mir. Das Chassis des Autos war schwer beschädigt – es war das erste Mal, seit ich bei McLaren war, dass es an meinem Auto grössere Schäden gab. Ich musste mit dem Ersatzwagen weiterfahren. Zunächst gab es an diesem Auto ein kleineres Motorproblem, dann liefen am Nachmittag die Hinterradbremsen heiss. Und schliesslich kam mir dann auch noch ständig jemand bei meinen Qualifikationsrunden in die Quere." Mit einem zweiten Startplatz ist Prost deshalb hoch zufrieden. Fast hätte er sich vor der ersten Kurve die Führungsposition erkämpft, aber dann gerät er auf eine Bodenwelle, gerade als er schaltet. Die Räder drehen durch, der Drehzahlmesser spielt verrückt, und kurzzeitig setzt der Motor aus. Senna zieht davon. Mit zunehmender Dauer des Rennens bereiten Prost die steigenden Temperaturanzeigen von Wasser und Öl Sorge. Als er sich ganz an Senna herangearbeitet hat, zeigen sie Werte an, die ihm – so Prost selbst – "allmählich Angst einjagen". Er geht vom Gas, wartet, bis die Motortemperatur wieder etwas heruntergegangen ist, und zieht das Tempo dann wieder an. Dann hat Senna Zündungsprobleme und scheidet aus. Prost liegt plötzlich in Front und gewinnt das Rennen unangefochten mit 39,696 Sekunden Vorsprung vor Riccardo Patrese. Prosts Kommentar: "Gegen Ende brach der Asphalt stellenweise auf, aber ich hatte mich für die härteren B-Reifen entschieden, was mir das Handling erleichterte. Die Piste wurde in der zweiten Hälfte des Rennens auch immer griffiger."

37. FRANKREICH (Paul Ricard), 9. Juli 1989. 80 Runden, Pole Position. Prost setzt sich sofort an die Spitze und gibt die Führung bis ins Ziel nicht mehr ab. Sein Kommentar: "Ich war ständig bemüht, die Reifen zu schonen, weil diese Strecke von ihrer Oberflächenbeschaffenheit her stark auf die Reifen geht. Ich glaube, meine Taktik hat sich bezahlt gemacht. Die Reifen waren am Schluss noch in gutem Zustand. So richtig unter Druck geriet ich nie, allerdings lagen Berger, Nannini, Capelli und die anderen in der Anfangsphase nicht allzu weit zurück, deshalb musste ich mich darauf konzentrieren, meinen Rhythmus beizubehalten." Prost gewinnt am Ende mit 44,017 Sekunden Vorsprung vor Mansell.

38. GROSSBRITANNIEN (Silverstone), 16. Juli 1989. 64 Runden, erste Startreihe. Prost kommt besser vom Start weg als Senna, aber der Brasilianer überholt ihn vor der "Copse"-Kurve mit einem unwiderstehlichen Antritt auf der Innenseite wieder (Prost gefällt es nicht so ganz, wie nahe Senna ihm dabei kommt). Bei dieser Reihenfolge bleibt es bis Runde 12, als Senna, 0,787 Sekunden in Führung liegend, sich dreht und ausscheidet ("Praktisch von Anfang an hatte ich Probleme, beim Runterschalten den dritten Gang reinzukriegen. Schon vier oder fünf Runden vor meinem Dreher wäre ich an derselben Stelle fast rausgeflogen. Schliesslich bekam ich dann den Gang überhaupt nicht mehr rein, und da war es passiert. Im Leerlauf konnte ich die Kurve nicht kriegen!"). Prosts Kommentar: "Wir fuhren zum ersten Mal mit dem neuen Getriebe, und wir fühlten uns noch nicht so ganz sicher damit, weil es nicht immer hundertprozentig funktionierte. Man konnte nicht

mit letzter Aggressivität in die Kurven gehen, weil man nie wusste, ob man den jeweiligen Gang auch reinkriegen würde. Man musste sich immer etwas Spielraum lassen. Ich fühlte mich ganz wohl dabei, in der Anfangsphase an zweiter Position hinter Ayrton zu liegen, weil ich mich dabei etwas leichter tat. Man muss freilich bei einem solch schnellen Kurs darauf achten, dass man nicht zu dicht an andere Autos heranfährt, weil das wegen der aerodynamischen Turbulenzen gefährlich werden kann. Ich sah, dass Ayrton schon zwei oder drei kritische Augenblicke erlebte, bevor er dann endgültig rausflog." Prost muss nun Mansell in Schach halten:

RUNDE	PROST	MANSELL
20	1:13,367	1:14,049
21	1:14,608	1:14,023
22	1:14,698	1:15,110
23	1:15,057	1:14,549
24	1:13,337	1:15,766

In Runde 43 fällt Mansell durch eine Reifenpanne weit zurück, und Prost kann mit einem Vorsprung von 54 Sekunden das Rennen geruhsam nach Hause fahren. Er drosselt gegen Ende deutlich das Tempo und liegt im Ziel 19,269 Sekunden vor Mansell.

39. ITALIEN (Monza), 11. September 1989. 53 Runden, zweite Startreihe. Prost hat sich vor dem Rennen darüber beklagt, dass er vom Material her gegenüber Senna benachteiligt werde. Dieses Empfinden wird natürlich alles andere als abgeschwächt, als Senna ihm beim Start klar das Nachsehen gibt. Prost belegt zunächst den vierten Platz. Er überholt Mansell in Runde 21, Berger in Runde 41. Dann, in Runde 45, fällt Senna aus. Prosts Kommentar: "Das war Glück für mich, reines Glück, beziehungsweise Ayrtons Pech. So wie mein Motor während der ganzen Tage in Monza lief, hatte ich keine Chance, an ihn heranzukommen."

40. BRASILIEN (Interlagos), 25. März 1990. 71 Runden, dritte Startreihe. Senna und Berger ziehen glatt davon, gefolgt von Boutsen und Prost, der jetzt im Ferrari fährt. In Runde 8 überholt Boutsen Berger, und Prost macht es ihm in Runde 17 nach. Beim Boxenstopp funktionieren Boutsens Bremsen nicht richtig – er überfährt fast einen Mechaniker. Als er das Rennen wiederaufnimmt, ist die Chance auf einen der vorderen Plätze dahin. Auch Senna hat einen langen Boxenstopp (ein Problem am linken Hinterrad), aber er bleibt trotzdem mit mehr als 10 Sekunden Vorsprung in Führung. Etwa nach Mitte des Rennens setzt Senna dazu an, Nakajima zu überholen: "Ich war ihm durch drei Kurven hindurch gefolgt. Es schien, als würde er die Tür aufmachen, um mich vorbeizulassen. Als ich aber auf seine Innenseite zog, schnitt er mir den Weg ab, und ich steuerte direkt auf sein Hinterrad zu." Nakajima weicht zwar noch aus, aber Senna schiesst geradeaus von der Piste und verschwindet auf Nimmerwiedersehen in einer Staubwolke. Der Japaner kann sich anschliessend nur bei ihm entschuldigen. Prost fährt derweil einem ungefährdeten Sieg entgegen, liegt im Ziel 13,564 Sekunden vor Berger. Prosts Kommentar: "Mein zweites Rennen für Ferrari und mein erster Sieg. Ein fantastisches Ergebnis. Wir hatten damit bewiesen, dass unser Auto gut und auch zuverlässig war. Beson-

ders nach unserem ersten missglückten Rennen in Phoenix war das wichtig."

41. MEXICO (Mexico-City), 24. Juni 1990. 69 Runden, siebte Startreihe. Die Qualifikation ist katastrophal für Prost verlaufen. Keine Bodenhaftung, ein Dreher, ein schlapper Motor, und so startet Prost nur aus der dreizehnten Position. So weit hinten hat er seit 1980 nicht mehr gestanden. Er meint aber nur ganz ruhig, im Rennen würde das anders aussehen. Sein Auto ist gut abgestimmt worden. Nach der ersten Runde liegt er zwar immer noch Platz 13, aber er merkt, dass sein Ferrari heute schneller als alle anderen Autos ist (eine bemerkenswerte Feststellung nach einer von neunundsechzig Runden). Prost überholt Nannini in Runde 2, de Cesaris in Runde 3, Martini in Runde 4, Warwick in Runde 7 ... in Runde 13 liegt er schon auf dem sechsten Platz und in Runde 55 auf dem zweiten Platz. In Runde 61 verdrängt er sogar Senna mit der überlegenen Durchzugskraft seines Motors von der Führungsposition. Er pirscht sich auf der langen Geraden an Senna heran, lässt sich im Windschatten eine Weile ziehen, schert dann aus und schiebt sich an Senna vorbei. Senna hat später eine Reifenpanne, und so gewinnt Prost das Rennen überlegen vor Mansell. Der Vorsprung im Ziel beträgt 25,351 Sekunden. Prosts Kommentar: "Das war vielleicht mein bester Sieg. Nicht, weil ich vom dreizehnten Startplatz ins Rennen ging, sondern von der Art her, wie ich es mir eingeteilt habe und wie ich taktisch vorgegangen bin. Wenn man am Lenkrad sitzt, bekommt man eine Menge Dinge mit, die der Zuschauer von aussen überhaupt nicht erkennt: winzige Details, kleine Kniffs. Manchmal muss man gegen Ende des Trainings darauf verzichten, auf Jagd nach schnellen Zeiten zu gehen, um sich besser aufs Rennen vorbereiten zu können oder um etwas auszuprobieren, das sich kurzfristig neu ergeben hat. Es gibt Tage, an denen das Auto am Ende so optimal läuft, dass einen nichts mehr aufhalten kann, egal ob man von der Pole Position oder vom dreizehnten Platz aus fährt."

42. FRANKREICH (Paul Ricard), 8. Juli 1990. 80 Runden, zweite Startreihe. Prost ist zunächst nur Sechster. Der Motor setzt jedesmal aus, wenn er in den höchsten Gang schaltet. In Runde 28 fährt Prost, an achter Position liegend, zum Reifenwechsel an die Boxen. Danach beginnt er eine Aufholjagd. Innerhalb von sieben Runden arbeitet er sich auf den dritten Platz hinter Ivan Capelli und Mauricio Gugelmin vor. Letzteren überholt er in Runde 54, indem er ihn vor der Kurve nach der Start/Zielgeraden sauber und gekonnt ausbremst. Eindrucksvoll ist seine perfekte Beherrschungs des Autos, als er hart an der Innenkante der Fahrbahn nach vorne prescht. Nun hat er nur noch Capelli vor sich:

RUNDE	CAPELLI	PROST
54	1:10.031	1:09,170
55	1:09,764	1:08,508
56	1:08,737	1:09,615
57	1:09,244	1:08,770
58	1:10,567	1:08,579

Nach Runde 60 ist die Lücke auf 0,432 Sekunden geschrumpft. Prost kommt zwar an Capelli heran, aber zunächst nicht an ihm vorbei. Es stellt sich für ihn die

Frage, ob er es darauf anlegen soll oder nicht. Natürlich möchte er gern gewinnen, aber andererseits sind sechs Punkte für den zweiten Platz auch schon wertvoll für die Weltmeisterschaftsentscheidung, und er würde dabei kein Risiko eingehen. Noch etwas spricht für Zurückhaltung, nämlich eine Blase, die sich auf einem Reifen gebildet hat und das Auto vibrieren lässt. In Runde 78, als kaum noch einer damit rechnet, schnellt Prosts Ferrari dann doch noch plötzlich nach vorne. Vor le Beausset, einer Rechtskurve, schiebt er sich ganz an Capelli heran, schiesst dann ruckartig nach rechts aussen und schlüpft auf der Innenlinie durch. Völlig gefahrlos. Schnell wie ein Augenzwinkern. So einfach geht das. Kurz danach bekommt Capelli Probleme mit seinem Motor, und Prost schlägt ihn um 8,626 Sekunden. Prosts Kommentar: "Es war das alte Lied. Solange ich ein Stück hinter Ivan lag, war ich deutlich schneller. Aber sobald ich zu ihm aufschloss, kam mein Auto durch den Luftwirbel seines Autos aus dem aerodynamischen Gleichgewicht."

43. GROSSBRITANNIEN (Silverstone), 15. Juli 1990. 64 Runden, dritte Startreihe. Prost fährt einige Zeit zurückhaltend an fünfter Stelle, um seine Reifen zu schonen, rückt auf den vierten Platz vor, als Senna sich dreht, überholt dann Boutsen, überholt auch Berger ("Von Anfang an war das Auto sehr schwer zu fahren. In den schnellen Kurven glaubte ich ein paar Mal schon die Herrschaft über das Auto zu verlieren", so Berger) und schiebt sich an die Spitze, als Mansell Probleme mit seinem Getriebe bekommt. Dies schafft Prost an der Ausfahrt von "Bekketts", einer Linkskurve: Alex Caffi (Arrows), ein überrundeter Fahrer, geht als erster in "Bekketts", dicht gefolgt von Mansell, dieser wiederum dicht gefolgt von Prost. Alles späht nach der entscheidenden Lücke. Die drei kommen aus der Kurve heraus, Caffi hält sich ganz rechts. Und dann kommt ein Manöver Prosts von unglaublicher Übersicht und perfektem Timing. Einen Sekundenbruchteil, bevor Mansell ausschert, um Caffi zu überholen, schert auch Prost aus, um an Mansell vorbeizugehen. Prost zieht ganz an den linken Rand der Piste hinüber. Einen winzigen Moment lang liegen alle drei Autos auf gleicher Höhe, während sie die Hangar -Gerade hinunterschiessen, dann aber kann Prost ein winziges bisschen Mehr an Kraft aus seinem Motor holen und als erster die Stowe-Kurve erreichen. Mansell fällt später mit Getriebeschaden aus, und Prost gewinnt das Rennen mit 39,092 Sekunden Vorsprung vor Boutsen. Sein Kommentar: "Es gab keine echten Probleme für mich ..."

44. SPANIEN (Jerez), 30 September 1990. 73 Runden, erste Startreihe. Prost heftet sich Senna an die Fersen, kommt aber nicht an ihm vorbei. In Jerez ist das auch nicht leicht. Prost überlegt sich nun folgendes: 1. Mein Ferrari ist besser als Sennas McLaren in den schnellen Kurven. 2. Die einzige Stelle, die normalerweise zum Überholen in Frage kommt, ist die Kurve am Ende der Geraden. Allerdings beschleunigt Senna auf der Geraden schneller als ich, deshalb werde ich es nicht schaffen, ihn vor der Kurve auszubremsen. 3. Ich muss nur irgendwie an ihm vorbeikommen, dann kann ich leicht gewinnen. 4. Meine beste Chance besteht darin, einen schnelleren Boxenstopp zu machen und vor ihm das Rennen wiederaufzunehmen. Deshalb werde ich an ihm dranbleiben, bis er an die Boxen fährt. Runde 25: Boxenstopp von Prost, 6,17 Sekunden. Er weiss, er muss jetzt fahren, was das Zeug hält. Runde 26: Boxenstopp von Senna: 5,71 Sekunden. Als er aber wieder auf die

Strecke geht, ist Prost nach seinem enormen Zwischenspurt unmittelbar an ihm dran, und er bringt nun den nötigen Schwung mit, um den direkt von den Boxen kommenden Senna auszumanövrieren: Vor der Kurve am Ende der Geraden schert Prost aus und überholt Senna aussen. Er schafft es knapp, aber das Rennen ist damit entschieden. Er schlägt Mansell mit 22,064 Sekunden Vorsprung. Prosts Kommentar: "Es nützt nichts, wenn man nur weiss, dass das eigene Auto zwei Sekunden schneller ist als das des Konkurrenten. Man muss es auch umsetzen können. An diesem Tag bot sich mir die Chance dazu."

11
VERKEHRTE WELT

Ab und zu bremste er ohne Grund schon früh vor den Kurven, das war wirklich ein linkes Verhalten von ihm... Das nächste Mal werde ich es bei ihm auf der Innenseite versuchen, und ich werde ihn rausbugsieren.

(Alain Prost)

Gerard Ducarouge stiess einen Ton des Zorns aus, ballte die Faust und schlug gegen die Zelttuchwand. Ob er dabei jemanden traf, ist schwer zu sagen. Das Gedränge ausserhalb war zu gross, die Situation zu hektisch und chaotisch, als dass man das hätte erkennen können. Von dem Punkt aus, an dem ich stand, hatte ich den Eindruck, die Leute unmittelbar an dieser Zelttuchwand bemerkten den Schlag gar nicht.

Freitag, 9. August 1991. Die Sonne stand schon tief über den sanft geschwungenen Hügeln, in die der "Hungaroring" eingebettet liegt. Aber sie war an diesem Spätnachmittag immer noch heiss genug, um die Gemüter zusätzlich zu erhitzen. Dicke Schweisstropfen auf der Stirn, wohin man auch schaute.

Das Elf-"Motorhome" ist normalerweise eine Oase der Ruhe für uns Journalisten. Unter einem weissen Zeltvordach sind ein halbes Dutzend Tischchen aufgestellt, an denen man im Schatten und abseits des Trubels einen Kaffee, einen Orangensaft oder auch ein Glas Wein trinken kann. Die "Motorhomes" der Teams stehen eines neben dem anderen in einer Reihe im Fahrerlager, gleich wenn man die Betonstufen vom Boxenbereich hinunterkommt. Sie haben eine nicht zu unterschätzende Funktion im Motorsportzirkus, denn die wichtigen Dinge laufen zwar dort nicht ab, aber sie werden dort endlos diskutiert.

Durch einen ganz ungewöhnlichen Umstand hatte Elf an diesem Tag etwas, das von ganz entscheidender Bedeutung war und das dieses ansonsten so beschauliche Plätzchen mit einem Mal in den Blickpunkt des allgemeinen Interesses rücken liess: einen Videorecorder, auf dem man französische Kassetten abspielen konnte. Dazu muss man wissen, dass die französische Technik mit dem Secam-System arbeitet, das mit dem überall sonst in Europa und praktisch auf der ganzen Welt gängigen VHS-System nicht kompatibel ist. Und so kam es, dass an diesem Freitagnachmittag Alain Prost, Ayrton Senna und mehrere FISA-Funktionäre in dringender Angelegenheit im Elf-"Motorhome" zusammentrafen, um sich dort die Aufzeichnung des vorherigen Rennens, des Grossen Preises von Deutschland in Hockenheim, und ein Interview, das Prost im Anschluss daran gegeben hatte, anzuschauen.

Die FISA erläuterte zunächst in einem Kommuniqué den Hintergrund, warum man sich aufgrund dieses Fernsehinterviews zum Handeln veranlasst sah: "Alain Prost erhebt in einem neuerlichen Wutanfall drohend den Zeigefinger gegen Ayrton Senna: 'Ich musste bei 320 km/h ein- oder zweimal aufs Gras ausweichen. Er bremste ab und zu ohne Grund schon früh vor den Kurven, das war wirklich linkes Verhalten von ihm. Ich habe alles versucht, was möglich war, aber nächstes Mal werde ich es bei ihm auf der Innenseite versuchen, und ich werde ihn rausbugsieren, darauf kann er sich verlassen. Ich werde das Spiel von Mansell und Renault bis zum Ende der Saison mitmachen, wenn es sein muss. Er [Senna] setzt sich über alle Regeln hinweg, und der Verband ist unfähig, etwas dagegen zu tun. Gegen [Mauricio] Gugelmin und [Aguri] Suzuki hat man in Magny-Cours und Silverstone 10 000 Dollar Geldstrafe verhängt, aber an die Top-Fahrer traut sich keiner ran. Wenn es Regeln gibt, dann müssen sie für alle gleichermassen gelten."

Diese bittere Anklage bezog sich auf ein Rennen, das klar und eindeutig von Mansell und Patrese beherrscht worden war, während Prost sich einen harten Zweikampf mit Senna lieferte, als er lange vergeblich versuchte, den Brasilianer zu überholen, und schliesslich bei einem letzten, schon verzweifelten Versuch an der Schikane von der Strecke flog. Wieder einmal wehte ein eisiger Wind in der Formel 1-Welt. Die Tatsache, dass Prost Senna nicht mochte und Senna Prost nicht mochte, war ja schon seit zwei Jahren allseits bekannt. Die beiden Kollisionen in Suzuka zwischen den beiden hatten Konfliktstoff genug mit sich gebracht. Aber nun schien es doch noch einmal eine Steigerung zu geben, denn nun drohte Prost – erbost über das aus seiner Sicht unfaire Verhalten des anderen – Senna "rauszubugsieren".

Der Motorsport ist auch so schon gefährlich genug. Man muss sich vor Augen halten: Der Williams, in dem Nigel Mansell in dieser Saison fuhr, beschleunigte von Null auf 320 km/h in 14 Sekunden. Er bremste in 1,75 Sekunden von 280 km/h auf 90 km/h ab. Bei schnell aufeinanderfolgenden Kurven wurden solch extreme Fliehkräfte erreicht, dass Mansell Mühe hatte, seine Augen zu bewegen, um die nächste Kurve auf sich zukommen zu sehen.

Diese Maschinen erfordern, wenn sie dicht an dicht über die Rennstrecke rasen, ein äusserstes Mass an Disziplin und Verantwortung von den Menschen, die sie bedienen. Die FISA, unter dem Dach der FIA ("Fédération Internationale Automobile"), konnte nicht mehr vertreten, die Formel 1-Meisterschaft durchzuführen, wenn sie es duldete, dass Prosts Worte so stehenblieben.

In ihrem Kommuniqué gab die FISA auch gleich ihr Urteil bekannt:

An Herrn John Corsmit Stewards Office, Hungaroring DRINGEND - WICHTIG

Gemäss den Artikeln 170 und 177 des Reglements für die FIA-Formel-1-Weltmeisterschaft 1991 hat die Sicherheitskommission auf der Grundlage der Videoaufzeich-

nung des Grossen Preises von Deutschland sowie eines Interviews, das der Fahrer Alain Prost dem französischen Fernsehen gegeben hat, nach Artikel 58 des "International Sporting Code" und Artikel 29 der FIA-Statuten beschlossen, eine Verwarnung an die Fahrer Ayrton Senna und Alain Prost wegen ihres Verhaltens beim Grossen Preis von Deutschland auszusprechen, und ausserdem Alain Prost aufgrund der Erklärung, die er in einem Fernsehinterview bezüglich der FISA abgegeben hat, eine Sperre für ein Grand-Prix-Rennen mit ausgesetzter Wirkung aufzuerlegen. Sie werden daher gebeten, diese beiden Fahrer heute um 15.30 Uhr in Ihr Büro einzubestellen, um sie von diesen Entscheidungen zu unterrichten.
(Unterschrift) YVON LEON Generalsekretär der FISA

Nach Verlesen dieses Kommuniqués sollte dann das Videoband abgespielt werden, wozu man sich mit den Herren Prost und Senna ins Elf-"Motorhome" begab. Hinter verschlossenen Türen wurde die Angelegenheit dort weiter verhandelt. Die Nachricht über diese Vorgänge verbreitete sich wie ein Lauffeuer, und es dauerte nicht lange, da versammelten sich die ersten Fotografen an dem Platz mit dem halben Dutzend Tischen, und es wurden rasch mehr und mehr, bis sich eine regelrechte Menschentraube vor der Tür der "Motorhome" gebildet hatte. Mit ihrer Kameraausrüstung auf der Schulter versuchten sie sich günstige Positionen zu sichern, um den entscheidenden Moment einzufangen, was immer auch passieren mochte. Sogar auf die Stühle und Tische stellten sich die Fotografen. Die Hitze trug, wie erwähnt, nicht gerade dazu bei, die Spannung abzubauen. Und auch das lange Warten nicht. Geschlagene zwei Stunden harrte die Reporterschar vor der Tür aus, während drinnen Prost und Senna einen erneuten Versuch der Versöhnung unternahmen.

Direkt neben Elf hatte, durch die besagte Zelttuchwand abgetrennt, Ligier seinen Platz. Wie bei Elf war vor dem "Motorhome" ein eigener Aufenthaltsbereich unter einem Vorzelt eingerichtet. Dort hielt sich zur gleichen Zeit Thierry Boutsen auf, der sich darauf vorbereitete, einem einsamen Reporter ein Interview zu geben, der noch an einem Kassettenrecorder herumfummelte. Boutsen wunderte sich, was bei Elf vor sich ging. Alles, was er durch die Zeltwand hindurch sah, waren die Rücken der Fotografen.

Dann plötzlich, ohne Vorwarnung, kamen Prost und Senna die schmalen Stufen des "Motorhome" herunter, und die beiden wurden sofort umringt. Eine Welle der Bewegung ging durch die Fotografenschar, als alle gleichzeitig nach vorne drängten, und es entstand ein hektisches Geschubse, Geschiebe und Gestosse. Einer geriet rückwärts ins Stolpern und stiess gegen die Zelttuchwand, so dass man meinte, er würde sie mit sich zu Boden reissen. Ducarouge, Ligiers Konstrukteur, ballte die Faust und schlug zu. Es war ein trockener rechter Haken. Boutsen sprang auf, blickte einen Moment verwirrt um sich, was wohl los wäre, bevor ein kurzes fragendes Grinsen über sein Gesicht huschte. Er stellte sich auf seinen Stuhl, um zu sehen, was auf der anderen Seite der Trennwand vorging, und schüttelte den Kopf. Ich stand neben ihm, und auch ich sah ausser einem wilden Gedränge nicht viel.

Offenbar sprachen beide, Prost und Senna, einige Worte, in denen sie ihre Friedensabsicht bekundeten, und dann waren sie wieder entschwunden, jeder auf seinen eigenen Wegen. Das war so etwas wie der dramatische Höhepunkt einer Saison, die für Prost eine einzige Aneinanderreihung von menschlichen Konflikten war. Vielleicht war es auch der dramatische Höhepunkt eines Rennfahrerlebens überhaupt.

Eine Saison wie diese hatte Alain Prost in seiner Laufbahn noch nicht erlebt – oder durchlebt, muss man wohl sagen. Im selben Masse, in dem die Betätigung des Fahrens eines Rennwagens, zumal eines Formel 1-Boliden, zwangsläufig erhebliche Gefahren in sich trägt, ist auch das ganze Drumherum zwangsläufig immer spektakulär, immer voll heftiger Emotionen. Die Formel 1 ist ein Schauspiel auf einer Bühne der Extreme, wenn man so will, und der Leser möge bitte verzeihen, wenn ich mich hier wiederhole. Aber in der Saison 1991 steigerte sich dies für Prost in eine noch nicht dagewesene Dimension. Das Jahr war eine Kette von giftigen Vorwürfen, von erbitterten Grabenkriegen innerhalb des Ferrari-Teams, von hinterlistigen Machenschaften, von Rivalitäten und Rachegefühlen. Kulminationspunkte waren zunächst obszöne Beleidigungen Prosts gegenüber der italienischen Presse (die daraufhin eine Entschuldigung verlangte, sogar mit gerichtlichen Schritten drohte, worauf Prost sagte, die obszönen Ausdrücke seien unklug gewesen, aber in der Sache stehe er zu seinen Aussagen), dann kam der peinliche Auftritt von Umberto Agnelli, dem Bruder von Gianni Agnelli (dem Chef des Fiat-Konzerns, zu dem auch Ferrari gehört), der völlig unnötig Öl ins Feuer goss, dann die Entgleisung Prosts über seinen Teamkameraden Jean Alesi in Silverstone, und so ging es weiter – und stets war direkt oder indirekt Ayrton Senna beteiligt...

Aber kommen wir zunächst, dem chronologischen Ablauf entsprechend, zum Ausgangspunkt und damit zurück zu dem, was am Rande von Testläufen in Imola passierte. Es schneite damals, und die Schlechtwetterfront war in jenen Tagen – wie eingangs dieses Buches bereits beschrieben – nicht das einzige, was sich über der Szenerie der Formel 1 im allgemeinen und Ferrari im besonderen zusammenbraute. Senna hatte das Saisonauftaktrennen auf dem Strassenkurs von Phoenix vor Prost gewonnen, der mit Kupplungsproblemen kämpfte und dann auch noch durch einen missglückten Boxenstopp zum Reifenwechsel zurückgeworfen wurde. Die Digitalziffern auf den Fernsehbildschirmen der Welt blieben erst bei 15,87 Sekunden stehen, was dem Doppelten der normalerweise für einen Reifenwechsel benötigten Zeit entspricht. Der rechte Hinterreifen machte den Mechanikern Probleme. "So etwas kommt vor", sagte Prost anschliessend. "Schliesslich helfen einem die Mechaniker andererseits auch oft genug mit einem schnellen Boxenstopp, ein Rennen zu gewinnen."

Prost nahm in siebter Position das Rennen wieder auf, und dann zeigte er wieder einmal sein ganzes Können. Er arbeitete sich zunächst auf den vierten Platz vor. Weit, weit in Führung lag Senna, gefolgt von Alesi und Piquet (Benetton). Die beiden durchfuhren eine Linkskurve, und Alesi klebte am rechten Rand der Piste. Piquet zog nach aussen, um ihn zu überholen, während ihm wiederum Prost im Nakken sass. Als Piquet auf gleicher Höhe mit Alesi war, visierte Prost kurz Piquets Aussenseite an, und als Piquet am Italiener vorbei war, warf Prost einen Blick auf seine Innenseite. Dann stiess er mit glänzendem Timing in die Lücke zwischen den beiden vor, mogelte sich durch und eroberte sich so die zweite Position.

In Brasilien, als Prost mit Handlingproblemen zu kämpfen hatte, reichte es nur zu einem vierten Platz, und dann kamen die Tage, als ganz Frankreich dem Erscheinen der Zeitschrift mit der Titelzeile "J'accuse" entgegenfieberte. Prost begann das lange Interview mit den Worten: "Wenn es nicht läuft, muss immer entweder nach einem Schuldigen gesucht werden oder nach einer Ausrede. Das läuft auf das gleiche hinaus. Mal erwischt es den einen, der zum Sündenbock gemacht wird, mal den anderen. Im Moment hat man Steve Nichols [einen Konstrukteur] im Visier, weil das Problem am Chassis zu hängen scheint. Für mich ist das ein Skandal, wirklich ein Skandal, weil es nun wirklich nicht Steves Schuld ist. Sich einen zu suchen, dem man alles in die Schuhe schieben kann, ist nicht korrekt. Entweder sind alle im Team schuld oder gar keiner. Was auf jeden Fall feststeht, ist, dass die Entscheidung, mit dem Vorjahresauto, dem Typ 642, in die neue Saison zu gehen, nicht etwa von Steve Nichols getroffen wurde, sondern von der Teamleitung."

Frage: Steckt das Team seit Brasilien in der Krise?

"Krise ist bei Ferrari eigentlich der Normalzustand. Wenn man gewinnt, ist es eine Krise des Optimismus. Das Problem ist, dass es ein oder zwei Leute im Team gibt, die im Grunde wenig Ahnung von der Formel 1 haben. Das sind die Leute, die doch tatsächlich auf den Gedanken kommen, dass man ein Auto, wenn es am Ende einer Saison im Vergleich zur Konkurrenz gut dasteht, unverändert in die nächste Saison übernehmen muss. Das galt vielleicht vor zehn Jahren einmal. Heute muss man ein Auto ständig weiterentwickeln, die Technik ändert sich sogar von Rennen zu Rennen." [Der Ferrari des Typs 642 war im Jahr 1990 erfolgreich gewesen.]

Prost räumte dann ein, dass er mit Gianni Agnelli sprechen könne, wann immer er wolle. Er brauche nur das Telefon zu nehmen und seine Nummer zu wählen oder aber hinzugehen, und Agnelli sei immer für ihn ansprechbar. Dann aber, am Schluss des Interviews, holte der Franzose noch einmal zum Schlag gegen Ferrari aus: "Die Organisation, die Ron Dennis [bei McLaren] aufgebaut hat, ist viel effektiver als die bei uns. Dennis war selbst einmal Mechaniker, er kennt sich in der Formel 1 aus, hat viele Jahre Erfahrung im Motorsport. Wenn es sein muss, legt er auch einmal selbst Hand an. Er ist eine Führungspersönlichkeit; einer, der Energien bündeln kann; einer, der Ansehen bei seinen Mitarbeitern geniesst. Das ist es, was hier bei Ferrari fehlt."

Das waren nicht gerade sehr erfreuliche Worte für Cesare Fiorio, den Rennsportleiter bei Ferrari. Dennoch vereinbarten er und Prost vor dem Grossen Preis von San Marino, der einige Wochen nach den Tests anstand, die hausinternen Querelen für dieses Wochenende beiseite zu schieben, um Prosts Erfolgsaussichten nicht zu gefährden. Dann aber scheiterte Prost trotzdem in Imola, jedoch nicht etwa an den atmosphärischen Störungen, sondern an einer ordinären Wasserpfütze. In der Warmlaufrunde vor dem Start geriet er mit einem Rad des Ferrari in das stehende Wasser, drehte sich von der Piste und das Rennen war schon vor dem Start für ihn gelaufen. Auch Alesi fiel schon früh aus, in Runde 3, als sein Versuch, Stefano Modena (Tyrrell) zu überholen, scheiterte und er ebenfalls von der Strecke abkam. Nun prangte natürlich das Wort Krise erst recht schrill in den Schlagzeilen aller italienischen Zeitungen, begleitet von einem heftigen Gezeter und Gejammer in den Kommentarspalten.

Prost lag in Monaco an zweiter Stelle, bis Mansell ihn überholte, und kam schliesslich nach einem Boxenstopp wegen Problemen an der Radaufhängung als Fünfter ins Ziel. Eine Woche später musste Fiorio seinen Hut nehmen, und Prost hatte den Machtkampf mit ihm gewonnen. Für ihn kam Piero Ferrari, Enzos Sohn, ins Team-Management, das von nun an aus einem Dreigestirn bestand. Fiorio ging ohne Verbitterung, wie er selbst bekundete, aber es sollte nicht lange dauern, bis er sich wieder zu Wort melden würde.

Die Saison lief immer mehr an Alain Prost vorbei. In Kanada fiel er mit defektem Getriebe aus, in Mexico kam er nur bis Runde 16, als ihn Zündstörungen stoppten. Dann aber war der neue Ferrari fertig, der Typ 643. Er kam erstmals beim Grossen Preis von Frankreich zum Einsatz, der in diesem Jahr erstmals in Magny-Cours ausgetragen wurde. Prompt schob sich Prost mit dem neuen Auto in die erste Startreihe. Zweimal wurde er im Rennen von einem an diesem Tage äusserst aggressiven Nigel Mansell überholt, und er gab sich schliesslich "sowohl im Interesse des Teams als auch in meinem eigenen Interesse" mit einem sicheren zweiten Platz zufrieden. Im anschliessenden Interview sagte er dann auf die sanfte Art, in der er immer ins Mikrofon spricht: "Ganz bestimmt, ich bin wieder im Kommen."

Es war zweifellos die richtige Entscheidung, sich mit dem zweiten Platz zufriedenzugeben. Die Entscheidung eines gereiften Rennfahrers. Mansell, der ewige Kämpfer, hatte nämlich ebenfalls in dieser Phase das Gefühl, dass die Saison an ihm vorbeilief. Er hatte ja in der Vorsaison eigentlich schon seinen Rücktritt erklärt, hatte sich von Prost, Ferrari und dem ganzen Sport verabschiedet, um sich endlich seiner Familie widmen zu können. Dann war er aber von Frank Williams in dessen Team gelockt worden, der zum einen mit einem einmaligen Vertragsangebot winkte, vor allem aber noch etwas anderes anzubieten hatte – und das konnte der einzige Beweggrund für Mansell sein, seinen Entschluss noch einmal zu revidieren: Williams konnte Mansell eine realistische Chance bieten, die Weltmeisterschaft zu gewinnen. Und nun, in Magny-Cours, wollte Mansell es endlich wissen. Er wollte unbedingt gewinnen und sich die zehn Punkte holen, die er brauchte, um näher an Senna heranzukommen. Er merkte, dass sein Williams jetzt optimal lief, und er war enorm schnell.

Prost seinerseits wusste, dass man durchaus zufrieden sein konnte, mit einem neuen Auto auf Anhieb einen zweiten Platz zu belegen. Man war auf dem richtigen Weg. Ausserdem, was hätten alle gesagt, wenn er volles Risiko gegangen und mit Mansell kollidiert wäre?

Umberto Agnelli freilich sah das ganz anders. Er bekundete vor der Presse, wie er Senna bewundere, und meldete Zweifel an, ob Prost noch die richtige Motivation habe. Um sich die Tragweite dieser Äusserung klarzumachen, muss man sich mehrere Gesichtspunkte vor Augen halten. Umberto hatte zwar nicht direkt die Finger bei Ferrari mit im Spiel, aber er war Vizepräsident bei Fiat, und insofern zweifellos ein Mann mit Gewicht. Dass er ausgerechnet Senna als Vorbild für Prost hinstellte, war entweder ausgesprochen naiv oder ausgesprochen provokativ. Prosts Motivation in Frage zu stellen, war schlicht und einfach töricht. Wusste Umberto Agnelli nach all den Jahren nicht, dass Alain Prost stets ein Meister darin gewesen war, minimales Risiko mit maximaler Effizienz zu verbinden? Wusste er nicht, dass Prost es immer verstanden hatte, das Optimale aus einem Auto herauszuholen? Dass er immer genau gewusst hatte, wie weit er mit einem Auto gehen konnte, und dies auch immer gemacht hatte? Wusste er nicht, was es für Prost bedeuten musste, bei Ferrari als Versager hingestellt zu werden?

Es muss Umberto Agnelli klar gewesen sein, dass das Gezeter und Gejammer in der Presse sofort wieder einsetzen würde. Und das tat es auch, und wie. Daraufhin verglich Prost in einem Fernsehinterview die italienischen Journalisten mit etwas, das an dieser Stelle nicht wiedergegeben werden soll. Es war auf auf jeden Fall beleidigend genug, um einen Sturm der Entrüstung zu entfachen – eigentlich erstaunlich, wenn man weiss, welche Freiheiten sie, die italienischen Journalisten, umgekehrt Tag für Tag für sich in Anspruch nehmen.

Auch in zwei Zeitungsinterviews setzte Prost sich zur Wehr. Gegenüber der "Gazzetta dello Sport" erklärte er: "Cesare Fiorio hat im Hintergrund daran gearbeitet, dass die Presse sich auf mich eingeschossen hat. Wenn es einen gibt, der seinen Mund halten sollte, dann ist das Fiorio, und das meine ich im Ernst. Wenn er weiter seine Kommentare abgibt, dann wird das für ihn sehr gefährlich werden. Fiorio hat es geschafft, allen einzureden, die Ferrari-Erfolge seien seine Erfolge gewesen. Das Gegenteil ist wahr. Die Erfolge waren dem ganzen Team zu verdanken."

Und zu "Auto Hebdo" meinte er: "Die Worte von Umberto Agnelli, einem wichtigen und einflussreichen Mann, haben mich verletzt. Bevor ich zu Ferrari kam, habe ich den enormen Druck unterschätzt, unter dem bei Ferrari die Fahrer, die Techniker und die Mechaniker stehen. Das macht es alles viel schwieriger. Man findet keinen Zeitungsartikel, in dem ich nicht kritisiert werde, und das verletzt mich als Rennfahrer wie auch als Mensch."

Sein Fazit: Wenn man bei Ferrari lieber Senna haben will, soll man sich doch Senna engagieren.

Gianni Agnelli rief Prost an, entschuldigte sich, und die Wogen glätteten sich zunächst wieder etwas.

In Silverstone war es nicht Mansell, sondern Jean Alesi, der äusserst aggressiv fuhr und Prost auf imponierende, draufgängerische oder verwegene Art – je nach Standpunkt – überholte. "Ich hatte nur die Alternative, ihn vorbeizulassen oder es zum Crash kommen zu lassen", so Prost. "Ich war überrascht, muss ich sagen." Kamen hier etwa neue Spannungen zum Vorschein, diesmal unter den Fahrern von Ferrari? Wer weiss. Mansell gewann auf jeden Fall in Silverstone nach brillianter Vorstellung, bei der er das Rennen nach Belieben im Griff zu haben schien. Prost wurde Dritter, Senna ging kurz vor Schluss der Sprit aus, aber ihm wurde noch ein vierter Platz zuerkannt. Die Meisterschaftsentscheidung könnte, so schien es, noch einmal spannend werden: Senna 51, Mansell 33, Patrese 22, Prost 21.

Am Rande des Rennens in Hockenheim verlangte die italienische Presse eine Entschuldigung von Prost. Der bemerkte spitz, er lese normalerweise die Berichterstattung der italienischen Journalisten gar nicht, aber die Leute im Team täten es eben. Ehrlich gesagt ginge ihm das ganze Theater ziemlich auf die Nerven. Er nahm seine obszönen Worte zurück – mehr aber auch nicht.

Der Grosse Preis von Deutschland lief gewissermassen auf zwei getrennten Bühnen ab, denn da waren zum einen die Williams, die unangefochten das Rennen beherrschten, und da waren zum anderen Prost und Senna, die sich im Verfolgerfeld einen erbitterten Zweikampf lieferten. Mansell zog vom Start weg davon und ward für den Rest des Rennens nicht mehr von seinen Konkurrenten gesehen. Patrese dagegen hatte – obwohl das Auto ihm offenbar eine gleichermassen überlegene Stellung einräumte – einen schlechten Start und musste sich erst einmal nach vorne arbeiten. Die Reihenfolge lautete zunächst: Mansell, Berger, Senna, Prost, Patrese. Dann überholte Patrese Prost und zog kurz danach auch an Senna vorbei – und wie offensichtlich mühelos ihm das gelang, das gab allen, die etwas davon verstanden, zu denken. Prost griff nun Senna an, klebte Runde um Runde an seinen Hinterrädern, kam aber nicht vorbei. Prost tanzte hinter Senna hin und her, schnellte hier nach vorne, tastete sich dort heran, aber es reichte einfach nie. Senna erwehrte sich dieser Angriffe durch Verbissenheit, aber auch durch Blockieren. So ging das bis in Runde 38 von 45, als Prost es an der Schikane wissen wollte. Für einen winzigen Augenblick schien Senna den McLaren auf den Ferrari zuzusteuern, und schon fuhr Prost geradeaus am Schikaneneingang vorbei, und er war aus dem Rennen.

Es folgten das ominöse Interview, in dem Prost davon sprach, Senna "rauszubugsieren", und die tumultartigen Szenen vor dem Elf-"Motorhome" am Hungaroring. Beide Fahrer sollen an dieser Stelle zu Wort kommen:

Senna: "Was in der Vergangenheit vorgekommen ist, ist Vergangenheit. Die letzten Jahre waren für uns beide keine angenehme Zeit, eher eine frustrierende und angespannte Zeit. Mal war ich in einer unglücklichen Situation und er in einer glücklichen, mal war es umgekehrt. Ich glaube, letzte Saison war die Zeit noch nicht reif, es zu versuchen [nämlich Frieden zu schliessen, womit Senna die Erklärungen vor dem Rennen in Monza meint], aber jetzt, ein Jahr danach, gibt es wohl Hoffnung, dass es klappen könnte. Vielleicht auch nicht. Die Zeit wird zeigen, ob es geht. Ich kann es nicht sagen."

"Ich glaube, es wäre nicht dazu gekommen, wenn wir nicht beide in einem Raum zusammengebracht worden wären, um etwas zu besprechen, was uns beide betraf [das Hockenheim-Rennen]. Als wir dann erst mal beide gemeinsam in einem Raum waren, hat sich alles irgendwie wie von selbst entwickelt. Ehrlich gesagt glaube ich, dass er genauso wie ich die Nase voll von den ganzen Geschichten hat, wahrscheinlich noch mehr als ich."

Prost: "Von der angedrohten Sperre lasse ich mich nicht beeindrucken. Wenn das ein Versuch sein soll, mir den Mund zu verbieten, kann ich nur sagen: Das wird niemandem gelingen. Wenn ich meine, dass ich etwas sagen muss, besonders wenn es um Fragen der Sicherheit geht, werde ich das auch weiterhin tun."

"Ayrton und ich haben fast zwei Stunden miteinander gesprochen, und wir haben einiges geklärt. Okay, einmal oder zweimal ist es etwas hitzig geworden, aber insgesamt war es eine Besprechung in friedlichem Ton. Ich werde nichts über den Inhalt unseres Gespräches sagen, weil wir vereinbart haben, dass dies unter uns bleiben soll. Es war eine private Unterredung."

Welche Auswirkungen diese Unterredung haben würde, das war zwangsläufig öffentlich, denn unter Ausschluss der Öffentlichkeit kann man schliesslich keine Formel 1-Rennen durchführen. Auf dem Hungaroring wurde der Friedensschluss zwischen den beiden freilich noch auf keine Probe gestellt. Es wurde ein Start-

Ziel-Sieg für Senna, während Prost wegen Motorschadens ausfiel, nachdem er in keiner Phase weiter vorn als auf dem vierten Platz gelegen hatte. In Spa fuhr Senna von der Pole Position, für den Platz neben ihm qualifizierte sich Riccardo Patrese. Prost würde aus der zweiten Startreihe ins Rennen gehen. Dann jedoch, drei Stunden nach dem Abschlusstraining, stellten die technischen Prüfer der Rennleitung fest, dass Patreses Williams nicht dem Reglement entsprach, weil der Rückwärtsgang nicht funktionierte, und einen Rückwärtsgang muss auch ein Formel 1-Rennwagen laut Reglement haben. Patreses Zeiten vom Samstag wurden deshalb nicht gewertet, und weil seine vorherigen Zeiten wesentlich schlechter waren, bedeutete dies, dass er vom siebzehnten Platz aus starten musste. Sein Platz in der ersten Reihe – vor Prost – blieb frei. Dies entbehrte nicht einer gewissen Brisanz, denn Prost hatte dadurch freie Bahn zu "Eau Rouge", der Haarnadelkurve, die schon hundert Meter nach dem Start kommt und so eng ist, dass ihr oft schon vorentscheidende Bedeutung zukommt: Wer diese Kurve zuerst erreicht, kann sich von hier ab eine Führungsposition aufbauen, die bis ins Ziel reicht. Dies hatte sich schon oft gezeigt.

Und dann war es soweit. Start. Senna schoss davon, hielt die Innenlinie. Auch Prost kam gut vom Start weg, spielte kurz mit dem Gedanken, Senna noch vor "Eau Rouge" zu überholen – der Ferrari erzitterte heftig, als Prost hart in die Bremsen stieg –, schaffte es aber nicht und musste sich mit der zweiten Position begnügen, die er zunächst gegen den ungestüm attackierenden Mansell behauptete. Eine Runde später aber schob sich der Engländer mit überlegener PS-Kraft an ihm vorbei. Und eine weitere Runde später schlugen Flammen aus dem Heck des Ferrari, der Motor pustete dicke Rauchwolken in die Luft, und das Rennen war für Prost vorbei. Manchmal soll es eben nicht sein.

In Monza sah es besser aus. Nur um einmal an einem kleinen Beispiel zu verdeutlichen, wie schmal oft der Grat zwischen einem verkorksten und einem triumphalen Rennen ist, seien hier die Zeiten nach Abschluss des Qualifikationstrainings wiedergegeben. Man muss sich hierbei vor Augen halten, dass die Differenzen im Bereich von Hunderstelsekunden liegen und diese Zeiten auf einem 5,79 km langen Rennkurs erzielt wurden, der unter anderem zwei Schikanen umfasst:

Senna 1:21,245; Mansell 1:21,247; Berger 1:21,346; Patrese 1:21,372; Prost 1:21,285; Alesi 1:21,890.

Beim Start des Rennens setzte sich Senna an die Spitze des Feldes, aber an seine Fersen hefteten sich sofort – wie nicht anders zu erwarten – Mansell und Patrese. Prost hielt den vierten Platz gegen massiven Druck des jungen Michael Schumacher. Der Deutsche war vom Eddie-Jordan-Team kurzfristig in die Formel 1 geholt worden, als deren Fahrer Bertrand Gachot in London verhaftet worden war, nachdem er einen Taxifahrer tätlich angegriffen hatte. Schumacher war vor diesem Rennen überraschend von Jordan zu Benetton gewechselt, was für einigen Wirbel gesorgt hatte. Nun attackierte der Newcomer auch noch frech den Altmeister Alain Prost, der sich dessen freilich zu wehren wusste und nach Ausfall von Patrese und Boxenstopp von Senna (Reifenwechsel) auf den zweiten Platz vorrückte.

Als Senna freilich mit seinen neuen Reifen das Rennen wiederaufnahm, legte er sich mächtig ins Zeug und arbeitete sich wieder an Prost heran. Es roch schon ein bisschen nach einer neuerlichen Runde in der Privatfehde der beiden, aber Prost hielt seinen Ferrari schön gesittet geradeaus, als Senna aus dem Windschatten ausscherte und an ihm vorbeizog. Friede, Bruder. Prost holte sich am Ende einen ungefährdeten dritten Platz.

In der anschliessenden Pressekonferenz gab es sogar Grund zur Heiterkeit, als Mansell, nunmehr 18 Punkte hinter Senna liegend, ankündigte, er werde dem Brasilianer bis zum Schluss einen harten Kampf liefern, und Senna darauf in seiner ruhigen Art erwiderte, natürlich wäre es ihm lieber, "Rennen zu gewinnen und die Sache schon vor Japan zu regeln". Angesichts der besonderen Umstände, unter denen in den beiden Vorjahren die Weltmeisterschaft in Japan entschieden worden war, konnte niemand im Saale ein Grinsen unterdrücken. Auch Prost nicht, der auf die ruhige Art, die er in Interviews mit Senna gemein hat, meinte, wenn die Entscheidung erst in Suzuka fiele, würde er sich freuen, die Entwicklung der Dinge "von hinten" zu verfolgen. Wenn Senna und Mansell sich gegenseitig rauswerfen würden, könnte dies – so fügte er schelmisch hinzu – die einzige Chance für ihn werden, 1991 doch noch ein Rennen zu gewinnen. Übrigens lag die letzte Saison, in der Alain Prost keinen Grand Prix gewonnen hatte, sehr lange zurück: Es war 1980.

Das nächste Rennen, das auf dem Programm stand, der Grosse Preis von Portugal, verlief für Prost wie schon so viele andere in dieser Saison. Er startete aus der dritten Reihe und fiel in Runde 40 mit defektem Motor aus, nachdem er den Führenden die ganze Zeit über weit hinterher gefahren war. Bemerkenswerter war in jenen Tagen die Gerüchtebörse, an der alle möglichen Varianten der Zukunft für Prost gehandelt wurden. Am plausibelsten erschien dabei die Vermutung, Prost habe die ganzen Machtkämpfe und die ganze Hysterie bei Ferrari gründlich satt und werde sich, obwohl er beim italienischen Rennstall für 1992 bereits verlängert hatte, dafür entscheiden, eine Saison lang zu pausieren (sein Vertrag verbot es ihm, für ein anderes Team zu fahren) und seine Energien dafür einzusetzen, am Aufbau des "französischen Superteams" mitzuarbeiten. Diese schon lange herumgeisternde Idee beinhaltete eine Synthese des Ligier-Teams mit dem Motor von Renault und Alain Prost als Fahrer zu einer rein französischen Kombination der Extraklasse, die beste Aussicht auf einen Weltmeisterschaftsgewinn haben könnte. Man musste in jenen Herbsttagen in der Tat annehmen, dass dies die reizvollere Perspektive für Prost war, als sich weiter den Querelen bei Ferrari auszusetzen. Aber wie das bei Gerüchten nun einmal so ist, gab es natürlich einige Fragezeichen. Mit Interesse wurde registriert, dass Prost eigentlich eine Erklärung für Portugal angekündigt hatte, die dann aber ausblieb. Was war im Gange? Es gab neue Gerüchte, dass bis Spanien die Entscheidung fallen würde, aber wer konnte wissen, was an diesen Gerüchten dran war?

Am Rande des Rennens in Spanien sagte er dann: "Über meine Entscheidung möchte ich momentan nichts sagen, aber was meine Einstellung zu Ferrari angeht: Ich bin der Meinung, mit dem, was das Team in dieser Saison gebracht hat, kann man nicht zufrieden sein. Ich würde gern in einem Ferrari antreten, mit dem ich die Chance habe, Rennen zu gewinnen und in der Entscheidung um die Weltmeisterschaft mitzumischen. Die Herausforderung für mich habe ich immer darin gesehen, mit Ferrari ganz vorne mitzufahren. Aber wenn das erreicht werden soll, muss sich eine Menge ändern."

Bemerkenswerterweise fuhr er ein starkes Rennen in Spanien und wurde Zweiter, obwohl die Bedingungen nicht gerade ideal waren: Zeitweise war die Piste trocken, zeitweise nass. Prost: "Wenn es heute nach mir und nicht nach Ferrari gegangen wäre, wäre ich mit Slicks ins Rennen gegangen, und dann hätte ich gewonnen. Ich startete nur deshalb mit Regenreifen, weil nicht mehr genug Zeit war, um auf die Slicks zu wechseln. Als noch Zeit gewesen wäre, war mein Rennstall dagegen. Das ist nur passiert, weil wir derzeit bei Ferrari unter diesem blöden Druck stehen." Diese Worte waren vieldeutig, keiner wusste so recht, welchen Schluss er daraus ziehen sollte. Aber bald stand ja das Rennen in Japan an. Bis dahin würde bestimmt alles entschieden sein und Prost würde seine mit Spannung erwartete Erklärung abgeben. Möglicherweise würde dann eines der neu kursierenden Gerüchte bestätigt werden. Das erste: Ligier habe Prost dreissig Millionen Dollar angeboten, wenn er das "Superteam" aufbauen, Tests durchführen und später für das Team fahren würde. Das zweite: Prost würde 1993 zu McLaren zurückkehren, vielleicht als Partner von Senna. Das war natürlich eine auf Anhieb fast absurd anmutende Vorstellung, aber andererseits auch eine äusserst faszinierende...

In Japan fuhr Prost der Spitze erneut hinterher. Mehr als ein vierter Platz war nicht drin, aber er kam dadurch ganz dicht an eine neue Bestmarke in seiner Rennfahrerstatistik heran, eine wahre Traumgrenze. Er hatte mit diesem heutigen Ergebnis 699,5 Punkte aus Grand-Prix-Rennen auf seinem Konto, geradezu um Welten mehr als jeder andere Fahrer in der Formel 1-Geschichte. Die "ewige Punktetabelle" der Formel 1 hatte am 20. Oktober 1991 folgenden Stand:

Prost 699,5; Senna 486; Piquet 484; Lauda 420,5; Stewart 360; Mansell 358; Reutemann 310; Graham Hill 289; Fittipaldi 281; Fangio 277,5.

Nach dem Rennen von Japan feuerte Ferrari Alain Prost, nachdem dieser geäussert hatte: "Der grundlegende Unterschied zwischen einem englischen und einem italienischen Team liegt darin, ob man seinen Fahrern zuhört oder nicht. Ich habe die ganze Saison über unseren Leuten ganz klar und nachdrücklich gesagt, wo die Fehler bei Ferrari liegen. Aber keiner wollte in irgendeiner Weise auf mich hören. Als ich noch bei McLaren war, haben mir alle zugehört, von Ron Dennis bis hinunter zum kleinsten Mechaniker." In einem anderen Interview hatte Prost ausserdem gesagt: "Zwar bedauere ich, dass ich bei Ferrari in einem Klima der Spannungen arbeite, aber andererseits bin ich erleichtert, dass eine Saison, die für mich sehr unbefriedigend verlaufen ist, nunmehr zu Ende ist."

Konnte Ferrari Alain Prost wirklich daran hindern, im nächsten Jahr für ein anderes Team zu fahren? Das hatten wir doch schon einmal in unserer Geschichte! Man konnte dem Franzosen nur empfehlen, einmal bei Teddy Mayer anzurufen und sich mit ihm über das Recht jedes Menschen, seinem Beruf nachzugehen, zu unterhalten.

Ach ja, und dann gab es kurz vor Jahresende noch einige neue Gerüchte. Es wurde von einem Tausch des Fahrerplatzes mit Patrese (Patrese zu Ferrari, Prost zu Williams) gemunkelt – aber dann nahm Ferrari Ivan Capelli unter Vertrag. Dann war die Rede von einem Wechsel von Prost zum Eddie-Jordan-Team, was eine echte Weihnachtsüberraschung gewesen wäre. Und es gab immer noch Kontakte zwischen Ligier und Prost. Mittlerweile stand fest, dass Ligier Renault-Motoren bekommen würde, und das durch und durch französische "Superteam" (französischer Rennstall, französischer Spitzenfahrer, französischer Motor sowie Elf als Sponsor) schien konkretere Formen anzunehmen.

Tatsache war jedoch, als das Jahr 1991 sich seinem Ende zuneigte, dass sich eine verkehrte Welt auf der Bühne der Formel 1 darbot: Der erfolgreichste Rennfahrer aller Zeiten hatte noch keine neue Anstellung und das sollte für die Rennsaison 1992 auch so bleiben.

Wer jedoch mit dem endgültigen Rücktritt gerechnet hatte, sah sich eines Besseren belehrt. Mitte des Jahres 1992 mehrten sich die Gerüchte, dass Prost mit dem Rennstall enge Verbindungen hielt, der mit Nigel Mansell den Weltmeister 1992 unter Vertrag hatte: Williams Renault.

Die Sensation war perfekt, als Williams-Renault bekanntgab, dass Nigel Mansell gehen und Alain Prost kommen würde.

Er war nach einjähriger Pause wieder da: Alain Prost, auf dem Weg zu einem weiteren Weltmeistertitel.

12
STATISTIK

Abkürzungen: PP = Pole Position; SR = Schnellste Runde; Aus = Ausgeschieden; NaS = Nicht am Start; Dis = Disqualifiziert

KARTRENNEN
1973: Französischer Juniorenmeister, Junioren-Weltmeister, 2. in der Franz. Meisterschaft der Erwachsenenklasse, 14. der Weltmeisterschaft. 1974: Franz. Meister der Erwachsenenklasse, nicht unter den besten 10 bei der Weltmeisterschaft. 1975: Franz. Meister der Erwachsenenklasse, nicht unter den besten 10 bei der Weltmeisterschaft.

1976
FORMEL RENAULT – FRANKREICH

04.04.	Le Mans	Martini MK17–Renault	1
18.04.	Nogaro	Martini MK17–Renault	1 PP/SR
01.05.	Magny-Cours	Martini MK17–Renault	1 PP/SR

FORMEL RENAULT – EUROPA

09.05.	Dijon	Lola T410–Renault	PP/Aus
16.05.	Zolder	Lola T410–Renault	Aus

FORMEL RENAULT – FRANKREICH

23.05.	Clerm.-Ferrand	Martini MK17–Renault	1 PP/SR
20.06.	Folembray	Martini MK17–Renault	1 PP
27.06.	Rouen	Martini MK17–Renault	1 SR
04.07.	Paul Ricard	Martini MK17–Renault	1 SR
11.07.	Magny-Cours	Martini MK17–Renault	1 PP/SR

05.08.	Dijon	Martini MK17–Renault	1 PP/SR
19.08.	Nogaro	Martini MK17–Renault	1 SR
30.09.	Albi	Martini MK17–Renault	1 SR
17.10.	Paul Ricard	Martini MK17–Renault	1 SR
24.10.	Imola	Martini MK17–Renault	Aus SR

1977

FORMEL RENAULT – EUROPA

27.03.	Le Mans	Martini MK20–Renault	3
11.04.	Nogaro	Martini MK20–Renault	1 SR
17.04.	Hockenheim	Martini MK20–Renault	5
01.05.	Magny-Cours	Martini MK20–Renault	1
22.05.	Monte Carlo	Martini MK20–Renault	2 SR
29.05.	Pau	Martini MK20–Renault	2 SR
05.06.	Zolder	Martini MK20–Renault	Aus PP
19.06.	Clerm.-Ferrand	Martini MK20–Renault	3
26.06.	Rouen	Martini MK20–Renault	1 PP/SR
03.07.	Dijon	Martini MK20–Renault	13

GP VON NOGARO (FORMEL 2)

10.07.	Nogaro	Elf 2J–Renault	10

FORMEL RENAULT – EUROPA

10.07.	Nogaro	Martini MK20–Renault	1 PP
17.07.	Magny-Cours	Martini MK20–Renault	Aus PP
24.07.	Paul-Ricard	Martini MK20–Renault	5
11.09.	Monza	Martini MK20–Renault	1 SR
25.09.	Albi	Martini MK20–Renault	1 SR

GP VON ESTORIL (FORMEL 2)

02.10.	Estoril	Elf 2J–Renault	Aus

FORMEL RENAULT – EUROPA

15.10.	Paul Ricard	Martini MK20–Renault	7 SR

1978

FORMEL 3 – EUROPA

23.04.	Zolder	Martini MK21B–Renault	10

FORMEL 3 – MONACO

07.05.	Monte Carlo	Martini MK21B–Renault	4

FORMEL 2 – EUROPA

15.05.	Pau	Chevron B40–Hart	Aus

FORMEL 3 – EUROPA

28.05.	Nürburgring	Martini MK21B–Renault	Aus
04.06.	Dijon	Martini MK21B–Renault	10
25.06.	Monza	Martini MK21B–Renault	14

FORMEL 3 BP

02.07.	Paul Ricard	Martini MK21B–Renault	3

FORMEL 3 – EUROPA

16.07.	Magny-Cours	Martini MK21B–Renault	Aus
26.08.	Donington Park	Martini MK21B–Renault	6

FORMEL 3 VANDERVELL

28.08.	Silverstone	Martini MK21B–Renault	3

FORMEL 3 – EUROPA

17.09.	Jarama	Martini MK21B–Renault	1 PP/SR
08.10.	Vallelunga	Martini MK21B–Renault	Aus

1979

FORMEL 3 – EUROPA

18.03.	Vallelunga	Martini MK27–Renault	2 SR
16.04.	Österreichring	Martini MK27–Renault	1
23.04.	Zolder	Martini MK27–Renault	1
01.05.	Magny-Cours	Martini MK27–Renault	1 SR
20.05.	Donington Park	Martini MK27–Renault	3

FORMEL 3 – MONACO

26.05.	Monte Carlo	Martini MK27–Renault	1 PP/SR

FORMEL 3 – EUROPA

04.06.	Zandvoort	Martini MK27–Renault	1 PP/SR
24.06.	Monza	Martini MK27–Renault	Aus

FORMEL 3 – VANDERVELL

14.07.	Silverstone	Martini MK27–Renault	14

FORMEL 3 – EUROPA

05.08.	Knutstorp	Martini MK27–Renault	1 PP/SR
12.08.	Kinnekulle	Martini MK27–Renault	Aus PP
09.09.	Jarama	Martini MK27–Renault	1 PP/SR

FORMEL 3 – FRANKREICH

15.09.	La Chatre	Martini MK27–Renault	1 SR
22.09.	Albi	Martini MK27–Renault	1 SR

1980

FORMEL 1

13.01.	Argentinien	McLaren M29B Cosworth	6
27.01.	Brasilien	McLaren M29B Cosworth	5
01.03.	Südafrika	McLaren M29B Cosworth	NaS
04.05.	Belgien	McLaren M29B Cosworth	Aus
18.05.	Monaco	McLaren M29B Cosworth	Aus

AUSSERHALB DER WM-WERTUNG

01.06.	Spanien	McLaren M29B Cosworth	Aus

FORMEL 1

29.06.	Frankreich	McLaren M29B Cosworth	Aus
13.07.	Gr.-Britannien	McLaren M29B Cosworth	6
10.08.	Deutschland	McLaren M29B Cosworth 11	
17.08.	Österreich	McLaren M29B Cosworth	7
31.08.	Niederlande	McLaren M30B Cosworth	6
14.09.	Italien	McLaren M30B Cosworth	7
28.09.	Kanada	McLaren M30B Cosworth	Aus
05.10.	USA Ost	McLaren M30B Cosworth	NaS

1981

15.03.	USA West	Renault RE228EFI	Aus
29.03.	Brasilien	Renault RE228EFI	Aus
12.04.	Argentinien	Renault RE228EFI	3
03.05.	San Marino	Renault RE228EFI	Aus
17.05.	Belgien	Renault RE30EFI	Aus
31.05.	Monaco	Renault RE30EFI	Aus
21.06.	Spanien	Renault RE30EFI	Aus
05.07.	Frankreich	Renault RE30EFI	1SR
18.07.	Gr.-Britannien	Renault RE30EFI	Aus
02.08.	Deutschland	Renault RE30EFI	2 PP
16.08.	Österreich	Renault RE30EFI	Aus
30.08.	Niederlande	Renault RE30EFI	1 PP
13.09.	Italien	Renault RE30EFI	1
27.09.	Kanada	Renault RE30EFI	Aus
17.10.	USA	Renault RE30EFI	2

1982

23.01.	Südafrika	Renault RE30BEFI	1 SR
21.03.	Brasilien	Renault RE30BEFI	1 PP
04.04.	USA West	Renault RE30BEFI	Aus
25.04.	San Marino	Renault RE30BEFI	Aus
09.05.	Belgien	Renault RE30BEFI	Aus PP
23.05.	Monaco	Renault RE30BEFI	Aus

06.06.	USA Ost	Renault RE30BEFI	PP/FL
13.06.	Kanada	Renault RE30BEFI	Aus
03.07.	Niederlande	Renault RE30BEFI	Aus
18.07.	Gr.-Britannien	Renault RE30BEFI	6
25.07.	Frankreich	Renault RE30BEFI	2
08.08.	Deutschland	Renault RE30BEFI	Aus
15.08.	Österreich	Renault RE30BEFI	Aus
29.08.	Schweiz	Renault RE30BEFI	2 PP/SR
12.09.	Italien	Renault RE30BEFI	Aus
25.09.	USA Ost	Renault RE30BEFI	4 PP

AUSSERHALB DER MEISTERSCHAFT

07.11.	Australien	Ralt RT4–Ford BDA	1 PP

1983

13.03.	Brasilien	Renault RE30CEFI	7
27.03.	USA West	Renault RE40EFI	11
17.04.	Frankreich	Renault RE40EFI	1 PP/SR
01.05.	San Marino	Renault RE40EFI	2
15.05.	Monaco	Renault RE40EFI	3
22.05.	Belgien	Renault RE40EFI	1 PP
05.06.	USA Ost	Renault RE40EFI	8
12.06.	Kanada	Renault RE40EFI	5
16.07.	Gr.-Britannien	Renault RE40EFI	1 SR
07.08.	Deutschland	Renault RE40EFI	4
14.08.	Österreich	Renault RE40EFI	1 SR
28.08.	Niederlande	Renault RE40EFI	Aus
11.09.	Italien	Renault RE40EFI	Aus
25.09.	Europa	Renault RE40EFI	2
15.10.	Südafrika	Renault RE40EFI	Aus

1984

25.03.	Brasilien	McLaren MP4/2TAG	1 SR
07.04.	Südafrika	McLaren MP4/2TAG	2
29.04.	Belgien	McLaren MP4/2TAG	Aus
06.05.	San Marino	McLaren MP4/2TAG	1

TOURENWAGEN-RENNEN

12.05.	Nürburgring	Mercedes-Benz 190E	15

FORMEL 1

20.05.	Frankreich	McLaren MP4/2TAG	7 SR
03.06.	Monaco	McLaren MP4/2TAG	1 PP
17.06.	Kanada	McLaren MP4/2TAG	3
24.06.	USA Ost	McLaren MP4/2TAG	5
08.07.	USA	McLaren MP4/2TAG	Aus

22.07.	Gr.-Britannien	McLaren MP4/2TAG	Aus
05.08.	Deutschland	McLaren MP4/2TAG	1 PP/SR
19.08.	Österreich	McLaren MP4/2TAG	Aus
26.08.	Niederlande	McLaren MP4/2TAG	1 PP
09.09.	Italien	McLaren MP4/2TAG	Aus
07.10.	Europa	McLaren MP4/2TAG	1
21.10.	Portugal	McLaren MP4/2TAG	1
1985			
07.04.	Brasilien	McLaren MP4/2BTAG	1 SR
21.04.	Portugal	McLaren MP4/2BTAG	Aus
05.05.	San Marino	McLaren MP4/2BTAG	Dis
19.05.	Monaco	McLaren MP4/2BTAG	1
16.06.	Kanada	McLaren MP4/2BTAG	3
23.06.	USA Ost	McLaren MP4/2BTAG	Aus
07.07.	Frankreich	McLaren MP4/2BTAG	3
21.07.	Gr.-Britannien	McLaren MP4/2BTAG	1 SR
04.08.	Deutschland	McLaren MP4/2BTAG	2
18.08.	Österreich	McLaren MP4/2BTAG	1 PP/SR
25.08.	Niederlande	McLaren MP4/2BTAG	2 SR
08.09.	Italien	McLaren MP4/2BTAG	1
15.09.	Belgien	McLaren MP4/2BTAG	3 PP/SR
06.10.	Europa	McLaren MP4/2BTAG	4
19.10.	Südafrika	McLaren MP4/2BTAG	3
03.11.	Australien	McLaren MP4/2BTAG	Aus
1986			
23.03.	Brasilien	McLaren MP4/2CTAG	Aus
13.04.	Spanien	McLaren MP4/2CTAG	3
27.04.	San Marino	McLaren MP4/2CTAG	1
11.05.	Monaco	McLaren MP4/2CTAG	1 PP/SR
25.05.	Belgien	McLaren MP4/2CTAG	6 SR
15.06.	Kanada	McLaren MP4/2CTAG	2
22.06.	USA Ost	McLaren MP4/2CTAG	3
06.07.	Frankreich	McLaren MP4/2CTAG	2
13.07.	Gr.-Britannien	McLaren MP4/2CTAG	3
27.07.	Deutschland	McLaren MP4/2CTAG	6
10.08.	Ungarn	McLaren MP4/2CTAG	Aus
17.08.	Österreich	McLaren MP4/2CTAG	1
07.09.	Italien	McLaren MP4/2CTAG	Dis
21.09.	Portugal	McLaren MP4/2CTAG	2
12.10.	Mexico	McLaren MP4/2CTAG	2
26.10.	Australien	McLaren MP4/2CTAG	1

1987			
12.04.	Brasilien	McLaren MP4/3TAG	1
03.05.	San Marino	McLaren MP4/3TAG	Aus
17.05.	Belgien	McLaren MP4/3TAG	1 SR
31.05.	Monaco	McLaren MP4/3TAG	Aus 9
21.06.	USA Ost	McLaren MP4/3TAG	3
05.07.	Frankreich	McLaren MP4/3TAG	3
12.07.	Gr.-Britannien	McLaren MP4/3TAG	Aus
26.07.	Deutschland	McLaren MP4/3TAG	Aus 7
09.08.	Ungarn	McLaren MP4/3TAG	3
16.08.	Österreich	McLaren MP4/3TAG	6
06.09.	Italien	McLaren MP4/3TAG	15
20.09.	Portugal	McLaren MP4/3TAG	1
27.09.	Spanien	McLaren MP4/3TAG	2
18.10.	Mexico	McLaren MP4/3TAG	Aus
01.11.	Japan	McLaren MP4/3TAG	7 SR
15.11.	Australien	McLaren MP4/3TAG	Aus
1988			
03.04.	Brasilien	McLaren MP4/4 Honda RA 168E	1
01.05.	San Marino	McLaren MP4/4 Honda RA 168E	2 SR
15.05.	Monaco	McLaren MP4/4 Honda RA 168E	1
29.05.	Mexico	McLaren MP4/4 Honda RA 168E	1 SR
12.06.	Kanada	McLaren MP4/4 Honda RA 168E	2
19.06.	USA Ost	McLaren MP4/4 Honda RA 168E	2 SR
03.07.	Frankreich	McLaren MP4/4 Honda RA 168E	1 PP/SR
10.07.	Gr.-Britannien	McLaren MP4/4 Honda RA 168E	Aus
24.07.	Deutschland	McLaren MP4/4 Honda RA 168E	2
07.08.	Ungarn	McLaren MP4/4 Honda RA 168E	2 SR
28.08.	Belgien	McLaren MP4/4 Honda RA 168E	2
11.09.	Italien	McLaren MP4/4 Honda RA 168E	Aus
25.09.	Portugal	McLaren MP4/4 Honda RA 168E	1 PP
02.10.	Spanien	McLaren MP4/4 Honda RA 168E	1 SR
30.10.	Japan	McLaren MP4/4 Honda RA 168E	2
13.11.	Australien	McLaren MP4/4 Honda RA 168E	1 SR
1989			
26.03.	Brasilien	McLaren MP4/5 Honda RA 109E	2
23.04.	San Marino	McLaren MP4/5 Honda RA 109E	2 SR
07.05.	Monaco	McLaren MP4/5 Honda RA 109E	2 SR
28.05.	Mexico	McLaren MP4/5 Honda RA 109E	5
04.06.	USA	McLaren MP4/5 Honda RA 109E	1
18.06.	Kanada	McLaren MP4/5 Honda RA 109E	Aus PP
09.07.	Frankreich	McLaren MP4/5 Honda RA 109E	1 PP
16.07.	Gr.-Britannien	McLaren MP4/5 Honda RA 109E	1

30.07.	Deutschland	McLaren MP4/5 Honda RA 109E	2
13.08.	Ungarn	McLaren MP4/5 Honda RA 109E	4
27.08.	Belgien	McLaren MP4/5 Honda RA 109E	2 SR
10.09.	Italien	McLaren MP4/5 Honda RA 109E	1 SR
24.09.	Portugal	McLaren MP4/5 Honda RA 109E	2
01.10.	Spanien	McLaren MP4/5 Honda RA 109E	3
22.10.	Japan	McLaren MP4/5 Honda RA 109E	Aus SR
05.11.	Australien	McLaren MP4/5 Honda RA 109E	NaS

1990

11.03.	USA	Ferrari 641/034	Aus
25.03.	Brasilien	Ferrari 641/034	1
13.05.	San Marino	Ferrari 641/034	4
27.05.	Monaco	Ferrari 641/034	Aus
10.06.	Kanada	Ferrari 641/034	5
24.06.	Mexico	Ferrari 641/034	1 SR
08.07.	Frankreich	Ferrari 641/034	1
15.07.	Gr.-Britannien	Ferrari 641/034	1
29.07.	Deutschland	Ferrari 641/034	4
12.08.	Ungarn	Ferrari 641/037	Aus
25.08.	Belgien	Ferrari 641/0372	SR
09.09.	Italien	Ferrari 641/037	2
23.09.	Portugal	Ferrari 641/037	3
30.09.	Spanien	Ferrari 641/037	1
21.10.	Japan	Ferrari 641/037	Aus
04.11.	Australien	Ferrari 641/037	3

1991

10.03.	USA	Ferrari 642/123	2
24.03.	Brasilien	Ferrari 642/123	4
28.04.	San Marino	Ferrari 642/123	NaS
12.05.	Monaco	Ferrari 642/123	5
02.06.	Kanada	Ferrari 642/123	Aus
16.06.	Mexico	Ferrari 642/123	Aus
07.07.	Frankreich	Ferrari 643/128	2
14.07.	Gr.-Britannien	Ferrari 643/128	3
28.07.	Deutschland	Ferrari 643/129	Aus
11.08.	Ungarn	Ferrari 643/129	Aus
25.08.	Belgien	Ferrari 643/129	Aus
08.09.	Italien	Ferrari 643/130	3
22.09.	Portugal	Ferrari 643/130	Aus
29.09.	Spanien	Ferrari 643/130	2
20.10.	Japan	Ferrari 643/130	4